Kirsten Klein

Euphemia

Chronik einer Königstochter

**Impressum**

| | |
|---|---|
| Kirsten Klein | Euphemia – Chronik einer Königstochter |
| Herausgeber: | Ewald Freiburger und Jeff S. Klotz von Eckartsberg |
| | J. S. Klotz Verlagshaus GmbH |
| | Schloss Bauschlott |
| | Am Anger 70 \| 75245 Neulingen |
| | www.klotz-verlagshaus.de |
| | |
| Umschlaggestaltung & Satz: | Sina Fuchs |
| Umschlagbild: | *La Religieuse* Henriette Browne; wikimedia Commons |
| Lektorat: | Corinna Wintzer |
| Endkorrektorat: | Niko Baumann |

Das Werk ist in allen Teilen urheberrechtlich geschützt. Jede Verwertung ist ohne Zustimmung der J. S. Klotz Verlagshaus GmbH unzulässig. Dies meint vor allem Vervielfältigungen, Einspeicherung und Weiterverarbeitung durch digitale Systeme.

1. Auflage
© J. S. Klotz Verlagshaus GmbH, 2022
Informationen über Bücher aus dem Verlag unter
www.klotz-verlagshaus.de
Alle Rechte vorbehalten
ISBN 978-3-949763-16-8

Kirsten Klein

# EUPHEMIA
*Chronik einer Königstochter*

J. S. Klotz Verlagshaus

Für Olaf – danke, dass es dich gibt!

# Inhaltsverzeichnis

| | |
|---|---|
| Euphemia – Chronik einer Königstochter | 9 |
| Die Geschichte hinter der Geschichte | 381 |
| Literaturhinweise | 385 |
| Verzeichnis der wichtigsten Personen | 387 |
| Glossar | 389 |
| Über die Autorin | 392 |

# I

Ursula von Eulenburg erhaschte einen Blick auf Jutta. Kerzenlicht flackerte über das Gesicht der Novizin. Gleich schaute Ursula wieder auf ihre im Schoß vereinten Hände und lauschte dem Gesang der Vorsängerin, wie es sich während der Matutin geziemte.

Doch ihre Gedanken blieben bei Jutta von Eckstein. Der flüchtige Blick in deren Gesicht hatte genügt, um in Ursula ein Gefühl zu bestärken, das sie schon seit geraumer Zeit umtrieb: Jutta barg in sich ein Geheimnis.

Ursula fragte sich, wer ihr das eingab. Wer sprach da in ihrer Seele zu ihr? Wenn es der Herr war, so musste er einen wichtigen Grund dafür haben. Was sollte sie für ihn tun? War es wirklich gottgewollt, dass sie Jutta beobachtete? Oder gaukelte ihr die Neugier etwas vor – wie schon so oft? Sie wollte sich doch nicht mehr von ihr verleiten lassen, seitdem sie im Pforzheimer Dominikanerinnenkloster weilte.

Inzwischen war die Vorsängerin verstummt. Gedanklich immer noch abwesend, verpasste Ursula fast den Einsatz des Chores. Obendrein versperrte ein Kloß im Hals ihrer Stimme den Weg. Sonst klang sie hell und klar, jetzt rau. Ursula fröstelte, mehr als sonst. Sie schob es auf die hier noch herrschende Winterkälte. Dicke Klosterwände trotzten milden Frühlingslüften. Außerdem war es in den frühen Morgenstunden nach Mitternacht oft besonders frisch.

Doch dieses Frösteln war anders als gewöhnlich während der nächtlichen Stundengebete. Es fühlte sich an wie das Vorzeichen einer beginnenden Erkältung. Ursula brachte keinen Ton mehr heraus.

Unweigerlich huschte ihr Blick wieder zu Jutta. Deren Gesicht wirkte noch schmaler, noch blasser als sonst. Beim Nachtmahl hatte die ohnehin zarte Jungfer kaum einen Bissen zu sich genommen. Jetzt mutete ihre Haut geradezu durchsichtig an. Um Lider und Mundwinkel zuckte es nervös. Aber diesen Eindruck mochte das flackernde Kerzenlicht erzeugen – vielleicht.

Klamm und starr waren Ursulas Glieder. Ein eisiger Schauder überlief sie. Rings um sie herum knieten ihre Mitschwestern im kunstvoll geschnitzten Chorgestühl und konnten offensichtlich besser gegen die Kälte bestehen. Reglos verharrten sie, bis auf ihre weit zum Gesang geöffneten Münder.

Müdigkeit legte sich auf Ursulas Lider, schwer wie Blei. Als sie aufschreckte, wusste sie zuerst nicht, wovon. Dann wurde es ihr klar. Der Gesang war verstummt. Wie lange war sie ihrer Schläfrigkeit erlegen?

Indem sie sich mühsam sammelte, erkannte Ursula, dass bereits die Lesung am Ende der zweiten Nokturn stattfand. Denn es war kein Abschnitt aus der Bibel, wie innerhalb der ersten Nokturn üblich, sondern Ambrosius von Mailands philosophische Abhandlung über »Die Flucht vor der Welt«.

»... schlimm ist es eben«, zitierte die Vorleserin gerade des Kirchenvaters Worte, »dass nur zu oft die Lockungen der Lust in das Herz Eingang finden, dass die Ergießung der Eitelkeiten den Geist gefangen nimmt, so zwar, dass man im Geiste daran denkt. Das erwägt, was man zu meiden entschlossen ist. So ist es für den Menschen überaus schwer, das zu meiden, dessen er sich niemals ganz entäußern kann. Man wünscht das wohl, aber der Erfolg belehrt uns, wie unfruchtbar dieser Wunsch ist.«

*... die Lockungen der Lust,* überlegte Ursula. Dabei fiel ihr Blick erneut auf Jutta. Warum, wie kam sie dazu? Nichts läge Ursula ferner, als der Novizin dergleichen zu unterstellen. Und dennoch ... Hatte sie nicht eben einen verräterisch verschämten Ausdruck in Juttas Augen erhascht?

Tatsächlich glaubte Ursula manchmal zu fühlen, dass die Novizin, trotz ihrer einundzwanzig Jahre, tief in ihrer Seele noch nicht dazu bereit war, den Schleier zu nehmen und in einem Jahr das Gelübde abzulegen.

Wie auch immer – sie würde sich fügen müssen, denn ihre Familie hatte sie dazu bestimmt. *Aber ...*, überlegte Ursula und fühlte Unruhe in sich aufkeimen, *ist Jutta auch von Gott zur Braut seines Sohnes auserkoren?*

Nach dem Amen des Tagesgebets erhoben sich die Dominikanerinnen und nahmen ihre hohen, weißen Kerzen von den Ständern aus verschnörkeltem Schmiedeeisen beidseits des Altars. Ein leichter Wind drang durch das Gemäuer aus rotem Buntsandstein und zog an den Flammen. Die malten gespenstische Schatten an die Wände, als die Dominikanerinnen stillschweigend die Kapelle im Nonnenchor verließen.

Auf dem Gang, der ihn mit dem Dormitorium verband, ertappte Ursula sich dabei, wie sie versuchte, die vor ihr befindlichen weißen Hauben der Novizinnen zu zählen. Doch sie wusste nicht, wie viele schon von den schwarzen der nachfolgenden Nonnen verdeckt wurden.

Als Ursula den Schlafsaal betrat, knisterte vereinzelt das Stroh in den dünnen Matratzen, denn die ersten Mitschwestern hatten sich gerade niedergelegt. Auch die übrigen waren so müde, dass sie nicht aufeinander achteten, sondern ihre Betten aufsuchten und sofort einschliefen.

Nur Ursula war plötzlich hellwach. Noch ehe ihr Blick auf das leere Lager fiel, wusste sie: Jutta von Eckstein weilte nicht mehr im Schlafsaal.

Einem Impuls folgend, wollte Ursula sie suchen – als sie hinter sich ein Stöhnen vernahm und herumfuhr. Gottfrieda von Ehrenfels, seit vielen Jahrzehnten als Schaffnerin mit der Verwaltung des Klosters betraut, fand wohl keine erträgliche Liegeposition. Sie wälzte sich herum und blinzelte zu Ursula herüber. Die zog sich aus bis aufs Unterkleid, legte ihren Habit auf einen Schemel und ging zu Bett. Dann schloss sie die Augen und wartete.

Nach endlos anmutender Zeit, in der ihre Gedanken um Jutta kreisten, setzte in unmittelbarer Nähe ein Schnarchen ein, steigerte sich bis hin zu schierer Atemnot und brach abrupt ab –, um gleich darauf erneut anzuschwellen.

Nachdem dieser Vorgang sich mehrmals wiederholt hatte, richtete Ursula ihren Oberkörper auf. Endlich – Gottfrieda schlief. Ursula ließ den Blick über die siebenunddreißig Betten schweifen, erkannte sie im schräg einfallenden Mondlicht aber nur schemenhaft.

Auch Barbara Krummholz, Untersiechenmeisterin und mit ihren neunundvierzig Jahren wesentlich jünger als Gottfrieda, schien keine innere Ruhe zu finden. Im Halbschlaf stieß sie undeutliche Satzfetzen hervor.

Irgendetwas über Silberlinge glaubte Ursula herauszuhören, nicht zum ersten Mal. Sie fragte sich, warum die Untersiechenmeisterin derartige Sorgen umtrieben. Die Finanzen des Klosters oblagen schließlich der Schaffnerin.

Aber vielleicht hatte sie sich ja verhört. Ursula verscheuchte den Gedanken daran. Wenn die unruhige Träumerin nur niemanden aufweckte …

Vorsichtig stand Ursula auf, zog ihren Habit an, entzündete eine Kerze und huschte damit über den Dielenboden – leichtfüßig, damit das Holz möglichst wenig knarrte –, vorbei am schräg gegenüberliegenden Schlafsaal der Laienschwestern und an der Zelle der Äbtissin. An der Tür, die in den Gang zum Nonnenchor führte, hielt Ursula inne, lauschte und überlegte. Sie hatte nicht bemerkt, wie Jutta ihn verließ. So blutarm, wie sie ausgesehen hatte, war ihr womöglich übel geworden.

In einer Hand die Kerze, raffte Ursula den Rock ihres Habits und eilte in den Nonnenchor. Wie verändert jetzt alles hier anmutete – verlassen und nahezu stockfinster, die Wandmalereien kaum zu erahnen. Angestrengt horchte Ursula, durchmaß die Kapelle sowie den übrigen Chor und leuchtete mit der Kerze den Boden ab. Nirgends eine Spur von Jutta.

Wachs tropfte auf den dunkel gemaserten Holzboden. Die Flamme dehnte sich und flackerte unbändig im Luftzug, der durch Fenster- und Türritzen drang. Ursula hielt die Kerze hoch, ließ sie aber gleich darauf beinahe fallen. Heiße Wachstropfen hatten ihre Finger getroffen, weil sie vor Sorge um die vermisste Novizin unachtsam geworden war.

Ursula trotzte dem Schmerz, zog das Wachs von ihrer Haut und blickte auf. Schemenhaft ragten Heiligenstatuen auf, beidseits des Altars. Bedrohlich wirkten sie, selbst die Madonna mit dem Christuskind. Weil ihre gütigen und Frieden verheißenden Antlitze im Dunkeln lagen?

Um sich das zu bestätigen, beleuchtete Ursula das Gesicht der Muttergottes mit der Kerze. Dabei fuhr ein Stich durch ihr Herz. Was sie sah, musste eine Sinnestäuschung sein! Sie bekreuzigte sich und bat Maria um Verzeihung. In deren schmalem, bleichen Gesicht hatte sie für einen Atemzug das der Novizin Jutta erkannt.

Ursula blinzelte diesen Eindruck weg. Das Kerzenlicht musste sie genarrt haben. Ebenso wie während der Matutin über Juttas Gesicht flackerte es jetzt über das der Madonna und ließ es aufleben, insbesondere die Augen. *Diese sanft blickenden, traurigen Augen im Glanz des Kerzenscheins.*

Ursula hatte den Schrecken über die unangemessene, ja, geradezu ketzerische, Erscheinung kaum verwunden, da gewahrte sie, wie die Vorahnung auf das Martyrium des Sohnes sich in Marias Augen spiegelte.

Warum fiel ihr das erst jetzt auf? Sie weilte doch schon seit fast zwei Monaten hier und stand dieser Madonna tagtäglich gegenüber.

Ein dumpfes Geräusch, als wäre etwas auf hartem Boden aufgeschlagen, riss Ursula aus ihrer andächtigen Betrachtung. Es kam von hinten aus dem Kirchenschiff. Sie drehte sich um, schob den schweren

Samtvorhang beiseite, der den Nonnen Sichtschutz bot, und schaute hinab. Weil nur fahles Mondlicht durch die Buntglasfenster fiel und das Innere des Kirchenschiffs nebelhaft erhellte, bemerkte sie zunächst nichts, was zu Boden gestürzt sein konnte.

*Ruhe bewahren,* beschwor sich Ursula und schaute nach vorn zum Hochaltar. Darunter, auf der grauen Grabplatte der heiligen Euphemia, zeichnete sich etwas Längliches ab – oder? Dunkle, schemenhafte Umrisse – am einen Ende etwas Helles. *Die weiße Haube einer Novizin?*

Ursula eilte eine hölzerne Wendeltreppe hinab, durchs Kirchenschiff und zwischen den Bänken entlang. Bereits auf halber Strecke bewahrheitete sich ihre Vermutung. Jutta lag auf dem Grab, auf einem blassblauen Tuch. Nach Euphemias Tod war es aus jenem Kleid genäht worden, in dem sie einst ins Kloster gekommen war.

Doch Jutta lag nicht in verdrehter Haltung, als wäre sie darauf gestürzt, sondern rücklings – wie aufgebahrt. Sie musste ihre Lage verändert haben, während Ursula unterwegs zu ihr war.

Der Nonne stockte der Atem. Gerade noch im Begriff, die letzten Schritte hinter sich zu bringen, um sich der Novizin anzunehmen, hielt sie inne, löschte ihre Kerze, um nicht bemerkt zu werden, und schlüpfte zwischen zwei Bankreihen auf der rechten Seite. Wie passend, dass Gott sie so klein und zierlich geschaffen hatte!

Jutta stieß einen Klagelaut aus, blickte hinauf zum Schlussstein des Kreuzgewölbes und fragte: »Wo bist du, warum kommst du nicht? Wirst du mich verlassen? Warum?« Sie schien kein Gehör zu finden, denn sie wiederholte ihre Fragen fortwährend.

Unterdessen fühlte Ursula sich zunehmend unbehaglicher. Hätte sie sich nicht längst leise zurückziehen müssen, anstatt dem Leid der Novizin beizuwohnen? Schließlich fragte Jutta nicht sie, sondern Euphemia.

Tatsächlich? Nun – immerhin lag sie auf deren Grab, wenn auch weder auf Knien noch bäuchlings, wie es sich geziemte, wenn man

Heilige um Fürbitte bei Gott anrief. Hatte Euphemia sie deshalb noch nicht erhört?

Juttas Verzweiflung steigerte sich, bis sie in Schluchzen und Weinen versank. Endlich richtete sie sich halb auf, kniete vor dem Hochaltar und faltete die Hände.

Ursula verharrte wie gebannt. Sämtliche Glieder trotzten ihrem Gewissen. Das gebot ihr, sich endlich zurückzuziehen.

Haube und übriger Habit in Unordnung, blickte Jutta auf zu Christus am Kreuz, wandte sich nun inbrünstig betend direkt an ihn und bat ihn um Vergebung ihrer Sünden. Sie könne nicht anders, beteuerte sie. Sie könne offenbar kein gottgefälliges Leben führen.

Ursula fragte sich, was Jutta damit meinte. Sie führte doch ein gottgefälliges Leben – zumindest augenscheinlich. Aber wie sah es in ihrer Seele aus? Verlockten sie sündhafte Gedanken? War sie, wie Ursula bereits vermutet hatte, seelisch noch längst nicht dazu bereit, ihr Gelübde abzulegen? Und falls ja, betrachtete sie diese Unreife als Sünde?

»Bitte hilf mir, o Herr!«, flehte die Novizin. »Hilf mir auf den rechten Weg zurück!«

So besorgt und verängstigt wie Jutta klang, musste sie eine ganz besonders schwerwiegende Sünde begangen haben. Schlimmer noch – sie schien zwanghaft weitersündigen zu müssen oder befürchtete es zumindest.

Nun konnte sich Ursula erst recht nicht mehr zurückziehen. Dazu war es zu spät. Sie hatte zu viel mitbekommen, um die Novizin sich selbst zu überlassen. Sie fühlte sich mitverantwortlich für deren Seelenheil. Doch sie musste behutsam vorgehen. Wenn sie sich ihr jetzt einfach näherte, brächte sie Jutta in Verlegenheit.

Also verharrte Ursula zwischen den Bänken.

Ein Geräusch von außen – so flüchtig, dass sie zunächst glaubte, sie hätte es sich eingebildet – ließ sie aufhorchen. Jutta musste es ebenfalls gehört haben. Sie wandte ihren Blick zum Portal, durch welches die Gläubigen zur Messe kamen.

Die Jungfer überprüfte, ob ihr Hals noch bedeckt war, ordnete Haube sowie Kleid, richtete sich auf und schien innerlich zu wachsen.

Stille trat ein. Juttas Blick schweifte zu einem der Buntglasfenster hinter dem Altar, durch das bis dahin Mondlicht eingefallen war. Das erlosch jetzt, weil etwas von außen ihm den Weg versperrte. Jutta wich einen Schritt zurück, stieß aber gleich darauf einen verzückten Schrei aus: »Ein Engel – mein Engel!«

Ursula vernahm ein Flattern. War es das Geräusch von vorhin? Sie hätte es nicht sagen können.

Jutta jauchzte, verstummte dann abrupt. Wer oder was auch immer hinter dem Fenster geflattert hatte, war verschwunden und gab den Weg fürs Mondlicht frei.

Während Jutta die Schultern hängen ließ, wandte Ursula sich um und blickte, einer Eingebung folgend, hoch zum Nonnenchor. Seltsam – sie hätte schwören können, dass sie die Vorhänge zugezogen hatte. Jetzt waren sie leicht geöffnet.

Um genauer hinschauen zu können, huschte Ursula einige Bankreihen nach hinten, entdeckte aber nichts weiter, nichts regte sich. Falls tatsächlich eine Nonne oder Novizin dort oben sein sollte – und wer könnte es sonst sein? – hätte sie wohl etwas von den Vorgängen im Kirchenschiff mitbekommen.

Ursula meinte, sich nur wenige Herzschläge lang von Jutta abgewandt zu haben, doch als sie wieder zum Hochaltar schaute, war die Novizin verschwunden. Ursulas Blicke schossen umher. Nichts – Jutta schien wie vom Erdboden verschluckt. Hatte sie bemerkt, dass sie beobachtet wurde und sich davongemacht – heimlich, still und leise?

Ursula schalt sich wegen ihres unbedachten Verhaltens, eilte zur Tür für die Ordensfrauen und spähte hinaus in den stockfinsteren Klosterhof. Vermutlich würde sie nicht einmal Juttas Haube hier bemerken. Sie sah ja die Hand vor Augen kaum. Konventbau, Kirche und Wirtschaftsgebäude umschlossen den Klosterhof und sperrten das Mondlicht weitgehend aus. Es fiel hauptsächlich durch den westlich gelegenen Garten ein. Darüber lockte ein blaugrauer Himmel, übersät von funkelnden Lichtern, denn die Nacht war sternenklar. Ursula warf einen Blick hinauf, duckte sich aber gleich darauf. Über ihr flog etwas hinweg. Sie erkannte das Flattern von vorhin. Wahrscheinlich war es nur ein Nachtvogel gewesen – oder etwa doch ein Engel?

Sie trat hinaus und überquerte den Klosterhof. Nach wenigen Schritten folgte sie dem leise dahinplätschernden Bach, der sich gleich einer Schlange mit silbern glitzernder Schuppenhaut durch den Hof wand.

Als Ursula den Garten betrat, legte sich der Wind. Kein Lüftchen bewegte das junge Laub. In Schattierungen von mittelgrau bis schwarz reckten Bäume, gleich bizarren Gestalten und Ungeheuern, ihre knorrigen Äste zum Himmel. Büsche und Sträucher ragten ringsumher auf – manche hoch und schlank, andere rundbauchig und gedrungen.

Hier und da ließ das Mondlicht Blüten an Obstbäumen aufblitzen. *Sternschnuppen, vom Himmel gefallen und aufgefangen,* ging es Ursula durch den Sinn. Dieser ungewöhnlich milde März anno 1407 trieb die Knospen früher als sonst dazu, sich zu öffnen. Am liebsten hätte auch Ursula sich »entblättert«, zumindest ihre Haube abgelegt. Darunter wärmte sie nämlich allzu gut ihr ungewöhnlich dichtes, dunkles Haar. Während sie schmale Wege zwischen sorgsam angelegten Beeten beschritt, erahnte Ursula den künftigen Duft heilender Kräuter.

Plötzlich erhaschte sie aus dem Augenwinkel heraus etwas Helles zwischen Ästen und Zweigen. Es bewegte sich und leuchtete immer wieder auf. Doch sobald Ursula direkt hinsah, entzog es sich ihrem Blick.

Als sie weiterging und der Baumbestand sich allmählich lichtete, erkannte Ursula, dass sie richtig vermutet hatte. Jenes Helle war Juttas Haube.

Ein horizontaler Silberstreif schimmerte unter dem Sternenzelt, der Fischteich. Doch offenbar war nicht er Juttas Ziel, sondern die Grabsteine auf dem Friedhof davor. Dazwischen verharrte sie, kniete nieder, faltete die Hände und richtete ihren Blick zur Mondsichel.

*Ist sie davon angezogen worden?*, fragte sich Ursula. Oder hatte es nichts mit dem Mond zu tun? Augenscheinlich ruhte eine Verwandte von Jutta hier, die einst dem Konvent angehörte.

Unschlüssig verharrte Ursula. Nachdem die Novizin eine Weile stumm gebetet hatte, begann sie zu schluchzen.

Eine hohe Woge Mitgefühl überlief Ursula. Nur durch Aufbietung größter Selbstbeherrschung widerstand sie dem Drang, zu Jutta zu gehen und sie zu trösten. Sie könnte ja sagen, eine schlaflose Nacht habe sie in den Garten getrieben. »Herr, du magst mir hoffentlich den Gedanken an diese barmherzige Lüge verzeihen«, bat sie leise seufzend. »Was soll ich tun?« Auf eine Antwort hoffend, horchte sie in sich hinein.

Da verstummte Jutta, breitete beide Arme aus und öffnete ihre Hände, als empfange sie etwas. Bei diesem Anblick huschte ein erleichtertes Lächeln über Ursulas Gesicht. »Danke, o Herr«, sagte sie leise und zog sich zurück.

Als sie kurz darauf das Dormitorium betrat, schienen ihre Mitschwestern sowie die Novizinnen tief und friedlich zu schlafen. Nur Gottfrieda schnarchte, wälzte sich unruhig herum und stöhnte vor Schmerzen.

Ursula legte sich nieder und überlegte, was während ihrer Abwesenheit der betagten Schaffnerin zugesetzt haben könnte. Dabei dachte sie unweigerlich an den Spuk hinter den Vorhängen des Nonnenchors. Erst als sie hörte, wie Jutta zurückkam und ebenfalls zu Bett ging, fiel Ursula in einen unruhigen Schlaf.

# II

Am nächsten Morgen, nach dem Frühmahl, begegnete Ursula unterwegs zur Bibliothek ihrer Mitschwester Barbara. Die Untersiechenmeisterin schien in Gedanken vertieft, murmelte unentwegt dieselben Worte vor sich hin und bemerkte die Entgegenkommende offenbar nicht.

Als Ursula an ihr vorbei war, warf sie einen Blick zurück und sah, dass ihre Vermutung sich bestätigte. Barbara wollte zur Äbtissin. Zumindest verharrte sie vor der Tür zu deren Räumlichkeiten – allerdings nur einen Moment. Dann huschte sie unverrichteter Dinge weiter.

Kopfschüttelnd setzte auch Ursula ihren Weg fort und rief sich in Erinnerung, was sie verstanden zu haben glaubte. Demnach ging es um die Bewilligung irgendwelcher Utensilien für die Kranken. *Seltsam ... Warum wandte sie sich deswegen nicht an die Schaffnerin?*

Der Gang zur Äbtissin war augenscheinlich eine große Herausforderung für Barbara – zu groß. Das musste sie bereits in der Nacht umgetrieben und ihren Schlaf gestört haben.

Auch Ursula fühlte sich wie gerädert. Während des Frühmahls hatte sie unauffällig auf Jutta geachtet, die wieder kaum einen Bissen zu sich genommen hatte. Dabei schlotterte der Habit zusehends mehr an ihr.

Gedanklich immer noch bei der Novizin und dem merkwürdigen Verhalten der Untersiechenmeisterin, betrat Ursula die Bibliothek im obersten Stock des Konventgebäudes. Schwester Luitgard von Freidank, die Buchmeisterin, hatte sie schon erwartet und hielt ihr ein Werk in erbarmungswürdigem Zustand unter die Nase. »Bei diesem Buch sind auch die Holzdeckel zerfressen«, klagte sie. »Sie zerbröseln mir zwischen den Fingern, seht nur!«

Auffallend lange brauchte Ursula zum Umdenken. »O verzeiht, Schwester Luitgard«, entschuldigte sie sich. Sie habe letzte Nacht schlecht geschlafen.

Besorgt runzelte die Buchmeisterin die Stirn: »Ihr werdet mir doch hoffentlich nicht krank werden.«

»Nein, nein, gewiss nicht«, versicherte Ursula schnell und legte ihr beruhigend eine Hand auf den Arm.

Die trüben Augen der Buchmeisterin leuchteten schwach auf. »Täglich bete ich darum, dass Gott mir genügend Kraft geben möge, um Euch in mein Amt einzuweisen«, bekannte sie seufzend. »Ich kann die Bibliothek wirklich nicht mehr alleine verwalten und hätte längst Unterstützung erbitten sollen.« Aber sie habe einfach lange Zeit nicht wahrhaben wollen, dass ihr Augenlicht nachließ. Die Bücher habe sie ja noch lesen können, sie sei nur schneller ermüdet. Wenn die Schrift vor ihren Augen verschwamm, habe sie es dem fortschreitenden Alter zugeschrieben. »Immerhin zähle ich weit über ein halbes Jahrhundert.«

Eine Spur Stolz auf solch ein langes Durchhaltevermögen schwang in diesen Worten mit. Na, na, dachte Ursula schmunzelnd. Gewisse menschliche Schwächen hielten sich offenbar hartnäckig, da konnte man noch so alt und grau werden. Doch im Grunde machte das die Buchmeisterin eher noch sympathischer.

Ursula überlegte. Im Geiste sah sie wieder Jutta auf dem Grab der heiligen Euphemia. »So ein hohes Alter … Dann habt Ihr die selige Euphemia noch gekannt?«

Bedauernd schüttelte die Buchmeisterin den Kopf. »Leider nicht. Ich bin erst nach ihrem Ableben nach Pforzheim gekommen, aus einem anderen Kloster, wie Ihr.« Doch sie habe viel über Euphemia gelesen und auch Schriften über sie kopiert. In diesem Werk hier werde sie übrigens sehr gewürdigt. »Es ist von einem gelehrten Pilger verfasst worden, den Gott von jenseits des Meeres hierher geführt hat, um ihm zu offenbaren, welch ein Schatz jene Jungfrau ist. Sie selbst hatte bis dahin aus lauter Demut ihr Licht unter den Scheffel gestellt und sich schlicht ›Gertrud von Köln‹ genannt.«

Ehrfürchtig und plötzlich fiebernd vor Erregung nahm Ursula das auf Latein verfasste Buch entgegen. Die Mäuse hatten Geschmack daran gefunden. Obendrein musste das Buch einen Wasserschaden erlitten haben, denn die Seiten aus Pergament waren stark gewellt. Wenn die metallene Schließe sie nicht zusammenhielte, wäre das Buch bestimmt schon längst auseinandergefallen. Aber ein Wasserschaden – hier, in der Bibliothek? Die war doch mit Bedacht im obersten Stock eingerichtet worden, weil die Enz mitunter Hochwasser führte.

Nein, das musste irgendwie anders passiert sein, vermutete Ursula und strich nachdenklich über den schimmligen Ledereinband, dessen einst leuchtendes Rot kaum noch zu erahnen war. Vorsichtig blätterte sie in dem Buch und bemerkte, dass zu allem Übel auch die Schrift sehr gelitten hatte – durch die Feuchtigkeit und Tintenfraß. Auf vielen Seiten war sie kaum noch lesbar.

Gewiss, die Kräfte der Buchmeisterin schwanden. Abgesehen von der drohenden Erblindung, wurde sie von so manchem Zipperlein geplagt und konnte sich nicht mehr ausreichend um die ihr anvertrauten Bücher kümmern. Doch den desolaten Zustand dieses Werkes vermochte das nicht zu erklären.

Luitgard schien Ursulas Gedanken lesen zu können. »Es hat eine merkwürdige Bewandtnis mit diesem Buch«, sagte sie. »Lange war es verschollen. Gott allein weiß, wo. Erst kürzlich habe ich es wiedergefunden.«

Ursula horchte auf: »Aha.« Das klang ja wirklich interessant und obendrein mysteriös. »Es sollte dringend kopiert und am besten auch ins Deutsche übersetzt werden«, betonte sie und dachte bei sich, es könnte womöglich einen Schlüssel zu Juttas rätselhaftem Gebaren in sich bergen. Gewiss, viele verehrten Euphemia, die dereinst unter dem Mantel der Verschwiegenheit nur einer Nonne anvertraut hatte, dass sie eine Tochter des englischen Königs Edward III. war. Blutjung war sie um die Mitte des vorigen Jahrhunderts aus England geflohen. Der Überlieferung nach, um einer ungewollten Vermählung zu entgehen und ihre Jungfräulichkeit für ihren himmlischen Bräutigam Jesus zu bewahren.

Jutta schien in ganz besonderem Maße Sicherheit und Kraft bei Euphemia zu suchen. Sie war ja auch noch jung, fühlte sich ihrer Familie entrissen und benötigte Führung – offenbar mehr als die übrigen Novizinnen.

Unverzüglich begann Ursula das geschundene Buch zu kopieren, was sich als sehr mühselig erwies. Etliche unleserliche Passagen konnte sie zwar aus dem Sinnzusammenhang heraus rekonstruieren, doch wenn auf einer Seite kaum ein Satz mehr lesbar war, ging natürlich auch das nicht mehr. Folglich war sie sehr unzufrieden mit dem Ergebnis ihrer Arbeit.

So langsam Ursula vorankam, so geschwind verflog der Vormittag. Endlich konnte sie nicht mehr überhören, wie Luitgard bei der Durchsicht anderer Bücher ächzte und stöhnte. Die letzten Stunden hatten sie erschöpft.

*Es ist ja bald Zeit für die Mittagshore,* überlegte Ursula und bot ihr an, sich davor ein bisschen auszuruhen, allerdings nicht ganz ohne Hintergedanken. Sie werde noch schnell hier aufräumen.

Die Buchmeisterin nickte dankbar und verließ die Bibliothek.

Kaum hatte sie Ursula den Rücken gekehrt, zog diese einen Band aus einem der Eichenholzregale, in dem die Namen aller Nonnen verzeichnet waren seit der Gründung des Klosters im Jahre 1257. Sie musste nicht lange suchen, bis sie fündig wurde. Flugs stellte sie den Band zurück und eilte hinaus.

Eigentlich wollte sie schnellstmöglich in den Klostergarten. Es würde ihr guttun, vor dem mittäglichen Stundengebet etwas Luft zu schnappen. So sehr sie Bücher liebte, in der Bibliothek war es muffig und staubig. Längst hätte sie durch regelmäßiges Lüften Abhilfe geschaffen, doch Schwester Luitgard meinte, den frischen Wind nicht zu ertragen. Glücklicherweise stand der Sommer vor der Tür. Da würde bestimmt vieles einfacher und erträglicher werden, nicht nur das Lüften, hoffte Ursula.

Doch sie sollte sich gründlich täuschen.

Im Kreuzgang wurden ihre Gedanken von Stimmen abgelenkt, die um die Ecke drangen. Eine, dunkel und maßregelnd, gehörte der Äbtissin. Eine andere, vor Erregung hoch und schrill, entstammte unzweifelhaft Barbaras Kehle. Hatte sie sich doch noch an die Äbtissin gewandt?

Ursulas Gewissen gebot ihr weiterzugehen, anstatt zu lauschen. Sie wollte ihm gerade gehorchen, als eine dritte Stimme sich zu Wort meldete – die ältlich klingende und ein wenig brüchige Gottfriedas. Ursula zögerte immer noch, beschwor sich dann aber: *Das betrifft dich nicht, geh endlich weiter!*

Der Garten war der reinste Balsam für die Seele. Immer aufs Neue staunte Ursula darüber, wie wunderbar Gott durch das Licht die Natur verzauberte – auch jetzt. Die gespenstischen Nachtgestalten hatten sich in Bäume, Büsche und Sträucher zurückverwandelt. Außerdem waren weitere Knospen an den Obstbäumen aufgesprungen. Wie frisch gefallener Schnee muteten sie an vor wolkenlos blauem Himmel. Auf den Kräuterbeeten jäteten Laienschwestern Unkraut – überwacht von der Gärtnerin. Sie schritt die Wege dazwischen auf und ab und achtete darauf, dass es mitsamt der Wurzel ausgemerzt wurde.

Nachdem sie die Obstbäume hinter sich gelassen hatte, überblickte Ursula den Friedhof und versuchte sich daran zu erinnern, wo Jutta gekniet hatte. Doch es gab nichts Markantes, woran sie sich orientieren konnte. Äbtissinnen wurden seit jeher in der Klosterkirche bestattet. Hier ruhten gewöhnliche Nonnen, deren Grabsteine nahezu identisch waren.

Als sie meinte, wenigstens ungefähr die richtige Stelle gefunden zu haben, ging Ursula darauf zu und überflog beiläufig die Inschriften der Steine.

Plötzlich hielt sie und trat ein paar Schritte zurück. Ein Unkraut hatte eine Inschrift fast gänzlich überwuchert. Sie rupfte es heraus und erkannte den Grabstein der Magdalena von Eckstein, Juttas Großtante.

Ursula bückte sich und wollte die Stelle glätten, wo das Unkraut gewurzelt hatte. Dabei glänzte ihr etwas entgegen. *Nanu*, dachte sie, grub ein bisschen und zog zu ihrem Erstaunen ein goldenes Halskettchen aus der Erde.

Juttas innerer Konflikt, der sich durch Aufgewühltsein, Rast- und Ruhelosigkeit äußerte, wurde damit greifbar. Sie hatte das Kettchen am Fuße des Steins ihrer Großtante vergraben. Wer sonst? Wie der Zustand verriet, hatte es nur kurz dort gelegen. Es glänzte wie neu, und die wenigen Erdkrümel, die daran hafteten, lösten sich sofort.

Rückblickend erinnerte Ursula sich daran, wie oft Jutta sich bei allen möglichen Gelegenheiten an den Hals gegriffen und den Sitz ihres Habits überprüft hatte, insbesondere der Haube. Bisher hatte Ursula das als Ausdruck von Nervosität interpretiert. Doch nun – in Anbetracht dieses Schmuckstücks – erkannte sie den wahren Beweggrund für das Verhalten der Novizin. Stets hatte diese in Sorge darüber gelebt, jemand könnte ihr Geheimnis lüften, das sie unter der Kleidung hütete.

Ursula dachte an die Szene der vergangenen Nacht. Jutta hatte gebetet und geschluchzt, höchstwahrscheinlich aus Schmerz darüber, sich vom Letzten zu trennen, was sie mit dem weltlichen Leben verband. Nachdem sie es der geweihten Erde übergeben hatte, fühlte sie sich befreit, öffnete beide Hände und empfing zum Dank göttlichen Segen.

Ursula vermutete, dass die Novizin einer spontanen Eingebung gefolgt war. Ansonsten hätte sie das Kettchen im Redhaus, von wo aus sie zu bestimmten Zeiten Kontakt zur Außenwelt aufnehmen durfte, einem nahen Angehörigen ausgehändigt. Andererseits –, vielleicht hätte sie sich geschämt, weil sie es mitgenommen hatte ins Kloster.

*Wie mag es ihr jetzt gehen?*, fragte sich Ursula und bemerkte, dass sie die Zeit vergaß. Auf keinen Fall wollte sie zu spät zur Mittagshore kommen!

Ursula vergrub das Kettchen wieder, raffte ihren Rock und eilte davon – nicht, ohne einen letzten Blick zurück auf das Grab zu werfen.

Nach dem Stundengebet im Nonnenchor betrat Ursula mit den anderen Schwestern das Refektorium im Erdgeschoss des Konventbaus. In einer von der Refektorin eigens dafür bereitgestellten Schüssel wuschen alle ihre Hände und setzten sich an einen langen, gedeckten Eichenholztisch.

Aus einem riesigen Topf teilte die Tischdienerin eine Weißkohlsuppe mit etwas Hühnerfleisch als Einlage aus und schenkte Wein aus schweren Krügen ein. Manche, darunter Gottfrieda, erhielten heißes Wasser, um ihn zu wärmen.

Unauffällig wanderte Ursulas Blick zu Jutta. Die schien heute noch blasser als sonst, falls das überhaupt möglich war. Die Suppe rührte sie nicht an und griff auch nicht nach dem Weinbecher, stattdessen mehrmals an ihren Hals. Wahrscheinlich aus Gewohnheit, dachte Ursula und richtete, wie alle anderen, ihre Aufmerksamkeit auf die Äbtissin.

Ihr sei in letzter Zeit aufgefallen, begann diese, dass manche zu viel Eigenwillen äußerten und es mit der Verrichtung ihrer Ämter nicht mehr so genau nähmen. Stattdessen mischten sie sich in die ihrer Mitschwestern ein.

Ursula fragte sich, worauf sie anspielte. Der strenge Blick der Äbtissin aus stahlgrauen Augen schweifte über Nonnen und Novizinnen. Ursula hielt ihm stand, als er sie traf. Sie war sich keiner Nachlässigkeit bei der Unterstützung der Buchmeisterin bewusst und schließlich eigens zu diesem Zweck nach Pforzheim berufen worden.

Als die Äbtissin den Blick von ihr abwandte, schaute Ursula zu Luitgard. Auch sie ließ sich nicht verunsichern, sondern war die Ruhe selbst.

Doch natürlich waren Ursula und die Buchmeisterin nicht der Anlass für die Verärgerung der Äbtissin. Das wurde auch den Begriffsstutzigsten klar, als diese auffallend lange Barbara ins Visier nahm. Die wich ihr aus und starrte auf ihren Becher. Der müsste davon augenblicklich zerspringen, meinte Ursula.

Barbaras Mundwinkel zuckten nervös. Sie lief puterrot an und knetete unter der Tischplatte ihre Finger.

Die ein oder andere Schwester räusperte sich verlegen, was laut widerhallte in der angespannten Stille. Bevor Unruhe eintreten konnte, lobte die Äbtissin Vernunft und Einsicht der Untersiechenmeisterin.

Irritiert hob diese den Kopf. In den rehbraunen Augen erkannte Ursula Hoffnung, aber auch Misstrauen.

Etliche Nonnen warfen einander erstaunte Blicke zu.

»Ja«, bekräftigte die Äbtissin, so sei es. Die Untersiechenmeisterin habe eingesehen, dass ihr Amt sie seit geraumer Zeit überfordere.

Der Hoffnungsschimmer in Barbaras Augen erlosch.

»Deshalb«, fuhr die Äbtissin fort, »wird Barbara ihr Amt mit der Siechendienerin Hildegundis tauschen. Mir ist aufgefallen, wie geschickt sie sich anstellt. Sie wird eine fähige Untersiechenmeisterin abgeben. Und Barbara …«, meinte die Äbtissin abschließend, »kann an deren Seite nützlicher sein als jetzt.«

Die junge Hildegundis war verblüfft, fasste sich aber schnell und unterdrückte angestrengt ein Strahlen, das als unziemlicher Ausdruck von Stolz gewertet werden könnte.

Ergeben senkte Barbara den Blick. In den langen Jahren im Kloster hatte sie gelernt, eigene Gefühle und Bedürfnisse zugunsten der Gemeinschaft zu unterdrücken und sich zu beherrschen.

Heute morgen hatte es ihr allerdings an Selbstdisziplin gemangelt – beim Versuch, sich zu rechtfertigen, hatte sie mit schriller Stimme aufbegehrt.

Während der Unterredung, deren Zeugin Ursula geworden war, mussten Äbtissin und Schaffnerin Barbara in die Mangel genommen haben. Aber warum? Weil sie – angeblich – mit ihrem Amt überfordert war?

Ursula glaubte, dass etwas anderes dahintersteckte. Hatte die Untersiechenmeisterin sich in ein fremdes Amt eingemischt, womöglich in Gottfriedas, und damit deren Unmut erregt?

Bei diesem Gedanken warf Ursula einen Blick auf die Schaffnerin. Sie strahlte Genugtuung aus. Um ihre schmalen Lippen spielte ein selbstgefälliges Lächeln. Gottfrieda allein wusste, ob nicht gar verhohlene Schadenfreude die Ursache dafür war. Ihre grünen Augen leuchteten, als die Tischleserin jetzt als erstes das Amt der Schaffnerin beschrieb und hervorhob, wie vortrefflich und verantwortungsvoll es seit vielen Jahrzehnten im Pforzheimer Dominikanerinnenkloster bekleidet werde.

# III

Es war an einem Freitag wenige Tage darauf, nach dem Nachtgebet. Beunruhigt von Fragen, die sie umtrieben, verweilte Ursula länger bei der Madonna im Nonnenchor.

Kurz vor der Vesper war Jutta aus dem Redhaus gestürzt und hatte sich von der Novizenmeisterin eine Rüge eingehandelt, weil sie die gestattete Redezeit überschritten hatte. Wer auch immer sie besucht hatte – das Gespräch wühlte sie sichtlich auf.

Unweigerlich kam Ursula die Goldkette in den Sinn. Vielleicht hatte die Familie sie vermisst und geargwöhnt, dass Jutta sie behalten haben könnte. Wie würde die Novizin auf solch einen Verdacht reagieren? Während der Vesper wirkte sie innerlich zerrissen – erst bedrückt und verschämt, dann aufgekratzt und mit einem geheimnisvollen Leuchten in den Augen.

Den anderen Novizinnen und Nonnen war nicht so leicht anzumerken, dass in diesem Kloster etwas im Argen lag. Doch Ursula spürte es. Sie spürte eine unheilvolle Anspannung unter der erzwungenen Harmonie. Würde sie vielleicht hier, im Nonnenchor bei der Madonna, eine Erklärung finden?

*Seltsam ...* Immer wenn sie dieser Madonna allein gegenübertrat, sah sie sie anders.

Ein Licht, plastisch wie manchmal vor Sonnenuntergang, glitt über das hölzerne Antlitz und ließ es fühlbar weich erscheinen. Ursula war es, als lege sich eine warme Hand auf ihr erregt stolperndes Herz. Sofort schlug es gleichmäßiger. Sie genoss die eintretende innere Ruhe und fragte sich, von woher jenes Licht kam. Draußen war es seit über einer Stunde dunkel.

*Ein von Gott gesandtes Licht,* dachte Ursula und hing wie gebannt an Marias Lippen. Lag es am Flackern der Kerze, dass es aussah, als würden sie sich leicht öffnen?

Als Ursula die Stimme hörte, glaubte sie zunächst, diese gehöre Jutta, schob den Vorhang beiseite und blickte ins Kirchenschiff, zum Hochaltar. Doch auf dem Grab davor kniete eine ihr unbekannte Frau. »Euphemia, selige Jungfrau«, flehte sie inbrünstig, »ich bitte Euch, heilt meine Tochter, lasst sie nicht sterben – meine Margarete!«

Zum ersten Mal erlebte Ursula, wie jemand aus dem Volk sich an die Heilige wandte, die man in Pforzheim verehrte. Nachdenklich richtete sie ihren Blick auf die Madonna. Immer noch erschien sie ihr in jenem besonderen Licht, gerade so, als stünde dort keine Statue, sondern die leibhaftige Maria. Auch der kleine Jesus saß wie lebendig in ihrer Armbeuge.

Ursulas Lippen bebten. Weitere Fragen lagen ihr auf dem Herzen – anmaßende Fragen, die sie kaum zu denken wagte. Was hatte es auf sich mit Euphemia? War sie wirklich eine englische Königstochter? Die Menschen sahen in ihr eine Heilige. Aber war sie das auch für die heilige Familie?

Ohne Antworten in sich zu vernehmen, verließ Ursula wenig später den Nonnenchor. Unterwegs zum Dormitorium drang aus einer Nische ein rhythmisches Klatschen an ihr Ohr. Wie selbst von Peitschenschlägen getroffen, zuckte Ursula zusammen und eilte weiter.

Im Dormitorium sah sie im Kerzenschein ein noch unberührtes Bett – Gottfriedas. Betroffen löschte Ursula die Flamme und legte sich nieder. Die Schaffnerin kasteite sich also. Wahrscheinlich ächzte und stöhnte sie auch deshalb oft, nicht nur, weil das Alter sie beugte. Hatte ihre Seele so schwer zu tragen? Oder meinte Gottfrieda das bloß und glaubte deshalb, sie müsste sich kasteien? Etwa, weil sie sich über die öffentliche Herabsetzung Barbaras gefreut hatte?

Sie und Barbara waren die Einzigen, die Euphemia noch persönlich gekannt hatten, das hatte Ursula mittlerweile herausgefunden. Wurzelte womöglich darin jener Konflikt, der zweifellos zwischen ihnen schwelte?

Erst nach der Matutin fiel Ursula in einen oberflächlichen Schlaf. Im Traum erschien ihr die Madonna und sagte: »Du unterstützt die Buchmeisterin, das ist aber nur ein Teil deiner Aufgabe.«

Ursula nickte. Eigentlich hatte sie das schon gewusst. »Was habe ich darüber hinaus zu tun?«, fragte sie und schaute lange in das schweigende Gesicht.

Barbara öffnete das Fenster, damit die Seele entweichen konnte, wusch den Leichnam und nähte ihn in ein Tuch ein. Das war das Einzige, was sie für die Verblichene tun konnte. Deren Leib war noch warm gewesen, als sie nach der Frühsuppe in das Kämmerlein neben dem Krankensaal kam, wohin man die verlegte, die der Tod gezeichnet zu haben schien.

In den frühen Morgenstunden war die junge Frau gestorben, kurz nachdem der Priester ihr die letzte Beichte abgenommen hatte. Dass sie überhaupt das Erwachsenenalter erreicht hatte, grenzte an ein Wunder, denn sie war schon immer sehr kränklich gewesen. Nicht einmal das kräftigende Fleisch vierbeiniger Tiere, zumeist den Kranken vorbehalten, konnte ihr helfen, wieder auf die Beine zu kommen.

Zum Glück hatte die Siechenmeisterin den Priester gerufen – allerdings erst, nachdem Barbara sie inständig darum gebeten hatte. Sie erkannte, dass es mit der jungen Frau zu Ende ging. Doch wen hatte die Äbtissin für ihre Umsicht gelobt? Natürlich die Siechenmeisterin. Und die heimste es schamlos ein!

*Aber so war es schon immer,* dachte Barbara. Andere ernteten Lorbeeren, die ihr zustanden.

Nachdenklich betrachtete sie den eingenähten Leichnam. Gewiss, Gott wollte sie zu sich holen, diese junge Frau. *Aber das erbärmliche Frieren in ihrem letzten Lebenswinter hätte man ihr ersparen können! Wenn Gottfrieda die Beschaffung ergänzender Bettwäsche bewilligt hätte.* Es mangelte an warmen Decken, weil der Krankensaal überbelegt war.

Die Schaffnerin um den Erwerb von Decken zu bitten, hatte Barbara unsägliche Überwindung gekostet, doch die Todkranke hätte mindestens zwei gebraucht. Barbara hatte nicht mehr mitansehen können, wie sie schlotterte.

Gottfrieda hatte argumentiert, wenn eine solche Anschaffung wirklich vonnöten wäre, würde die Siechenmeisterin sie beantragen.

Darauf hatte Barbara nichts zu erwidern gewusst. Ihre Gedanken schweiften weiter zurück. Natürlich hatte sie sich zuerst an die Siechenmeisterin gewandt, allerdings mit wenig Hoffnung. In deren Augen zeichnete Gott Menschen, die er besonders liebte, durch reiche irdische Gaben aus. Also wurden Pfründnerinnen, die sich durch ihr Vermögen ins Kloster eingekauft hatten, bevorzugt behandelt. Andere sollten sich Gottes Gunst durch Leiden und harte Arbeit erwerben.

Der Barbaras Ansicht nach unnötig schwere Leidensweg der jungen Frau hatte sie nach langem Zögern veranlasst, bei der Äbtissin vorzusprechen, obwohl sie argwöhnte, dass diese sich hinter Gottfrieda stellen würde.

Genau das war eingetroffen. Barbara fühlte sich in ihrer Vermutung bestätigt. Gottfrieda stand nun mal in der Gunst der Äbtissin ganz oben. Dabei war sie ihrem verantwortungsvollen Amt als Schaffnerin längst nicht mehr gewachsen. Auch anderen fiel auf, wie fehlerhaft ihre Abrechnungen manchmal waren, doch die Äbtissin schien sich nicht daran zu stören. Im Gegenteil – wehe dem, der Gottfrieda kritisierte!

Beim Gedanken an ihre Auseinandersetzung mit Äbtissin und Schaffnerin fühlte Barbara Bitterkeit in sich aufsteigen. Das Seufzen, Stöhnen und Jammerklagen aus dem Bett hinter ihrem Rücken ignorierte sie beharrlich. Schließlich hatte auch sie Grund genug, mit ihrem Schicksal zu hadern. Soweit sie sich zurückerinnern konnte, hatte man sie unablässig wegen ihrer Ungeschicklichkeit gerügt und ihr zu verstehen gegeben, dass sie ihre Aufgaben nicht zum Wohle des Konvents erfüllte. Das, was sie zu können glaubte, ließ man sie entweder gar nicht machen oder würdigte es keines Blickes. Vergebens versuchte sie das Gefühl abzuschütteln, dass alles zum Scheitern verurteilt war, sobald sie es in die Hand nahm.

Seit dieser neulich erfolgten Degradierung zur Siechendienerin wähnte Barbara sich ganz unten in der Hackordnung angelangt. Sogar das Gesinde benahm sich ihr gegenüber respektlos. Manchmal meinte sie, es tuschele hinterrücks über sie und werfe ihr spöttische Blicke zu.

»Ach, wär' ich nur auch von meinen Schmerzen erlöst«, klagte Laienschwester Margarete aus dem Bett hinter ihr schon wieder. Barbara konnte es nun doch nicht mehr ertragen, wandte sich ihr zu und betrachtete ihr Gesicht. Diese eingefallenen Wangen, die dünne Haut … Man glaubte förmlich den Totenschädel darunter zu sehen, so deutlich zeichnete er sich ab.

Barbara berührte die glühende Stirn. Den glasigen Blick vom Diesseits abgewandt, begann die Kranke zu phantasieren, wälzte sich auf ihrem Lager herum und strampelte sich bloß. »Heiß, heiß – das Höllenfeuer!« Irrsinn funkelte in ihren Augen.

Barbara deckte sie zu und schloss das Fenster, bevor der Raum ganz auskühlen konnte. Als sie sich umwandte, bemerkte sie, dass die Fiebernde sich erneut freigestrampelt hatte, deckte sie energisch zu und hielt sie fest. Denn mit erstaunlicher Kraft wehrte die Kranke sich dagegen, schrie und wand sich unter ihrem Griff. »Still!«, schrie Barbara zurück, zog ihr die Decke bis unters Kinn und drückte dabei versehentlich auf ihre Kehle.

»Ja«, stieß die junge Laienschwester röchelnd hervor. In die Augen des schmerzverzerrten Gesichts trat ein flehender Blick. »Macht meinem Elend ein Ende, helft mir.«

»Helfen, helfen, immer ich! Und wer hilft mir, wer macht meinem Elend ein Ende?«

Mit wachsender Spannung las Ursula das Werk des Pilgers aus dem fernen Morgenland, während sie es kopierte. Doch plötzlich ließ ein lauter Knall sie erschrocken herumfahren.

Luitgards Fingern, deren Gelenke von der Gicht knotig waren, war ein besonders dickes und schweres Buch entglitten und zu Boden gefallen. Ehe sie sich danach bücken konnte, hob Ursula es auf, blies ein paar Staubkörnchen vom Buchdeckel und bat: »Überlasst mir diese schweren Bände, schont Euren Rücken.«

Luitgard seufzte. »Von Tag zu Tag, ach was, von Stunde zu Stunde werde ich untauglicher.«

Tröstend nahm Ursula ihre Hände und blickte forschend in ihr bedrücktes Gesicht. »Das ist aber nicht Eure alleinige Sorge, nicht wahr?«

Luitgard nickte, seufzte nochmals tief auf und meinte: »Da habt Ihr recht. Mich plagt das Gewissen. Ich fürchte, ich bin nicht ganz schuldlos daran, dass Barbara ihr Amt verloren hat.«

»Wie das?«, fragte Ursula erstaunt.

»Nun … seht …«, begann Luitgard stockend und setzte sich auf einen Schemel, den Ursula ihr hinschob. Bevor das passierte, sei Barbara in der Bibliothek gewesen, um sich ein paar Bücher für die Krankenstube auszuleihen – insbesondere das über die Kunst des guten Sterbens. »Aber wie Ihr wisst«, klagte die Buchmeisterin, »sind etliche Werke verlorengegangen, darunter leider auch dieses. Vielleicht hat Barbara sich deshalb an Gottfrieda gewandt und sie gebeten, neue Bücher zu beschaffen.« Bedauernd zuckte sie mit den Achseln und fügte hinzu: »Offenbar vergebens.«

Ursula schüttelte den Kopf. »Das ist nur eine Vermutung. Sie kann die Schaffnerin auch um etwas anderes gebeten haben. So oder so … Ihr habt nicht zu verantworten, dass Barbara ihr Amt verlor, also grämt Euch nicht länger deswegen.« Sie überlegte. Hatte sie nicht vorgehabt, diese beiden Schwestern, welche Euphemia gekannt hatten, auf sie anzusprechen? Vielleicht konnte sie sogar etwas für Barbara tun. »Versprecht mir«, beschwor sie die Buchmeisterin und ging zur Tür, »Euch nicht mehr über Gebühr anzustrengen.«

»Wo wollt Ihr hin?«, fragte Luitgard.

Ursula hatte plötzlich das Gefühl, sich nicht mit Erklärungen aufhalten zu dürfen. »Ich bin bald zurück«, versprach sie, die Hand am Türgriff.

»Ähem …« Die Buchmeisterin warf hektische Blicke auf die Regale in der Bibliothek. »Moment, wartet …« Sie stand auf und suchte überlegend die Reihen ab. »Vielleicht finde ich ja doch noch etwas für die Krankenstube.«

Ungeduldig verharrte Ursula.

Barbara sah nur noch ihre eigene Misere. Der mühsam unterdrückte Zorn auf ihr Schicksal sprengte alle Fesseln und entlud sich. »Soll ich mich etwa an Euch versündigen?«, erboste sie sich und merkte vor Entrüstung nicht, dass sie ihren Druck auf Margaretes Kehle eher noch festigte, anstatt ihn zu lockern.

Die Fiebernde erwiderte nichts. Sie bekam keine Luft mehr.

Barbara schüttelte und beschimpfte sie, weinte dabei und drückte immer fester zu – drückte ihr die Farbe aus dem Gesicht.

Als es bereits grau anlief, fühlte Barbara sich von hinten gepackt und weggezerrt. Mehrmals wurde sie angesprochen, bis sie es überhaupt registrierte. Auch dann noch starrte sie verständnislos in Ursulas Gesicht.

Die kümmerte sich zunächst um Margarete, klatschte mit flacher Hand auf deren Wangen. Die Kranke reagierte nicht. Reglos lag sie da, die Augen geschlossen.

Barbara, hinter Ursula verharrend, presste beide Hände vors Gesicht und schrie aus Entsetzen über ihre Tat.

»Still!«, gebot Ursula und legte zwei Finger an Margaretes Hals. »Es ist noch Leben in ihr, ich fühle ihren Puls.« Ursula öffnete Margaretes Mund, presste ihren darauf und spendete ihr Atem.

Endlich – ihr wurde fast schwindlig – stieß die Kranke auf, öffnete die Augen und begann zu hyperventilieren. Sie versuchte zu sprechen, verschluckte sich dabei und musste husten.

Erleichtert atmete Ursula auf, strich ihr über die Wange und sprach beruhigend auf sie ein.

Als Margarete regelmäßiger atmete, trat ein verklärter Blick in ihre Augen. »Oh, warum habt Ihr mich zurückgeholt?«, fragte sie und richtete den Blick nach oben. »Ich habe *Ihn* gesehen, in einem herrlich strahlenden Licht. So sanft hat er mir zugelächelt in seiner unendlichen Güte und gesagt: ›Eine Freundin hat mich gebeten, dir zu helfen.‹ Alle Schmerzen in meiner Brust waren weg. Jetzt …«, sie verzog das Gesicht, »sind sie wieder da.«

»Wer?«, stieß Barbara hervor, während Ursula ergriffen schwieg. »Wer, welche Freundin?«

Aber Margarete antwortete nicht. Ihr Blick weilte wieder in jener anderen Welt, aus der Ursula sie zurückgeholt hatte.

*Euphemia?*, fragte sich Ursula. Der Name lag ihr auf den Lippen. Barbara sprach ihn aus, gedankenverloren. Ursula schaute ihr ins Gesicht. Es mutete kindlich an und unreif, trotz etlicher Falten. *Wie ein altes Kind,* dachte sie. *Als wäre Barbaras Seele irgendwo in der Vergangenheit stehengeblieben. Vielleicht konnte sie seinerzeit etwas nicht vollenden – etwas Wichtiges. Einen Konflikt nicht lösen? Und ist deshalb in ihrer Entwicklung verharrt?*

»Ihr habt Euphemia gekannt. Wie standet Ihr zu ihr?«, fragte Ursula.

Endlich wandte Barbara sich ihr zu und sagte wie in Trance: »Ja. Ich bin als nicht mal fünfjährige Oblate ins Kloster gekommen. Ich hab mich verloren gefühlt – verlassen und verloren. Euphemia …«, sie stockte. Ihr Gesicht leuchtete auf, es wurde geradezu schön. »Sie war meine Retterin. Aber dann …«, Barbara brach ab. Das Leuchten in ihrem Gesicht erlosch.

»Aber dann«, wiederholte Ursula. »Was geschah dann?«

Barbara schwieg.

# IV

Wann immer sie im Klosteralltag ein bisschen Zeit für sich erübrigen konnte, ging Ursula in den Garten. Hier, inmitten von Gottes Schöpfung, fühlte sie sich ihm oft näher als im Nonnenchor, gestand sich das allerdings nur mit zwiespältigen Gefühlen ein.

Die zauberhaft wandelbare Madonna? Die hatte sie längst verinnerlicht und konnte sie sich überall ins Gedächtnis rufen.

Mitte April verweilte Ursula am Bach, der sich durch den Klosterhof schlängelte. Die Sonne hatte sich tief geneigt und verwandelte sein Wasser in rötliches Gold.

Da glaubte Ursula Euphemia zu sehen, umhüllt von einem Strahlenkranz, wie sie damals jenem Pilger aus dem Morgenland erschienen war.

Die Vision löste sich auf, als Barbara angelaufen kam, in der Eile fast über ihre Röcke stolpernd und das Gesicht rotfleckig vor Aufregung.

Besorgt fragte Ursula, was geschehen sei, doch Barbara konnte kaum sprechen, so war sie außer Atem.

Ursula befürchtete Schlimmstes. »Die Margarete …«

»Ja?«, sagte Barbara.

Ursulas Miene wurde noch ernster, als sie schon war. Doch Barbara schüttelte den Kopf und versuchte zu lächeln. Lange hatte sie nicht gelächelt. Es mutete an, als müsste sie es wieder lernen.

Ursula hatte kaum zu hoffen gewagt. »Geht es ihr …«

»… besser!«, stieß Barbara hervor. »Ja, Gott, der Allmächtige, hat unsere Gebete erhört.«

Dieses Ereignis ging Ursula durch den Sinn, als sie ein paar Nächte darauf wieder einmal vergebens auf den Schlaf wartete. Sie dachte an die Frau auf Euphemias Grab, Margaretes Mutter. Da die Kranke bereits vom Tod gezeichnet gewesen war, konnte sie nur durch ein Wunder genesen sein.

*Ist das ein Beweis für Euphemias Heiligkeit?* Ursula schämte sich. Besaß sie überhaupt das Recht, Beweise zu verlangen? Warum musste sie alles hinterfragen? Zwar hatte sie immer schon dazu geneigt, doch so ausgeprägt wie hier in Pforzheim war diese Eigenschaft nie zuvor gewesen, insbesondere nachts nicht. Ursula benötigte keine Glocke. Meist lag sie lange vor dem nächsten Stundengebet wach. Obwohl sie abends rechtschaffen müde war, flog diese Müdigkeit wie ein Nachtfalter davon, sobald sie sich hingelegt hatte, und verlor sich irgendwo im Dunkel des altehrwürdigen Klostergemäuers. Verschiedenste Geräusche glaubte Ursula alsbald zu hören und überlegte, wer oder was deren Urheber sein könnte.

Vor ihrem geistigen Auge erhellten Bilder der vergangenen Tage auch diese Nacht, obwohl sie ausnehmend dunkel war. So gut wie kein Mondlicht gelangte durch die dicke Wolkendecke und noch weniger ins Dormitorium. Ursula konnte nur die nächststehenden Betten schemenhaft ausmachen. Juttas war zu weit entfernt.

Ursula versuchte an nichts mehr zu denken, an gar nichts. Doch je angestrengter sie das versuchte, desto hartnäckiger kreisten Gedanken durch ihren Kopf.

Nun gut, wenn es so nicht ging … Sie rief sich die Madonna vor ihr inneres Auge und konzentrierte sich völlig auf sie, sah nur noch sie und betete sie an, flüsterte wie bei einem Rosenkranz wieder und wieder dieselben Worte: »Gegrüßet seist du, Maria …«

Dabei entspannte sie sich und glaubte allmählich zu sinken, in eine weiche Tiefe. Ein unwirklich anmutendes Licht erfüllte die Madonna, drang nach außen und umhüllte sie. Ihr Heiligenschein, der sonst sanft golden schimmerte, erstrahlte. Irgendwann verstummte Ursula, hörte sich aber trotzdem weiterflüstern. Nein, es war nicht sie, nicht ihre Stimme. Sie gehörte … Jutta?

Eine zarte Röte stieg in die bleichen Wangen und Lippen der Madonna. Ihre Augen glänzten in undefinierbaren Farben. Zwei Worte formte ihr Mund: »Folge mir.« Sie ging ein paar Schritte und blickte sich auffordernd zu Ursula um.

Die merkte erst jetzt, dass die Muttergottes am Fuße ihres Bettes stand, erhob sich wie entrückt und gehorchte. Das Licht um die Madonna wies ihr in der Finsternis den Weg wie ein leuchtender Schleier.

Sie verließen das Dormitorium und gingen ins Kirchenschiff. Dort verharrte Ursulas Führerin, streckte ihren rechten Arm aus und deutete auf den Hochaltar.

Die Nonne verstand nicht. Was wollte Maria ihr zeigen? Als Antwort strömte ein Lichtstrahl aus deren Zeigefinger und fiel hinter den Altar.

Ursula wollte ihm gerade folgen, da hörte sie die Glocke zur Matutin läuten, schlug die Augen auf und fand sich im Bett wieder.

# V

Nachdenklich betrachtete Barbara das Gesicht der Entschlafenen. Zu jenen Begüterten, die sich ins Kloster einkaufen konnten und somit dort einen geruhsamen Lebensabend verbrachten, hatte sie nicht gehört.

Also war sie vor Jahren als Laienschwester eingetreten und hatte stets tüchtig mit angepackt, bis vor wenigen Wochen. Da hatte sie einen Schlagfluss erlitten und war seitdem halbseitig gelähmt gewesen. Sie sei ja zu nichts mehr nütze, hatte sie ständig gejammert, Gott möge ihr doch die Gnade erweisen, sie zu sich zu nehmen.

Heute Nachmittag hatte der Allmächtige ihre inbrünstigen Gebete erhört – so formulierte es jedenfalls der Priester. Wenn sie jetzt wirklich bei Gott war und nicht etwa im Fegefeuer … Barbara seufzte. Obwohl der Tag sich noch nicht dem Ende zuneigte, überfiel sie eine lähmende Schläfrigkeit. Sie wollte ihr trotzen und mit wenigen letzten Stichen auch das Gesicht des Leichnams ins Tuch einnähen. Dabei stach sie sich an der Nadel, unterdrückte jedoch einen Aufschrei.

Nein, so ging es nicht! Sie musste die Müdigkeit durch Bewegung aus ihren Gliedern verscheuchen. Also stand sie auf, um in den angrenzenden Krankensaal zu gehen, verharrte aber an der Tür. Ein Stimmengewirr drang hindurch – aufgebracht, erregt. Das klang nach einem Disput. Nein, da wollte sie jetzt nicht hineingeraten, verließ die Kammer für die Sterbenden durch den Hinterausgang und überquerte den Klosterhof.

Zu ihrem Erstaunen sah sie Margarete am Bach stehen und Wäsche waschen. »Fühlt Ihr Euch denn schon kräftig genug, um solche Arbeiten zu verrichten?«, fragte sie die blutjunge Laienschwester und eilte auf sie zu. Margarete war tatsächlich immer noch sehr bleich und ausgezehrt.

Die hob den Kopf, blinzelte in die schräg stehende Sonne und meinte, sie könne doch nicht ewig untätig herumliegen.

»Ich weiß nicht«, entgegnete Barbara zweifelnd. »So lange ist es noch nicht her, dass Ihr fast sterbend darniedergelegen habt.«

Margarete winkte ab, sie hielt derlei Besorgnis für überflüssig. »Ich habe keine Angst mehr vor dem Tod. Außerdem …« Sie nahm ein feines Leinenhemd der Äbtissin aus dem Wäschekorb, zog es durchs Wasser und trug Seife auf, wie immer sorgsam, als wäre es ein rohes Ei. »Sie tut mir gut, diese Arbeit. Hier fühle ich mich unserer seligen Euphemia so nah.«

Barbara nickte. Ja, dereinst hatte diese heilige Jungfrau auch hier für die Äbtissinnen gewaschen. Dass diesem jungen Ding das nur nicht zu Kopf stieg! Am Ende glaubte sie noch, sich mit der Heiligen vergleichen zu können.

Aber womöglich, so überlegte Barbara, war Margarete ja Euphemias Liebling. Sie hatte doch eine Freundin erwähnt, die auf der Schwelle zum Jenseits Gott um Heilung für sie gebeten hatte. Mit jener Freundin hatte sie wohl Euphemia gemeint.

Gewissermaßen war das ja auch Barbaras Rettung gewesen. Mit Schaudern dachte sie an den Moment zurück, als sie in ihrem Zorn die Kontrolle über sich verloren hatte. Wenn Ursula nicht gekommen wäre … Nicht auszudenken!

Konnte das … Eine gewagte Hoffnung erregte Barbara. Konnte das bedeuten, dass Euphemia ihr verziehen hatte? Hatte sie ihr Ursula als rettenden Engel geschickt?

»Woran denkt Ihr? O!« Margarete fasste sich auf den Mund, entschuldigte sich für diese indiskrete Frage und senkte demütig den Blick.

»Alles in Ordnung«, meinte Barbara großmütig, insgeheim erfreut, weil diese Laienschwester ihr solchen Respekt zollte. Offenbar hatte sie doch noch nicht so viel an Achtung eingebüßt. »Sagt«, begann sie. »Ihr habt wirklich und wahrhaftig unseren Herrn Jesus Christus gesehen, als ihr …« Sie brach ab.

In Margaretes Augen trat ein Leuchten. »Oh ja, gewiss, so wahr ich hier stehe. Er erschien mir in einem – in einem …« Sie blickte zum Himmel, ließ vor Verzückung das Leinenhemd in den Bach fallen und suchte händeringend nach den richtigen Worten: »In einem unbeschreiblich herrlichen und sanften Licht, so hell und doch so sanft!«

Fasziniert hörte Barbara zu, ohne zu merken, wie bei der Erinnerung an das Erlebnis Emotionen in Margarete aufstiegen, sie zu viel Kraft kosteten und übermannten. Ihr wurde schwindlig. Sie verlor das Gleichgewicht und strauchelte.

Darauf nicht gefasst, stieß Barbara einen Entsetzensschrei aus und sprang über den Bach, konnte Margarete aber nicht auffangen. Bewusstlos lag sie am Boden, mit beiden Füßen im kalten Wasser.

Ungeschickt vor fiebriger Erregung verharrte Barbara und überlegte, was zu tun sei. Tücher – sie brauchte trockene Tücher! Ihre hektisch umherschießenden Blicke trafen den Wäschekorb. Sie wollte hineingreifen und etwas zum Abtrocknen herausholen, doch flinke Hände kamen ihr zuvor. »Lasst mich das machen!«, befahl Hildegundis, die durchs Fenster der Krankenstube aus alles mitangesehen hatte.

Unterdessen erlangte Margarete ihr Bewusstsein zurück. »Das Hemd!«, stöhnte sie und verrenkte sich den Hals, um mit Blicken dem Bachlauf zu folgen. »Das Hemd der Äbtissin.«

»Barbara, holt das Hemd«, ordnete die neue Untersiechenmeisterin an, »los, beeilt Euch!«

Suchend eilte die Siechendienerin den Bach entlang, konnte es aber nicht finden. Mit beiden Händen wühlte sie den Grund auf, erreichte damit aber nur, dass das Wasser sich trübte und gar keine Blicke mehr durchließ. *Warum passiert mir so was, immer mir?*, fragte sie sich verzweifelt, verharrte endlich ratlos und schlug beide Hände vors Gesicht.

»Ihr macht Euch ja ganz schmutzig!«, hörte sie Hildegundis rufen, nahm die Hände vom Gesicht und starrte darauf. Sie waren voller

Schlamm, auch ihre Wimpern. Das merkte sie, als sie zu Margarete schaute. Die saß inzwischen auf einem Schemel, die Füße fest umwickelt.

Barbara fragte sich, wo Hildegundis so schnell den Schemel hergenommen hatte, da fühlte sie sich von ihr am Arm gefasst. »Kommt mit rein und wascht Euch«, sagte die Untersiechenmeisterin, die ihren ungeduldigen Unterton nicht ganz unterdrücken konnte.

Barbara schüttelte den Kopf. Im Geiste sah sie sich von spöttischen Blicken umringt, riss sich los und folgte dem Bachlauf in den Garten. Irgendwo musste das Hemd doch wieder auftauchen.

Bald entdeckte Barbara vorwitzige Hühner, die sich ungewöhnlich weit von ihrem Haus entfernt hatten und am Bachufer herumpickten. Sie rannte darauf zu und verscheuchte sie. In alle Richtungen stoben sie auseinander.

Langsam näherte sich Barbara der Stelle, wo sie sich aufgehalten hatten und ... tatsächlich – sie wagte ihren Augen kaum zu trauen – erfüllte sich ihre Hoffnung. Da war das Hemd, hängengeblieben an einem Zweig an der Uferböschung.

Als sie es nahm und kritisch begutachtete, schwand ihre Freude. Das Federvieh hatte Löcher hineingepickt, durch die locker ihr Zeigefinger passte. Ob sie die so ausbessern könnte, dass es nicht auffiel, war mehr als fraglich. Voller Zorn jagte Barbara die Hühner, die sich inzwischen wieder neugierig herangewagt hatten, erneut davon. Diesmal flatterten einige bis zum Friedhof. Dort scharrten und pickten sie eifrig zwischen den Grabsteinen herum.

»Seht nur! Was hat das Federvieh hier zu suchen?«, rief eine der anderen Novizinnen, scherte aus der Zweierreihe aus und deutete auf den Friedhof. Der mahnende Blick der Novizenmeisterin veranlasste sie allerdings dazu, sich beschämt wieder einzuordnen.

Jutta, die hinter ihr ging, versuchte vergebens zwischen den weißen

Hauben einen Blick nach vorn zu erhaschen und merkte, wie ihre Handflächen feucht wurden. Sie hatte gleich ein mulmiges Gefühl in der Magengrube verspürt, als die Novizenmeisterin heute Mittag verkündet hatte, dass sie ihnen noch vor der Vesper einige Grabstätten ehemaliger Nonnen zeigen und über deren vorbildhaftes Leben und Wirken hier im Kloster referieren wolle.

Die Hühner würden keinen Schaden anrichten, versicherte die Novizenmeisterin, höchstens einige Würmer aus der Erde ziehen.

Würmer … Jutta sah ein anderes Bild vor ihrem geistigen Auge. Dabei begann es in ihrem Bauch so laut zu gluckern, dass die Novizin neben ihr sie prüfend anschaute und leise fragte, ob sie unpässlich sei.

Jutta wurde heiß und kalt zugleich. Sie schüttelte den Kopf, doch ihre zitternden Hände und der Schweiß auf ihrem Gesicht straften sie Lügen. Mühsam bezwang sie sich. Sie durfte jetzt nicht schwächeln und in die Krankenstube geschickt werden. Dann könnte sie unmöglich verhindern, dass zum Vorschein kam, was unter der Erde bleiben musste!

An Tiere, die ihren Schatz ausgruben, hatte sie nicht gedacht. Hühner flatterten in Bodennähe herum, aber wenn eine Elster die Kette fände … Jutta wurde noch aufgewühlter, als sie sich vorstellte, wie so ein Vogel damit davonflöge. Was, wenn er ganz weit hinauf in den Himmel flöge, bis zu den Engeln, Jesus Christus oder womöglich zu Gottvater selbst? Juttas Blick schweifte zu den Wolken, die im Abendlicht rosarot leuchteten. Warum wurden ihre inbrünstigen Gebete nicht erhört? Warum konnte oder wollte die heilige Euphemia ihr nicht die Kraft geben, den Verlockungen der Sünde zu widerstehen? Dabei schritt sie doch als leuchtendes Vorbild voran, das sich seine Jungfräulichkeit für den himmlischen Bräutigam Jesus bewahrt hatte.

Die Novizenmeisterin führte ihre Schülerinnen an der ersten Grabreihe entlang, hielt vor jedem Stein inne, las die Inschrift vor und erzählte über die Verstorbenen. Das brachte Juttas Gedanken auf den

Boden zurück – auf die Erde, worin sie jüngst all ihre Hoffnungen auf ein weltliches Leben begraben zu haben glaubte.

Vom Gedanken erfüllt, ihr goldenes Geheimnis zu hüten, konzentrierte sie sich nicht auf den Vortrag und konnte nur hoffen, dass die Novizenmeisterin es nicht merkte. Denn wenn ihr dergleichen auffiel, beliebte sie solche Abtrünnigen mit Fragen zu traktieren.

Wenn sie nur schon das Grab ihrer Großtante passiert hätten! Eine gewisse Chance bestand, dass sie heute nicht mehr nach dorthin kamen. *Es müsste bald zur Vesper läuten,* überlegte Jutta. Je ausführlicher die Novizenmeisterin über die vorigen Gräber referierte, desto besser. Inzwischen war sie bereits am letzten der vordersten Reihe angelangt. Juttas Großtante lag im dritten Grab der zweiten Reihe. *Wenn doch eine der anderen eine Frage stellte!* Aber die hörten alle nur andächtig zu.

Im letzten Grab der vordersten Reihe lag keine herausragende Nonne, weshalb die Novizenmeisterin sich dort nur kurz aufhielt. Schon schritt sie weiter und stand jetzt wenige Ellen von Magdalena von Ecksteins Grab entfernt. Wenn sie beiläufig einen Blick darauf warf und die Hühner ausgerechnet dort herumgescharrt hatten ... Jutta ertrug die Ungewissheit nicht und schaute verstohlen hin. Dabei pochte ihr Herz bis zum Hals. Glänzte dort auf der Erde nicht etwas Goldenes? Oder schien es nur so durch Sonnenstrahlen, die zwischen den Gräbern hindurchfielen und alles in ein goldenes Licht tauchten?

Wenn keine der anderen eine Frage stellte ... Wovon sprach die Novizenmeisterin gerade? Jutta zwang sich zum Zuhören und überlegte fieberhaft, was sie fragen könnte.

Endlich fiel ihr etwas ein. Doch sie hatte kaum das erste Wort über die Lippen gebracht, da läutete die Glocke zur Vesper. Jutta zitterte vor Erleichterung, als sie die Novizenmeisterin sagen hörte, sie müsse sich ihre Frage bis zur nächsten Gelegenheit aufbewahren.

Als sie zu den Gräbern zurückschaute, erhaschte Jutta, wie eine der beiden zuletzt nachfolgenden Novizinnen einen Schritt zurückblieb und einen Blick in die zweite Grabreihe warf. Ihr stockte vor Schreck der Atem.

»Was ist?«, fragte die Novizin neben ihr.

»Nichts«, beeilte sich Jutta zu versichern, »gar nichts.« Bangenden Herzens setzte sie ihren Weg fort.

Nach der Vesper saß Barbara am Bett der am Nachmittag entschlafenen Laienschwester. Um deren Gesicht noch einmal sehen zu können, hatte sie die Naht des Leichentuchs ein Stück weit mit einer Schere aufgetrennt und strich nun zärtlich über die erkaltete Wange. Wie friedlich die vor dem Tod noch so angespannt und gequält wirkenden Züge jetzt anmuteten. Nein, sie konnte unmöglich im Fegefeuer schmoren, sie musste bei der heiligen Familie sein!

Barbaras Finger krampften sich um die Schere. Die Spitze berührte die Pulsader ihres Handgelenks. Eine heftige Sehnsucht überkam sie und … ja, auch Neid. Warum durfte sie jetzt nicht bei der heiligen Familie sein? Barbara fühlte sich ausgeschlossen.

Nicht zum ersten Mal gewahrte sie diese Wandlung nach dem Sterben. Der Tod erlöste Menschen vom oft allzu harten und entbehrungsreichen Diesseits und führte sie zu Gott. Aber war das immer so? In ihrem schon ziemlich langen Leben hatte Barbara auch Verstorbene gesehen, deren Augen vor Entsetzen weit aufgerissen waren.

Beim Gedanken an den verstrichenen Nachmittag lief es ihr eiskalt über den Rücken. Nachdem sie das geschundene Hemd der Äbtissin so gut wie möglich im Bach gewaschen hatte, wollte sie es heimlich zum Trocknen aufhängen und anschließend flicken.

Als ihr unterwegs zum Konventgebäude Hildegundis entgegenkam, sah sie sich genötigt, das nasse Hemd unter ihren Habit zu stopfen. Sichtlich verärgert darüber, dass Barbara sich abgesetzt hatte, beorderte die Untersiechenmeisterin sie barsch in die Krankenstube.

Dort regte sich Gottfrieda wegen eines zerbrochenen Schälchens auf und hielt es Barbara unter die Nase. Die wähnte sich zu Unrecht beschuldigt. Schließlich hatte sie es nicht zerbrochen.

Das spiele keine Rolle, meinte Gottfrieda. Hildegundis pflichtete ihr bei. Wenn die Siechendienerin dagewesen wäre und ein Auge darauf gehabt hätte, wäre es noch ganz.

Beide hatten kaum ausgesprochen, da merkte Barbara, wie sie auf ihre Brust starrten, fasste sich dorthin und fühlte ihre Befürchtung bestätigt. Als wenn alles vorige nicht schlimm genug gewesen wäre, hatte nun obendrein das Hemd ihren Habit durchnässt. Barbara blieb nichts anderes übrig, als es hervorzuziehen. Gottfrieda riss es ihr aus der Hand und meinte kopfschüttelnd, das tauge nur noch als Putzlappen.

Inzwischen hatten nicht nur Laienschwestern, sondern auch Kranke von ihren Betten aus das Schauspiel verfolgt und als willkommene Abwechslung in ihrem ansonsten tristen Alltag betrachtet. Barbara wäre am liebsten im Erdboden versunken.

Auch jetzt wurde ihr glühend heiß vor Entrüstung bei der Erinnerung daran. Sie schrie und starrte fasziniert auf die Blutstropfen an der Schere in ihrer Hand. Ohne es zu merken, hatte sie zugestochen. Bei dem Schmerz empfand sie eine merkwürdige Erleichterung. Sollte sie ... Wie von einer unsichtbaren Macht geführt, drückte sie die Scherenspitze in die Wunde. Es wäre ganz leicht, sie müsste nur einmal hineinschneiden, wie in ein gerupftes Huhn, und all ihre Sorgen hätten ein Ende.

*Alle irdischen,* mahnte eine innere Stimme. *Es ist eine Sünde, sich das Leben zu nehmen, schon der Gedanke daran.* Vor Schreck ließ Barbara die Schere fallen und bekreuzigte sich. Ihr wurde noch heißer, insbesondere vor Scham. Sie brauchte frische Luft, stand auf, öffnete das Fenster und beugte sich weit hinaus.

Doch das genügte nicht. Barbara meinte zu ersticken und lockerte ihren Habit. Mit kalten Fingern griff die klare Nacht nach ihrem Hals.

Tags darauf bemerkte Ursula, wie bedrückt die Siechendienerin die Flure entlangschlich, noch viel bedrückter als sonst, und wie teilnahmslos sie bei den Mahlzeiten und Gebeten wirkte. Sie fragte sich, was vorgefallen sein mochte. Um Barbara ein wenig aufzuheitern, durchstöberte Ursula die Bibliothek, wann immer sie ein paar Minuten erübrigen konnte. Irgendwo musste doch geeignete Lektüre für die Kranken vorhanden sein. Infolge ihrer Sehschwäche hatte die Buchmeisterin nämlich etliche Werke falsch einsortiert.

Als Ursula in der folgenden Nacht wach lag, ging sie in die Bibliothek und wurde endlich fündig, zwischen den Werken der Kirchenväter. Triumphierend hielt sie eine Biographie über die heilige Elisabeth von Thüringen in der Hand. Es war ein ziemlich zerlesenes Exemplar, das auch kopiert werden sollte. Vorläufig verwahrte Ursula es in ihrem Pult und freute sich schon auf Barbaras Gesicht.

Zurück im Dormitorium schlief sie tatsächlich ein, doch bald läutete es zur Matutin. Ursula richtete sich auf und spürte eine heftige innere Erregung. Die Glocke hatte sie aus einem Traum gerissen, aus dem gleichen Traum wie kürzlich!

Während der Matutin musste sie dauernd daran denken, aber dafür hatte Gott bestimmt Verständnis. Schließlich war es die Mutter seines Sohnes, die ihr im Traum erschienen war.

Als endlich alle wieder im Dormitorium waren, konnte Ursula kaum erwarten, dass sie sich hinlegten und einschliefen. Um ihre Ungeduld zu bezähmen, dachte sie an ihren Traum, an die Madonna und sah sie wieder am Fußende ihres Bettes stehen.

Abermals schreckte Ursula auf, doch diesmal hatte nicht die Stundenglocke sie geweckt. Horchend blickte sie sich um. Barbara hustete. War es dieses Geräusch gewesen? War sie dadurch aufgewacht? Ursula wusste nicht, wie lange sie wider Willen eingenickt war. Nach der

Rückkehr aus dem Nonnenchor hatte sie im einfallenden Licht des Vollmonds gesehen, dass auch Jutta zu Bett ging. Jetzt war es leer.

Ursula stand auf, entzündete eine Kerze und überlegte, ob sie die Novizin suchen sollte. Da war ihr plötzlich, als stünde die Madonna neben ihr und nähme sie an der Hand. Wie von ihr geleitet, betrat Ursula die ins Kirchenschiff hinunterführende Wendeltreppe. War das nun wieder nur ein Traum – oder Wirklichkeit?

Sie schaute zur Wand und war enttäuscht. Beschämt gestand sie sich ein, was sie dort im Kerzenschein zu sehen erhofft hatte – den Schatten der Madonna. War ihr Glaube dermaßen ungefestigt, dass sie einen sichtbaren Beweis brauchte für Marias Gegenwart?

Die Stufen knarrten unter ihren Füßen. Ursula erreichte die nächste Wendung der Treppe und öffnete den Mund, um sich bei der Muttergottes zu entschuldigen. Doch bevor sie auch nur ein Wort herausbrachte, sah sie tatsächlich etwas an der Wand – den grotesk ins Riesenhafte verzerrten Schatten schwirrender Flügel. Sie verharrte, hörte ihr Herz klopfen und spürte nicht mehr, ob Maria noch an ihrer Seite war.

Ehe Ursula sich entscheiden konnte, ob sie weiter- oder besser doch zurückgehen sollte, schwirrten die scheinbar riesenhaften Flügel um sie herum und prallten gegen die Wände, wieder und wieder. Schützend hielt die Nonne ihre freie Hand vors Gesicht und eilte so schnell die Treppe hinab, dass sie beinahe über ihren Habit stolperte.

Angelockt von der brennenden Kerze, schwirrte der Nachtfalter auch im Kirchenschiff um Ursula herum. Sie fragte sich, wessen Seele sich in ihm verkörpert und hier hinein verirrt hatte. *Verirrt?* Während sie auf den Hochaltar zuging, hielt sie die Hand hinter die Flamme, nicht wissend, wen oder was sie dadurch in erster Linie schützen wollte – das Licht oder den Falter.

Sie spürte eine Wärme an ihrer Seite, die unmöglich von der Flamme stammen konnte, und dachte an Maria. Dabei fiel ihr auf, dass sie gar nicht wusste, warum sie so strikt auf den Hochaltar zuging.

Als der Falter kurz davor die Flamme fast berührte, wedelte sie heftig mit der Hand und konnte ihn verscheuchen. Er flog hinauf zu den buntverglasten Fenstern und flatterte im weichen Strahl des hereinflutenden Mondlichts, das sich über den Hochaltar ergoss. Fasziniert verharrte Ursula und schaute ihm zu. Es mutete an wie ein Tanz.

Immer noch den Falter im Auge, schritt sie hinter den Hochaltar. Unerwartet gesellte das Tierchen sich wieder zu ihr. Sie versuchte ihm auszuweichen und hielt erneut eine Hand hinter die Kerze. Dabei spürte sie unter dem linken Fuß eine Unebenheit. Sie leuchtete mit der Kerze den mit kunstvoll verzierten Ziegelplatten belegten Boden ab und fand, dass eine locker saß. Ein Hirsch mit prächtigem Geweih war darauf abgebildet.

Aufgeregt stellte Ursula die Kerze am Boden ab, achtete nicht mehr auf den Falter und löste die Platte. Schon beim Anheben sah sie, dass darunter etwas lag. Etwas Hellblaues blitzte hervor. Sie nahm die Platte ganz heraus und traute ihren Augen kaum. Dort, in einer Vertiefung, lag ein kleines Buch, ein in hellblaues Leder gebundenes Buch.

Als sie sich etwas gefasst hatte, fragte sich Ursula, wie lange es hier schon verborgen sein mochte, völlig unversehrt – und wer es hier versteckt hatte. Nichts um sich herum nahm sie mehr wahr, schlug es andächtig auf und las den Namen der Verfasserin: Euphemia – aus dem Geschlecht der Plantagenets. Es war die Geschichte ihres Lebens, die Chronik der englischen Königstochter Euphemia!

Ein leises Zischen, direkt neben ihr, riss Ursula aus ihrer Versunkenheit. Neben der Kerze lag der Falter mit versengtem Flügel. Er musste von der Flamme erfasst worden sein. Betroffen schaute sie ihn an. War es Einbildung, oder bewegte er den unversehrten Flügel, wenn auch fast unmerklich?

Ursula bettete ihn behutsam auf ihre flache Hand, schützte ihn mit der anderen und ging mit ihm durchs Portal für die Gläubigen nach draußen. Dort hauchte sie ihn an, streckte die Hand aus und betrachtete ihn im Mondlicht. Er war schön, mit zarten graubraunen Flügeln – wunderbar gemustert, wie es der beste menschliche Künstler nicht könnte – ein Wunderwerk Gottes.

Inbrünstig bat Ursula um Verzeihung für ihre Unachtsamkeit, wartete und hoffte.

Tatsächlich, nach wenigen Minuten bewegte der Nachtfalter seine Flügel, erst den unversehrten, dann auch den angesengten. Zum Glück war er nicht so stark verletzt, wie sie zuerst gedacht hatte. Außerdem belebte ihn die frische Luft. Er stellte sich auf, ertastete mit den Fühlern Ursulas Hand, ordnete seine Flügel und flog davon. Die Nonne schaute ihm nach, bis er im blaugrauen Nachthimmel entschwand.

## Die Geschichte meines Lebens

### *Kindheit in England*

Während ich diese Zeilen schreibe, frage ich mich, wer sie dereinst lesen wird. Wer seid Ihr, werter Leser, der Ihr meine Chronik gefunden habt?

Manchmal beschleicht mich eine Schwäche, die ich bisher nicht kannte. Sie flüstert mir ein, dass meine Zeit auf Erden bald abgelaufen sein wird. Also werde ich wohl leider nicht erfahren, welch schicksalhafte Umstände Euch meine Chronik in die Hände gespielt haben oder ob jemand Euch den Weg zu ihr gewiesen hat. Womöglich ein Engel Gottes?

Ich bin nicht die, wofür man mich hier hält – und schon gar nicht bin ich das, wofür man mich hält.

Man kennt mich hier als Gertrud von Köln, aber das ist nicht mein richtiger Name. Meine wahre Identität kann ich nur diesem verschwiegenen Pergament anvertrauen, denn ich muss mich schützen. Man stellt mir nach. Es gibt Menschen, denen es schaden könnte, wenn ich die Wahrheit über mich offenbarte.

Nicht zuletzt deshalb habe ich mich vor ein paar Jahren in die ausgedehnten umliegenden Wälder zurückgezogen. In der Natur fühlte ich mich schon immer geborgen.

Trotzdem kehrte ich ins Pforzheimer Dominikanerinnenkloster zurück, weil … Doch halt, ich greife zu weit voraus.

Endlich muss ich meine Chronik für die Nachwelt schreiben, denn ich weiß nicht, wie viel Zeit mir noch bleibt.

In Köln hielt ich mich ziemlich lange auf und darf mich wohl auch deshalb Gertrud von Köln nennen. Meine Wiege stand jedoch in England – um genau zu sein im Jahre des Herrn 1333 in Windsor Castle.

Meine Mutter ist Philippa von Hennegau, mein Vater Edward III., seine Majestät, der König von England. Beiden verdanke ich eine behütete Kindheit im Kreise meiner Geschwister, umgeben von Ammen, Zofen, Gouvernanten und dem übrigen Hofpersonal. Wo auch immer wir gerade residierten – stets sollten wir Kinder abgeschirmt werden vom Krieg, der bereits dereinst zwischen England und Frankreich tobte. Trotzdem bekamen wir mehr mit, als alle dachten.

Ich bin ein freiheitsliebender Mensch. Wenn ich mich zu sehr behütet fühlte, entfloh ich in die weitläufigen Gärten, wo man aber alsbald nach mir suchte. Das geschah ziemlich oft.

Als wäre es gestern gewesen, sehe ich mich hinter einem Brunnen kauern, in der Nähe von White Tower. Das ist der Turm, in dem wir wohnten, innerhalb der Festung »Tower of London«. Ich bin fünf Jahre alt und blinzele über den Brunnenrand hinweg in die Sonne. Dicht über dem Rasen tanzt ein riesiger Schmetterling. Seidig schimmern seine tiefgrünen Flügel und versprühen bei immer schnelleren Drehungen und Wendungen goldene Funken.

Obwohl die Sonne in meine Augen sticht, kann ich den Blick nicht von ihm lösen.

Doch was ist das? Seine Flügel fallen in sich zusammen. Zwar entfalten sie unmittelbar darauf ihre Pracht erneut, aber der Zauber ist verflogen. Anstelle des Schmetterlings sehe ich jetzt meine Schwester Isabella. Sie ist ein Jahr älter als ich, springt leichtfüßig durch den Garten, breitet in vollendeter Grazie beide Arme aus und singt mit glockenheller Stimme.

Ich wundere mich. Wie kann sie nur so fröhlich sein? Vermisst sie unsere kleine Schwester Joan denn gar nicht?

Mit den Goldfäden im Brokatbesatz ihrer weiten Ärmel erhascht Isabella Strahlen der Augustsonne. Aber die hat ihren Zenit seit Stunden überschritten. Bald wird sie zu tief stehen, um weitere über die hohen Mauern des Londoner Towers schicken zu können.

Wenn Isabellas Freude am Tanzen erlischt, wird sie sich einen anderen Zeitvertreib suchen. Ich ducke mich, denn ich will nicht entdeckt werden, schon gar nicht von ihr. Seit Joan fort ist, erzieht sie an mir herum, obwohl ich schon fünf bin.

Jetzt ruft sie nach mir – gerade so, als wenn sie mir etwas zu befehlen hätte.

Geduckt husche ich den von Hecken gesäumten Weg entlang, der mich zum Brunnen geführt hat, und glaube zusätzlich den Ruf von Miss Alexia de la Mote zu hören, einer der Gouvernanten. Ich versuche anzuhalten, aber meine Beine gehorchen mir nicht. Sie laufen einfach weiter, inzwischen an der Mauer des innersten Festungsrings entlang. Die führt zum Wakefield Tower, der zur Themse hin gebaut ist.

Beide Hände presse ich auf meine Ohren. Jetzt höre ich nichts mehr und stelle mir vor, Miss Alexia und Isabella wären bei den Eltern, in diesem Land namens Flandern.

Mein Blick fällt neben den Wakefield Tower, auf den eckigen Garden Tower. Durch ihn führt ein Tor mit spitzem Bogen zum äußeren Festungsring. Das ist natürlich bewacht. Wohin jetzt?

Vor dem Wakefield Tower wächst ein riesiger Rosenstrauch. Darin verkrieche ich mich. Dass der seine Dornen in Kleid und Hände bohrt, merke ich nicht, sondern verharre still, den Rücken gegen das graue Gemäuer gepresst, und lausche.

Als ich selbst Minuten später nur das Summen von Bienen vernehme, steigt ein leises Triumphgefühl in mir auf. Ich bin entkommen! Was auch immer man von mir erwartete, verlangte oder mir entgegenbrachte – all dem bin ich entkommen! Ich fühle mich frei und geborgen zugleich. Der Rosenstrauch hat sich zwar gegen mein Eindringen gewehrt, aber nun bin ich ein Teil von ihm und werde von seinen stachligen Zweigen, seinem Laub und den rosa Blüten umhüllt wie von einer duftenden Rüstung.

In meiner Euphorie spüre ich keinen Schmerz und betrachte verwundert meine zerstochenen Finger. Warum tun die nicht weh? Sind das wirklich meine? Am Kleid, das sich von Isabellas nur durch die Größe unterscheidet, will ich das Blut nicht abwischen.

Nahe des Rosenstrauchs liegt ein flacher Stein, von den letzten Sonnenstrahlen beschienen.

Ich krieche aus meinem Versteck und streiche mit dem Zeigefinger darüber. Er fühlt sich angenehm an, glatt und warm. Fasziniert betrachte ich die Blutspur auf seiner hellen Oberfläche und setze eine zweite Linie daneben. Weil mein Blut nicht ausreicht, um sie ebenso lang wie die erste zu ziehen, nehme ich den Mittelfinger. Der taugt aber nicht mehr zum Malen. Das Blut daran ist schon getrocknet.

Ich drücke ihn fester auf den Stein. Als er trotzdem keine neue Blutspur hinterlässt, versuche ich es zuerst mit dem Ringfinger und dann mit allen anderen. Doch das Ergebnis ist jämmerlich, bloß ein paar blasse Abdrücke.

Damit gebe ich mich nicht zufrieden! Ich ritze meinen Zeigefinger an den Dornen und setze an das obere Ende der ersten Linie einen kurzen horizontalen Strich. Kritisch begutachte ich das Ergebnis und füge unterhalb davon einen zweiten hinzu. Was ist das jetzt? Überlegend krause ich die Stirn. Ein F? Ja, aber ein F sollte es ja nicht werden.

Weil der Buchstabe ziemlich groß geraten ist und ich zu lange gewartet habe, versiegt meine Blutquelle schon wieder. Fest entschlossen, mein Werk zu vollenden, ritze ich mich erneut und zeichne an das untere Ende einen waagrechten Strich.

Dabei fällt ein Schatten auf den Stein. Tief versunken in meine Arbeit, bemerke ich nichts. Erst die Stimme lässt mich erschrocken aufblicken, direkt in das entsetzte Gesicht meines Bruders Edward. Er ist schon acht und Duke of Cornwall.

Ich weiß nicht, was ich sagen soll. Wenn Isabella mich ertappt hätte, wäre mir schon etwas eingefallen, aber Edward ... »Euphemia, was machst du denn da?«, stößt er hervor. »Du malst mit deinem Blut!«

»Ich male nicht, ich schreibe!«, korrigiere ich ihn, füge aber hinzu, ich hätte es nur abwischen wollen, nachdem ich mich an den Dornen gestochen hatte.

Während ich überlege, was ich noch zu meiner Entschuldigung vorbringen könnte, ruft Edward erfreut: »Ein E, du wolltest meinen Namen schreiben!«

»Ja«, bestätige ich spontan, schäme mich aber. Das ist ja gelogen. Mein Name soll auf diesem Stein stehen, geschrieben mit meinem Blut. Wenigstens etwas Wahres will ich noch hinzufügen. »Ich möchte so gern schreiben lernen.«

»Aber Euphemia, du bist doch erst fünf«, gibt Edward zu bedenken und hockt sich zu mir nieder. Weil er nichts Geeignetes dabei hat, wischt er kurzerhand meine Hände an seinem weiten, weißseidenen Ärmel ab.

»Lass das!«, protestiere ich und ziehe sie weg. »Jetzt bist du ja ganz verschmiert. Was wird Miss Alexia dazu sagen?«

Selbstbewusst reckt Edward das Kinn. »Sie denkt bestimmt, ich hätte bei einem Turnier gesiegt. Bei einem Mann sind Blutflecken ein Zeichen von Mut.«

»Ich bin auch mutig«, versetze ich mit einer Prise Trotz in der Stimme, und blicke in seine dunklen Augen. »Also sind Blutflecken bei mir auch ein Zeichen von Mut.«

»Nein«, widerspricht er, »eben nicht! Du bist ein Mädchen, Euphemia. Du kannst nie ein großer Ritter werden und Schlachten gewinnen!«

Es stört mich, dass ich das niemals können soll, nur weil ich ein Mädchen bin. »Doch, kann ich wohl«, widerspreche ich also.

Edward lacht. Jetzt ärgere ich mich erst recht.

»Nein«, setzt er noch eins drauf, »Mädchen sind zu zimperlich.«

»Ich bin nicht zimperlich«, wehre ich mich. »Warte nur, bald bin ich so groß wie du und helfe Seiner Majesty, damit er die französische Krone kriegt.«

Edward bricht in schallendes Gelächter aus. »Bis dahin hat er sie längst.«

Zweifelnd sehe ich meinen Bruder an. »Meinst du wirklich?«

Edward nickt, doch ich bin nicht überzeugt. Er merkt das und sagt, unsere Eltern hätten auf dem Festland ganz viele Verbündete. Das seien Freunde, die mit Seiner Majesty gegen Philipp VI. ins Feld ziehen würden. »Ich kämpfe auch bald mit!«, triumphiert Edward, strahlt übers ganze Gesicht und zieht ein imaginäres Schwert. Damit fuchtelt er in der Luft herum, als habe er den französischen Herrscher leibhaftig vor sich. »Ihr habt kein Anrecht auf den Thron!«, ruft er, »nur weil Ihr der Neffe von Philipp IV. seid! Mein Vater, Seine Majesty von England, ist dessen Enkel!«

»Wer ist das, Philipp IV.?«, frage ich. Edward scheint meine

Anwesenheit völlig vergessen zu haben und starrt mich erstaunt an. »Na, das war der Vater von Karl IV., dem vorigen französischen Herrscher.«

Ehrfurchtsvoll blicke ich zu meinem Bruder auf. Von Stolz erfüllt, erklärt er mir, dass Herzog Johann III. von Brabant unsere Eltern eingeladen hätte. Seine Mundwinkel verziehen sich verächtlich. »Aber Comte Ludwig I. von Nevers, der Landesherr von Flandern, hält zu Philipp VI. Wie dumm von ihm! In Flandern brauchen sie doch unsere englische Wolle.«

Wie gebannt hängen meine Augen an Edwards Lippen.

»Um ihm seine Macht zu demonstrieren«, belehrt er mich, »hat Seine Majesty vor zwei Jahren ein Wollembargo über Flandern verhängt.«

Ich komme aus dem Staunen nicht mehr heraus. Was mein großer Bruder alles weiß! Ganz verstanden habe ich es allerdings nicht. Was ist ein »Wollembargo«? Ich frage nicht, will nicht dumm erscheinen und überlege selbst, was das sein könnte. Irgendwie hat es wohl mit diesem Comte Ludwig I. von Nevers zu tun und damit, dass sie in diesem Land namens Flandern unsere Wolle brauchen.

Drei Jahre zähle ich an meinen Fingern ab. Um so viel ist Edward älter als ich. Werde ich in drei Jahren auch so gescheit sein?

Drei Jahre, das ist außerdem das Alter von Joan. Für mich bedeutet das eine Ewigkeit. Ich kann mich nämlich nicht daran erinnern, jemals ohne meine kleine Schwester gewesen zu sein – bis vor wenigen Wochen. Indem ich daran denke, überkommt mich wieder der Trennungsschmerz.

Das ist zu viel für Edward. Er kann es nicht ertragen, wenn seine Lieblingsschwester traurig ist, und lenkt ein. »Gut, du bist nicht zimperlich. Aber du musst mir versprechen, dass du nie wieder mit deinem Blut schreibst.«

Ich erkenne meine Chance, spüre, wie meine Wangen vor Erregung erröten und richte meine Augen bittend auf den Bruder: »Dann gib mir etwas anderes zum Schreiben. Bring es mir bei, damit ich es ganz schnell lerne.«

Er versucht meinem Blick auszuweichen, aber ich lasse es nicht zu. »Ich will nämlich unseren Eltern nach Flandern schreiben«, erkläre ich, »und fragen, wie es Joan geht. Ich vermisse sie so sehr. Warum haben sie sie bloß mitgenommen?«

»Weil sie Friedrich heiratet, den Sohn von Herzog Otto von Österreich. Der und sein Vater gehören dann zu uns. Friedrich ist schon elf und kann bestimmt bald mit uns gegen Philipp VI. kämpfen.« Edwards Augen glänzen. Offensichtlich reitet er in Gedanken Seite an Seite mit seinem künftigen Schwager übers Schlachtfeld, in glänzender Rüstung mit Wappenschild und stoßbereiter Lanze.

Ich bin alles andere als begeistert. Bangend blicke ich meinen Bruder an und frage, mit einem letzten Fünkchen Hoffnung in meinen goldbraunen Augen: »Aber wenn sie geheiratet hat, kommt sie dann wieder?«

»Selbstverständlich nicht.« Gern nähme Edward seine Worte zurück, als er sieht, wie ich zu weinen beginne. Ich solle nicht traurig sein, versucht er mich zu trösten. Irgendwann würde sie uns bestimmt besuchen. »Nachher sagst du mir, was ich ihr schreiben soll.«

Ich schüttele den Kopf: »Ich will es selber machen.«

Wortlos erhebt sich mein Bruder, nimmt mich an der Hand und geht mit mir durch den dämmrigen Garten.

Ein undefinierbares Geräusch von draußen beordert mich in die Gegenwart zurück. Wer treibt sich des Nachts auf dem Klostergelände herum? Oder war es nur der Wind, der durch sämtliche Ritzen meines ärmlichen Häuschens pfeift?

Als es sich nach einer Weile angespannten Horchens nicht wiederholt, möchte ich gedanklich in den Garten um White Tower zurückschweifen, doch es will mir nicht recht gelingen.

Allzu schnell verflogen die Kinderjahre. 1346, als ich zur Jungfer herangewachsen war, sollte ich mit meinem Cousin, dem Herzog von Geldern, vermählt werden, um dessen Bündnis mit England zu festigen.

Danach stand mir überhaupt nicht der Sinn. Obwohl blutjung, wusste ich genau, dass mir durch eine Heirat jegliche Aussicht auf ein selbstbestimmtes Leben für immer verwehrt sein würde. Also reifte in mir ein folgenschwerer Entschluss.

Während ich meinen letzten Frühling im Tower of London verlebte, hoffte ich, man möge mir meine Trauer nicht anmerken – über den bevorstehenden Abschied von allen, die ich liebte und von allem, was mir lieb und teuer war.

Insbesondere schmerzte mich der Abschied von Vater und meinem Bruder Edward. Beide brachen Anfang Juni 1346 mit einer Invasionsarmee auf, um in der Bucht von Saint-Vaast zu landen und von dort aus Frankreich zu erobern. Ich konnte mich des Gefühls nicht erwehren, sie niemals wiederzusehen.

Bald darauf zog meine hochschwangere Mutter mit meinen Geschwistern nach Windsor Castle. Unter dem Vorwand, die Geburt des Fohlens meiner Lieblingsstute abwarten zu wollen, bat ich darum, im Tower of London bleiben zu dürfen, bis zur im Spätsommer anstehenden Reise zu meinem künftigen Gemahl. Das wurde mir gewährt.

Miss Alexia, meine Gouvernante, zog ein langes Gesicht. Sie wäre lieber mit nach Windsor Castle gegangen. Ich hörte, wie die Bediensteten sie hinter vorgehaltener Hand bedauerten und über meinen Eigensinn tuschelten! Dabei hatte ich mich stets bemüht, eine gute Prinzessin zu sein. Gott wird mir hoffentlich verzeihen, wenn es mir nur selten gelang. Aber warum hat er mich erschaffen wie ich bin, wenn es ihm missfällt?

Angeblich, um in mich zu gehen und mich seelisch auf mein neues Leben einzustimmen, zog ich mich oft in mein Gemach im zweiten Stock von White Tower zurück und bereitete hinter verschlossener Tür alles für meine Flucht vor. Die Gelegenheit dazu würde vielleicht nie mehr so günstig sein wie jetzt. Im Jahre 1340 hatten wir die Franzosen in der Seeschlacht vor der Hafenstadt Sluis erfolgreich geschlagen. Seitdem waren die Handelswege zwischen England und Flandern wieder frei. Ich plante als Magd auf dem Handelsschiff »Victoria I.« anzuheuern.

Aus reißfestem Stoff nähte ich einen großen Sack mit Trageriemen, den ich mir auf den Rücken schnallen konnte, und packte das Nötigste für unterwegs ein: Nähzeug zum Ausbessern meiner Kleidung, Zunder und Feuerstein, meine gesamten Ersparnisse, mit Juwelen besetztes Gold- und Silbergeschmeide in einem Lederbeutel sowie meinen goldenen Kompass. Mein Bruder Edward hatte ihn mir zum dreizehnten Geburtstag geschenkt, damit ich mich beim Ausreiten nicht verirrte.

Fast hätte meine Kammerzofe mich ertappt. Gerade noch rechtzeitig konnte ich den Sack in meiner Eichentruhe verstauen.

Zum Leidwesen meiner Erzieherinnen, die das missbilligten, trieb ich mich seit jeher in den Stallungen und in der Küche herum. Deshalb wunderte sich niemand darüber, dass ich unserer nur wenig älteren Magd manchmal Gesellschaft leistete.

Wenn wir allein waren, half ich ihr sogar, nicht zuletzt aus Eigennutz, wie ich reuevoll gestehe. Ich wollte alles über ihre Arbeit lernen, damit ich auf der »Victoria I.« als Magd bestehen konnte. Mitte Juni, im Morgengrauen, würde sie auslaufen, mit einer Ladung englischer Wolle für Flandern.

Anfangs wollte sich unsere Küchenmagd kaum von mir helfen lassen, aber dann nahm sie meine Unterstützung gern an. Ich sagte, das sei jetzt unser Geheimnis. Sie hatte meine Statur. Also tauschte ich, unter dem Vorwand, Verkleiden spielen zu wollen, mit ihr eines meiner kostbaren Gewänder gegen ein geflicktes aus graubraunem Sackleinen und meine feine, zierliche Fußbekleidung gegen wendegenähte Arbeitsschuhe. Außerdem schenkte ich ihr eine Goldbrosche, über die sie sich ganz besonders freute. Wir wurden so gute Freundinnen, dass es mir leid tat, sie zurücklassen zu müssen.

In einer melancholischen Stimmung vertraute ich mich ihr an. Ich war sicher, sie würde mich nicht verraten, zumindest nicht absichtlich.

Doch ich hatte nicht bedacht, wie sehr mein Schicksal sie aufwühlte und dass man es ihr anmerken könnte. Sie trug das Herz auf den Lippen. Wenn ihr versehentlich ein verräterisches Wort darüber käme ... Einen zweiten Fluchtversuch würde ich mir bestimmt nicht ermöglichen können.

*Auf der Flucht*

Am Abend vor meiner Flucht ging ich früh zu Bett, weil ich ausgeschlafen aufbrechen wollte. Der Wind rüttelte an den Fensterläden. Aber ich war ohnehin viel zu aufgeregt und fiel erst lange nach Mitternacht in einen unruhigen Schlaf. Mir war, als ob ich träumte, obwohl ich keine Bilder sah. Dafür plagten mich schmerzhafte Bauchkrämpfe, in rhythmisch aufeinanderfolgenden Wellen. So oberflächlich mein Schlaf auch war, ich konnte nicht aufwachen. Immer heftiger und unerträglicher wurden die Schmerzen. Ich krümmte mich und stöhnte, konnte aber einfach nicht aufwachen.

Dann – ganz plötzlich – war mir, als ob etwas aus mir herausflutschte. Mein Schmerz? Ich wusste es nicht, jedenfalls war er weg. Erschöpft sank ich in einen tieferen Schlaf und verpasste prompt den ersten Hahnenschrei.

Als ich erwachte, schwebte über mir eine blitzende Messerklinge. Ich blickte in das Gesicht meiner Magd. »Hier, nehmt das«, flüsterte sie mit entschlossener Miene. »Ihr könnt es vielleicht irgendwann gebrauchen.«

Ich richtete mich im Bett auf, rieb mir die Augen und nahm das Messer. Geistesgegenwärtig hatte meine kluge Freundin vorgesorgt. Sie trug mein Kleid und sagte, sie sei vorhin von Miss Alexia auf der Treppe gesehen und aus der Entfernung mit mir verwechselt worden.

Ich sprang aus dem Bett, steckte das Messer in den Sack, zog das geflickte Kleid an, stopfte mein hüftlanges Haar unter die dazugehörige Haube und band den Lederbeutel mit Münzen und Geschmeide an den Gürtel. Mein Schiff mochte zwar noch am Kai der Themse vor Anker liegen, doch im Schutz der Dunkelheit konnte ich mich nicht mehr davonstehlen. Die wurde bereits von der aufgehenden Sonne vertrieben.

Mit feuchten Augen umarmte ich meine Freundin, nahm mein Bündel und huschte in Windeseile über die langen Flure im zweiten Stock – vorbei an den Kemenaten der Gouvernanten und Hofdamen, die Säulen-Galerie entlang und die breite Treppe hinunter. Weil die Sonne die hohen, schmalen Fenster noch nicht erreicht hatte, war es hier ziemlich düster.

Mitten auf der Treppe, die in den ersten Stock führte, von wo aus man über eine Holztreppe ins Freie gelangte, kam mir Miss Alexia entgegen. Ich zog die Haube tiefer in die Stirn, neigte mein Haupt und wollte an ihr vorbeihuschen.

Was ich hier zu suchen hätte, fuhr sie mich an. Ich solle machen, dass ich in die Küche käme.

Ergeben knickste ich, duckte mich noch tiefer, stolperte fast über die untersten Stufen und rannte zum Eingangsportal.

Was ich da bei mir trüge, rief sie mir hinterher, doch das hörte ich nur von fern, denn ich war schon draußen.

Befreit fühlte ich mich aber noch nicht. Zum einen fürchtete ich, die Magd bekäme den Unmut meiner Gouvernante zu spüren, wenn sie mein Kleid nicht schnell genug ausziehen könnte. Zum anderen wollte ich mich unbedingt von meiner Lieblingsstute verabschieden. Ich hatte gehofft, sie würde vor meiner Flucht fohlen, denn ich sorgte mich sehr um sie. Es ging ihr gar nicht gut. Ihr Fohlen war überfällig.

Ich hatte den Sohn unseres alten Stallknechts gebeten, mich zu benachrichtigen, sobald er erste Anzeichen der Geburt bemerkte. Er hatte es mir fest versprochen, und ich glaubte ihm. Er besaß Augen, die nicht lügen konnten. Ich begegnete ihm gern, nur heute Morgen nicht. Heute wollte ich niemandem mehr begegnen, der meiner Flucht, wie auch immer, im Wege sein konnte.

Während ich mich den Stallungen näherte, hörte ich den Ruf eines Falken und fuhr herum, sah aber keinen am dämmernden Himmel, auch keinen Falkner, nur das Sonnengold. In weichem Rosé fiel es zwischen den Bäumen ein und glitt übers Gras. Trotz des lebhaften Windes versprach der Tag schön zu werden.

Ich wandte mich wieder den Stallungen zu und erschrak. Justin, der Sohn des Stallknechts, kam gerade heraus. Offensichtlich hatte er ausgemistet. Ich wusste, dass er seinem Vater, den oft der Rücken schmerzte, diese Arbeit gerne abnahm.

Schnell verbarg ich mich hinter einem Strauch, bog ein paar Zweige auseinander und spähte hindurch. Justin blieb stehen und schaute genau in meine Richtung. Ich staunte. Nie zuvor war mir aufgefallen, wie fein seine Gesichtszüge waren. Oder muteten sie mir jetzt nur so an, getaucht ins Sonnenlicht?

Innerlich hin- und hergerissen, hätte ich ihn gern noch länger angeschaut und war fast mehr betrübt als erleichtert, als er weiterging.

Hoffend, dass er sich nicht umschauen möge, huschte ich zur Stalltür. Um ganz sicher zu gehen, hätte ich natürlich etwas warten müssen, aber dazu fehlte mir die Zeit. Bestimmt würde auch Justin mich für die Magd halten, redete ich mir ein. Aber wenn er sich fragte, was sie hier wollte, bei den Pferden?

Ich verdrängte die Gedanken an ihn und schlüpfte in den Stall, vorbei an den Boxen von Kutschpferden und ein paar Schlachtrossen, die aufgrund von Alter oder Krankheit nicht mit der Invasionsarmee nach Frankreich gezogen waren.

Als meine fuchsfarbene Zelterstute Leila mich sah, richtete sie die Ohren nach vorn und wieherte freudig. Sofort erkannte ich, dass es ihr besser ging, viel besser! Dann entdeckte ich den Grund dafür. Neben ihr stand, auf etwas wackligen Beinen, aber offenbar gesund, ein wunderschönes Rappfohlen.

Glücklich und erleichtert schmiegte ich meine Wange an Leilas weichen Hals. Sie schnaubte wohlig.

Warum hatte Justin sein Versprechen gebrochen? Ich war enttäuscht. Seltsam, konnte mir das jetzt nicht egal sein? Ich würde ihn ja nie wiedersehen, dachte ich.

Plötzlich wurde mir wehmütig ums Herz. Ich wünschte mich in die Zeit zurück, als ich mit Leila in Wald und Flur unterwegs war. Dank ihres gleichmäßigen Passgangs saß ich stets bequem auf ihrem Rücken, genoss die Natur und träumte vor mich hin.

Mein Traum in den frühen Morgenstunden! Erst jetzt wurde mir bewusst, dass ich darin an der Geburt von Leilas Fohlen teilhaben durfte. Dem Herrn sei Lob und Dank!

Ein Geräusch, das ich nicht zuordnen konnte, ließ mich aufhorchen und zur Stalltür blicken. Sie war nur angelehnt und bewegte sich leise knarrend im Wind. Hatte ich sie nicht hinter mir geschlossen? Ich war unsicher. »Leb wohl, meine Leila«, flüsterte ich mit Tränen in den Augen. »Alles Gute für dich und dein Kleines.«

Dann eilte ich hinaus und zwang mich, keinen Blick zurückzuwerfen, obwohl Leila wieherte.

Ich musste mich beherrschen, durfte zwar flott gehen, aber nicht rennen. Das hätte den Argwohn einiger Gärtner erregen können, die den Park auf Vordermann brachten, Hecken stutzten und Rosen schnitten. Erneut hörte ich einen Falken rufen und sah nun, wie er auf dem Lederhandschuh des Falkners landete.

Der Wächter am Tor zur Themse ließ mich anstandslos durch, als ich mit verstellter Stimme sagte, ich wolle auf den Markt gehen. Immer noch zügelte ich meinen Schritt, aber kaum war ich hindurch, da lief ich so schnell zum Kai, dass der Sack auf meinem Rücken auf und ab hüpfte. Ich rannte und rannte. Auch dann noch, als ich merkte, dass ich zu spät kam. Ich wollte es einfach nicht wahrhaben, stand am Kai und starrte auf die im Licht der aufgehenden Sonne rotgolden glitzernden Wellen. Am Horizont sah ich das Heck der »Victoria I.« und ihre vom Wind gebauschten Segel.

Was sollte ich jetzt tun? Hier konnte ich nicht stehenbleiben. Vom Tower trug der Wind mir Geräusche zu. Ich glaubte bekannte Stimmen zu vernehmen. Das konnte Einbildung sein, die meiner Sorge entsprungen war, aber wahrscheinlich vermisste man mich inzwischen und suchte nach mir.

Ich eilte in westlicher Richtung an der Themse entlang zum nördlichen Holztor mit den Doppeltürmen der London Bridge.

Der Wächter im Wachhaus hatte die Zugbrücke bereits heruntergelassen, denn etliche Leute, vor allem Mägde, strebten zur südlichen Seite, zum Markt in Southwark. Unbehelligt ging ich über den gemauerten Teil der Brücke, inmitten der Menge, und passierte Wohn- und Geschäftshäuser, die schon im vorigen Jahrhundert gegen Mietzins darauf errichtet worden waren.

Mehrmals wurden wir Fußgänger von Reitern, Wagen und Eselskarren beiseite gedrängt. Der Wind war stärker geworden. Die Themse bäumte sich auf. Ihre Wassermassen schlugen gegen die Wellenbrecher, die die Fundamente aus in den Flussboden gerammten Stämmen schützten.

In dieses gewaltige Rauschen mischten sich hinter mir plötzlich erregtes Geschrei, Hufgetrappel und panisches Gewieher. Kutschpferde waren durchgegangen. Bevor ich ausweichen konnte, spürte ich einen schmerzhaften Stoß in die Seite und stolperte in eine schmale Lücke zwischen zwei Häusern. Andere folgten nach und drängten mich immer weiter an den Rand. Unversehens hing ich mit dem Oberkörper über der tosenden Themse und starrte mit geweiteten Augen hinein.

Ich wäre wohl gefallen und von ihr verschluckt worden, wenn mich nicht von hinten jemand am Rock festgehalten und zurückgezogen hätte. Ich rappelte mich auf, rang um mein Gleichgewicht und blickte mich um, sah jedoch niemanden hinter mir. Leute standen herum, den Schrecken noch in den Gesichtern. Die waren bedeckt vom aufgewühlten Staub.

Der Kutscher hatte seine Pferde unter Kontrolle gebracht und die Brücke längst verlassen. Allmählich beruhigten sich die Passanten, klopften sich den Staub aus den Kleidern und setzten ihren Weg fort.

Ich sah ihnen nach. Dabei wurde mir bewusst, wie einsam ich war. Nie zuvor war ich völlig auf mich allein gestellt gewesen. Das machte mir Angst. Um sie zu vertreiben, überlegte ich fieberhaft, was ich tun sollte, wenn ich die Brücke überquert hatte. Ich betrachtete meine Lage als Herausforderung, die es zu meistern galt.

Und tatsächlich, meine Abenteuerlust war geweckt! Schnellstmöglich wollte ich auf die andere Seite, atmete tief durch und rannte los, schlüpfte wieselflink zwischen allen hindurch, die mir im Weg waren. Welchen Verdacht ich damit erregte, erkannte ich zu spät.

# VI

Es knallte. Ursula schreckte auf. *Scheuende Pferde, Peitschenschläge …?* Sie schaute durchs Fenster der Bibliothek, an dem sie beim Licht einer metallenen Öllampe saß. Vertieft in Euphemias Schilderungen, sah sie vor ihrem geistigen Auge die über die Brücke fliehende Prinzessin.

Das Bild verblasste. Ursulas Gesicht spiegelte sich undeutlich in den Butzenscheiben. Erst als sie das Lampenlicht mit der Hand dämpfte, erkannte sie schemenhaft den Klosterhof und die gegenüberliegende Scheune.

Drohte das erste Gewitter dieses Jahres? In den letzten Tagen war es schwül gewesen, besonders heute.

Tatsächlich, ein Blitz zuckte über den schwarzen Nachthimmel und erhellte für einen Lidschlag das Giebelfenster der Scheune.

Nachdem er verglühte, glaubte Ursula immer noch einen hellen Schein zu sehen, hinter dem Fenster. *Eine Sinnestäuschung?* Oder hatte womöglich – ihr stockte der Atem – der Blitz eingeschlagen und die dort lagernden Strohballen entzündet?

Ursula fand keine Ruhe mehr zum Lesen, sie musste nachschauen. Mit der Öllampe in der Hand huschte sie die Treppen hinunter und überquerte im beginnenden Regen den Klosterhof sowie den Holzsteg, der über den Bach führte, während weitere Blitze den Himmel zerschnitten – ereilt von immer rascher aufeinanderfolgenden Donnerschlägen. Das Gewitter nahte in Windeseile.

Beim Laufen hielt Ursula die Öllampe hoch, konnte das Giebelfenster aber nicht ableuchten. Ihre Arme waren zu kurz.

Dennoch meinte sie etwas dahinter zu sehen. Das rührte nicht von den Blitzen her! Ein Feuer? Prüfend atmete sie die feuchte Nachtluft ein. Kein Brandgeruch.

Ursula fröstelte, aber nicht vor Kälte. Trotzdem … Entschlossen öffnete sie das zweiflügelige Scheunentor und schlüpfte hindurch. Es knarrte, als wollte es sie nur widerstrebend einlassen.

Diffus erhellte das Licht der Öllampe die weitläufige Tenne. Ursula konnte nichts Verdächtiges erkennen. Doch vielleicht verbarg es sich vor ihr, denn der obere Teil der zum Heuboden hinaufführenden Holzleiter verlor sich im Dunkeln. Ursula strengte ihre Augen an, sah aber nichts. Stattdessen vernahm sie von dort oben ein leises Rascheln. *Eine Katze, die im Stroh auf Mäusejagd geht,* versuchte sie sich zu beschwichtigen, ließ aber im nächsten Moment vor Schreck die Lampe fallen. Ein besonders heftiger Donnerschlag hatte den Lehmboden unter ihr erbeben lassen und fuhr ihr durch Mark und Bein.

Die Flamme am Docht der Lampe leckte nach Strohhalmen, die verstreut herumlagen, und entfachte ein Feuer. Ursula konnte es austreten, versengte sich dabei jedoch den Saum ihres Habits.

Die Öllampe war zwar ganz geblieben, aber erloschen. Nur Blitze erhellten sporadisch das die Nonne umgebende Dunkel. Allzu gern wäre sie jetzt wieder hinausgegangen, sah jedoch nicht einmal das Scheunentor. Mit wild pochendem Herz drehte sie sich im Kreis, bis sie nicht mehr wusste, wo vorne und hinten war. Ihr schwindelte, ihr Herz drohte ihren Brustkorb zu sprengen.

Mit geballter Willenskraft kämpfte Ursula gegen die Angst an. *Den nächsten Blitz abwarten!* Sie musste den nächsten Blitz abwarten, der das Dunkel lichtete!

Als er flackerte, blickte sie jedoch in die falsche Richtung. Statt des Tores erkannte sie die Leiter, eilte hin und klammerte sich daran fest. Der unmittelbar auf den Blitz folgende Donner war noch gewaltiger als der vorige. Dagegen erschien der rauschende Regen fast leise.

Ursula glaubte erneut ein Rascheln zu hören, direkt über sich. *Die Katze … Bestimmt ist es nur eine Katze,* redete sie sich ein, wich zurück, kauerte sich in die entlegenste Ecke hinter der Leiter und schickte ein stummes Stoßgebet in das Dunkel über sich. *Gott ist überall, also auch hier!* Er hatte ihr Verstand gegeben. Den musste sie benutzen.

*Euphemias Chronik!* Die hatte sie in der Eile auf dem Pult

liegengelassen. Wenn die jemand fand, der sie nicht zu schätzen wusste oder gar missbrauchte … Die Muttergottes hatte sie ihr durch ihren Fingerzeig anvertraut. Sie musste sie sorgfältig aufbewahren!

*Aber wer sollte sie dort finden, jetzt?* So unwahrscheinlich das war, Ursula kam nicht mehr zur Ruhe. Sie musste zurück, und zwar sofort! Irgendwo vor ihr war die Leiter. Also war das Tor … Solange ihre Angst die Oberhand behielt, konnte Ursula nicht vernünftig nachdenken. Mit schweißnassen Händen die Öllampe umfassend, betete sie stumm, aber inbrünstig: *Herr, ich flehe dich an – führe mich sicher hier hinaus!*

So bestärkt, erhob Ursula sich und tastete sich langsam an der Wand entlang. Ihr musste sie folgen, egal in welcher Richtung. Dann gelangte sie unweigerlich zum Scheunentor.

Das Gewitter entfernte sich allmählich. Die Blitze wurden schwächer und lichteten kaum noch das Dunkel. Endlich – Ursulas Finger erfühlten eine Unebenheit, die Ritze zwischen Wand und Tor. Ungeduldig tastete sie sich zur Mitte vor, wo die beiden Flügel sich trafen, und schob einen auf.

Fast gleichzeitig wich sie erschrocken zurück. Etwas huschte an ihr vorbei nach draußen. *Die Katze?* Ursula hatte nur einen Schatten bemerkt, aber was sollte es sonst gewesen sein? Erleichtert lächelte sie. *Dieses Rascheln … Also war doch eine Katze die Urheberin.*

Es nieselte nur noch, aber die Luft war gesättigt vom Wasserdampf. Im fahlen Mondlicht schimmerte der aufgeweichte Erdboden. Ursula trat hinaus. Der Bach war über seine Ufer getreten und zu einem kleinen Fluss angeschwollen. Vergebens suchten Ursulas Blicke nach dem hölzernen Steg. Der war offensichtlich weggeschwemmt worden. Also blieb ihr nichts anderes übrig, als die Röcke so hoch wie möglich zu raffen, Anlauf zu nehmen und über das Wasser zu springen.

Auf der anderen Seite hielt sie sich nicht damit auf, ihren nassgespritzten Rock wenigstens notdürftig auszuwringen, sondern rannte durch den Kreuzgang, betrat den Konventbau und hastete die Treppe hinauf. Glücklicherweise konnte sie die Stufenhöhe einschätzen und gelangte in die Bibliothek, ohne zu stolpern.

*Lass es dort sein, Herr, lass es dort sein,* betete sie stumm, ertastete das Buch auf dem Pult und drückte es dankbar und erleichtert an ihr klopfendes Herz.

Bisher hatte Ursula Euphemias Chronik hinter einer Reihe selten gebrauchter Bücher verwahrt. Dieser Platz schien ihr jetzt nicht mehr sicher genug. Am liebsten würde sie sie ständig bei sich tragen. Sie überlegte und beschloss, eine Innentasche für das Buch in ihren Habit zu nähen.

Vorerst stellte sie es schweren Herzens an seinen bisherigen Platz zurück, entzündete das Öllämpchen und ging zum Dormitorium, um bis zur Matutin noch etwas zu schlafen, es wenigstens zu versuchen.

An der Tür vernahm sie einen Hustenanfall und verharrte besorgt. Das war bestimmt Barbara. Deren Erkältung schien schlimmer zu werden.

Als Ursula hereinkam, verebbte Barbaras Husten. Eine verdächtig anmutende Stille breitete sich aus. Ursula wollte wissen, ob Jutta sich wieder davongestohlen hatte, und trat an deren Bett. Reglos lag die Novizin darin, anscheinend im Tiefschlaf.

Einem Impuls folgend, berührte Ursula sie sacht an der Schulter und fühlte Nässe. Außerdem klebte eine feuchte Haarsträhne am Hals der Novizin. Augenscheinlich hatte sie bei ihrer Rückkehr in der Eile versäumt, sie unter der Schlafhaube zu verwahren.

Unweigerlich dachte Ursula an das geheimnisvolle Rascheln auf dem Heuboden. *Aber das war doch die Katze gewesen, oder?*

Bevor Ursula es auch nur ansatzweise mit Jutta in Verbindung bringen konnte, wurde sie hinterrücks mit schlaftrunkener Stimme angesprochen. Sie wandte sich um und sah sich der im Bett sitzenden Gottfrieda gegenüber. Wie lange mochte die alte Nonne bereits wach gelegen sein und sie beobachtet haben? Schlagartig wurde Ursula klar, weshalb die Stille sie irritiert hatte. Gottfriedas Schnarchen, dieses praktisch immerwährende Geräusch, – das hatte gefehlt!

Die Alte bedachte sie mit strengem Blick und schlug das Kreuzzeichen über der Brust. Ursula gab sich arglos und fragte leise: »Hat Euch auch das Gewitter geweckt, Schwester Schaffnerin?«

»Seid gewarnt! Das Jüngste Gericht ist nah!«, prophezeite Gottfrieda so laut, dass Ursula fürchtete, die anderen könnten aufwachen.

Vorsorglich trat sie ans Bett der Schaffnerin und flüsterte: »Habt Ihr ihn denn zu fürchten, den Zorn Gottes?«

»Ihr etwa nicht?«, fragte die Schaffnerin zurück, immer noch ziemlich laut.

Ursula nickte. »Wer weiß, wer ist schon frei von Sünde?«

»Die einen weniger, die anderen mehr«, meinte Gottfrieda.

»Ist etwas geschehen, ist jemand krank?«, fragte die Siechenmeisterin schlaftrunken.

Ursula wandte sich ihr zu: »Nein, seid unbesorgt.« Sie warf einen Blick auf Jutta, die immer noch wie erstarrt dalag. Barbara dagegen wälzte sich im Bett herum und stöhnte. Hoffentlich drohte kein erneuter Hustenanfall.

Erleichtert drehte die Siechenmeisterin sich auf die Seite. Ursula legte sich nieder, wünschte eine gute Nacht und löschte das Licht der Öllampe.

»Wir müssen büßen«, erwiderte Gottfrieda.

*Ja,* dachte Ursula und schloss die Lider. *Ihr glaubt wohl besonders schlimme Sünden auf Euch geladen zu haben, in Anbetracht Eurer häufigen Kasteiungen.* Sie fragte sich im Stillen, ob diese Art der Buße überhaupt gottgewollt war.

Schlafen konnte sie nicht. War das gewissermaßen auch eine Buße? Wenn Gottfrieda mitbekommen hatte, dass Jutta fort war, würde sie es bestimmt der Äbtissin melden – und die umgehend der Novizenmeisterin.

# VII

Euphemias Chronik ließ Ursula keine Ruhe. Als sie Gottfrieda schnarchen hörte und sich sicher war, dass niemand sie mehr beachtete, stand sie wieder auf und verließ das Dormitorium.

Vorsichtshalber entzündete sie die Öllampe erst auf der Treppe zur Bibliothek. Öl und Talg waren wesentlich günstiger als Kerzen. Die besten Jahre der Schaffnerin gehörten zwar der Vergangenheit an, einen übermäßigen Verbrauch an Kerzen würde sie aber bestimmt bemerken. Davon abgesehen war Ursula darauf bedacht, wirtschaftlich mit den Gütern des Klosters umzugehen.

Auf den letzten Stufen zur Bibliothek raffte sie ihre Röcke, um schneller hinaufzugelangen. Euphemia hatte sie schon so tief in ihre Lebensgeschichte hineingezogen, dass Ursula es kaum erwarten konnte, weiterzulesen.

»Die da, haltet sie auf!«, rief irgendjemand hinter mir. »Warum rennt die so? Die hat bestimmt was geklaut!«

Er hatte noch nicht geendet, da schrien andere mit, sie steckten sich gegenseitig an. Endlich war einmal was los! Nur ein Rufer versuchte die übrigen zu beschwichtigen. Seine Stimme klang jung. Sie kam mir bekannt vor, doch ich hatte weder Zeit noch die nötige innere Ruhe, um darüber nachzudenken.

Bevor die Menge um mich herum mitbekam, dass ich verfolgt wurde, hatte ich das Südtor der Brücke erreicht, passierte es und spürte wieder festen Boden unter den Füßen.

Atemlos hielt ich einen Moment inne und horchte, konnte aber aus dem allgemeinen Lärm um mich herum die Rufe meiner Verfolger nicht herausfiltern. Entweder waren sie verebbt oder wurden übertönt. Ich war nämlich auf dem Markt in Southwark angelangt.

Marktweiber, -schreier und Possenreißer, alles tönte durcheinander, pries Waren an oder artistische Darbietungen.

Langsam ging ich weiter und schaute mich um. Hinter einer Menschentraube sah ich einen Bänkelsänger auf einer Holzbank stehen und lauthals eine Moritat zum Besten geben. Soweit ich es mitbekam, handelte sie vom Mord an einer jungen Frau. Dabei deutete er mit einem Stock auf die entsprechenden Szenen, welche in bunten Farben auf einer Tafel dargestellt waren.

Ich weiß nicht, wie lange ich zuhörte, ehe mir bewusst wurde, dass die Sonne längst aufgegangen war und das Morgenrot sich verflüchtigt hatte. Jetzt hatte man im Tower auf jeden Fall bemerkt, dass ich fort war, und suchte mich. Trotz meiner Tarnung, von der sie womöglich wussten, durfte ich nicht länger hier verweilen.

Also riss ich mich von der wirklich fesselnd erzählten Geschichte los und überquerte den Markt in südlicher Richtung.

Nur einmal hielt ich noch inne, um dunkles Brot und etwas Käse zu kaufen. Schließlich benötigte ich Wegzehrung. Ich blinzelte in die aufsteigende Sonne, ging ihr entgegen und ließ meine Heimatstadt allmählich hinter mir. Damit verließ ich Schritt für Schritt auch mein bisheriges Leben. Wenn ich ein wehmütiges Gefühl in der Magengrube verspürte, wurde es von meiner Unternehmungslust verdrängt. Das war gut so, denn ich konnte ja nicht in England bleiben. Früher oder später würde man mich hier aufspüren und zur Heirat zwingen.

Ich wusste, dass man von der Küstenstadt Dover aus auf einem Fährschiff zum Kontinent übersetzen konnte, nach Calais. Also musste ich nach Dover. Zwar besaß ich eine vage Vorstellung davon, wie viele Meilen vor mir lagen, machte mir darüber bei meinem Aufbruch aus London aber kaum Gedanken. Frohgemut und mit der Unbeschwertheit der Jugend schritt ich zügig aus, obwohl mein Sack nun ziemlich viel wog.

Zunächst folgte ich einem Weg zwischen Wiesen und Feldern

hindurch und genoss den milden Frühsommerwind, der mit meinem weiten Rock spielte und sanft über meine Wangen strich. Das Wetter wandte sich zum Guten. Am blauen Himmel über mir kreisten Bussarde, und von den Zweigen vereinzelter Baumgrüppchen herab begleiteten mich Vögel mit ihrem Gesang. Mir war, als würden sie nur für mich singen.

Eine Hügellandschaft breitete sich vor mir aus, ein Meer aus wogenden grünen Wellen. Ich erstürmte sie und rannte mit ausgebreiteten Armen Abhänge hinunter, jauchzend vor Lebenslust. Wenn ich stolperte, ließ ich mich einfach fallen, rollte samt Sack talwärts und atmete den frischen Duft von Gras und Erde.

Als die Sonne ihren Zenit erreichte, führte mich mein Weg in ein Wäldchen. Unweigerlich kamen mir Miss Alexias Schauergeschichten in den Sinn – über Räuberbanden, die dort angeblich ihr Unwesen trieben, Wichtel und Trolle.

Ich muss gestehen, ein bisschen mulmig wurde mir zumute, als das vermeintliche Wäldchen kein Ende nehmen wollte. Obendrein wurde es immer dunkler. Dicht stehende hohe Nadelbäume schluckten das Licht.

Das hat sie uns alles bloß erzählt, um uns Angst einzujagen, damit wir schön brav bei Hofe bleiben, versuchte ich mich zu beschwichtigen und zuckte beim geringsten Knacken im Unterholz zusammen. Was, wenn die Nacht hereinbrach und ich immer noch hier eingeschlossen war?

Ach, bis dahin währt es noch lange, redete ich mir ein und hörte, wie halbherzig das klang. Immerhin, die Richtung stimmte. Sie musste stimmen, das versicherte mir die Kompassnadel. Außerdem sah ich, wenn ich den Kopf ganz weit in den Nacken legte, fächerförmig einfallende Sonnenstrahlen zwischen den dunklen Wipfeln. Leider drangen sie nicht bis zu mir hinunter. Das hätte meine düstere Stimmung vermutlich aufgehellt.

So flott wie anfangs schritt ich längst nicht mehr aus. Die Füße taten mir weh, obwohl diese einfach gearbeiteten Schuhe bequemer waren als meine eleganten. Plötzlich spürte ich die Last auf meinem Rücken – und auf meinem Herzen. Höchstwahrscheinlich würde ich meine Familie niemals wiedersehen. Mir wurde bewusst, wie stark ich das verdrängt hatte. Handelte ich wirklich richtig? Aber eine Heirat war für mich undenkbar!

So ging der Tag dahin. Die Sonne warf immer längere Schatten. Ihr weiches, rotgoldenes Licht flutete über den Waldboden, hindurch zwischen alten Eichen- und Buchenstämmen, die unten kahl waren. Und dann direkt in mein Herz, jedenfalls empfand ich es so. Meine Angst, in finsterer Nacht eingeschlossen zu sein, war wie weggeblasen.

Vor mir wurde es heller, geradezu gleißend hell. Der Wald lichtete sich und gab den Blick auf eine Wiese frei. Beim Näherkommen sah ich strohgedeckte Dächer verstreut daliegender Gebäude. Menschliche Behausungen, ein Gehöft!

Vielleicht musste ich nicht im Wald übernachten, verkrochen im Unterholz, sondern fand Unterschlupf auf diesem Gehöft. Ich ignorierte meine schmerzenden Füße, rannte zum Waldrand und stoppte abrupt hinter einer Eiche. Drei Schnitter gingen nach getaner Arbeit in einen Schuppen, die Sense unter dem Arm. Sie schauten in meine Richtung und redeten miteinander. Hatten sie mich gesehen?

Die Bewohner dort, die kannte ich doch gar nicht. Was waren das für Menschen, und wie würden sie mich aufnehmen, wenn überhaupt? Bestimmt würden sie mir Fragen stellen, auf die ich überzeugend lügen müsste, denn die Wahrheit konnte ich ja nicht sagen. Du sollst nicht lügen, lautet das achte Gebot. Allein bei dem Gedanken, es vorsätzlich zu brechen – wenn auch in einer Notlage –, wurde mir übel.

Zu keiner Entscheidung fähig, zog ich mich zunächst in den Wald zurück und setzte mich auf einen Baumstumpf, von wo aus ich das Gehöft überschauen konnte. Ich nahm Brot und Käse aus meinem Sack, brachte vor Aufregung aber kaum etwas herunter. Dabei war ich furchtbar hungrig, hatte seit heute früh nichts mehr gegessen.

Die Schnitter verließen den Schuppen, überquerten eine Wiese und verschwanden im größten Gebäude. Augenscheinlich war es das Wohnhaus.

Ich war durstig. Milch, kuhwarm aus dem Euter! Bei diesem Gedanken lief mir das Wasser im Munde zusammen. Wenn ich im Kuhstall übernachtete, müsste ich niemandem Rede und Antwort stehen. Kühe stellen keine Fragen.

Während ich überlegte, wo der Kuhstall war, sah ich die Bäuerin herauskommen. Jene Frau, die ich für die Bäuerin hielt. Sie ging gebeugt, also mit vollen Eimern. Ein bisschen Milch würde hoffentlich für mich übrig sein. Ungeduldig wartete ich, bis rosarote Ausläufer der versinkenden Sonne den Himmel nur noch diffus erhellten. Durch die Fenster des Wohnhauses drang ein schwacher Lichtschein.

Ich nahm meinen Sack, wagte mich vorsichtig aus meiner Deckung heraus und schlich zum Stall. Langsam entriegelte ich die Tür, schob sie auf und schlüpfte hindurch.

Meine Augen brauchten einen Moment, bis sie sich an das fast völlige Dunkel gewöhnt hatten. Nichtsdestotrotz – das gemächliche Mahlen der Kiefer und die Wärme, welche die Leiber der Wiederkäuer ausstrahlten, all das wirkte anheimelnd auf mich.

Beruhigend sprach ich mit den Kühen, kraulte sie zwischen den Ohren und suchte mir eine aus, deren raue Zunge mir den Arm leckte. Wie ich es als kleines Mädchen heimlich gemacht hatte, legte ich mich unter das Euter meiner Auserwählten ins Stroh, umfasste eine der Zitzen und zog behutsam, aber dennoch kräftig daran. Ein Strahl köstlich schmeckender Milch schoss in meinen Mund und rann meine ausgedörrte Kehle hinab. Doch er versiegte allzu schnell. Die Melkerin hatte ganze Arbeit geleistet, zumindest bei dieser Kuh.

Bei anderen womöglich noch nicht, jedenfalls knarrte plötzlich die Tür. Ich kroch unter den Leibern der Kühe hindurch und verzog mich in eine entlegene Ecke, wo Heu gelagert wurde. Ein stechender

Schmerz fuhr durch meinen Unterarm. Gerade noch konnte ich einen Aufschrei unterdrücken und erfühlte die Zinken einer Mistgabel. Hatte ich mich verletzt?

Ich verkroch mich im Stroh. Vollständig von Halmen bedeckt, vernahm ich ein metallisches Geräusch. Eiserne Beschläge zweier Melkeimer stießen aneinander. Die Halme kitzelten mich in der Nase und reizten mich zum Niesen. Unter Aufbietung allergrößter Willenskraft konnte ich es unterdrücken, zumindest vorerst.

Die Melkerin sprach so freundlich mit den Tieren, dass ich mich am liebsten zu erkennen gegeben hätte. Allerdings hörte ich eine gewisse Traurigkeit aus ihrer jungen Stimme heraus und fragte mich, was sie bedrückte.

Ein erneutes Knarren unterbrach meine Gedanken. Offenbar kam ein Mann herein, ohne die Tür hinter sich zu schließen. Obwohl er freundlich grüßte, hatte ich ein übles Gefühl. Es lag etwas in seiner Stimme, etwas Unheilvolles. Die Frau grüßte zurück und sagte, sie sei noch nicht fertig. Ihre Stimme zitterte.

Weil ich annahm, mich würde niemand beachten, strich ich mir die Halme aus den Augen, erkannte aber im fahlen Schein, der von draußen einfiel, nur schemenhafte Umrisse der beiden. Die Frau war aufgestanden. Im Gegensatz zur stämmigen Statur dieses Kerls wirkte sie zart und verletzlich. Sie wich vor ihm zurück, stieß mit dem Rücken gegen eine Kuh und zugleich mit der Ferse gegen einen der Eimer.

Die Tiere wurden unruhig. Sie spürten, dass hier etwas Ungutes vor sich ging. Der Mann warf sich auf die Frau. Er solle von ihr ablassen, flehte sie, strampelte mit den Beinen und versuchte, ihn von sich wegzudrücken. Doch sie hatte nicht die geringste Chance. Er war viel zu stark.

Intuitiv spürte ich, was sich in meiner unmittelbaren Gegenwart abspielte. Ich überlegte nicht, ich handelte. Ehe mir richtig klar wurde, was ich tat, war ich aufgestanden, hatte die Mistgabel ergriffen und sie dem Kerl auf den Hinterkopf gehauen. Sofort verlor er das Bewusstsein, konnte nicht einmal mehr schreien.

Direkt vom Lichtkegel der offenen Tür getroffen, sah die Frau zu mir auf – das Gesicht vom Schrecken gezeichnet und zugleich höchst erstaunt.

Mit dem stumpfen Stiel der Gabel half ich, den schweren Körper des Mannes von ihr herunterzurollen und reichte ihr die Hand zum Aufstehen.

Einen ewig scheinenden Moment standen wir uns stumm gegenüber, sahen einander an und ordneten, weil wir nicht wussten, was wir sagen sollten, erst einmal unsere Kleider. Wie ich später erfuhr, war sie nur drei Jahre älter als ich, wirkte aber sehr erwachsen durch die Anforderungen, die das Leben an sie stellte.

Endlich brach ich das Schweigen. »Verzeih, dass ich hier eingedrungen bin.«

Sie schüttelte den Kopf, fasste mich an den Armen und brachte kein Wort heraus vor zutiefst empfundener Dankbarkeit.

Endlich fragte sie mich nach meinem Namen. Ich zögerte, weil sie mich duzte. Dann wurde mir klar, sie zählte mich aufgrund meiner Kleidung zum einfachen Volk.

»Euphemia«, erwiderte ich. Das war ein Fehler. Doch unter dem Eindruck des Geschehens, das sich gerade ereignet hatte, bedachte ich das nicht. Erwartungsvoll sah sie mich an.

Als ich nichts weiter sagte, erzählte sie von sich. Sie verdinge sich hier als Magd. Den lüsternen Blick des Bauern habe sie schon seit geraumer Zeit auf sich gespürt und stets versucht, ihm aus dem Weg zu gehen.

Wir schleppten ihn in die Ecke, wo das Heu gelagert wurde. Er lebte. Augenscheinlich hatte mein Schlag bloß eine Beule hinterlassen.

Ratlos sahen wir einander an. Unsere anfängliche Erleichterung wich großer Sorge. Sie könne hier nicht bleiben, meinte Mabel. So möchte ich die Magd nennen, obwohl das nicht ihr richtiger Name ist. Der Bauer würde sich fürchterlich an ihr rächen.

Ich hätte mich über Gesellschaft gefreut und schlug ihr vor, sich mir anzuschließen. Bedauernd lehnte sie ab, verschwand im Bauernhaus und packte heimlich, still und leise ihre wenigen Habseligkeiten zusammen.

Ich wartete und begleitete sie dann beim Schein einer Öllampe, die sie anstelle ihres noch ausstehenden Lohns mitgehen ließ, ins nahegelegene Dorf Swanley. Unterwegs erzählte sie mir, dass sie von dort stamme und ich bei ihr zu Hause übernachten könne. Ihre Mutter sei nach der Geburt des neunten Geschwisterchens im Kindbett gestorben und ihr Vater zu alt und zu krank zum Arbeiten. Seither trage sie die Verantwortung und müsse die Familie ernähren. Allerdings seien nur fünf ihrer Geschwister noch am Leben. Das Siechtum hätte die anderen dahingerafft, fügte Mabel mit schicksalsergebener Miene hinzu.

Swanley besteht aus kaum einem Dutzend Anwesen, die um eine Kirche herum errichtet sind. Als wir ein etwas abseits stehendes, winziges und windschiefes Holzhäuschen erreichten, war es stockfinstere Nacht. Durch die verwitterten Fensterläden drang kein Licht, stattdessen das Geschrei eines Säuglings. Mabel seufzte, trat ein und erhellte mit der Lampe notdürftig das Innere des Hauses. Entsetzt ließ sie die Lampe fallen und stieß einen Schrei aus.

Im Nu war ich bei ihr und sah gerade noch, wie sie eine schadhafte Leiter erklomm, die unters Dach führte, und den Säugling an sich riss. Er hatte sich bis zur Kante des Bodens vorgerollt, wäre höchstwahrscheinlich im nächsten Moment gestürzt und auf dem festgestampften Erdboden aufgeprallt.

Mabel reichte den kleinen Jungen zu mir herunter, kroch über schlafende Leiber hinweg und rüttelte ein etwa elfjähriges Mädchen unsanft wach. Den Schrecken über das beinahe geschehene Unglück noch in der Stimme, schimpfte sie es aus.

Das Mädchen richtete sich schlaftrunken auf und starrte die große Schwester verständnislos an. Offensichtlich war es mit der Pflege des Säuglings hoffnungslos überfordert. Und nicht nur damit.

Den leise wimmernden Kleinen im Arm, hob ich die Öllampe auf, bewahrte sie vor dem Erlöschen und stellte sie auf einen ebenso wackligen wie wurmstichigen Holztisch inmitten des unteren Raumes.

Jetzt, nachdem die Gefahr gebannt war, schaute ich mich darin um und nahm den Gestank nach Unrat und voller Windel bewusst wahr. Nie zuvor hatte ich solches Elend gesehen.

Aus einer Ecke im unteren Raum, die das Licht der Lampe nicht auszuleuchten vermochte, drang ein rasselnder Atem, immer wieder unterbrochen von unheilvollem Husten. Offenbar schlief dort der kranke Vater. Die Binsen auf dem Boden, vor allem um den Tisch herum, waren völlig verdreckt. Längst hätten sie durch frische ersetzt gehört.

Während Mabel den Säugling wickelte und ihm das letzte bisschen Milch zu trinken gab, das noch vorrätig war, fegte ich die Stube aus, öffnete die Fensterläden und ließ frische Luft herein. Sonst hätte ich es hier keinen Moment länger ausgehalten.

Immer wieder dankte mir Mabel und richtete uns unten Strohsäcke her zum Schlafen. Den Säugling bettete sie vorsichtshalber zwischen uns. Endlich sauber und satt, schlief er schnell ein und wir ebenfalls.

*Bei meiner Wahlfamilie*

Als ich sah, wie sehr alles im Argen lag, beschloss ich, vorerst bei Mabel und ihrer Familie zu bleiben, um sie zu unterstützen. Finden würde man mich hier wohl kaum, sagte ich mir. Wer vermutete schon eine Prinzessin in diesem Dorf, inmitten solch armer Leute?

Da ich Mabel nicht kannte und nicht wusste, inwiefern ich ihr vertrauen konnte, hatte ich ihr erzählt, ich käme ebenfalls aus armen

Verhältnissen und hätte meinen Eltern nicht mehr zur Last fallen wollen. Deshalb sei ich auf Wanderschaft.

Ob das ungewöhnlich in ihren Ohren klang oder ob unterschwellig mein schlechtes Gewissen mitschwang – schließlich war es eine Lüge –, wurde ich das Gefühl nicht los, dass sie an meinen Worten zweifelte. Außerdem stellte ich mich, zumindest anfangs, ziemlich ungeschickt an, weil ich körperliche Arbeit nicht gewohnt war. Das machte meine Geschichte nicht gerade glaubwürdiger und mochte zusätzlich ihren Argwohn erregt haben. Sie äußerte ihn jedoch nicht, sondern dankte mir weiterhin unablässig für jeden noch so kleinen Handgriff. Bald wurde mir das zu viel, was ich ihr auch sagte. Ich versicherte ihr, sie gern zu unterstützen, aus vollem Herzen. Sie müsse dafür nicht vor mir katzbuckeln.

Was glaubt Ihr, werter Leser, tat sie darauf? Richtig, sie dankte mir. Es war ihr einfach nicht abzugewöhnen.

Zunächst nahm ich etwas von meinen Ersparnissen und besorgte alles, woran es hier fehlte. Das war nicht wenig. Ich kaufte eine Milchkuh, die bald kalbte, Kleidung, Arznei für den kranken Vater und vieles mehr.

Mabel sprach mich nie darauf an, doch ich sah ihr an, dass sie sich fragte, wie ich mir das leisten konnte. Gemeinsam befreiten wir den Garten vom alles überwuchernden Unkraut und legten neue Beete an. Dabei lernte ich einiges von Mabel über Heilkräuter. Wir sammelten sie an Waldrändern, Bachläufen, auf Wiesen und Feldern –, banden sie zu Büscheln und hängten sie kopfüber zum Trocknen in den Rauchfang.

Alles in allem bescherte mir dieses Leben völlig neue Erfahrungen. Es bereitete mir tiefe Befriedigung, zu sehen, wie die ganze Familie sich allmählich entspannte und aufblühte. Wie die Kinder, auch die Elfjährige, wieder Kinder sein durften, lachten und spielten.

Wenn ich an zu Hause dachte, überkamen mich Wehmut und Schuldgefühle. Bestimmt sorgten sich meine Angehörigen sehr um mich. Womöglich dachten sie, ich sei entführt worden und hielten mich gar für tot.

Doch für solche Gedanken hatte ich kaum Zeit vor lauter Arbeit, höchstens abends auf meinem Strohlager, bevor der Schlaf sein Recht forderte. Und das geschah meist ziemlich schnell. Überhaupt verging die Zeit wie im Flug. Wie lange weilte ich bereits in Swanley? Es mussten Wochen sein, wenn nicht gar Monate. Auf den Feldern wogte das Korn hoch im Sommerwind. Die Kinder rannten mit dem Kälbchen um die Wette, das munter umhersprang. Pflaumen- und Apfelbäume trugen kleine grüne Früchte. Unsere Kirschbäume waren abgeerntet. Sogar die späteste Sorte hatten wir verzehrt oder eingemacht, den größten Teil jedoch in Körben zum Markt gekarrt und verkauft.

Rückblickend verbrachte ich eine glückliche Zeit in Swanley. Nachdem die größte Not meiner Wahlfamilie gelindert war, offenbarten sich uns die Schönheiten der Umgebung. Sonntags, nach dem Gottesdienst, spannten wir das Pony, welches ich angeschafft hatte, vor einen Wagen und fuhren durch grüne Täler, überwiegend bewachsen von Eichen, Bergahornen und Eschen. Gott hatte diese Landschaft besonders malerisch gestaltet, mit liebevoll geführtem Pinsel.

Während Brownie, unser Pony, am Ufer eines Bachlaufs graste, ließen wir uns das mitgebrachte Essen im Schatten ausladender Äste schmecken. Angesichts der herumtollenden Kinder, die den Augenblick lebten, konnten auch Mabel und ich unsere Alltagssorgen für eine Weile vergessen. Sogar in den Augen des kranken Vaters, der an den dicken Stamm einer Eiche gelehnt saß, glomm ein Leuchten.

Mabels Geschwister genossen dieses neue Glück in vollen Zügen, aber sie selbst ... Sie versuchte es vor mir zu verbergen, doch manchmal, wenn ich sie unauffällig von der Seite ansah, da merkte ich, dass irgendetwas nicht stimmte. Misstraute sie diesem Glück? Fürchtete sie, es könnte plötzlich vergehen? Vielleicht fürchtete sie auch, sie müsste irgendwann einen Preis dafür bezahlen, einen zu hohen. Oder – ich wagte kaum, ihr dergleichen zu unterstellen, nicht einmal in Gedanken –, war sie, zumindest manchmal, verletzt oder gar eifersüchtig, weil ihre Geschwister so sehr an mir hingen? Fühlte sie sich etwa minderwertig, weil sie nicht so gut für sie sorgen konnte?

So sehr ich mich dagegen wehrte, dieser Eindruck drängte sich mir auf, als sie an einem Samstagabend mit einem Stoffballen vom Markt kam, der teuer gewesen sein musste. Sie wollte daraus Kleider für ihre Geschwister nähen.

Heimlich zählte ich meine Barschaft und schämte mich. Es fehlte nichts. Aber von woher hatte sie das Geld?

Es war mir zu peinlich, sie darauf anzusprechen. Überhaupt wäre es mir anmaßend erschienen, tief in Mabels Seele einzudringen. Nicht nur, weil ich jünger war als sie, erst dreizehn. Da es also keine klärende Aussprache gab, verharrte ich in quälender Ungewissheit.

Nach dem, was dann geschah, für mich völlig unerwartet, sah ich meine Beobachtungen in einem anderen Licht. Mabel hatte sich mit Gewissenskonflikten herumgeplagt, ja. Doch hätte ich geahnt, was der Auslöser dafür war …

Mein neues Leben endete abrupt am Tag darauf. Es war Anfang August und für England ungewöhnlich heiß. Mabel hatte sich die ganze Nacht auf ihrem Strohsack herumgewälzt, auch ich fand kaum Schlaf.

Während des Gottesdienstes fielen ihr immer wieder die Augen zu. Zugleich wirkte sie nervös und aufgeregt. Als ich anschließend mit den Kindern hinausgegangen war, vermissten wir sie. Endlich verließ auch Mabel die Kirche, trat zu uns und sagte, sie habe dem Herrn Pfarrer für seine heute ausnehmend schöne Predigt gedankt. Ich sah ihr an, dass das höchstens die halbe Wahrheit sein konnte, nickte aber nur.

Wie an den vorigen Sonntagen verzehrten wir unter einer Gruppe Eichen und Eschen unser Mittagsmahl, auf einem der grünen Hügel mit Blick auf das in einer Talsenke liegende Dorf. Den in die Sonne blinzelnden Säugling auf dem Schoß, saß ich inmitten der Geschwister. Wie an den Sonntagen zuvor betrachteten wir vorüberziehende Wolken und sahen alles Mögliche darin: Tiere, Früchte,

Gegenstände … Erst ging es reihum, dann ereiferten sie sich und riefen alle durcheinander.

Wind kam auf und trieb auch die Wolken immer schneller über den Himmel. Wenigstens den Kindern konnte ich Einhalt gebieten: »Einer nach dem anderen, sonst verstehen wir ja nichts.«

Irgendetwas war anders als sonst. Mabel, ohnehin von stiller Natur, gab sich heute sehr einsilbig und reagierte kaum auf mein munteres Geplapper oder das ihrer Geschwister. Wenn ich etwas von ihr hören wollte, musste ich sie mehrmals ansprechen, so geistesabwesend starrte sie vor sich hin. Auf meine besorgte Frage, was denn los sei, schüttelte sie den Kopf und wich meinem Blick aus.

Die Wolken wurden zusehends größer und dunkler. Mabels achtjähriger Bruder glaubte einen fliegenden Drachen zu erkennen, mit sieben Köpfen und zwölf Schwänzen.

Als sein letztes Wort von einem plötzlichen Donnerschlag übertönt wurde und die riesige schwarze Wolke sich vor die Sonne schob, erschraken die Kinder vor ihren eigenen Worten, als hätten sie das Ungeheuer heraufbeschworen. Die Jüngsten fingen an zu weinen. »Nein, es ist nur ein Gewitter«, versuchte ich sie zu beruhigen. Doch das Pony wieherte nervös, und sie weinten noch lauter.

Ich legte Mabel den Säugling in den Schoß. Sie reagierte überhaupt nicht darauf, sondern stierte weiter vor sich hin. Also übergab ich ihn der Elfjährigen und begann aufzuräumen, hielt aber gleich darin inne und berührte Mabel am Arm. Sie zuckte zusammen.

»Was ist, was hast du?«, fragte ich. »Willst du nicht schon einmal das Pony anspannen, während ich zusammenpacke? Es regnet bald.«

Sie sah mich an, als würde auch sie gleich in Tränen ausbrechen, schwieg jedoch. Also ließ ich die Geschwister zusammenpacken und spannte Brownie selbst vor den Wagen.

Es mutete an, als nahte der Abend, denn der Himmel hatte sich ganz zugezogen. Blitze zuckten darüber hinweg, gefolgt von

Donnerschlägen. Das Pony erschrak, schlug mit dem Kopf um sich und bäumte sich auf. Ich hatte alle Mühe, es am Durchgehen zu hindern. »Hilf mir, Mabel!«, rief ich. »Du siehst doch, was los ist!«

Endlich stand sie auf und kam wie traumwandlerisch auf mich zu. Die Elfjährige wollte mir beim Bändigen des Ponys helfen, aber das erschien mir zu gefährlich. »Mabel und ich führen Brownie«, sagte ich und bat sie, sich um den Säugling zu kümmern.

Die Kinder hatten mittlerweile unsere Sachen auf den Wagen gepackt und den Jüngsten, der noch nicht schnell genug laufen konnte, hinaufgesetzt. Sie wollten auch dem Vater auf den Wagen helfen, schafften es aber nicht allein. Mabel schien das völlig zu entgehen. Erst nachdem ich sie wiederholt darum bat, ihn zu stützen, tat sie es.

Immer heftiger wütete der Wind, schlug uns ins Gesicht. Wir kämpften dagegen an und bemühten uns zugleich, das aufbegehrende Pony im Zaum zu halten. In seinen panisch aufgerissenen Augen sah man das Weiße. So zogen wir los.

Durch den einsetzenden Regen bemerkte ich Mabels Tränen erst nach einer Weile und fragte sie erneut, was sie habe. Sie wollte wieder nicht antworten, aber diesmal blieb ich hartnäckig.

Inzwischen waren wir auf dem Weg, der durch Swanley führte. Mabel schluchzte. Es tue ihr so leid, beteuerte sie unablässig.

»Was«, fragte ich, »um Himmels willen, was denn?«

Darauf schluchzte sie noch lauter und konnte kaum sprechen.

Ich ertrug das nicht mehr. Trotz Blitz und Donner hielt ich das Pony an und blickte Mabel in die Augen: »Sag mir jetzt, was dich so bedrückt, ich flehe dich an!«

Sie habe das nicht tun wollen, brachte sie stockend heraus. Sie wisse selbst nicht, warum sie es getan habe. Sie habe heute morgen in der Kirche nicht nur mit dem Herrn Pfarrer gesprochen, sondern auch mit dem Schultheißen.

»Ja und?«, fragte ich. »Worüber habt ihr gesprochen?«

Über mich, über mich habe sie gesprochen. Das Geld ... Das Geld habe sie dazu verlockt, und mir drohe ja nichts Schlimmes.

Zwar verstand ich noch immer nicht, was sie meinte oder wollte es nicht verstehen, aber eine unheilvolle Ahnung keimte in mir. Der teure Stoff ... Wovon hatte sie ihn bezahlt?

Es sei Judasgeld, Judasgeld, schluchzte sie, während wir weitergingen und die ersten Häuser des Dorfes passierten. Obwohl sie mir inzwischen vertraut waren, blickte ich mich argwöhnisch um, als sähe ich sie zum ersten Mal.

Eine Frau pflückte hastig Wäsche von der Leine und eilte zur Haustür. Dort verharrte sie, obwohl es in ihren vollen Korb regnete, und äugte neugierig zu uns herüber. Ich kannte sie vom Sehen und grüßte im Vorbeigehen, worauf sie nickte und schnell nach drinnen verschwand. Bildete ich mir das nur ein, oder betrachtete diese Nachbarin mich auf einmal mit anderen Augen? Gleich darauf bemerkte ich sie schemenhaft am Fenster, hinter einer lichtdurchlässigen Tierhaut.

Auch die übrigen Bewohner hatten sich vor dem Unwetter in Sicherheit gebracht. Das Dorf wirkte wie ausgestorben. Trotzdem fühlte ich mich beobachtet. Was ging hinter den Fassaden vor sich?

Ich drang nicht weiter in Mabel, denn mich grauste davor zu hören, was ich ahnte. Weil sie in ihrer Verfassung das Pony nicht allein führen konnte, unterdrückte ich den Impuls, einfach fortzulaufen. Ich warf einen Blick über die Schulter, sah einen Blitz über den Horizont zucken und glaubte darunter einen winzigen Punkt auszumachen. Mein Herz pochte. Schneller drängte ich vorwärts, zog am Zügel. Beim nächsten Blick zurück erschien mir der Punkt größer.

Im Haus angelangt, packte ich in fieberhafter Eile meine Habseligkeiten zusammen. Der Vater erlitt einen nicht enden wollenden Hustenanfall. Die Kinder kauerten verstört am Boden, während die völlig aufgelöste Mabel auf mich einredete. Sie habe das wirklich nicht gewollt, beteuerte sie. Gestern, auf dem Markt, sei das Gerücht umgegangen, man suche eine davongelaufene Königstochter mit Namen Euphemia. Für Hinweise gebe es eine fürstliche Belohnung.

Sie, Mabel, habe gerade beim Tucher gestanden, über einen feinen Stoff gestrichen und sich vorgestellt, was man daraus Schönes schneidern könnte. Euphemia – die wohne bei ihr, habe sie sich sagen hören. Es sei einfach so aus ihrem Munde gekommen. Sie habe gar nichts dagegen tun können. Der Tucher habe sie zwar zuerst ausgelacht, doch andere Leute seien stehengeblieben und hätten zugehört, darunter ein fein gekleideter Herr. Der habe sie nach mir ausgefragt und ihr dafür Geld für den Stoff gegeben.

Später habe sie das entsetzlich bereut. Deshalb habe sie es nach dem Gottesdienst dem Herrn Pfarrer gebeichtet. Der habe gesagt, sie hätte richtig gehandelt, und den Schultheißen hinzugezogen. Er wolle einen Boten nach London entsenden, zum Tower.

Ich hielt einen Moment beim Packen inne. Heute morgen … Dann konnten sie jeden Moment da sein. Jener Punkt am Horizont, das mussten ein oder mehrere Reiter gewesen sein.

Mir drohe doch nichts Schlimmes, hörte ich Mabel wiederholt sagen, als erwartete sie Absolution von mir. Ich sei doch eine Königstochter.

Meinen Sack bereits auf dem Rücken, wandte ich mich zu ihr um und erwiderte: »Nichts Schlimmes? Ich soll zu einer Heirat gezwungen werden. Weißt du noch, der Bauer, was er dir antun wollte? Genau das müsste ich dann über mich ergehen lassen, mich einem ungeliebten Mann hingeben!«

Betroffen schaute sie mich an. So habe sie das gar nicht gesehen, daran habe sie überhaupt nicht gedacht.

Ich drückte die völlig verstörten Kinder an mich, eins nach dem anderen. Dann gab ich Mabel ein paar Goldstücke in die Hand. »Hier, vor allem für deine Geschwister, falls die Belohnung doch nicht so fürstlich ausfällt.« Ich hatte kaum ausgesprochen, als ich durch den prasselnden Regen hinter der Tür Hufschläge zu vernehmen glaubte. Die Reiter!

Ich kletterte durchs rückseitige Fenster und warf einen letzten Blick auf die weinenden Kinder. Mabel stand daneben, mit zutiefst schuldbewusster Miene. Fast tat sie mir leid.

Unsanft schlug ich draußen auf, rappelte mich hoch und rannte um meine Freiheit. Der Regen peitschte mein Gesicht. Ich spürte es kaum, schrie und schluchzte. Meinen Häschern konnte ich vielleicht davonlaufen, aber nicht Enttäuschung und Abschiedsschmerz. Beides lastete wie Blei auf meinem Herzen.

Trotzdem flogen meine Beine dahin, querfeldein über Wiesen, Hügel und Felder. Weil ich mich inzwischen in der Umgebung auskannte, schlug ich die Richtung nach Dover ein, ohne den Kompass zu befragen.

Um mich herum wütete das Gewitter. Damit ich nicht über meinen Rock stolperte oder irgendwo hängenblieb, raffte ich ihn. In der Eile trat ich mehrmals in Erdlöcher. Einmal schmerzte das heftig. Ich fürchtete, mir den Fuß verstaucht zu haben.

Vor mir, in scheinbar greifbarer Nähe, lockte der Waldrand. Sobald ich den erreicht hatte, konnte ich mir eine Atempause erlauben, im Schutz der vordersten Bäume. Hinkend zwang ich mich zum Durchhalten. Schau nach vorn!, befahl ich mir, nur nach vorn! Doch ich war so lahm, kam kaum von der Stelle. Eine Ewigkeit meinte ich zu brauchen, während der Waldrand anscheinend von mir wegrückte.

*Wieder auf der Flucht*

Hatte Mabel die nach mir Gesandten irgendwie aufhalten können? Ich werde es nie erfahren, aber es muss so gewesen sein. Sonst hätte ich den Wald unmöglich rechtzeitig erreicht. Ich überwand meine Angst vor Blitzschlag und Gefahren, die womöglich in ihm lauerten, und ging etwas tiefer hinein. Das dichte Blätterdach hielt den Regen erstaunlich gut ab. Vielleicht hatte er inzwischen nachgelassen. Äste und Zweige, die der Sturm abgebrochen oder angeknickt hatte, ordnete ich um einen Eschenstamm herum an, in Form eines Zeltes. Dann kroch ich hinein, zog die Knie eng an den Körper und schlotterte bangend und inbrünstig betend vor mich hin. Meine Kleider, mein Sack – alles war durchnässt. Wenn es kein so warmer Sommer gewesen wäre … Nicht einmal eine Erkältung suchte mich heim, obwohl die Luft von Feuchtigkeit gesättigt war und meine Kleider deshalb ganz langsam trockneten. Mein Fuß, der in ein Loch getreten war, schmerzte bald nicht mehr. Ein Engel Gottes musste damals schützend seine Flügel über mir ausgebreitet haben.

Irgendwann sank ich vor Erschöpfung in einen tiefen Schlaf, aus dem mich erst der Gesang der Waldvögel und schräg einfallende Sonnenstrahlen weckten. Im ersten Moment wusste ich nicht, wo ich war und was sich ereignet hatte. Dann hob sich der gnädige Schleier des Vergessens vor meinem Bewusstsein und setzte mich unvermittelt dem Seelenschmerz aus. Erneut hatte ich eine Familie verloren.

Eine Weile versuchte ich, zurück in den Schlaf zu fliehen, doch er nahm mich nicht mehr auf. Endlich kroch ich aus meinem Blätterzelt, reckte meine durch die unbequeme Haltung erstarrten Glieder und verrichtete im Unterholz meine Notdurft. Anschließend blickte ich mich um. Wie tief war ich gestern in den Wald geflohen? Zuletzt hatte ich nur noch Schutz gesucht und nicht mehr auf die Richtung geachtet.

Nun wiesen mir die Sonnenstrahlen den Weg. Ich wanderte ihnen entgegen und merkte, wie weit sich der Wald nach Südosten ausdehnte. Doch ich war längst nicht mehr so ängstlich wie zu Beginn meiner Flucht. Meine seitherigen Erfahrungen und das selbstständige Leben mit Mabel und ihrer Familie hatten mich reifen lassen.

Swanley wollte ich möglichst rasch möglichst weit hinter mir lassen. Heute ist mir klar, dass ich dadurch versuchte, meine schmerzlichen Erinnerungen abzuschütteln – die guten wie die schlechten –, um neu beginnen zu können. Ortschaften und menschliche Siedlungen mied ich. Wenn man mich nicht mehr hier in der Gegend vermutete, würde sich der größte Trubel um mich legen, hoffte ich. Glücklicherweise ging es in den Spätsommer. Die Luft war erfüllt vom Duft reifer Früchte, an denen ich mich labte, auf Wiesen überwiegend Äpfel, Birnen oder Pflaumen. Was ich nicht an Ort und Stelle verzehren konnte, steckte ich ein. Mein Sack war meist bis zum Platzen voll.

Im Wald ernährte ich mich hauptsächlich von Beeren und Pilzen. Bei Letzteren zögerte ich oft, weil sie ungenießbar oder gar giftig sein konnten. Meistens siegte der Hunger über die Angst.

Diese inneren Konflikte zehrten an mir. Und überhaupt, langfristig hätten mir diese Früchte nicht gereicht. Ich war im Wachstum und brauchte gehaltvollere Nahrung, Gemüse, Fleisch oder Fisch. Weil ich nie satt wurde, musste ich mit meinen Kräften sehr haushalten und kam nicht so schnell voran, wie ich wollte.

Meinen Durst stillte ich an Flüssen, Bächen und Seen. Dort blühte jetzt fast überall die Minze, meistens bläulich bis violett, seltener in weiß. Wenn ich Blätter abzupfte und zwischen den Fingern zerrieb, dufteten sie aromatisch. Ich pflückte ein Sträußchen und trocknete es, um sie bei Bedarf mittels Feuerstein und Zunder aufbrühen zu können. Dabei musste ich wieder an Mabel denken. Von ihr hatte ich gelernt, gegen welche Beschwerden diese Pflanze helfen kann. Mein Heimweh hatte sie allerdings verstärkt.

Bei schönem Wetter nächtigte ich auf dem nächstbesten Hügel und schaute versonnen in den klaren Himmel. Mond und Sterne erhellten jene Nächte und gestatteten mir weite Blicke in die Täler. Einer nahenden Gefahr wäre ich vielleicht trotzdem nicht entkommen, doch ich vertraute auf Gott. Das vermittelte mir ein Gefühl von Sicherheit.

Bei Regen wusste ich mittlerweile sehr den Schutz zu schätzen, den Wälder und vereinzelt stehende Baumgruppen boten. Flüsse stellten eine besondere Herausforderung für mich dar, denn manchmal musste ich lange ihrem Lauf folgen, bis sich eine Möglichkeit ergab, um sie zu überqueren – in Form von Brücken, am Ufer liegenden Booten oder Fähren.

So erging es mir knapp zwei Tage nach meiner Flucht aus Swanley. Der etwa sieben Meilen entfernt verlaufende Darent zwang mich, entgegen seiner Flussrichtung, ziemlich weit nach Süden. Ich stöhnte, fand aber wenigstens unter den Eichen, die ihn streckenweise säumten, Schutz vor der heißen Sonne.

Endlich erreichte ich eine Holzbrücke, morsch und somit nicht gerade vertrauenerweckend. Bei jedem Schritt knarrte und wackelte sie verdächtig unter meinen Füßen. Als ich endlich das andere Ufer erreichte, war ich durchnässt von Schweiß.

Ich wusch mich notdürftig und ging in Flussrichtung zurück, bis ich am Horizont eine Kirchturmspitze sichtete. Ein paar Meilen weiter sah ich von einem Hügel aus etliche Häuser. Das musste das Dorf West Kingsdown sein. Dort hätte ich wahrscheinlich Fleisch oder Fisch kaufen können. Meine Angst, erkannt zu werden, saß aber zu tief.

Also orientierte ich mich mit knurrendem Magen an meinem Kompass, verließ den Darent und hielt mich wieder Richtung Südosten. Unterwegs aß ich meinen vorletzten Apfel und schleppte mich bedrückt vorwärts. Obwohl mein Sack leerer wurde, erschien er mir Schritt für Schritt schwerer.

In schier unendlicher Weite erstreckte sich die Landschaft vor mir. Ich war viel zu traurig und erschöpft, um mich an ihrer Schönheit erquicken zu können. Meine Füße spürten in den durchgelaufenen Schuhen jeden Stein und rebellierten durch Schmerz. Obendrein wurde mir schwindlig. Ich wusste nicht, dass es von Durst und Hunger kam. Meine Sinne drohten zu schwinden.

Auf einer Wiese vor einem Waldrand, auf einer leichten Anhöhe, ragten merkwürdige, riesenhafte Gestalten auf. Leicht versetzt reihten sie sich nebeneinander und schienen auf mich gewartet zu haben. Jedenfalls dachte ich das und fragte mich, was ich davon halten sollte. Einige waren gedrungen und breit, andere lang und schmal. Einer überragte alle anderen, vielleicht der Anführer? Sie trugen teils rotbraune Gewänder, teils stahlgraue Rüstungen und Helme, die das Gesicht völlig verdeckten. Waren es Ritter, Zauberer oder Wächter, die irgendetwas hüteten, einen Schatz? Falls ja, wo war er, hinter ihnen oder womöglich unter ihnen?

Mein Herz überschlug sich fast vor Aufregung. Wenn die mir Böses wollten ... Wie sollte ich ihnen entkommen?

Obwohl ich wusste, was ich sehen würde, nur Gras und, ziemlich weit entfernt, ein paar vereinzelte Bäume, warf ich einen Blick zurück.

Schnell schaute ich wieder nach vorn. Nein, es war keine Sinnestäuschung, die Gestalten waren noch da. Ich wagte kaum mir einzugestehen, was ich befürchtet hatte. Sie könnten näher gerückt sein.

Meine Knie wackelten und drohten einzuknicken. Wie gebannt starrte ich auf die Gestalten, als könnte ich sie damit zurückhalten. Vielleicht gaukelte mir die flirrend heiße Luft auch nur vor, dass sie sich bewegten. Ich wollte ja nicht plündern, was auch immer sie hüteten. Das musste ich ihnen irgendwie klarmachen. Klein fühlte ich mich, verschwindend klein.

Ein weiterer Gedanke, noch beunruhigender, schoss mir durch den Kopf. Was, wenn sie verzaubert waren, versteinert? In Anbetracht ihrer Größe musste es sich in diesem Fall um versteinerte Riesen handeln. Bewegte ich mich hier auf geheiligtem oder gar verbotenem Terrain? Dann könnte mir dasselbe widerfahren.

Vielleicht war es keine Erschöpfung, die meine Schritte seit Stunden immer schwerer werden ließ, sondern erste Anzeichen einer beginnenden Versteinerung. Mich schauderte. Ich trat einen Schritt zurück. Ja, das gelang, obwohl mir meine Gelenke sehr steif erschienen, wie eingerostet.

Noch heute frage ich mich, warum ich keinen Bogen um diese rätselhaften Gestalten geschlagen habe. Wahrscheinlich hinderten mich Neugier und jugendliche Unternehmungslust daran. Nachdem ich ausgeharrt hatte, bis sie lange und immer längere Schatten warfen, ging ich zögernd darauf zu, als täte sich im nächsten Moment der Boden unter mir auf, um mich zu verschlingen.

Mit jedem Schritt schien ich mehr zu schrumpfen und erkannte deutlicher, dass es sich tatsächlich um Steine handelte, riesenhafte Steine. Wie waren sie hierhergekommen und warum?

Das frage ich mich heute noch. Manchmal erscheinen sie mir in meinen Träumen. Dann sehe ich Gesichter hinter den steinernen Fassaden. Sie wirken nicht, als ob sie sich eingeschlossen fühlten, eher geborgen. Manche schauen mich an, tiefgründig und weise, aus steingrauen Augen.

Jener Schmalste und zugleich Höchste vermittelte mir den Eindruck, auf mich herabzuschauen. Nicht aus Hochmut und Überlegenheit, vielmehr sanft, gütig und beschützend. Die Sonne hatte ihn bestrahlt. Als die Luft abkühlte und ich mich an ihn lehnte, war es, als teilte er seine Wärme mit mir. Müde wie ich war, ließ ich mich neben ihm nieder, blinzelte in die untergehende Sonne am westlichen Horizont und fiel in einen tiefen Schlaf.

In der Nacht vernahm ich Schreie, wie bei einem Gefecht. Mein Vater und mein Bruder ... Ihre Stimmen waren darunter. Sie kämpften um die französische Krone. Ich hatte Angst um sie. Die Schreie klangen verzerrt, unmenschlich. Ich filterte den eines Falken heraus und träumte von Gebratenem. Es erschien mir so wirklich, mir lief das Wasser im Mund zusammen.

Ich schlug die Augen auf und schnupperte. Entweder war ich noch vom Traum umfangen, oder ... Es war keiner. Der Duft lag in der Luft, ein verführerischer Duft von Gebratenem.

Im Mondlicht sah ich am Fuße meines steinernen Wächters etwas liegen, etwas Längliches. Ich befühlte es. Unmöglich, dachte ich, doch es war wirklich ein gebratener Hase, wie sie bei Hofe oft aufgetischt wurden, sogar noch warm.

Ich war zu ausgehungert, um darüber nachzudenken, wer ihn dort hingelegt haben konnte und vor allem, warum. Ich verschlang ihn und nagte die Knochen blitzblank ab.

Erst anschließend überlegte ich. War es womöglich eine Opfergabe? Dann hätte ich etwas Verwerfliches getan und Zorn heraufbeschworen, den Zorn Gottes? Aber diese Steine standen bestimmt schon sehr lange hier. Sie konnten Teile eines heidnischen Tempels sein. Der Hauslehrer bei Hofe hatte uns Kindern einmal davon erzählt und uns vor dergleichen gewarnt.

Wenn das Fleisch für einen heidnischen Götzen vorgesehen war, musste ein Heide es hingelegt haben, während ich schlief. Ich erschauderte bei dieser Vorstellung. Er hatte mir augenscheinlich nichts getan, mich nicht einmal angerührt. Allerdings hatte ich da das Fleisch noch nicht verzehrt.

Ich schaute auf zum Sternenzelt, betete zum einzigen und wahren Gott und bat ihn, mich vor der Vergeltung heidnischer Dämonen zu bewahren. Beruhigt schlummerte ich wieder ein.

Beim Erwachen am nächsten Morgen dachte ich an den Schrei des Falken. Ich hatte ihn vernommen, bevor der Bratenduft mich betörte. Das war des Rätsels Lösung! Ein Falke hatte den Hasen geraubt, beim Festgelage einer Jagdgesellschaft. Weil er ihm zu groß und zu schwer geworden war, hatte er ihn unterwegs verloren. Warum ausgerechnet hier? Es hatte eben eine besondere Bewandtnis mit diesen Steinen.

Immerhin konnte ich mir das vermeintliche Gefecht erklären. Die in mir lastende Sorge um meine Angehörigen musste deren Stimmen im Traum den Feiernden verliehen haben.

Seltsam ... an Vater und Bruder dachte ich oft, an meine Mutter dagegen so gut wie nie. Dabei schwebte auch sie in Gefahr, bei jeder weiteren Geburt. Indem sie mir das Leben schenkte, hatte sie ihres riskiert. Das war mir dereinst kaum bewusst. Inzwischen habe ich oft erlebt, wie Gebärende am Fieber starben.

Als ich floh, stand die Geburt meines nächsten Geschwisters kurz bevor. Leider konnte ich während meiner Flucht nicht in Erfahrung bringen, ob meine Mutter sie gut überstanden hatte. Vermutlich gebar sie ein Mädchen. Die Nachricht von der Geburt eines Jungen wäre weiterverbreitet worden.

Jene Frau, die mich zur Welt brachte, habe ich als Königin in Erinnerung, deren Güte und Großherzigkeit über die Landesgrenzen hinaus gerühmt wurde. Mütter waren uns die Ammen, denen Königskinder üblicherweise nach der Geburt an die Brust gelegt werden.

Ich leckte ein paar Tröpfchen Wiesentau, schulterte meinen Sack und verließ die Steine, obwohl sie meinem Empfinden nach nichts Böses ausstrahlten. Dann bat ich den Allmächtigen darum, mich zu einer Quelle zu führen, denn die spärlichen Tautröpfchen würden nicht lange vorhalten. Dringend musste ich meinen Durst löschen.

Mein Kompass führte mich durch sonnenverbranntes Grasland. Der Wind strich darüber hinweg, wirbelte trockene Erde auf und trug mir ein Rauschen zu. Lauschend verharrte ich. Mein Blick in die Ferne war durch Bäume und Sträucher verstellt. Was verbarg sich dahinter, ein grünes Tal? Ein …

Die Hoffnung verlieh mir ungeahnte Kräfte. Ich hatte nicht gedacht, dass so viel Energie in mir steckte, rannte und rannte. Hinter einer Reihe Eschen und Bergahorne stolperte ich eine Uferböschung hinab in ein Flussbett.

Knöcheltief stand ich im Schlick, schöpfte mit beiden Händen das erfrischend kühle Nass und trank in gierigen Zügen. Übermütig schüttete ich es über Gesicht und Kopf und lachte lauthals.

Wie nah die Reiter mir gekommen waren, als ich sie endlich hörte, wusste ich nicht. Ich konnte nur hoffen, dass sie durch ihr Gespräch abgelenkt waren und mich noch nicht entdeckt hatten. Vielleicht schützten mich die Bäume und die hohe Uferböschung. So hoffte ich, und schmiegte mich eng an sie. Jetzt mussten sie direkt über mir sein.

»War da nicht gerade was, Vater?«, fragte eine junge Stimme.

Ich hielt den Atem an.

Ihm sei gewesen, als habe er ein Lachen gehört.

Das werde er sich eingebildet haben, entgegnete eine sonore, ältere Stimme.

Ein Mönch, der mit einem Novizen unterwegs ist, dachte ich.

So, wie er sich anhörte, war der Mann von seinen eigenen Worten nicht ganz überzeugt. Die Hufschläge verklangen. Die beiden waren aber noch da, ich spürte die Wärme ihrer Tiere. Sie mussten angehalten haben. Ein Pferd schnaubte. Witterte es mich? Selbst wenn, ich hatte ja keinen Raubtiergeruch an mir.

Dieses Gebiet hier, sagte der Ältere, sei nicht ganz geheuer. Hier trieben sich wahrscheinlich heidnische Geister und Dämonen herum. Sie sollten besser zusehen, dass sie weiterkämen und Boxley Abbey erreichten.

Aha, also hatte ich richtig vermutet. Boxley Abbey ist eine Zisterzienser-Abtei. Ich spitzte die Ohren, um kein Wort zu versäumen.

Der Junge fragte, wie weit es noch sei bis dorthin. Der Mönch antwortete, nach ungefähr zwei oder drei Meilen führe eine Brücke über den Medway nach Maidstone. Boxley Abbey läge knapp zwei Meilen nördlich davon.

Als sie weiterritten, verharrte ich eine Weile unter dem Schutz der Uferböschung und überlegte. Auch ich musste über diese Brücke, um meinen Weg nach Dover fortzusetzen. Hier ans andere Ufer schwimmen konnte ich nicht. Trotz des derzeit niedrigen Wasserstands war der Medway ein stattlicher Fluss. Ich fühlte mich zu geschwächt, um der Strömung zu widerstehen. Meine Kleidung würde sich vollsaugen und mich behindern, womöglich in die Tiefe ziehen. Außerdem bekäme ich in Maidstone Brot. Von Früchten allein konnte ich mich auf Dauer nicht ernähren.

So sehr ich fürchtete, in Städten oder Dörfern erkannt zu werden, so sehr sehnte ich mich nach menschlicher Gesellschaft. Erneut wurde mir schmerzlich bewusst, wie ich Mabel und deren Geschwister vermisste. Ja, auch Mabel, obwohl sie mich verraten hatte.

Innerlich hin- und hergerissen, folgte ich schließlich dem Medway.

Die Sonne hatte fast ihren Zenit erreicht, als ich mich der steinernen Brücke bei Maidstone näherte. Ich hielt inne und ließ meinen Blick darüber hinwegschweifen, zum anderen Ufer, worauf die vorderste Häuserzeile gebaut war. Dem Geruch nach hatten sich dort Gerber angesiedelt. Ein gutes Stück dahinter ragte die Spitze des Kirchturms empor.

Schlagartig wurde mir klar, dass ich selbst nicht gut roch. Das war zwar sehr unangenehm, aber auch ein gewisser Schutz. So kam mir wahrscheinlich niemand zu nahe oder vermutete gar eine Prinzessin hinter solch schäbiger Fassade.

Der Wächter im hölzernen Turmhäuschen döste vor sich hin. Als ich die Brücke überquerte, hob er nur halb die Lider und döste dann weiter. Vor den meisten Häusern im Gerberviertel waren Leinen gespannt, auf denen vorbearbeitete Tierhäute zum Trocknen hingen.

Insbesondere am Flussufer herrschte geschäftiges Treiben. Frisch abgezogene Häute wurden von Lehrlingen und Hilfskräften zunächst im Wasser mittels scharf riechender Substanzen von Haaren, Gewebe und Fett gereinigt und anschließend mit Salz konserviert. Jeder war mit seiner Arbeit beschäftigt. Niemand achtete auf mich, geschweige denn auf meine schmutzigen, verschwitzten Kleider.

Ich ließ das Gerberviertel hinter mir und tauchte unter im Gewirr enger, dunkler Gassen. Stimmen und andere Geräusche, die aus überwiegend ärmlichen Häusern nach außen drangen, ließen mich unweigerlich zusammenzucken.

Gerade konnte ich noch ausweichen, als ein Kübel Unrat sich aus einem Fenster in den Ehgraben ergoss. Kurz darauf vernahm ich Schritte hinter mir, ging schneller und bog um eine Ecke. Dahinter fiel mehr Tageslicht in die Gasse. Ich folgte ihr und sah den Marktplatz vor mir, umgeben von vornehmeren Häusern. Mein Weg dorthin führte mich an einem Tucher vorbei.

Ich überlegte. Wenn ich demnächst in einem Fluss oder See baden und meine Kleider waschen wollte, müsste ich meine Blöße verhüllen, bis sie trockneten. Also erstand ich ein dunkelbraunes Tuch aus grob gewebtem Leinen.

Beim Bezahlen wähnte ich den argwöhnischen Blick der Verkäuferin auf mich gerichtet und bemerkte beiläufig, meine Herrschaft wäre sicher froh, dass ich etwas Passendes gefunden hätte. Anschließend bedankte ich mich, legte mir das Tuch über die Schultern und ging weiter.

Auf dem Markt vernahm ich unter den Leuten um mich herum Stimmen, die ich erst kürzlich gehört hatte, und blickte mich suchend um. Dabei sah ich sie, den Zisterziensermönch und seinen Novizen. Während ihre Reittiere, ein Pferd und ein Muli, geduldig an einem Brunnen warteten, standen sie vor den Auslagen einer Bäuerin, die Obst und Gemüse feilbot.

Unweit davon drängten sich Schweine in einem engen Pferch aneinander und zwängten ihre Schnauzen zwischen den Latten des Gatters hindurch. Es erschien mir etwas instabil. Trotz mehrfacher Ermahnungen, fernzubleiben, stellten sich wiederholt zwei Knaben auf die unterste Latte und neckten die Tiere mit Stöcken.

Während ich Brot, Käse und ein Stück Dörrfleisch kaufte, glaubte ich misstrauische Blicke auf mir zu spüren und widerstand nur mit großer Mühe dem Impuls, die Stadt schnell zu verlassen. Das müsse ich mir einbilden, versuchte ich mich zu beruhigen. Wer achtete schon auf eine kleine Magd? Ich fiel doch bestimmt nicht auf im Getümmel, und meine Ausdünstungen versanken inmitten vielfältigster Düfte und Gerüche von allerlei Obst, Gemüse, Kräutern, aber auch Abfall und Fäkalien.

Hatte ich mich in dieser kurzen Zeit des Alleinseins der menschlichen Gesellschaft so entfremdet, dass mich deren Anwesenheit dermaßen verunsicherte? Dieser Gedanke ängstigte mich plötzlich mehr als der, erkannt zu werden.

Derweil ich mich meinem bedrückenden Gemütszustand ausgesetzt wähnte, drang ein Lied zu mir herüber, pathetisch und begleitet von den Klängen einer Fiedel. Ich folgte meinem Gehör und sah eine Menschentraube, die sich um einen Bänkelsänger scharte. Zögernd näherte ich mich und hörte zu. Die Moritat beklagte das Schicksal einer Prinzessin, einer Tochter Seiner hochverehrten und geliebten Majesty. Sie sei entführt und in ein Verlies gesperrt worden, tief in einer Höhle gelegen. Dort habe sie wochenlang geschmachtet, bis …

Entsetzte Lautäußerungen, Ah- und Oh-Rufe übertönten den Vortragenden. Ein Äffchen, das ich erst jetzt entdeckte, weil es auf den Hut des Bänkelsängers kletterte, mischte sich ein und schimpfte aufgeregt.

»Hört nur, Vater!«, hörte ich aus all dem die Stimme des Novizen heraus. Er wollte sich unter das Publikum mischen, doch der Mönch hielt ihn zurück und verzog missbilligend das Gesicht.

Inzwischen hegte ich nicht mehr den geringsten Zweifel daran, dass diese Moritat von mir handelte, und hätte mich besser zurückgezogen. Doch ich stand da wie im Boden verwurzelt.

»… bis die Prinzessin, mit Gottes Hilfe, fliehen konnte«, fuhr der Sänger fort. Aber durch ihr langes Siechtum habe sie den Verstand verloren und irre nun umher, gehüllt in Lumpen. Gesandte des Königs hätten sie zwar ausfindig gemacht, aber durch eine List des Teufels wieder aus den Augen verloren.

… in Lumpen gehüllt. Ich fühlte mich entblößt und dargeboten. Jeder, wirklich jeder, musste doch merken, dass ich damit gemeint war! Meine Tarnung schien dahin. Einige wandten sich um, wahrscheinlich zufällig. Deren Blick fiel auf mich, wohl ebenso zufällig. So sehe ich das heute, aber damals …

Ich schaute zu Boden, zum Staub auf meinen zerschlissenen Schuhen. Auf viele passt jene Beschreibung, redete ich mir ein und entfernte mich Schritt für Schritt, dabei den Blick am Boden haftend. Schreckensstarr wollten meine Glieder mir kaum gehorchen. Jeden Moment glaubte ich einen Zugriff zu spüren.

Eine fürstliche Belohnung habe der König ausgesetzt für jeden, der ihm seine geliebte Tochter wiederbrächte, hörte ich den Bänkelsänger hinter mir ausrufen und beschleunigte meine Schritte. Langsam!, befahl ich mir. Sonst sieht es aus, als hättest du Anlass zum Fliehen.

Ich gehorchte mir, doch plötzlich ertönte ohrenbetäubend schrilles Geschrei. Ich erschrak und floh über den Marktplatz. Die Schweine holten mich im Handumdrehen ein. Sie hatten das Gatter niedergedrückt und galoppierten zwischen den Marktständen hindurch. Einen entsetzlichen Augenblick lang fürchtete ich, sie würden mich niedertrampeln.

Da teilten sie sich hinter mir und galoppierten beidseits an mir vorbei. Ich meinte, der Boden würde unter mir erbeben. Fluchend und Verwünschungen ausstoßend, folgten Schweinehirt und Bauer, begleitet von Spott und Gelächter.

Falls überhaupt jemand auf mich geachtet hatte, dann jetzt nicht mehr.

## *Ungewöhnliche Gesellschaft*

Mir saß der Schreck in allen Gliedern. Ich achtete nicht auf den Weg, wollte nur weg von Maidstone. Unbehelligt ging ich durchs Stadttor, vergewisserte mich, dass mir auch wirklich niemand gefolgt war und rannte los, ohne meinen Kompass zu befragen. Das wäre vernünftiger gewesen, aber mir fehlte die innere Ruhe.

Nach ein paar Meilen erreichte ich einen Hügel und hielt unschlüssig inne. Ich musste verschnaufen, doch das war nicht der eigentliche Grund für mein Zögern.

Vor mir auf dem Hügel erhob sich ein riesiges Gebilde. Der Form nach am ehesten ein Haus, obwohl ich mir sicher war, dass es etwas anderes sein musste. Aber was?

Unweigerlich kamen mir die steinernen Riesen in den Sinn. Das hier sah anders aus, schien mir aber vom selben Geist beseelt. Drei mächtige Steine bildeten einen Raum, vorn offen und bedeckt von einer überstehenden Steinplatte. Es musste außerordentlich mühsam gewesen sein, sie dort hinzubringen und so anzuordnen. Wer hatte diese Mühe einst auf sich genommen und warum?

Ich überlegte. Vielleicht war der ursprüngliche Zweck nicht erkennbar, weil es sich dabei, trotz der Größe, nur um den Rest von etwas wahrhaft Monumentalem handelte. Es mochte Gutem gedient haben oder heidnischen Riten.

Langsam und vorsichtig näherte ich mich dem ungewöhnlichen Gebäude. Möglicherweise beherbergte es jemanden, einen Einsiedler oder ein Tier. Um mich notfalls verteidigen zu können, zog ich mein Messer aus dem Sack und hielt es abwehrbereit in meiner schweißnassen Hand. Wie gut, dass ich eins besaß! Dankbar gedachte ich meiner Freundin, der Magd.

Ein Eindringling wollte ich nicht sein, aber dieses Haus besaß keine Tür zum Anklopfen. Sollte ich rufen?

Stattdessen ging ich weiter darauf zu. Von hinten fiel Licht in den Raum, weil der rückwärtige Stein ihn beidseits nicht ganz abdichtete.

Ich fasste mir ein Herz, trat nah heran und staunte, wie hoch die Steine über mir aufragten, fast in doppelter Höhe meiner Größe.

Wie von unbekannter Hand geleitet, trat ich ein und ließ meinen Blick hinaufschweifen bis unters Dach, die Wände entlang und über den Boden. Mein Herz klopfte schneller. Hier musste jemand gehaust haben. In einer Ecke lagen abgenagte Knochen. Vielleicht war er gerade auf der Jagd nach frischer Beute und kam jeden Moment zurück. Hier drin säße ich wie in einer Falle.

Ich ging hinaus und schaute mich um. Nichts und niemand war zu sehen unter strahlend blauem Himmel mit harmlos anmutenden Schleierwölkchen, außer fernen Wäldern, grünen Tälern und dem von Bäumen gesäumten Medway, der sich dazwischen hindurchschlängelte.

Während ich den Hügel hinablief, wurde mir klar, was ich als Nächstes tun wollte. Es war ein warmer, sonniger Tag, der zum Baden einlud. Das hatte ich ja dringend nötig. Ich war auf der richtigen Seite des Flusses, der östlichen, denn ich hatte die Brücke überquert.

Doch in der Aufregung hatte ich nicht mehr auf die Himmelsrichtungen geachtet, seitdem ich Maidstone verlassen hatte, und war dem Medway nach Nordwesten gefolgt.

Ich legte den Kopf in den Nacken. Über mir vernahm ich die unverkennbaren Rufe von Wildenten. Sie flogen zum Medway. Ich folgte ihnen, wählte eine seichte Stelle mit geringer Strömung und vergewisserte mich am Ufer, dass auch wirklich keine Menschenseele in der Nähe war.

Dann legte ich meine Kleider ab, verwahrte sie samt Sack unter einem Strauch nahe der Uferböschung und ging ins Wasser. Es kostete mich Überwindung, war ziemlich kalt. Als ich mit dem Strom am Ufer entlangschwamm, wurde mir jedoch rasch warm. Zugleich fühlte ich mich angenehm sauber und erfrischt. Vor mir, gerade noch in Sichtweite, schaukelten die Enten auf den glitzernden Wellen. Sie wussten nicht, ob morgen die Sonne aufgehen würde, lebten im Jetzt und schnatterten vergnügt.

Mich durchströmte ein tiefes Glücksgefühl. Ich war eins mit der Natur und Gott nie näher gewesen.

Doch alles hat seine Zeit. Spät fiel mir auf, wie sich der Himmel über mir zuzog. Ich drehte um. Da ich nun gegen Wind und Strom schwamm, war ich viel langsamer.

Wo hatte ich bloß meine Kleider versteckt? Ich hatte mir die Stelle gut eingeprägt und müsste sie längst erreicht haben, dachte ich nach einer mir endlos erscheinenden Weile. War ich wirklich so weit geschwommen?

Den Kopf knapp über der Wasseroberfläche, schweiften meine Blicke suchend die Uferböschung entlang, wo inzwischen ein starker Wind durch Büsche und Bäume fuhr. Ich erschrak. Er hatte meine Habseligkeiten hoffentlich nicht verweht.

Dann sah ich das neue Tuch. Als wäre Leben hineingefahren, flatterte es am Ufer entlang, mir direkt entgegen. Bis ich aus dem Fluss gestiegen war, hatte der Wind es längst an mir vorbeigetrieben. Mein zwar hüftlanges, aber jetzt nasses Haar verdeckte meine Blöße kaum. Ich fühlte mich verletzbar. Wenn hier jemand war? Scheu blickte ich mich um, während ich in fieberhafter Eile überlegte, was ich zuerst tun sollte, dem Tuch nacheilen oder meine anderen Sachen suchen.

Weil Letzteres wichtiger war, entschied ich mich dafür und wurde schnell fündig. Der schwere Sack lag noch an selber Stelle. Unweit davon das Kleid, strotzend vor Schmutz. Ich nahm beides an mich, bedeckte damit notdürftig meine Blöße und suchte den Stoff. Glücklicherweise hatte er sich im Gezweig eines Strauches verfangen. Ich pflückte ihn ab, umhüllte mich und wusch meine Kleidung.

Durch meine Geschäftigkeit spürte ich den Regen anfangs nicht, bemerkte aber, wie erste Tropfen Kreise auf dem Wasser zogen. Wenn ich verhindern wollte, dass auch das Tuch um meinen Leib durchnässt wurde, brauchte ich dringend einen Unterschlupf. Zum Überlegen blieb keine Zeit. Das vor Nässe triefende, hastig ausgewrungene Kleid über dem Arm und den Sack auf dem Rücken hüpfend, eilte ich den Hügel hinauf, zum Steinhaus, und verkroch mich darin.

Nun, in Sicherheit, zumindest vor dem Regen, überkam mich eine Woge Seelenschmerz. Ich dachte an das Gewitter, kurz bevor ich von Mabels Verrat erfuhr.

Da donnerte es auch schon, wenngleich nicht so heftig wie damals. Mein nasses Kleid hatte ich neben mir auf dem Gras ausgebreitet. Weil das Licht spärlich einfiel, war es schütter, jedoch einigermaßen trocken. Es donnerte noch ein paar Mal, aber das Rauschen des

Regens wirkte beruhigend auf mich. Eng zog ich die Beine an den Leib, bettete mein Haupt auf den Sack und schlief ein.

Ein leises Scharren und Schnüffeln weckte mich. Ich schlug die Augen auf, sah aber nichts. Es herrschte stockfinstere Nacht. Der Bewohner, der die Knochen hinterlassen hatte, fuhr es mir durch den Kopf. Ich hielt den Atem an und lauschte, rutschte so weit wie möglich in eine Ecke. Es war dunstig. Der Eingang zeichnete sich kaum vom Gestein ab.

Bangend harrte ich aus. Nach einer Weile hörte ich nichts mehr und meinte, ich hätte die Geräusche geträumt.

Plötzlich waren sie wieder da, noch leiser. Dann verstummten sie erneut. Wer oder was gekommen war, entfernte sich und hinterließ einen strengen Geruch. Es musste ein Tier sein, ein Raubtier, wohl eher klein. Hätte es mich sonst verschont? Als es mich witterte, zog es sich zurück.

Seltsam, darüber war ich kaum erleichtert. Im Gegenteil, fast ein bisschen betrübt. Schließlich hatte ich seine Behausung besetzt und es vertrieben.

Eine Zeitlang blieb ich wach, schlief aber irgendwann wieder ein, erschöpft durch die Strapazen der letzten Zeit, bis mich schräg einfallende Sonnenstrahlen weckten. Jetzt erschienen mir die nächtlichen Geräusche erst recht wie ein Traum.

Ich trat hinaus. Auf dem Gras neben dem Eingang entdeckte ich eine Blutspur. Mein nächtlicher Besucher hatte entweder Beute mitgebracht oder war verletzt.

Ich wollte unbedingt mehr über ihn erfahren, zog mein inzwischen leidlich getrocknetes Kleid an und folgte der Spur barfuß den Hügel hinab, zu einer Baumgruppe. Im Unterholz, wo sie sich verlor, bog ich vorsichtig Zweige auseinander und spähte hindurch. Mein Blick begegnete den bernsteinfarbenen Augen eines Rotfuchses. Im nächsten Moment zog er sich jedoch tiefer ins Unterholz zurück. Er musste verletzt sein, sonst hätte er mich keinesfalls so nah an sich herankommen lassen.

Ich fragte mich, wie schwer seine Verletzung war, eilte zurück, holte meinen Sack und nahm etwas Dörrfleisch heraus. Das legte ich dorthin, wo ich den Fuchs gesehen hatte. Anschließend setzte ich mich in einiger Entfernung ins Gras und verharrte mucksmäuschenstill.

Allzu lange musste ich nicht warten, bis das Fleisch ihn hervorlockte. Er schnappte es sich und verschwand wieder. Er musste ziemlich hungrig sein.

Ich auch, also packte ich Brot und Käse aus und frühstückte erst einmal. Dabei fiel mir ein, dass der Vorbesitzer meiner Unterkunft ebenfalls durstig sein könnte. Kurzentschlossen entleerte ich meinen Lederbeutel, lief zum Medway, stillte zuerst meinen Durst und füllte den Beutel mit Wasser. Mein Blick fiel auf einen ausgewaschenen Stein, der an einer Seite eine Vertiefung aufwies. Darin bot ich dem Verletzten Wasser an, zog mich zurück und wartete.

Tatsächlich kam er nach geraumer Zeit zum Vorschein, schaute sich neugierig um und labte sich am Wasser. Dabei ließ er mich keinen Moment außer Acht. Ich versuchte zu erhaschen, wo er sich verletzt hatte. Er hinkte. Die Wunde musste an einem der Hinterläufe sein. Er entzog sich aber meinem Blick.

Inzwischen war mein Kleid völlig an mir getrocknet. Ich vergewisserte mich, dass niemand in der Nähe weilte, streckte mich im Gras aus, blinzelte in die Sonne und döste irgendwann ein. Offenbar musste ich viel Schlaf nachholen.

Als ich erwachte – ich wusste nicht wodurch –, rührte ich mich nicht. Der Fuchs hatte sich aus seiner Deckung hervorgewagt, lag vor dem Unterholz in der Sonne und leckte seine Wunde. Sie war knapp oberhalb der rechten Hinterpfote. Vielleicht war er irgendwo hängengeblieben.

Erfreut, weil er sich an meine Anwesenheit gewöhnt hatte, lächelte ich. Meine trübe Stimmung war verflogen, ich fühlte mich nicht mehr einsam, vergaß die Zeit und genoss den Tag in vollen Zügen. Der Himmel verschonte meinen vierbeinigen Gesellschafter und mich vor Regen und Gewitter.

Erst als die Sonne verglühte und das Gras unter mir allmählich kühler wurde, zog ich mich in das Steinhaus auf dem Hügel zurück und lockte den Fuchs. Er folgte mir tatsächlich, wenn auch mit großem Abstand. Um ihm die Entscheidung zu erleichtern, legte ich am Eingang des Hauses ein bisschen Dörrfleisch aus. Ob er es geholt hatte, weiß ich nicht, aber am nächsten Morgen war es fort.

In der zweiten Nacht vernahm ich wieder die mir inzwischen vertrauten Geräusche. Diesmal verstummte nur das Scharren und Schnüffeln. Ich lauschte auf die regelmäßigen Atemzüge meines Mitbewohners und genoss die Wärme, die er ausstrahlte.

In der Morgendämmerung schälten sich die Konturen seines Körpers aus dem Halbdunkel der mir gegenüberliegenden Ecke. Er hatte seine Schnauze auf die buschige weiße Schwanzspitze gebettet. Offenbar spürte er meinen Blick und sah auf. Was für schöne bernsteinfarbene Augen! Ich schaute direkt hinein.

Das war ein Fehler. Er fühlte sich dadurch bedroht und huschte hinaus. Dabei bemerkte ich, dass er immer noch hinkte, sogar stärker.

Es tat mir leid, ihn verscheucht zu haben. Nun fand auch ich keine Ruhe mehr und suchte draußen im ersten Morgenlicht nach einem jungen Eichentrieb. Als ich fündig wurde, schälte ich mit meinem Messer etwas Rinde ab, ging zum Fluss und bereitete in meinem Lederbeutel einen Aufguss zu. Wie ich von Mabel gelernt hatte, sollte das Verletzungen schneller heilen lassen. Mabel ... Immer wieder wurde ich an sie erinnert.

Wie erhofft, hatte sich der Fuchs in das Unterholz bei der Baumgruppe zurückgezogen. Ich legte Dörrfleisch aus, setzte mich ein Stück weit davon entfernt ins Gras und wartete. Wie beim ersten Mal wurde die Verlockung durch das Fleisch zu groß. Als der Fuchs gegen Mittag auftauchte, schaute ich ihn nur aus dem Augenwinkel heraus an und frohlockte innerlich. Er blieb nach dem Fressen und genoss die Sonne.

Vom Fleisch war nicht mehr viel übrig. Also nahm ich ein Stück Käse, streckte unendlich langsam eine Hand aus und rutschte auf den

Verletzten zu – unmerklich, aber stetig. Dabei vermied ich peinlichst, ihn direkt anzuschauen.

Tatsächlich, er ließ mich an sich herankommen. Ich vermochte meine Freude kaum zu bändigen. Witternd hob er das Schnäuzchen und leckte sich die Lefzen. Lächelnd legte ich das erste Stückchen Käse vor ihn ins Gras. Er schnappte es sich sofort. Während er mir das zweite aus der Hand nahm, tauchte ich die andere in den Sud im Lederbeutel und berührte damit ganz sacht sein verletztes Bein. Es war geschwollen und fühlte sich heiß an.

Diesen Vorgang wiederholte ich mehrmals und spürte, wie das Vertrauen des Tieres zu mir wuchs, wie das Band zwischen uns bei jeder Bewegung stärker wurde.

Von nun an suchte der Fuchs meine Nähe, folgte mir wie ein Hündchen und schlief bei mir im Steinhaus. War es die heilsame Kraft der Rinde, meine Berührung, meine Zuwendung? Vermutlich von allem etwas. Bald fühlte sich sein Bein nicht mehr heiß an und schwoll ab. Tags darauf belastete er es voll.

Damals war ich zu jung, um zu verstehen, wie ungewöhnlich seine schnelle Genesung war. Als ich seinen ersten Sprung nach einer Maus sah, wusste ich, er hatte es geschafft und konnte sich wieder selbst versorgen.

In meine Freude darüber mischte sich Wehmut. Es war nicht zu übersehen, die Blätter verfärbten sich und kündigten den Herbst an. Ich musste England endlich verlassen. Sonst hätte man mich früher oder später doch aufgestöbert. Außerdem konnte ich unmöglich in der Wildnis überwintern. Selbst wenn ich mir im Steinhaus ein Feuer gemacht hätte, meine Kleidung hätte mich nicht ausreichend wärmen können.

Der Abschied von meinem Rotpelzchen fiel mir unsäglich schwer. Erst jetzt merkte ich, wie sehr es mir ans Herz gewachsen war. Ein letztes Mal streichelte ich sein weiches Fell und ermahnte ihn, sich bei der nächsten Jagd vor meinem Vater in Acht zu nehmen.

Dann trocknete ich meine Tränen und wanderte der aufgehenden

Sonne entgegen. Meilenweit begleitete er mich, mein Fuchs. Schließlich schien er zu begreifen, dass unsere Wege sich trennen mussten, und blieb zurück.

### *Abschied von der Heimat*

Fortan hielt ich nur noch zum Schlafen inne und sogar das erst, wenn meine Füße nicht mehr weiter konnten, wenn ich zu erschöpft war für wehmütige Gedanken und hinwegdämmerte, sobald ich einen Unterschlupf für die Nacht gefunden hatte.

Ich versuchte meinem Seelenschmerz davonzulaufen. Zeitweise gelang mir das leidlich, aber manchmal erwischte er mich doch, denn meine eigene Gesellschaft war mir auf Dauer zu wenig.

Mein einziger ständiger Begleiter war der Hunger. Die Meilen, die ich zurücklegte – es müssen täglich mindestens dreizehn gewesen sein –, verbrauchten enorm viel Kraft. Das Dörrfleisch hatte ich gänzlich an den Fuchs verfüttert. Was ich noch an Brot und Käse besaß, teilte ich sorgfältig ein. Zum Glück fand ich unterwegs immer wieder reife Beeren an Hecken und Sträuchern. Bäume auf Wiesen und Viehweiden rührte ich nicht an, sondern begnügte mich mit Fallobst.

Wasser gab es reichlich. Wenn ich Wiesen überquerte, hörte ich immer wieder Bäche plätschern, die sich hindurchschlängelten, und erquickte mich an ihnen. Sie waren meist trockenen Fußes zu überwinden, durch einen Sprung. Einmal griff ich nach einer Forelle, deren Schuppen in sämtlichen Regenbogenfarben glitzerten, und erhaschte sie sogar. Sie war jedoch zu glitschig, entwand sich zappelnd meinen Fingern und sprang zurück in ihr nasses Element. Mit zwiespältigen Gefühlen blickte ich ihr nach. Sie hätte meinen Magen gut gefüllt. Andererseits war es schön, sie lebendig zu sehen.

Am dritten Tag nach meinem Aufbruch vom Steinhaus folgte ich stromaufwärts dem Great Stour und erreichte kurz vor Sonnenuntergang das Dorf Lenham, wo er entspringt. Lenham ist zwar klein, besitzt aber Marktrecht. Ich rang mit mir. Sollte ich hier etwas kaufen?

Schließlich übertraf der Hunger meine Angst vor Entdeckung. Zu spät? Als ich den Marktplatz betrat, wurde mir die Entscheidung gerade abgenommen. Die Händler bauten ihre Stände ab und luden ihre restliche Ware in Kisten und Körben auf Karren oder schnallten sie sich in Kiepen auf den Rücken. Hühner und Gänse schnatterten und flatterten aufgeregt in Holzkäfigen herum.

Ich kramte ein paar Münzen aus meinem Lederbeutel hervor und bat einen Bäcker, mir einen Leib Brot zu verkaufen.

Während er mir murrend einen reichte, bemerkte ich aus dem Augenwinkel, wie eine Bauersfrau sich mit Kiepe auf dem Rücken und einem Leiterwagen, worauf Krüge und Körbe standen, auf den Heimweg machte, nahm dankend das Brot und eilte zu ihr.

Sie musterte mich argwöhnisch und wollte wissen, warum ich erst jetzt käme. Das sei doch sehr ungewöhnlich. Ich murmelte etwas von zu viel Arbeit für meine Herrschaft. Mit dieser Erklärung gab sie sich zufrieden, schaute nach, was sie noch hatte und verkaufte mir Käse sowie ein paar Rüben.

Als ich anschließend das Dorf verließ und meinen Weg fortsetzte, war mir zumute, als folgte mir jemand. Sobald ich mich umschaute, hörte ich nichts mehr, sah nur Büsche und Bäume. Verbarg sich dahinter jemand, oder bewegte der Wind Blätter und Zweige? Die hereinbrechende Dunkelheit bot Verfolgern oder Wegelagerern Schutz. Womöglich hatte jemand beobachtet, wie ich bezahlte und plante mich auszurauben.

Mich fröstelte. Die Tage wurden merklich kürzer und kälter. Vorsichtshalber nahm ich das Messer aus dem Sack und trug es einsatzbereit in der Hand. Ich musste mir einen Schlafplatz suchen, bevor es ganz finster war. Bisher war mir der Himmel wohlgesonnen.

Obwohl es jeden Morgen nach Regen aussah, lösten sich die Wolken im Laufe des Tages auf und es blieb trocken. Doch heute Nachmittag hatten sich harmlose Schleierwolken allmählich zu dicken grauen geballt. Erst verdeckten sie die Sonne und nun den Mond.

Ohne zu wissen, ob mich jemand beobachtete, kroch ich ins nächstgelegene Unterholz und verharrte reglos, bis meine Glieder versteiften und zu schmerzen begannen. Wenn mich wirklich jemand verfolgt hätte und ausrauben wollte, redete ich mir ein, dann hätte er es längst getan. Was hätte ihn davon abhalten sollen?

Immer wenn ich mich gerade ein bisschen entspannte, hörte ich es irgendwo knacken und erstarrte erneut. Von meinen Vorräten wagte ich nichts auszupacken und zu verzehren, weil das vielleicht verräterische Geräusche erzeugt hätte.

Mein Magen knurrte laut, furchtbar laut. Wer mich nicht gesehen hatte und hier vorbei käme, so fabulierte ich, der hielte mich bestimmt für ein gefährliches Raubtier. Mit diesem Gedanken schlief ich irgendwann ein.

Dank meiner aufgefüllten Vorräte konnte ich mich am nächsten Morgen stärken und schritt tüchtig aus unter bedecktem Himmel.

Spätnachmittags kam ich ans Ufer des Little Stour. Mein Mut sank, denn weit und breit war keine Brücke zu sehen. Ich ging ein Stück am Ufer entlang und überlegte, wo ich nächtigen sollte.

Da entdeckte ich ein Boot. Zur Hälfte in den Uferschlamm gezogen, lag es im Schilf und schien auf mich gewartet zu haben. Ich stolperte die Böschung hinab und fand ein Paddel. In meiner Freude dachte ich nicht nach, sondern stieß das Boot vom Ufer ab, sprang hinein und ruderte los.

Mitten auf dem Fluss bemerkte ich, dass meine Füße nass wurden und starrte erschrocken auf den Boden. Das Boot hatte ein Leck. Mit beiden Händen schöpfte ich das Wasser hinaus, doch gleichzeitig lief neues von unten nach. Unermüdlich schöpfte ich weiter, ließ alles andere außer Acht und fragte mich, was da auf dem Wasser trieb.

Das Paddel! Es musste über den Bootsrand gefallen sein. Weit beugte ich mich hinaus und erreichte es mit den Fingerspitzen. Das Boot neigte sich bedrohlich zur Seite. Ich verlagerte mein Gewicht auf die andere. Im nächsten Moment wäre ich gekentert.

Zeit zum Aufatmen blieb nicht. Ich ruderte mit den Händen ans Paddel heran, erreichte es und zog es ins Boot.

Mittlerweile war viel Wasser von unten nachgelaufen. Ich schöpfte, paddelte, schöpfte, paddelte ... Dabei musste ich gegen die Strömung ankämpfen, die mich abzutreiben drohte.

Bald saß ich im Wasser und hatte kaum die Flussmitte hinter mir. Verzweifelt sandte ich ein Stoßgebet gen Himmel, Gott möge mich bestärken!

Der Glaube daran verlieh mir ungeahnte Kräfte. Ich weiß nicht wie, aber ich erreichte das andere Ufer. Atemlos und durchnässt hing ich an der Böschung und sah das Boot sinken.

Schaudernd wurde mir klar, wie knapp ich dem Untergang entronnen war. Ich fiel überglücklich auf die Knie, schaute zum Himmel, wo die Sonne gerade mit gleißenden Strahlen durch die Wolken brach, und dankte dem Allmächtigen.

Auch mein Sack war durchnässt, samt Inhalt. Ich hatte also nichts zum Abtrocknen. Um der Kälte zu entgehen, eilte ich weiter, in die einbrechende Dunkelheit hinein.

Als mein Kleid mir leidlich am Leib getrocknet war, suchte ich nach einem Schlafplatz und hatte Glück. An einem Waldsaum fand ich eine dicke, hohle Eiche. Ich verzehrte etwas Brot und Käse und versteckte meinen Sack im Unterholz. Dann sammelte ich ein paar Zweige, zwängte mich in den abgestorbenen Baum und verschloss den Spalt mit den Zweigen. Mein Nachtlager war unbequem, aber ich fühlte mich geborgen. Außerdem wärmte die Rinde notdürftig.

Am nächsten Morgen traf mich ein Sonnenstrahl direkt ins Auge. Ich erwachte und erschrak. Die Zweige vor dem Spalt waren fort. Ich schlüpfte hindurch. Wind zauste mein Haar. Hatte er sie verweht?

Mein Sack! Hektisch suchte ich im Unterholz herum, fand ihn nicht. Mein Herz klopfte. Moment, beschwor ich mich, du bist zu aufgeregt, viel zu aufgeregt. Ich kniete nieder und versammelte meine Gedanken zu einem Gebet. Gott wachte über mich, über alles. Diese Gewissheit flößte mir Vertrauen ein – und Ruhe. Ich ließ meinen Blick schweifen. Dabei erkannte ich die Stelle, wo ich den Sack versteckt hatte und zog ihn aus dem Unterholz hervor.

Er war vollständig getrocknet. Meine Lebensmittel zwar auch, aber sie hatten gelitten. Leider war der Morgentau fast verdunstet. Ich leckte letzte Tröpfchen vom Gras, schnitt den Schimmel an Brot und Käse weg, aß ein bisschen davon und knabberte an einer Rübe.

Dann setzte ich meinen Weg fort. Wie weit mochte es noch sein bis Dover? Würde ich unterwegs einen Bach finden, aus dem ich meinen Durst stillen könnte?

Inzwischen war es Oktober. Von Tag zu Tag brach die Nacht früher herein. Meine Hoffnung, Dover heute zu erreichen, erfüllte sich nicht. Ich fand auch keinen Bach, aber am frühen Abend setzte leichter Regen ein. Ich legte den Kopf weit in den Nacken, um möglichst viel davon aufzufangen.

Bevor ich zu nass wurde, kletterte ich auf einen flammend gelbrot verfärbten Baum und fand Schutz unter seinem Blätterdach. Der Regen ließ bald nach, doch ich hatte mich gut in einer ausladenden Astgabel eingerichtet. Dort schlummerte ich ein.

Am frühen Morgen – ich schlief noch – kam Wind auf, wehte Blätter über mir davon und trug mir würzige Seeluft zu. Ich schlug die Augen auf und erblickte über mir einen Fetzen Himmelsblau. Dover konnte nicht mehr weit sein.

Nach einem bescheidenen Frühstück im Baum kletterte ich hinunter und ging der Sonne entgegen. Die Landschaft um mich herum wurde zusehends karger, der Wind stärker. Er verwehte den Boden und dörrte das Gras. Vielerorts weideten Schafe. Sie verschmähten das trockene Gras zwar nicht, rupften aber außerdem junge Baumtriebe aus.

Im Laufe des Tages witterte ich immer deutlicher Meeresluft und beschleunigte meine Schritte, bis das Land unter meinen Füßen endete. Ich stand am Rande der Klippen von Dover auf den Kreidefelsen und schaute wie geblendet auf den englischen Kanal, der mir wie ein Meer aus blaugrün schillernden und glitzernden Edelsteinen erschien. Andächtig verharrte ich und vergaß die Zeit.

Als im Westen die Sonne den Horizont berührte, erglühte in ihrem orangeroten Licht ein schmaler Streifen Land, der sich entlang der gegenüberliegenden Seite erstreckte. »Die Opalküste«, sagte ich leise zu mir selbst.

Ich dachte an meinen Vater und meinen Bruder Edward. Die waren dort drüben, vermutlich weit hinter der Opalküste. Um Genaueres zu erfahren, hätte ich in einer der Städte, die ich unterwegs gestreift hatte, Gesprächsfetzen erhaschen müssen. Aber ich war ja davor zurückgescheut, mich unter Menschen zu mischen, es war mir zu riskant.

Das sollte ich noch bereuen.

Schreie lenkten meinen Blick zum Himmel. Dort kreisten Möwen, stritten in der Luft miteinander und flogen aufs Meer hinaus. »Könnte ich ihnen doch folgen«, seufzte ich.

# VIII

Vertieft in ihre Lektüre, hörte Ursula die Schreie der Möwen. Sie klangen seltsam.

Die Glocke! Endlich drang es in ihr Bewusstsein. Sie hörte keine Möwen, sondern die Glocke zur Matutin! Wie lange läutete sie schon?

Ursula klappte das Buch zu, verbarg es in der Innentasche ihres Habits und eilte in den Nonnenchor.

So sehr sie darauf brannte, zu erfahren, wie Euphemia auf den Kontinent gelangt war – in den nächsten Nächten kam Ursula nicht zum Lesen. Barbaras Husten hatte sich sehr verschlimmert. Er störte nicht nur Ursulas leichten Schlaf, sondern auch den der anderen Nonnen. Wehe, eine der so Geweckten hätte bemerkt, dass ein Bett für längere Zeit leer blieb!

Also konnte auch Jutta sich nicht davonstehlen. Ursula ahnte nicht, dass die Novizin stundenlang wach lag, angespannt horchte und keine Ruhe fand. Während der Stundengebete hielt sie sich hingegen vor Schlafmangel kaum auf den Beinen.

Endlich ordnete die Äbtissin auf Wunsch einiger Nonnen an, Barbara nachts in die Zelle neben der Krankenstube zu verlegen. Dort blieb sie vorläufig auch tagsüber. Sie fieberte und fühlte sich zu schwach, um aufzustehen. Ihre Bronchitis drohte chronisch zu werden und auf die Lunge überzugreifen.

Mit ernster Miene rief die Äbtissin alle dazu auf, für die kranke Mitschwester zu beten. Ursula war das zu wenig. Sie sorgte sich sehr um Barbara und wachte an deren Bett, wann immer sie Zeit dafür erübrigen konnte, auch nachts, um notfalls sofort Hilfe holen zu können, den Medicus oder – Gott mochte es verhüten – notfalls auch den Priester.

Dass es zumindest eine gab, der sie nicht gleichgültig war, tat der verhärmten älteren Nonne sichtlich gut. Ihr Gesundheitszustand schien sich zeitweise zu bessern. Doch diese Erholungsphasen konnten trügerisch sein. Stündlich flößte Ursula ihr aus einem Becher ein paar Schlucke eines fiebersenkenden und schleimlösenden Kräuteraufgusses ein.

Dabei blickte Barbara sie eines Nachts, kurz nach der Matutin, aus fiebrig glänzenden Augen an und verzog den Mund zu einem schwachen Lächeln. Kaum hörbar entwichen Dankesworte ihrer heiseren Kehle.

»Ist schon gut«, versicherte Ursula, beugte sich über die Kranke, lächelte zurück und strich ihr eine vom Schweiß verklebte Haarsträhne aus der Stirn.

Inmitten dieser Bewegung hielt sie inne. Hatte sie das gerade richtig verstanden? Barbara hatte nicht ihren Namen genannt, sondern … Euphemias? »Nein, ich bin es, Eure Mitschwester Ursula«, entgegnete sie. »Erkennt Ihr mich?«

Sie stellte den Becher beiseite, nahm die Öllampe vom Beistelltisch und blickte fragend in Barbaras Augen, bemerkte darin jedoch keine Spur eines Erkennens. Im Gegenteil, die Kranke schien der Gegenwart weit entrückt. Nur ihre sterbliche Hülle lag noch hier im Bett. »Euphemia …«

Jetzt hatte Ursula es genau verstanden. Kein Zweifel, die Fiebernde sah Euphemia in ihr. Ursula wollte erneut verneinen und ihren Namen nennen, hielt jedoch inne. Barbara würde es nicht verstehen. Ja, sie wollte es möglicherweise gar nicht verstehen. Irgendetwas hielt sie in der Vergangenheit fest, nicht nur das Fieber.

Ursula erschrak. Wie kam sie auf derlei Gedanken? Sie war weder Medicus noch Priester noch sonst jemand, der einen solchen Einblick in die Seele eines anderen Menschen haben könnte. Oder etwa … Sie wagte kaum den Gedanken, weil er ihr anmaßend erschien. Oder etwa doch?

Zutiefst aufgewühlt, konnte sie kaum darüber nachsinnen, da entwichen der Kranken die nächsten Worte: »Mutter – Mutter Euphemia. Ihr seid – so gut – so gut zu mir«, stammelte sie mit belegter Stimme.

Ursula überlegte. Barbara war noch ein Kind gewesen, als Euphemia hier im Kloster weilte. Sie war als Oblate aufgenommen worden, wie einst die achtjährige Hildegard von Bingen in deren Heimat. Euphemia konnte ihr durchaus ein Mutterersatz gewesen sein.

Abgelenkt von diesen Überlegungen, lauschte Ursula nur halb auf die sich anscheinend wiederholenden Äußerungen der Fiebernden. Bis sie etwas Wichtiges überhört zu haben glaubt. »Was meinst du, Barbara, was hast du gerade gesagt?«, sprach sie das Kind in der Bettlägerigen an.

Doch deren spröden Lippen entwichen nur noch unartikulierte Laute und ein röchelnder Atem. Dann döste sie ein.

»Verzeih«, bat Ursula betroffen, »bitte verzeih mir.« Hatte sie die Kranke überfordert? Hin- und hergerissen zwischen dem Verlangen, mehr von ihr zu erfahren, und einer inneren Stimme, die mahnte, dass Barbara Ruhe brauche, sank Ursula zurück auf den Stuhl neben dem Bett.

Die Flamme der Öllampe auf dem Beistelltischchen drohte zu ersterben. Ursula hauchte ihr neues Leben ein, richtete den Docht, zog das Buch unter dem Habit hervor, schlug es auf und blätterte darin herum. Vielleicht brachte es mehr Licht in das geheimnisvolle Leben im Pforzheimer Dominikanerinnenkloster zu Euphemias Zeit.

Doch Ursula fand keine Überschrift, die auf die Oblate Barbara hindeutete. Und auf den dicht beschriebenen Seiten etwas über sie zu finden, das glich der Suche nach einer Nadel im Heuhaufen. Also las Ursula dort weiter, wo sie zuletzt aufgehört hatte – bei Euphemias Ankunft in Dover.

Wenn ich meinen Blick vom Meer abwandte, traf er auf die äußere Ringmauer von Dover Castle. Es wurde auf den Klippen errichtet und erhob sich mit seinem mächtigen rechteckigen Bergfried im schwindenden Abendlicht wie ein riesiges dunkles Ungetüm, das hartnäckig unliebsamen Eindringlingen widerstehen konnte.

Ich wusste nicht, ob dort derzeit jemand residierte, und falls ja, wer. Der Hafen musste direkt unterhalb davon liegen.

Ich ging die Klippen entlang, schlug vorsichtshalber einen weiten Bogen um Dover Castle und suchte einen Weg, der hinunterführte. Als ich ihn fand, erwies er sich als steil und unwegsam. Ich war müde, doch das Gefühl, mein Ziel fast erreicht zu haben, beflügelte mich.

Vom Strand aus war weit und breit kein Fährschiff zu sehen. Nur angepflockte Fischkutter schaukelten in Ufernähe auf dem Wasser. Die Sonne war inzwischen untergegangen. Ihr Widerschein erhellte noch schwach den Himmel über der gegenüberliegenden Küste. Wellen des nun nachtblau glänzenden Meeres schlugen fast bis zu meinen Füßen.

Die meisten Menschen hatten sich in ihre Behausungen zurückgezogen. In der Ferne ragte ein Kirchturm zwischen den Dächern hervor. Durch gegerbte Tierhäute vor den Fenstern nahe gelegener Fischerhütten drang der fahle Schein von Öllampen oder Kerzen. Doch Dover ruhte nicht. Durch das Rauschen des Meeres drangen Stimmen aus den Hütten zu mir herüber, aufgeregte, besorgte, wütende, auch das Weinen und Schluchzen einer Frau. Was brachte sie so auf? Irgendetwas stimmte nicht, sagte mir mein Gefühl.

Schlagartig wurde mir bewusst, ich hatte ja keine Ahnung, welcher Wochentag heute war und was sich seit meiner Flucht in der Welt ereignet hatte.

Auf einer Klippe unterhalb von Dover Castle stand ein uraltes Gotteshaus. Es sah fast aus wie eine zweite, kleinere Burg. Bei dessen Anblick verspürte ich das dringende Bedürfnis, es zu betreten und darin zu beten.

Dem konnte ich nicht widerstehen und wollte gerade zu ihm hinaufsteigen, da kamen Leute herbei, Männer und Frauen. Sie trugen große Körbe, die offensichtlich schwer waren, und luden sie an der Bootsanlegestelle ab, so weit vom Strand entfernt, dass sie vor den anbrandenden Wellen sicher waren. Damit niemand sich daran zu schaffen machte, musste ein Wächter dableiben.

Ich wollte erfahren, zu welchem Zweck die Körbe dienten, fasste mir ein Herz und sprach eine ältere Frau an. Sie musterte mich kritisch und fragte, woher ich komme. Ob ich denn nicht wisse, dass die englische Flotte den Hafen von Calais kontrolliere, damit niemand über den Seeweg aus der belagerten Stadt fliehen könne.

Belagerte Stadt ... Ich war so verblüfft, dass ich nichts erwidern konnte, musste ihr aber harmlos erschienen sein. Jedenfalls wies sie auf die Körbe. Darin seien Waffen und Lebensmittel für die Soldaten. Morgen, bei Tagesanbruch, käme ein Fährschiff und würde sie abholen.

Bevor sie doch noch Antworten von mir erwartete, dankte ich ihr, zog mich zurück und stieg zur Kirche hinauf.

Unterwegs glaubte ich Geräusche hinter mir zu vernehmen. Ich wandte mich um und sah den Abhang hinab, konnte aber nichts entdecken, nur Gestrüpp, das sich schwarzgrün vom dunkelgrau marmorierten Himmel abhob. War mir jemand vom Strand aus gefolgt, einer der Männer?

Möglichst schnell wollte ich zur Kirche, musste dabei aber sehr achtsam sein, denn ich war ganz auf das spärliche Mondlicht angewiesen, erkannte kaum noch den von lockerem Geröll durchsetzten Boden unter mir und drohte mit jedem weiteren Schritt abzurutschen.

Nach einem mühsamen Aufstieg erreichte ich das Portal, drückte es gerade so weit auf, dass ich hindurchschlüpfen konnte, und ließ mich von den dicken Steinmauern der Kirche umfangen. Obwohl es hier drinnen kühler und dunkler war, breitete sich eine wohlige Wärme in mir aus. Ich tastete mich vor bis zum Altar, fiel auf die Knie und schaute auf zu Christus am Kreuz. Diffuses Mondlicht fiel durch schmale Fenster im Chor. Es ließ kaum die Umrisse des Leidenden erahnen, der gänzlich mit dem Kreuz zu verschmelzen schien, doch ich sah ihn trotzdem. Ich sah ihn mit dem Herzen. »Was soll ich bloß tun?«, fragte ich. »Das Fährschiff wird mich wohl nicht mitnehmen wollen, wenn Calais belagert ist.« Eigentlich aus gutem Grund, wie ich mir eingestehen musste. Denn was hatte eine wehrlose Jungfer in einer belagerten Stadt verloren? Darüber hinaus, wurde mir plötzlich bewusst, konnte ich Vater und Bruder in die Arme laufen.

Aber hierbleiben, in England? Hier suchte man doch zuallererst nach mir. Nein, ich musste fort, irgendwie musste ich auf das Fährschiff gelangen und nach meiner Ankunft durch Calais. Ach, wie einfältig ich damals war!

»Bitte bleib bei mir, Herr Jesus Christ«, betete ich, »wenn ich auch meine Heimat verlassen muss, und behüte mich auf Schritt und Tritt.«

Ich stockte und horchte in mich hinein – nichts. Wartete Er darauf, dass ich weitersprach? »Bitte verzeih mir meinen Ungehorsam den Eltern gegenüber«, flehte ich. »Aber ich kann diesen Grafen von Geldern nicht heiraten, ihn nicht ...« Erneut brach ich ab, überwältigt von einer plötzlichen Erkenntnis. Gewiss, ich war dieser Vermählung entflohen, um mein Leben selbst gestalten zu können. Doch – das erkannte ich erst jetzt, in diesem Moment, tief in meiner Seele – das war nur die halbe Wahrheit. »... ihn nicht«, wiederholte ich mit bebenden Lippen, »... und keinen anderen. Dir will ich gehören, immerdar«, fügte ich kaum hörbar hinzu.

Er hatte es vernommen. Ich spürte sein Wohlwollen und war getröstet. Er würde mir einen Weg weisen, wie ich auf das Fährschiff käme.

Um ihn herum waren Heilige und Apostel im Chor versammelt, aus Stein und Holz, die Bemalung im Dunkeln kaum sichtbar. Auch sie nahm ich nur schemenhaft wahr. Doch Maria, Seine Mutter, glaubte ich zu erkennen, direkt neben dem Kreuz – an ihrer Haltung, ihrer Anmut. »Gegrüßet seist du, Maria«, betete ich, »voll der Gnade, der Herr ist mit dir, du bist gebenedeit unter den Frauen, und gebenedeit ist die Frucht deines Leibes, Jesus. Heilige Maria, Mutter Gottes, bitte für uns Sünder jetzt und in der Stunde unseres Todes. Amen.«

Ich bekreuzigte mich, stand auf und trat hinter den Altar. Dort legte ich mich nieder, wickelte mich in mein Tuch wie in einen Kokon und bettete mein Haupt auf den Sack. Der Boden unter mir war hart, und das Tuch vermochte mich nur notdürftig zu wärmen. Trotzdem fror ich kaum.

Nach ein paar Stunden Schlaf wachte ich auf, weil ich ein natürliches Bedürfnis verspürte. Ich schlüpfte aus meinem Kokon, verließ die Kirche und suchte einen geeigneten Platz. Dabei hörte ich Geräusche und Stimmen. Mühsam unterdrückte ich mein Bedürfnis, erstarrte und lauschte. Eine Weile vernahm ich nur das Zirpen der Grillen, doch dann ... wieder Stimmen, diesmal lauter und deutlicher. Sie kamen von unten, vom Strand – Gelächter und Gesang, wie von Betrunkenen.

Ich konnte mein Bedürfnis nicht länger unterdrücken, hockte mich hinter einen Strauch und erleichterte mich. Niemand sieht mich, versuchte ich mich zu beruhigen. Die waren ja dort unten.

Trotzdem, mir war sehr unbehaglich zumute. So schnell wie möglich strebte ich zurück in die Kirche. Doch meine Füße gehorchten mir nicht. Von Neugier getrieben, schlich ich im Schutz der Sträucher ein Stück weit den Hang hinab und spähte zwischen Zweigen hindurch – vergebens. Ich erkannte nichts, das Mondlicht war zu fahl. Doch seltsam, der Drang in mir, zu erfahren, was dort unten vor sich ging, wurde dadurch noch stärker.

Also schlich ich weiter hinab, mit zwiespältigen Gefühlen und entgegen jeglicher Vernunft. Wie sollte ich mich schützen, wenn diese Burschen mich bemerkten? Aber ich konnte einfach nicht anders.

Endlich, kauernd hinter einer Düne, entdeckte ich sie. Zwei junge

Burschen tranken mit dem Wächter um die Wette. Gerade schenkten sie ihm erneut ein, erhoben ihre Becher und stießen auf sein Wohl an. Der Wächter nickte ein, während die anderen noch erstaunlich nüchtern wirkten.

Dann sah ich, warum. Sie schütteten den Inhalt ihrer Becher heimlich hinter sich aus. Prüfend tippte einer der Burschen dem Wächter gegen die Brust. Er kippte um und brummelte schlaftrunken vor sich hin.

Die Burschen grinsten sich an. Gespannt wartete ich. Na ja, eigentlich dachte ich mir, was nun geschehen würde. Sie plünderten einen der großen Körbe aus und ersetzten die Lebensmittel darin gegen Steine, damit die Träger den Diebstahl nicht so schnell bemerkten. Anschließend machten sich die Burschen mit ihrer Beute davon.

Während ihrer Schandtat erkannte ich die günstige Gelegenheit. War das Jesus' Fingerzeig? Ich eilte zurück in die Kirche, so schnell, wie es in der Finsternis möglich war, holte meinen Sack und schlich wieder den Hang hinab, meine offenen Haare flatternd im Wind. Ich stopfte sie unter die Haube, doch sie wollten nicht gebändigt werden. Vorerst ließ ich widerspenstige Strähnen gewähren. Ich musste aufpassen, durfte keinen Stein lostreten und den Hang hinabschlittern. Das hätte vielleicht Geräusche verursacht, wovon der Wächter aufgewacht wäre.

Aus sicherer Deckung hörte ich ihn schnarchen und vergewisserte mich, dass die beiden Burschen wirklich fort waren. Ich ging zu dem geplünderten Korb und öffnete vorsichtig den Deckel. Die Steine nahm ich heraus und verbarg sie hinter hohem Dünengras. Dabei behielt ich den Schlafenden im Blickfeld.

Die Diebe hatten sich gründlich bedient. Kohlköpfe, Rüben, anderes Gemüse, Trockenfleisch und Brot bedeckten kaum noch den Boden des Korbs. Ich stieg samt meines Sacks hinein und verschloss ihn von innen mit dem Deckel. Das gestaltete sich schwierig. Ich musste meine Finger ins Geflecht krallen und fest ziehen. Der Deckel durfte nicht herunterfallen, wenn die Träger den Korb anhoben.

Nun konnte ich nur noch warten und versuchen, etwas zu schlafen. Obwohl ich genügend Platz hatte, weil der Korb riesig war, brachte ich vor Aufregung kein Auge zu, knabberte an einem Stück Brot und kaute Trockenfleisch. Die Versuchung war einfach zu groß. Doch die wenigen Bissen lagen mir wie Steine im Magen. Womöglich verriet er mich durch seine Geräusche.

Im Morgengrauen vernahm ich Stimmen. Soweit ich sie orten konnte, kamen sie aus Dover. Zugleich ertönten auch aus einer anderen Richtung Stimmen, vermutlich vom Meer. Sie mussten von Männern stammen, die große Schmerzen erlitten. Ich überlegte. Die englische Flotte kontrollierte den Hafen von Calais, hatte die Frau gestern Abend gesagt. Dabei wurden bestimmt Soldaten verwundet. Wahrscheinlich brachte man sie auf dem Fährschiff nach Hause und ersetzte sie durch neue.

In die Schmerzensschreie der Soldaten mischte sich das Wehklagen von Frauen. Deren Mütter, Ehefrauen oder Schwestern, schoss es mir durch den Kopf. Dass ich durch das dichte Weidengeflecht kaum etwas sehen konnte, machte alles noch viel schlimmer. Grässliche Bilder von Verwundeten und Verstümmelten traten vor mein inneres Auge.

Dann lenkten weitere Stimmen mich ab. Sie schwangen großmäulige Reden und zogen kampflustig über ihre Feinde her. So leichtsinnig es war, ich kramte mein Messer aus dem Sack und schnitt ein kleines Guckloch in den Korb. Dadurch sah ich, wie abenteuerlustige Fischer in ihre Kutter und Boote sprangen, die Taue kappten und in See stachen. Die gingen ganz bestimmt nicht auf Fischfang. Sie hatten sich mit Beilen, Messern und Keulen ausgerüstet. Mir wurde flau im Magen bei diesem Anblick.

Unversehens fühlte ich mich hochgehoben und fortgetragen, hörte die Wellen an den Strand schlagen. Durch mein Guckloch erhaschte ich einen Blick auf ein Boot mit schwer verletzten oder gar schon toten Soldaten, deren Leiber über dem Bootsrand hingen.

Entsetzlich schreiend vor Seelenpein lief eine Mutter ihm entgegen ins Meer, bis sie keinen Boden mehr unter den Füßen hatte, schlug mit beiden Armen um sich und versank. Sie war aber einem vorderen Boot schon so nahe gekommen, dass ein Matrose sie gerade noch aus dem Wasser heraus und an Bord ziehen konnte.

Dann geriet sie aus meinem Blickfeld, weil man mich im Korb auf ein Boot lud. Unter mir begann es heftig zu schwanken.

Während weitere Körbe neben meinem abgeladen wurden, spähte ich durch mein Guckloch zum Strand. Dort hatte man die Mutter abgesetzt. Offenbar war ihr Sohn nicht angekommen. Doch anstatt erleichtert zu sein, weil er vielleicht noch lebte, saß sie klatschnass auf dem Sand, umspült von Wellen, mit leerem Blick. Heute weiß ich, dass die Ungewissheit über sein Schicksal sie plagte. Nichts setzt uns so zu wie Ungewissheit. Die Mutter dauerte mich. Ihren Schmerz empfand ich geradezu körperlich. Zu gern hätte ich ihr geholfen, sie getröstet.

Inzwischen hatte sich die Menge am Strand zerstreut. Die Leute waren entweder allein fortgegangen oder mit ihren Heimgekehrten.

Das Boot unter mir war jetzt offenbar voll beladen und schwankte heftig. Mir wurde angst und bange. Ich vernahm Stimmen, die einander Anweisungen erteilten, wahrscheinlich Matrosen. Eine davon kam mir bekannt vor, aber wie sollte das möglich sein? Von einem heraufziehenden Unwetter war die Rede.

Unterdessen schien die Küste sich von mir zu entfernen. Unsinn, sagte mir mein Verstand. Es war natürlich umgekehrt, das Boot entfernte sich von ihr. Am Strand bemerkte ich einen stetig kleiner werdenden Punkt – die am selben Fleck verharrende Mutter. Wenn ich die Augen weit nach oben verdrehte, sah ich dahinter die Kreidefelsen von Dover aufragen. Je nachdem, in welche Richtung das Boot schwankte, geriet außerdem ein schmaler Streifen Himmel in mein Blickfeld. Der Kontrast zum Weiß der Felsen hätte kaum stärker sein können, denn der Himmel war fast schwarz. Blitze zuckten darüber hinweg.

Bald darauf hörte ich Donnergrollen und fühlte mich erneut hochgehoben. Jetzt musste ich auf dem Fährschiff sein. Hinter dem Guckloch ragte der Mast eines Segels auf. Offenbar hatten sie den Korb gedreht. Fern hinter dem Mast erkannte ich die Opalküste von Calais.

Aber nur kurz, denn der Wind wuchs zu einem Sturm heran und schob meinen Korb samt der übrigen Ladung auf dem Deck herum. Dadurch veränderte sich andauernd meine Sicht durch das Guckloch. Gerade sah ich noch die Beine eines Matrosen, im nächsten Moment ein vom Wind geblähtes Segel, ein Seil auf den Planken … Über die Planken schwappten Wellen, drangen durchs Weidengeflecht, spritzten mir ins Gesicht.

»Ladung sichern, Rahsegel einholen!«, hörte ich durch Donner und tosende Wellen eine Männerstimme brüllen. Im nächsten Moment sah ich gar nichts mehr. Ein Segeltuch war auf meinen Korb gefallen.

Offenbar war die Besatzung damit überfordert, die Ladung zu sichern oder hatte zu spät begonnen. Die restlichen Lebensmittel flogen mir um die Ohren. Ein Kohl traf meine Schläfe. Ich schrie und kauerte mich eng zusammen, beide Arme schützend um den Kopf geschlungen. Mein Schrei musste im allgemeinen Getöse untergegangen sein.

Jetzt wäre ich froh gewesen, wenn man mich entdeckt und mir geholfen hätte. Doch – siedend heiß wurde mir klar –, dazu war es zu spät. Ich konnte nur noch beten, während ich im Korb herumgewirbelt wurde, dass mir Hören und Sehen verging. Weiteres Wasser lief hinein, drang mir in Ohren und Nase. Panisch schnappte ich nach Luft, schluckte Wasser, strampelte mit Armen und Beinen und stieß gegen das Geflecht. Es sollte mir Sicherheit bieten und war nun zu meinem Gefängnis geworden.

All das geschah blitzschnell und währte doch eine Ewigkeit. Ich wusste, ich würde ertrinken. Der Korb würde zu meinem Sarg, wenn es mir nicht gelänge, ihm zu entkommen, eine seiner Wände aufzudrücken. Der Deckel! So gut hatte ich ihn unmöglich befestigt. Das mussten die Träger gewesen sein.

Durch die Ritzen des Geflechts, durch mein Guckloch, drang ein schwacher Schein – Sonnenlicht! Ich lechzte danach! Strahlen drangen durch das immer noch aufgewühlte Meer, muteten an wie eine riesige Hand, die Hand Gottes. Ich schickte ein Stoßgebet gen Himmel.

# IX

»Rette mich, rette meine Seele! Herr, sei meiner Seele gnädig!«, flehte Barbara.

Erschrocken horchte Ursula auf und starrte auf die Fiebernde. Die schaute aus weit aufgerissenen Augen an die Decke und streckte beide Hände nach etwas aus, das sie dort offenbar sah. Nahte ihr irdisches Ende?

Ursula legte Euphemias Chronik beiseite, stand auf und nahm die Hände der Kranken. Die erwiderte den Griff mit seligem Lächeln. »Gedankt sei dir, o Herr, du hast mich erhört.«

Ursula schüttelte den Kopf. »Nein, ich bin es bloß, Eure Mitschwester Ursula. Ihr fiebert.«

»Ursula?« Irritiert blickte Barbara die über sie gebeugte Nonne an, als höre sie deren Namen zum ersten Mal. »Hier gibt es keine Ursula.«

Offenbar weilte ihre Seele in der Vergangenheit. *Aber in welcher?* War sie Oblate oder Novizin? »Seid Ihr schon lange hier im Kloster?«, fragte Ursula, um es herauszufinden.

Barbara überlegte und antwortete mit weinerlicher Stimme: »Oh ja, furchtbar lange, ich hab so Heimweh.«

*Hm …,* dachte Ursula. *Einem Kind erscheinen Monate wie Jahre.* Wenn Barbaras Heimweh noch so schmerzte …

»Ich kenne schon alle Schwestern«, unterbrach die Kranke Ursulas Überlegungen, als erwartete sie dafür Anerkennung.

»Wirklich?«, entgegnete Ursula mit gespieltem Erstaunen, strich ihr sanft über die heiße Wange und erwog, sie nach deren Namen zu fragen. Aber das würde die Kranke vielleicht überanstrengen. »Wie schön«, sagte sie stattdessen. »Wer kümmert sich denn hier um dich?«

»Die Schwester Schaffnerin, Gottfrieda«, antwortete Barbara, »aber mir ist bang vor ihr. Die Mutter Euphemia mag ich viel lieber, obwohl sie eine Laienschwester ist.«

»Ach ja?«, erwiderte Ursula. »Was magst du denn so gern an ihr?«

»Sie ist mir wie eine Mutter«, bekannte Barbara, »so …« Sie stockte, krauste die Stirn und blickte ihr Gegenüber misstrauisch an. »Warum wollt Ihr das wissen, wer seid Ihr überhaupt?«

»Ich bin die Schwester Ursula und neu hier. Deshalb kennst du mich noch nicht. Jetzt kümmere ich mich um dich, weil du krank bist, verstehst du?«

»Ihr habt eine freundliche Stimme«, meinte Barbara, »fast so wie Mutter Euphemia. Aber …«, Angst trat in ihre Augen, »nehmt Euch in Acht vor der Schwester Schaffnerin.«

»Ja?« Ursula fühlte Erregung in sich aufsteigen. *Jetzt ruhig bleiben*, beschwor sie sich und fragte: »Warum denn? Warum soll ich mich vor ihr in Acht nehmen?«

»Weil sie es nicht leiden mag, wenn jemand zu freundlich zu mir ist.«

*Zu freundlich?*, wunderte sich Ursula. Wie konnte man zu freundlich sein zu einem Mägdlein, das seine gesamte bisherige Familie verloren hatte und sich an ein völlig neues Leben gewöhnen musste? »Die Schwester Schaffnerin ist also nicht so freundlich zu dir?«, fragte sie mitfühlend.

»Hm …« Die Kranke zögerte.

Ursula verstand, warum. »Du kannst mir vertrauen«, versicherte sie. »Ich werde nicht mit der Schaffnerin darüber reden.«

Ganz waren die Zweifel in den Augen der kindlichen Barbara noch nicht gewichen, als sie antwortete: »Doch, sie ist schon freundlich, aber streng. Manchmal habe ich Angst vor ihr. Das, was sie sagt, macht mir Angst.«

Barbaras Stimme wurde allmählich brüchig. Es strengte sie sichtlich an, so lange zu reden.

Ursula legte ihr ein Kissen unter den Kopf und setzte den Becher mit dem Kräuteraufguss an ihre Lippen. »Hier, trink ein paar Schlucke.« Sie wartete, bis die Fiebernde getrunken hatte, und fragte dann: »Was sagt sie denn so, die Schwester Schaffnerin?«

»Sie sagt … ich solle Schwester Euphemia nicht beanspruchen, ich sei überhaupt zu anspruchsvoll und verwöhnt. Ich müsse lernen, mich zu bescheiden. Sie sagt, das sei wichtig für ein Mägdlein, ganz besonders für eines, das dazu berufen sei, eine Braut Jesu Christi zu werden. Sie sagt, sie sei streng, weil sie es gut mit mir meine. Sie sagt …« Barbaras Stimme versiegte.

»Ruhig durchatmen«, gebot Ursula sanft, »atme ganz ruhig durch.«

Barbara nickte, holte Luft und setzte erneut zum Sprechen an. »Sie sagt, Schwester Euphemia leide unter meiner Aufdringlichkeit.« Erneut musste Barbara innehalten, aber diesmal, weil die Erinnerung sie aufwühlte. Tränen rollten über ihre Wangen.

Ursula nahm ein Schnupftuch und tupfte sie behutsam weg. »Alles ist gut«, versicherte sie, »alles ist gut.«

Die Kranke schüttelte vehement den Kopf und widersprach. »Nein.« Gar nichts sei gut. »Die Schwester Schaffnerin, sie sagt, Schwester Euphemia würde mich nur aus Mitleid ertragen und nicht von sich weisen, aber …« Sie brach in heftiges Schluchzen aus, Ursula verstand kaum noch ein Wort. Endlich stieß sie hervor: »Aber es ist ja noch viel schlimmer. Ich schade Mutter Euphemia! Die Schwester Schaffnerin hat recht. Doch ich war böse und habe nicht auf sie gehört! Jetzt …«, stammelte sie verzweifelt, »… geht es Mutter Euphemia ganz schlecht. Ich wage mich nicht mehr zu ihr.«

Zutiefst erschüttert wollte Ursula ihre Mitschwester beruhigen, aber die regte sich nur noch mehr auf. Mutter Euphemia leide und sie, die böse Barbara, trage Schuld daran.

Nach diesem Ausbruch war das Kind in Barbara kaum zu beruhigen. Vor Erschöpfung schlief sie jedoch bald ein. Allerdings blieb ein leidender Ausdruck auf ihrem Gesicht.

Ursula litt mit ihr. Gerade noch rechtzeitig zur Prim erreichte sie den Nonnenchor, sah jedoch während des gesamten Stundengebets

Barbaras Antlitz vor ihrem geistigen Auge und vernahm deren erschütternde Worte. Sie hatte sie nicht trösten können, so inbrünstig sie ihr auch versicherte, dass sie ein gutes Mägdlein sei. Barbaras Glaube, sie trage Schuld an Euphemias Leiden, wurzelte zu tief in ihr.

Aber warum hatte Gottfrieda dieses Schuldgefühl in Barbaras Kinderseele gepflanzt? Warum hasste sie die Oblate so, offenbar bis auf den heutigen Tag?

Immerhin glaubte Ursula nun zu verstehen, weshalb die Schaffnerin sich weit über Gebühr kasteite. Vermutlich wollte sie sich ihren Hass austreiben und vielleicht Gewissensbisse mindern, die daraus resultierten. Hatte sie seinerzeit angenommen, Euphemia würde sich von dem Mägdlein belästigt fühlen?

Nach ihrer bisherigen Lektüre konnte Ursula sich das nicht vorstellen, allein wenn sie an das Erlebnis mit dem Fuchs dachte. Das zeigte doch deutlich, wie inbrünstig die Heilige mit anderen Geschöpfen Gottes litt und bereitwillig für sie sorgte. Der Umgang mit einem lebhaften Kind hätte ihr gewiss Freude bereitet und sie aufgeheitert.

Nach der Prim und der anschließenden Laudes ging Ursula zurück in Barbaras Krankenstube und fand sie schlafend vor. Ebenso erfreut wie überrascht stellte sie fest, dass nicht nur das Fieber gesunken, sondern auch jener leidende Ausdruck von ihrem Antlitz gewichen war.

Damit fiel eine Last von Ursulas Seele. Sie hatte sich nämlich vorgeworfen, zu sehr in die seelisch so Versehrte eingedrungen zu sein. Nun überfiel sie eine bleierne Müdigkeit. Sie fand nicht einmal mehr genug Kraft, um sich ins Dormitorium zu schleppen, sondern sank nieder auf den Stuhl und nickte sofort ein.

Als Ursula durch Geräusche erwachte, stand die Siechenmeisterin in der Tür. »Ach«, bemerkte sie überrascht, »Ihr seid hier.«

Ursula rieb sich den Schlaf aus den Augen und erhob sich. »Ja«, meinte sie verlegen. »Ich wollte noch einmal nach unserer Mitschwester sehen und muss wohl ein bisschen eingenickt sein.« Damit ging sie hinaus und in die Brunnenstube, um sich fürs Frühmahl frisch zu machen.

Dort begegnete sie Jutta, wünschte ihr einen guten Morgen und bemerkte: »Ihr habt wohl nicht besonders viel geschlafen.«

Beschämt senkte die Novizin den Kopf und zuckte mit den Schultern.

*Es scheint ihr bewusst zu sein,* dachte Ursula, *wie übernächtigt sie aussieht.* Die Nonne wollte die peinliche Situation durch ein aufmunterndes Lächeln entspannen. »Seht mich an«, meinte sie, »ich habe ebenfalls kaum ein Auge zugetan.« Sie trocknete sich Gesicht und Hände und schlug vor, gemeinsam zum Refektorium zu gehen. »Geteiltes Leid ist halbes Leid.«

Jutta nickte, immer noch den Blick gesenkt. »Ihr habt sicher wieder bei Schwester Barbara gesessen. Wie geht es ihr denn?«

»Schwer zu sagen«, seufzte Ursula, »aber mir scheint, sie ist nun wirklich auf dem Weg der Besserung. Das Fieber ist gesunken.«

»Das freut mich«, sagte Jutta. »Gewiss hilft es ihr, dass Ihr so getreulich über sie wacht.«

»Hm …«, überlegte Ursula, während sie gemeinsam über die Flure gingen. *Womöglich war es tatsächlich so. Barbara – gewissermaßen die kleine Barbara – hatte sich mir anvertraut, zumindest ein Stück weit, und dadurch ihre Seele erleichtert. Was spielte es dabei für eine Rolle, dass sie mich nicht erkannt hatte? Sie brauchte nur ein Gegenüber, das ihr zuhörte, mit ihr fühlte und sich ihrer annahm.* »Ja«, meinte Ursula zu Jutta, »so wird es wohl sein.« Unauffällig musterte sie die Novizin. Die hatte den Blick von ihr abgewandt und nestelte nervös an ihrem Kragen herum. Hatte sie ihr Kettchen wieder ausgegraben und trug es? Trotz ihrer Jugend wirkte sie müde und verbraucht, als würden sämtliche Sorgen der Welt auf ihr lasten.

»Wir alle wünschen uns einen, der getreulich über uns wacht«, bemerkte Ursula, »und wir haben ihn. Gott wacht über uns alle, Jutta. Vergesst das nie. Ihm könnt Ihr jederzeit alles anvertrauen, all Eure

Sorgen und Nöte. Ich bin zwar auch noch jung, aber doch ein wenig älter als Ihr und weiß, wovon ich rede.«

Den Blick geradeaus gerichtet, zögerte die Novizin, zuckte wieder mit den Schultern und bejahte endlich leise.

»Ja …«, sagte Ursula. »Habe ich da nicht eben noch etwas gehört, ein stummes Aber?«

Jutta verharrte, warf Ursula einen hilflosen Blick zu und ging dann ganz langsam weiter.

*Wie jemand, der nicht weiß, wohin*, erkannte Ursula und ergänzte gedanklich: *Nun ja, immerhin scheint sie zu wissen, wohin sie nicht will.*

»Wisst Ihr …«, begann Jutta und blickte Ursula entschuldigend an. »Eigentlich bin ich gar nicht hungrig.«

*Eher lebenshungrig*, schoss es der Nonne durch den Kopf. *Hungrig auf ein Leben außerhalb dieser Mauern.* »Wisst Ihr was«, überlegte sie, »es ist noch reichlich Zeit bis zum Frühmahl. Wollen wir uns eine Weile im Garten an der frischen Luft erquicken?« Aufmunternd blickte sie die Novizin an. Die nickte mit unbewegter Miene.

Wie in schweigender Übereinkunft setzten sie sich im Garten auf eine Bank, die hufeisenförmig von Schlehensträuchern umgeben war, mit Blick auf die jetzt in vollem Laub stehenden Obstbäume. Ursula hatte den Eindruck, dass die Jungfer sich hier draußen ein bisschen entspannte. Wenigstens hob sie das Haupt und ließ ihren Blick zum Himmelsblau schweifen. Ja, und dann umspielte tatsächlich ein Lächeln ihre Lippen, wenn auch schwach – als ob ihr eine schöne Erinnerung in den Sinn käme.

»Der Blick aus meinem Gemach zu Hause war ähnlich«, sagte sie unvermittelt, mit verhohlener Wehmut in der Stimme.

»Ach ja?«, erwiderte Ursula. »So habt Ihr hier doch fast ein Stückchen Heimat. Was sage ich …«, fuhr sie schnell fort, »die habt Ihr ja sowieso. Seine Heimat trägt man im Herzen und nimmt sie überall mit hin, wo man auch weilt. Man darf nur die Augen nicht davor verschließen, sonst sieht man sie nicht.« Entschlossen blickte sie Jutta an und nahm deren Hand. »Gott hört uns zu, Jesus Christus – und natürlich die Jungfrau Maria, wenn Ihr Euch lieber an sie wenden wollt. Ihr sollt jedoch wissen, dass Ihr Euch jederzeit auch mir anvertrauen dürft.

Und habt keine Scheu«, fügte sie nach einer Schweigepause hinzu. »Glaubt mir, ich verstehe Euch besser, als Ihr vielleicht denkt, und werde nicht über Euch richten. Das steht nur einem zu. Und auch der«, meinte sie sanft, »wird Euch nicht verurteilen, niemanden. Denn er hat uns ja erschaffen wie wir sind, mit all unseren Schwächen und Fehlern.«

Zweifelnd erwiderte die Novizin den Blick der Nonne. Doch die sah einen Funken Hoffnung darin aufglimmen und versuchte ihn anzufachen. »Wichtig ist, dass Ihr Euch selbst nicht verurteilt«, betonte sie, »etwa weil Ihr dieses Leben hier nicht annehmen wollt oder könnt. Damit steht Ihr nicht alleine, das glaubt mir getrost. Auch andere dürfen und durften nicht frei wählen. Der Allmächtige verurteilt Euch ganz gewiss nicht. Er wird Euch verstehen. Wie ich schon sagte, er hat Euch geschaffen, wie Ihr seid. Selbst wenn wir sündigen, wird uns vergeben. Ihr müsst nur aufrichtig sein, auch zu Euch selbst – vor allem zu Euch selbst!«

»Ja, ach ja!«, stieß Jutta hervor und entzog ihr die Hand. »Es wird uns vergeben – wenn wir bereuen, so heißt es. Aber …« Unvermittelt sprang sie auf, lief ein paar Schritte, wandte sich zu Ursula um und rief: »Ich bereue nicht, ich kann nicht bereuen!« Damit ließ sie die verdutzte Nonne allein, raffte ihr Gewand und rannte davon.

Seufzend sah Ursula ihr nach, warf einen Blick auf die Blüten der Schlehensträucher, die ringsumher Gras und Erde wie Schnee bedeckten, und ging zurück in den Konvent.

Wie sie geahnt hatte, schweifte ihr Blick vergebens über die im Refektorium am Tisch versammelten Nonnen und Novizinnen. Jutta war nicht darunter, aber es gab noch andere Lücken in den Reihen. Ursula nahm ihren Platz ein.

Weitere Konventmitglieder traten ein und setzten sich. Damit zerschlug sich Ursulas Hoffnung, denn Juttas Stuhl blieb frei. Die Tischdienerin brach das Brot und teilte die Morgengrütze aus.

Nachdem alle bedient waren, trat Stille ein. Nur Essgeräusche erfüllten den großen Raum.

Ursula blickte zur Novizenmeisterin. Gerade führte sie einen Löffel voll Hafergrütze zum Mund, hob den Blick und sah zur Tür. Die musste doch merken, dass eine ihrer Schutzbefohlenen fehlte. Eine ebenso ungeduldige wie missbilligende Miene ziehend, erhob sie sich und ging hinaus, kam aber bald zurück. Jutta folgte ihr. Von deren Gesicht las Ursula ab, dass sie gemaßregelt worden war.

Nun setzte sich Jutta, als hätte sie einen Stock verschluckt, und starrte auf ihre Schüssel, während Stirn und Wangen rot anliefen. Plötzlich rührte sie mit dem Löffel in der Schüssel herum, zunächst langsam, dann immer schneller. Die Grütze schwappte über den Rand.

So rebellisch hatte Ursula die Novizin noch nie erlebt. Sie fragte sich, ob es am vorigen Gespräch lag. Das mochte ein Auslöser gewesen sein, doch es brodelte seit langem in Jutta.

Die Novizenmeisterin sah sich deren Treiben mit wachsendem Unmut an, derweil einige der Novizinnen hinter vorgehaltener Hand grinsten und tuschelten. Die Nonnen verhielten sich, als bekämen sie nichts davon mit. Nur Gottfrieda drückte durch vernehmliches Räuspern ihre Missbilligung aus.

Endlich wurde es auch der Äbtissin zu viel. Sie warf der Novizenmeisterin einen vielsagenden Blick zu, worauf diese Jutta ermahnte, ihr Mahl zu verzehren.

Das tat sie dann, unter dem entsetzten Blick der Novizenmeisterin, bis auf den letzten Löffel und so hastig, dass sie sich verschluckte. Jegliche Farbe wich aus ihrem Gesicht. Sie würgte, presste eine Hand auf den Mund und sprang auf, viel zu schnell. Sie stolperte, konnte sich gerade noch fangen und stürzte würgend hinaus, gefolgt von ungläubigen Blicken. Die Novizenmeisterin eilte ihr nach.

Wie gebannt starrten etliche zur Tür, insbesondere die Novizinnen. Erst nachdem die Äbtissin in die Hände klatschte, wandten sich alle wieder ihrer Speise zu.

Die meisten hatten das Frühmahl beendet, als die Novizenmeisterin ohne Jutta zurückkehrte und sich setzte. Auf Ursulas Frage, wie es der Novizin gehe, antwortete sie knapp, die sorge jetzt für ihr Seelenheil, indem sie für ihr ungebührliches Verhalten Buße tue.

Ursula stürzte sich in Arbeit, um ihre Gedanken von Jutta abzulenken. Sie hatte die Bibliothek inzwischen übersichtlich gestaltet und aufgeräumt. Ohne aufwändiges Suchen konnte sie Mitschwestern gewünschte Werke ausleihen, zumindest dann, wenn Luitgard sie nicht wieder woanders einsortiert hatte.

In den vergangenen Wochen war die hochbetagte Buchmeisterin zunehmend vergesslicher und zerstreuter geworden. Unablässig suchte sie nach Büchern und anderen Dingen, die sie, oft erst kurz zuvor, in geistesabwesenden Momenten irgendwo hingelegt hatte, mitunter auf unpassende Plätze.

Außerdem brauchte sie immer länger, um richtige Worte zu finden, wenn sie etwas ausdrücken wollte. Stets wartete Ursula dann, ohne sie zu unterbrechen, und versuchte sich ihre Ungeduld nicht anmerken zu lassen. Keinesfalls wollte sie Luitgard verunsichern oder deren Gefühle verletzen.

So kämpfte Ursula Tag für Tag gegen ihr eigenes Gefühl an, sich im Kreis zu drehen, und erdachte Strategien, wie sie Luitgards Bedürfnis nach Beschäftigung stillen könnte, ohne dass diese ihr ständig im Weg stünde und bereits verrichtete Arbeit unwillentlich zunichte machte.

Eine dieser Strategien bestand darin, Luitgard zu bitten, im Garten nach Blüten zu suchen, die zwischen Buchseiten gepresst und auf diese Weise verewigt werden sollten. Das gefiel Luitgard und war außerdem ihrer Gesundheit förderlich, natürlich nur bei warmem, trockenem Wetter, so wie heute.

Als Ursula gerade ein Tintenfass aufs Pult stellte, nachdem sie es zwischen Büchern im Regal gefunden hatte, vernahm sie, wie hinter ihr die Tür geöffnet wurde und seufzte. Kam Luitgard etwa schon zurück?

Dann erkannte sie jedoch die Stimme der Äbtissin, wandte sich um und sah sie mit einer in kostbare safrangelbe Seide gekleideten Jungfer hereinkommen. Die blickte sich neugierig um.

»Ehrwürdige Mutter, was kann ich für Euch tun?«, fragte Ursula. »Wie ich sehe, habt Ihr Besuch mitgebracht.«

Die Äbtissin schob ihr die Jungfer behutsam zu und sagte: »Liebes Kind, das ist Schwester Ursula von Eulenburg, unsere Unterbuchmeisterin.«

Die Jungfer verbeugte sich. Kaum hatte sie sich wieder aufgerichtet, stieß sie übereifrig hervor: »Seid gegrüßt, ich bin Gisela von Remchingen und …«

»Sie entstammt einem der namhaftesten Pforzheimer Adelsgeschlechter«, unterbrach die Äbtissin lakonisch das etwas vorlaute Auftreten, und habe den Wunsch geäußert, hier unterrichtet zu werden.

Ursula überlegte einen Moment. Dann fiel es ihr wieder ein. Ja, die Äbtissin hatte letzte Woche verkündet, dass sie ihr demnächst eine Patriziertochter als Schülerin brächte. Über der vielen Arbeit, Barbaras Krankheit und der Sorge um Jutta hatte Ursula es fast vergessen. Umso herzlicher hieß sie die Jungfer nun willkommen und versicherte der Äbtissin, sich gut um sie zu kümmern, worauf diese sich verabschiedete.

»Oh, so viele Bücher!«, staunte Gisela, nachdem die Äbtissin die Bibliothek verlassen hatte. Sie habe noch nie so viele Bücher gesehen. »Habt Ihr die alle gelesen?«

Ursula belehrte sie verständnisvoll lächelnd. »Nun, ich zähle zwar einige Lenze mehr als Ihr, aber längst nicht genug, um eine umfangreiche Bibliothek wie die des Pforzheimer Dominikanerinnenklosters vollständig gelesen zu haben.«

»Verzeiht«, bat Gisela beschämt, »wie töricht von mir.«

»Aber nicht doch«, widersprach Ursula lachend, fasste sie an den Schultern und wies auf die dicht an dicht stehenden, bis zur holzgetäfelten Decke reichenden und größtenteils mit Büchern gefüllten Eichenholzregale ringsumher. »Es ehrt mich, dass Ihr mich für so gelehrt haltet, über all das Wissen zu verfügen, welches in diesen Werken steckt – für die Nachwelt festgehalten, auf immer und ewig … Insbesondere das macht sie so unermesslich kostbar, versteht Ihr?«

Gisela nickte. Aber ob sie wirklich verstanden hatte? Ursula bezweifelte es, ließ jedoch Nachsicht walten. Dazu mangelte es dieser Jungfer vermutlich an der nötigen Reife. »Darf ich fragen, wie alt Ihr seid?«

»Sechzehn«, rief Gisela aus, »aber bald siebzehn.«

»Und offenbar wissbegierig, sonst wäret Ihr nicht hier«, vermutete Ursula. »Ich werde Euch gern unterrichten. Dazu sollte ich zuerst etwas über Euren Bildungsstand erfahren. Des Lateins werdet Ihr vermutlich nicht mächtig sein, aber vielleicht verfügt Ihr über die Fertigkeit des Lesens und Schreibens der deutschen Sprache?«

Gisela nickte. Ihre Frau Mutter habe es sie gelehrt.

»Sehr schön.«, freute sich Ursula. Es sei gut, wenn man Mägdlein frühzeitig Bildung zukommen ließe, wenn es auch leider nicht immer der Fall sei, selbst in höheren Kreisen. »Kommt«, forderte sie ihre neue Schülerin auf und wies auf einen von der Morgensonne beschienenen Fenstertisch mit zwei Stühlen, »setzen wir uns dort hin und reden in aller Ruhe weiter.«

Gisela folgte ihr, nahm Platz und schaute zum Fenster hinaus, auf den Klosterhof und die angrenzenden Wirtschaftsgebäude, wo reges

Treiben herrschte. Während zwei Laienschwestern am Bach Wäsche wuschen, schob eine weitere in einer Schubkarre Futter und Einstreu für die Hühner aus der Scheune.

Ursula meinte Gedanken hinter Giselas Stirn zu erraten und erklärte, hier gebe es immer viel zu tun. Jede habe ihre Aufgaben. »Jede dieser Arbeiten ist wichtig und trägt zum Erhalt des Klosters bei. Deshalb darf keine geringgeschätzt werden.«

Die Patriziertochter errötete. Sie seien zu Hause immer freundlich zu den Bediensteten und gingen gut mit ihnen um, versicherte sie, fügte dann einschränkend hinzu: »… sofern sie ihre Arbeit ordentlich verrichten.«

So sei es richtig, lächelte Ursula milde. »Jeder ist angehalten, sich nach Kräften dort zu bewähren, wohin Gott ihn gestellt hat.« *Sofern wirklich Gott ihm diesen Platz zugewiesen hat und nicht die Menschen,* ergänzte sie im Stillen und wandte sich unvermittelt an ihre Schülerin: »Nun … Was glaubt Ihr? Welchen Platz hat Gott für Euch vorgesehen?«

»Das …«, Gisela zuckte mit den Schultern und wirkte plötzlich sehr ernst, … wisse sie noch nicht so recht. »Meine hohe Geburt …« Sie brach ab.

»Ja?«, sagte Ursula ermutigend.

Gisela holte tief Luft. »Ich glaube, Gott hat mir durch meine hohe Geburt mehr Möglichkeiten eingeräumt als den meisten anderen.«

Ursula überlegte und nickte zögernd. »Ja … So könnte man es betrachten.«

Sichtlich irritiert durch die zögernde Zustimmung der Nonne, erläuterte Gisela: »Nun ja, eigentlich meinen Eltern. Ich meine, sie entscheiden schließlich über meinen weiteren Lebensweg. Sie können mir Wahlfreiheit lassen oder auch nicht.«

»Und«, fragte Ursula, »tun sie es?«

Abermals zuckte Gisela mit den Schultern. Sie glaube, ja, sei sich jedoch nicht absolut sicher.

»Ihr seid aber aus freiem Willen hier, oder?«, vergewisserte sich die Nonne, worauf die Jungfer eifrig bejahte.

»Gut, das freut mich«, meinte Ursula erleichtert und wies auf die Regale. »Gratiam lingua scholarium!«

Gisela war ihrem Blick gefolgt und sah sie nun fragend an. Ursula lächelte. »Herzlich willkommen in der Sprache der Gelehrten! Möchtet Ihr gleich damit beginnen, die lateinischen Grundkenntnisse zu erlernen, oder interessiert Ihr Euch für ein bestimmtes Werk, etwa eines Pilgers oder eines der Kirchenväter – oder über eine Heilige?«

Gisela hatte mit unschlüssiger Miene zugehört. Als das letzte Wort fiel, leuchteten ihre Augen auf. »Über eine Heilige, ja! Vielleicht Näheres über die heilige Margaretha? Was meint Ihr dazu?«

Ursula runzelte die Stirn. »Freilich werde ich mit Euch darüber reden, aber heilig im kirchlichen Sinne ist die kleine Margaretha nicht. Darüber muss seine Heiligkeit der Papst entscheiden.« *Hm … Sie meinte, sie habe davon gehört, als sie nach Pforzheim kam. Wo ist diese Tragödie noch einmal niedergeschrieben worden …?* Ursula überlegte. *Genau, im Heiligenbuch des Klosters.* Sie stand auf und trat an das Regal, worin es verwahrt wurde. Dort hatte sie es doch vor kurzem gesehen. Suchend glitt ihr Blick über die ledernen Buchrücken mit den goldenen Inschriften. *Hoffentlich hat Luitgard es inzwischen nicht … Apropos Luitgard, sie befindet sich hoffentlich wohl im Garten. Aber was sollte ihr dort geschehen?*, beschwichtigte sich Ursula, zumal auch Laienschwestern, mit Gartenarbeiten beschäftigt, in unmittelbarer Nähe weilten. Luitgard würde es hoffentlich nicht übertreiben und sämtlichen Blumen die Köpfe abreißen.

Endlich, da war das Buch! Ursula nahm es heraus, legte es vor Gisela auf den Tisch und schlug es auf. »Hier«, suchend blätterte sie darin herum und wies auf eine Überschrift, »da ist es vermerkt: ›Margaretha, das durch die Juden getötete Mägdlein.‹«

»Wie schrecklich!« Gisela schüttelte sich vor Grausen.

Beunruhigt meinte Ursula einen unterschwelligen Genuss am Gruseln zu erkennen. »Gewiss«, bekannte sie, »es ist immer schrecklich, wenn ein Mensch zu Tode kommt, insbesondere so ein unschuldiges kleines Mägdlein.«

Gisela brannte offenbar darauf, mehr darüber zu erfahren. »Bitte lest mir vor, was da steht, wie es sich genau ereignet hat«, bat sie ungeduldig.

Um Zeit zum Überlegen zu gewinnen, öffnete Ursula das Fenster. Es war ohnehin gut für die Atemwege, frische Maienluft hereinzulassen. »Ich kann Euch freilich vorlesen, wie es überliefert wurde«, begann sie anschließend, »ob es sich allerdings ganz genau so ereignet hat, steht auf einem anderen Blatt. Jener Chronist, der es erstmals schriftlich erwähnt hat, ein Predigermönch namens Thomas von Cantipratanus, war schließlich kein Augenzeuge des Geschehens. Er hat sich auf die Berichte zweier Ordensbrüder berufen.«

Die Jungfer lehnte sich mit skeptischem Blick zurück. »Aber er war doch ein Gelehrter, nicht wahr? Und jene Ordensbrüder ebenfalls. Sie werden doch wohl kein falsches Zeugnis abgelegt haben.«

»Das wollte ich damit auch nicht sagen«, beeilte sich Ursula zu versichern. »Es liegt mir wirklich fern, ihnen solches zu unterstellen. Ich meinte nur …« Sie suchte nach den richtigen Worten. »Ich möchte deren Glaubwürdigkeit nicht in Abrede stellen, sondern bitte Euch nur zu bedenken, dass auch jene Ordensbrüder dieses Ereignis vielleicht nicht selbst erlebt, sondern Thomas so darüber berichtet haben, wie es ihnen zu Ohren gekommen war.«

»Hm …«, überlegte Gisela.

Ursula gab ihr etwas Zeit und fasste dann zusammen: »Margaretha war sieben Jahre alt, als sie etwa anno 1262 oder 63 – so genau weiß man das nicht – leblos in der Enz gefunden wurde. Man argwöhnte, die Juden hätten sie umgebracht, um sie für ein Ritual zu missbrauchen. Wie Ihr vielleicht wisst«, erläuterte sie und registrierte mit steigendem

Unbehagen die nach Spannung gierende Miene ihrer Schülerin, »unterstellt man ihnen, mit dem Blut von Christenkindern schwarze Magie zu betreiben.« Ursula stockte. Sie hatte sich bemüht, möglichst sachlich zu berichten, denn die Lust ihrer Schülerin, sich zu gruseln, wollte sie nicht befriedigen, schon gar nicht mit diesem tragischen Fall!

»Ja, ja, ich weiß«, sagte Gisela ungeduldig, »fahrt bitte fort.«

Die Nonne wiegte den Kopf. »Diese Geschichte nahm nicht nur für das kleine Mägdlein ein tragisches Ende. Man unterstellte einer alten Frau und der jüdischen Bevölkerung ...«

»Man unterstellte?«, warf Gisela ein. »Verzeiht, wenn ich Euch unterbreche, ehrwürdige Schwester Ursula, aber es ist doch erwiesen, und zwar durch Margaretha selbst, dass die Juden sie ermordet haben.« In ihren Augen blitzte es. »Das Mägdlein ist von dem alten Weib an die Juden verkauft worden«, sprudelte sie hervor. Die hätten ihm den Mund zugestopft, die Adern geöffnet, alles Blut aufgefangen, Steine an seinen Leib gebunden und ihn dann in die Enz geworfen, unterhalb des Schleiftors. Aber Margaretha hätte Tage später eine Hand aus dem Wasser gereckt, um auf sich aufmerksam zu machen. Die Schiffer hätten das gesehen und den Stadtoberen gemeldet, woraufhin sogar der Markgraf gekommen sei. »Ihm selbst hat Margaretha die Hand gereicht und um Rache gebeten. Darauf haben ihre Wunden wieder geblutet!«

Ursula hatte Gisela geduldig ausreden lassen. Nun lehnte sie sich weit aus dem Fenster und sog die frische Frühlingsluft tief in sich ein. Dann wandte sie sich ihrer Schülerin mit strenger Miene zu und bemerkte: »Aha, Ihr wisst ja schon alles.« ... *oder glaubt es zu wissen,* fügte sie gedanklich hinzu.

Gisela lief rot an und senkte beschämt das Haupt.

*Sieh an,* dachte Ursula. *Nun fühlt sie sich ertappt. Offenbar hat sie es noch einmal hören wollen, aus anderem Munde, um ihre Lust am Gruseln so richtig auszukosten.* Überlegend schritt die Nonne in der Bibliothek hin und her und wandte sich dann unvermittelt der Jungfer zu: »So wie Ihr es eben geschildert habt, hat es wohl angemutet.« *Oder,* dachte sie bei sich, *die Schaulustigen wollten es so sehen.* »Was aber?«, gab sie zu bedenken, »wenn Margarethas Arm nicht von ihr selbst, sondern durch die Strömung emporgehoben worden war?«

Auf ein solches Argument war Gisela nicht gefasst und wusste folglich nichts darauf zu erwidern.

Verstehend wiegte Ursula den Kopf. »Das klingt freilich weniger schaurig, nicht wahr?«

Gisela schien verstört. »Aber die Juden begehen doch derlei Verbrechen«, versuchte sie sich zu rechtfertigen. »Sie haben ja auch unseren Heiland ans Kreuz genagelt.«

Ursula fasste die Jungfer an den Schultern und sah ihr ernst in die Augen. »Jesus Christus war selbst Jude. Christentum und Judentum – beides entspringt ein und derselben Wurzel! Und …«, fuhr sie fort, »… selbst wenn es so gewesen wäre, selbst wenn Juden die arme Margaretha ermordet haben sollten … Steht es uns zu, deshalb über alle Juden zu richten, sie kollektiv zu verurteilen? Ja, denkt an Jesus Christus! Was lehrt er uns? Barmherzigkeit! Seine Gnade währet ewiglich und kennt keine Grenzen. Er liebt alle Menschen – also auch die Juden.« Ursula hielt inne, lehnte sich erneut zum Fenster hinaus und holte Luft. »Es ist gut, dass Ihr gekommen seid«, meinte sie anschließend, setzte sich wieder an den Tisch und nahm wohlwollend Giselas Hand. Denn über derlei müsse man reden und es von mehreren Seiten beleuchten, anstatt sich vorschnell ein Urteil zu bilden.

»Hm …« Die Jungfer blickte ihr Gegenüber sichtlich verwirrt an. Gewiss hatte Ursula ihr bisheriges Weltbild ein wenig verschoben. Wohl um es wieder gerade zu rücken, berief Gisela sich auf bedeutende Leute, deren Meinung galt und die man keiner Unwahrheit bezichtigte – zumindest nicht öffentlich. Sie habe es eben so gehört, von den Eltern, dem Leutpriester von St. Michael und ihrem Paten.

Ursula sah das Fragezeichen in Giselas Gesicht und überlegte. Sie musste vorsichtig sein, allzu schnell konnte man in Verruf geraten. Gisela würde wahrscheinlich zu Hause darüber reden. Andererseits … Ihre eigene Überzeugung zu verleugnen und einer ihr anvertrauten Schülerin Verwerfliches durchgehen zu lassen, das widerstrebte Ursula zutiefst. Überlieferungen seien für die Nachwelt sehr wichtig, räumte sie ein. Insbesondere, weil man daraus für die Zukunft lernen könne. »Doch wie sich etwas zugetragen hat«, fuhr sie fort, »das kann nur ganz genau wissen, wer es mit eigenen Augen sah. Und selbst denen …«, schmunzelnd hielt sie inne, »… kann man nicht immer trauen. Was keinesfalls bedeutet, dass man eine Überlieferung in Abrede stellt«, fügte sie schnell hinzu und wurde wieder ernst. »Man sollte nur …« Sie stand auf und ging erneut in der Bibliothek hin und her. Wie drückte sie es am besten aus? »… einen klaren Kopf bewahren und seinen eigenen Verstand benutzen.« Chronisten seien nie ganz objektiv. »Wir alle schildern Ereignisse aus unserer eigenen Perspektive.« Mit diesen Worten wandte sie sich wieder ihrer Schülerin zu. »Das werdet Ihr noch lernen, es gehört zum Unterricht. Durch Bildung weitet sich unser oft allzu enges Blickfeld, versteht Ihr?« Sie war jetzt sehr allgemein geworden und hatte sich dabei von der Margarethen-Legende entfernt.

Von Giselas Gesicht war ablesbar, wie sie mit sich rang. Endlich überwog die Neugier. »Darf ich Euch etwas fragen?«

Ursula nickte ihr aufmunternd zu. »Gewiss, fragt nur.«

»Wann habt Ihr Eure Berufung zum ersten Mal gespürt?«

»Hmm …«, überlegte die Nonne, »ich war schon als Mägdlein sehr lernbegierig und hatte auch den Wunsch geäußert, im Kloster unterrichtet zu werden, wie Ihr.« Ein Lächeln verband die beiden für einen Moment. »Er wurde mir erfüllt«, fuhr Ursula fort, »und ich hatte mich dort sehr schnell zu Hause gefühlt.«

Gisela seufzte. »Ich hoffe, mir wird es auch so gehen.«

Aha. Ursula schaute sie nachdenklich an. »Ihr seid hier, um herauszufinden, ob Ihr Euch dazu berufen fühlt, den Schleier zu nehmen, bezweifelt es jedoch in Eurem Herzen?«

»Hm …!« Die Jungfer zuckte missmutig mit den Schultern. »Wenn ich nur so frei wäre in meiner Entscheidung.«

Ursula fiel Giselas anfängliche Äußerung ein, dass Gott ihr durch die hohe Geburt mehr Wahlfreiheit gegeben habe als anderen.

Sie dürfe durchaus selbst entscheiden, sagte Gisela – »eigentlich«. Aber das sei auch eine große Bürde, weil davon das Schicksal ihrer jüngeren Schwester abhänge. Nur für eine reiche die Mitgift, und da sie die ältere sei … Gisela brach ab und sah Ursula um Hilfe heischend an. »Manchmal glaube ich, die Berufung in mir zu spüren und dann wieder nicht. Doch wenn ich den Schleier nicht nehme, muss meine Schwester auf ein weltliches Leben verzichten.« Tränen der Verzweiflung liefen über ihre Wangen. »Davor hat sie große Angst, denn sie fühlt sich nicht berufen zur Braut Christi. Sie ist so gut, will mich nicht belasten und verschweigt es mir, aber … Immer wenn sie sich unbeobachtet wähnt, ist sie traurig und weint.« Nun senkte Gisela ihr Haupt und schluchzte hemmungslos.

»Ach …« So war das. Ursula schloss sie spontan in die Arme und wiegte sie tröstend. »Eine schwierige Lage, wahrhaftig.« Sie löste sich behutsam aus der Umarmung, legte ihre Hände auf Giselas Wangen und meinte zuversichtlich: »Für alles finden sich Lösungen, auch dafür, seid gewiss. Gott weist uns Wege auf, wir erkennen sie nur nicht immer gleich.«

Die Jungfer hob ihr tränennasses Gesicht. Ein Funken Hoffnung blitzte in ihren Augen. »Aber …«, stammelte sie, »wie soll das gehen?«

»Lasst Euch Zeit, vertraut auf Gott«, riet Ursula, spürte aber, dass ihrer Schülerin noch etwas auf dem Herzen lag, obwohl sie nickte. »Was ist es, was besorgt Euch außerdem?«, fragte die Nonne.

Gisela druckste herum. »Es wird alles noch viel schwieriger

werden!« Sie habe zufällig mitbekommen, wie ihre Eltern über einen Kaufmannssohn gesprochen hätten. »Ich habe nicht gelauscht, kam nur gerade an der Tür vorbei«, beteuerte sie auf Ursulas kritische Miene.

»Womöglich«, meinte Gisela, »haben sie ihn zum Bräutigam auserkoren, für mich oder meine Schwester – wohl eher für mich. Ich habe ihn noch nicht gesehen, aber wenn er mir gefällt …? Was dann? Werde ich dann widerstehen können? Ich fürchte, nein, aber ich kann doch meine Schwester nicht ins Unglück stürzen.« Ihre letzten Worte versanken in Tränen.

Ursula reichte ihr ein Schnupftuch und überlegte währenddessen, wie sie der verzweifelten Jungfer helfen könnte. Da ging die Tür auf und Luitgard kam herein, ein strahlendes Lächeln auf dem Gesicht und in der Hand einen Frühlingsblumenstrauß. Sie sah die Jungfer, aber nicht deren Tränen. Im Licht, das durchs Fenster einfiel, leuchtete das Safrangelb des Seidenkleides, als wäre es die Sonne selbst.

Sie habe gehört, dass eine Schülerin käme, sagte Luitgard, trat zu Gisela und drückte ihr den Strauß in die Hand. »Eigentlich wollte ich damit unsere Bibliothek ein bisschen schmücken, aber zu Eurem Kleid passt er viel besser, liebes Kind. Meint Ihr nicht auch?«, wandte sie sich Zustimmung heischend an Schwester Ursula.

»Aber sicher«, erwiderte diese und steckte beiläufig das Schnupftuch weg. Einer Eingebung folgend, fiel ihr Blick auf den Stängel einer Margerite. Darauf saß ein Marienkäfer, offensichtlich noch starr von der Winterruhe. Oder … Ursula verspürte ein mulmiges Gefühl. Nachdem sie kurz auf die jetzt wieder gefasste Gisela geschaut hatte, war das Glückssymbol verschwunden. Davongeflogen?

Nein. Ursula sah ihn am Boden liegen, hob ihn auf und verwahrte ihn in der geschlossenen Hand. Die anderen hatten nichts davon mitbekommen. Luitgard, immer noch vertieft in den Anblick der Jungfer, strich ihr lächelnd über die Wange.

Ursula stellte die beiden einander vor und ließ währenddessen den Käfer aus dem Fenster fallen.

# X

Die positiven Anzeichen hatten nicht getrogen. Barbaras Fieber sank beständig. Bald nahm sie Haferschleim und Fleischbrühe zu sich, ohne sich wenig später zu erbrechen, und dann auch feste Nahrung. Im Laufe der nächsten Woche durfte sie aufstehen und die Zelle verlassen. Ihre Genesung schritt sichtlich voran. Allmählich ließ der Husten nach und verebbte endlich. Sie konnte wieder im Dormitorium schlafen, ohne die Nachtruhe zu stören.

Ursula, die Barbara weiterhin betreute, sofern es ihr möglich war, fragte sich, ob es ihr geholfen hatte, unbewusst in das Kind zurückzuschlüpfen, das sie einst gewesen war, und sich einiges von der Seele zu reden. Hatte sie eine Katharsis durchgemacht?

Aufmerksam beobachtete Ursula ihre Mitschwester und kam zu dem Schluss, dass diese sich nicht an ihre Fieberphantasien erinnerte.

Nachdem ihr nun auch noch eine Schülerin anvertraut wurde, fühlte Ursula sich ziemlich beansprucht und hätte vielleicht einige Nächte durchgeschlafen, wenn die Glocke sie nicht stets zu den von der Ordensregel vorgeschriebenen Gebeten gerufen hätte.

Der Körper forderte Erholung. Doch kaum wurde sie ihm hinlänglich gerecht, verlangte ihre Wissbegierde wieder nach Nahrung. Es war Mitte Mai. Ursula erwachte nächtens, schlich in die Bibliothek, schlug Euphemias Chronik auf und las weiter.

---

Kopflos schnappte ich nach Luft und schluckte Meerwasser. Mir schwanden die Sinne, zugleich löste sich der Deckel vom Korb. Mit Armen und Beinen strampelte ich und reckte beide Hände nach oben, dem Sonnenlicht entgegen, Gottes Hand. Ich erreichte sie nicht, sank.

Dann war mir, als stützte mich etwas von unten und höbe mich empor. Endlich! Ich erreichte Gottes Hand und erkannte sein gütiges

Antlitz. Keine Atemnot mehr, ein unbeschreibliches Glücksgefühl durchflutete mich.

Was weiter geschah, weiß ich nicht. Ich kann nicht sagen, wie viel Zeit verging zwischen diesem Moment und jenem, in dem ich erwachte.

Zuerst spürte ich Wind, Wärme und Sand. Sand im Haar, zwischen Fingern und Zehen, in meiner Kleidung, sogar in Augen, Nase und Mund. Sand überall. Und ein Gefühl von Verlust, welches ich nicht einordnen konnte. Denn zunächst erinnerte ich mich an gar nichts, was seit meiner Flucht geschehen war. Wo war ich, und wie war ich hier hingelangt? Warum saß ich nicht zu Hause in meinem Gemach oder im Garten?

Erschöpft lag ich auf dem Bauch und brauchte geraume Zeit, bis ich erkannte, was ich am allermeisten vermisste: jenes Gefühl, von Gott gehalten zu werden. Ich wähnte mich allein, verlassen und mutlos. Ja, Mutlosigkeit hatte mich befallen. Sie lähmte mich. Ich meinte, ich könnte nicht einmal den Kopf heben. Über mir fühlte ich nur Wind. Wo war Gottes Hand? Hatte sie mich fallen lassen? Warum?

Um mich herum herrschte gespenstische Stille. Erst als ich mich aufrappelte, den Sand ausspie, meine Augen rieb und Klumpen aus Sand, Wasser und Schmalz aus meinen Ohren pulte, nahm ich Geräusche wahr: das Rauschen der Brandung und Schreie von Seevögeln.

Meine Haube war weg. Mein vom Wind zerzaustes Haar verdeckte mir die Sicht. Ich hielt es zusammen und blickte mich um, in der Hoffnung, irgendetwas zu entdecken, woran ich mich orientieren könnte.

Dabei erinnerte ich mich, allmählich und bruchstückhaft. Ich war geflohen, vor einer Vermählung. Von Dover aus wollte ich auf einem Fährschiff zum Festland. Hatte ich es erreicht?

Ich saß an einem Strand, aber die Küste von Calais konnte es nicht sein. Dort patrouillierte ja die englische Flotte. Das hatte man mir in Dover gesagt. England belagerte Calais.

Mutterseelenallein saß ich am Strand. Beidseits von mir erstreckte er sich bis zum meilenweit entfernten Horizont. In den offenen Blasen an meinen nackten Füßen brannte Meersalz. Dünen begrenzten mein Blickfeld. Hinter mir rauschte die Brandung. Ich drehte mich um. Für einige Momente vergaß ich meine desolate Lage und jeglichen Schmerz. Es war so schön, das Meer, sein funkelndes Farbspiel, fast unwirklich schön. Träumte ich?

Abermals rieb ich mir die Augen, sah jedoch immer noch dasselbe, ein in kuschelig weich anmutenden Wellen fließendes riesiges Tuch, schillernd und changierend zwischen unendlich vielen Blau- und Grüntönen, wie ein Opal. Sanft umspülte es meine Füße.

So behutsam, wie das Meer es mir vorgaukelte, war es nicht mit mir umgegangen. Beinahe hätte es mich verschluckt, mitsamt dem Korb, der mich umschloss – bis der Deckel sich löste. Dann hatte ich versucht zu schwimmen, jenen Auftrieb gespürt und Gottes Hand zu sehen geglaubt.

Ob er mich gerettet oder das Meer mich an den Strand gespuckt hatte, weil es mich verschmähte?

Die Besatzung des Fährschiffs ... Was war mit den Männern geschehen, dem Kapitän, den Matrosen? Sie brachten das Schiff nicht unter Kontrolle, nachdem es in den Sturm geriet. Waren sie ertrunken? Mich schauderte. Sollte ich die einzige Überlebende sein?

Meine Schuhe hatte ich verloren, offenbar auch meinen Sack. Und der Lederbeutel mit meinen Ersparnissen? Mir stockte das Herz, als ich an meinen Gürtel fasste. Gottlob, da war er!

Doch der Freude darüber folgte Ernüchterung. Er hatte sich bei all den Turbulenzen geöffnet. Das Diamantcollier fehlte und etliche Münzen.

Ich sprang auf und warf hektische Blicke um mich, konnte aber nirgends etwas entdecken, auch nicht den Sack. Er war mit mir im Korb gewesen.

Ich weigerte mich zu glauben, was am wahrscheinlichsten war, dass er und meine Ersparnisse jetzt irgendwo auf dem Meeresgrund lagen. Stattdessen rannte ich suchend am Strand umher.

Ein Stück entfernt sah ich etwas Schmutzigbraunes. Zunächst dachte ich an einen Tierkadaver. Ich ging darauf zu, erkannte das Tuch, welches ich in Maidstone erworben hatte, und hob es auf. Es war voller Sand, aber unbeschädigt. Ermutigt durch diesen Fund, klemmte ich es mir unter den Arm und suchte weiter. Vielleicht war noch mehr an den Strand gespült worden. Glitzerte da vor mir nicht etwas im Sand?

Nicht nur ich bemerkte es. Vor meinen Augen stieß eine silberweiße Möwe vom Himmel herab, schnappte sich mein Diamantcollier und flog damit davon. »Nein!«, protestierte ich.

Sie stieß einen schrillen Schrei aus, verlor das Collier, fing es aber im Flug wieder auf.

»Was willst du damit?«, rief ich dem Vogel aus purer Verzweiflung nach. »Das kannst du nicht fressen!«

Als wenn die Möwe das nicht gewusst hätte. Vermutlich gefiel ihr das Collier ganz einfach. Schnaufend rannte ich ihr nach, doch der Abstand zwischen uns vergrößerte sich rasant.

Atemlos blieb ich stehen und versuchte vergebens, nicht darüber nachzudenken, wie lange mich das Geld vom Erlös dieses Geschmeides hätte ernähren können. Flehend fiel ich auf die Knie und reckte meine Hände gen Himmel. »Allmächtiger, was missfällt dir an mir, was habe ich verbrochen? Hätte ich mich dem Willen meiner Eltern beugen sollen?«

Ein Schrei lenkte meinen Blick über weiße Wolken hinweg zu einem kleinen Punkt, der zusehends größer wurde. Lieber Leser, Ihr mögt mir glauben oder nicht, die Möwe – sie flog zurück und ließ das Collier fallen, unweit von mir.

Offenbar wollte sie aber Schabernack mit mir treiben. Bevor ich es auflesen konnte, stürzte sie herab, schnappte sich das Collier und schwang sich erneut damit in die Lüfte.

Ich heulte!

Dicht über mir baumelte es an ihrem Schnabel. Ich hüpfte und versuchte es zu erhaschen. Stets war sie mir einen Flügelschlag voraus. Ich griff immer knapp daneben.

So neckte sie mich, bis ich mich erschöpft in den Sand fallen ließ. Daraufhin ließ die Möwe das Collier endgültig los und flog davon. Zunächst dachte ich, sie hätte den Spaß an ihrem Spiel mit mir verloren. Dann hörte ich durchdringende Schreie. Sie rührten von einem Schwarm Seevögel her.

Ich richtete mich auf und blinzelte aufs Meer. Die Sonne blendete. Deshalb erkannte ich erst auf den zweiten Blick, worüber sich die Tiere aufregten. Küstenfischer weideten ihren Fang in den Booten aus und warfen die Eingeweide ins Wasser. Bevor sie auftrafen, wurden sie von den miteinander wettstreitenden Vögeln aufgefangen. Ich stellte mir vor, wie manche, darunter »meine Möwe« dreist genug waren, den Fischern die Brocken aus den Händen zu reißen.

Im seichten Wasser wusch ich den Sand von meinem Collier, hängte es mir um den Hals und verbarg es unter dem Kleid.

Nach und nach fand ich weitere Dinge aus meinem Sack: das Messer, einen Apfel ... Sogar ein Schuh war an den Strand gespült worden. Aber was nützte mir ein einzelner Schuh?

Woran mein Herz am meisten hing, suchte ich leider vergebens. Den Kompass, das Geschenk meines Bruders, gab mir das Meer nicht zurück.

Betrübt steckte ich das Messer in eine Tasche meines Kleides und aß den Apfel. Dabei sah ich mich um und bemerkte, dass ich mich durch die Jagd nach dem Collier ziemlich weit von jenem Platz entfernt hatte, an dem ich gestrandet war. Aber von hier aus kam ich bestimmt auch ins Landesinnere.

In den Dünen versank ich schier bei jedem Schritt. Dabei wurde mir ziemlich warm. Trotzdem verhüllte ich mein Haupt mit dem Tuch und band es unter dem Kinn zusammen. Zwischen den Dünen erschienen verstreut daliegende Fischerhütten und Gehöfte. Dahinter erstreckte sich eine Stadtmauer.

Ich hatte es geschafft, hatte England verlassen, mein Vaterland. Was nun? Von Fluchtgedanken getrieben, hatte ich darüber kaum nachgedacht, sondern mein Leben Gott anvertraut. Er hatte mir Eigenverantwortung übertragen. Die nötige Reife, um das in vollem Ausmaß zu erkennen, besaß ich damals allerdings nicht. Bei Hofe war ich behütet worden. Man hatte für mich entschieden und gesorgt.

Als ich da stand – gedankenschwer – erwog ich, irgendwo nachzufragen, ob eine Magd gebraucht werde. Dann fiel mir ein, dass Calais nicht allzu weit entfernt sein konnte und damit die englische Armee. Ich lief immer noch Gefahr, entdeckt zu werden und kannte meinen Vater gut genug, um zu wissen: Erst wenn er die französische Krone besaß, würde er sich zufriedengeben und seine Truppen abziehen. Folglich musste ich weiter, in ein Land, dessen Eroberung er nicht anstrebte.

Seufzend ließ ich mich in den weichen Sand fallen. Schließlich war ich knapp dem Tod entronnen. Hätte ich das Nötigste für die nächsten Stunden gehabt, Trinkwasser und ein bisschen Brot, wäre ich liegengeblieben und hätte mich ausgeruht. Doch meine dürstende Kehle und mein knurrender Magen trieben mich weiter.

Vor Fischerhütten pökelten Gesellen den letzten Fang und lagerten ihn in große Fässer ein, überwiegend Heringe. Andere hatten sie auf Tischen ausgebreitet und ließen sie an der Luft trocknen. Vertieft in die Arbeit, beachtete mich keiner. Ich ging vorbei und sah nahe der Stadtmauer eine kleine Kapelle, die St. Nikolaus geweiht war, dem Schutzpatron der Kinder und Seeleute.

Diese betrat ich, um für meine Rettung zu danken und für die Seelen der Ertrunkenen zu beten. Die Kapelle war schlicht ausgestattet. Über dem kleinen Altar erhob sich ein Holzkreuz mit einem grob geschnitzten Jesus Christus und beidseits zwei ebenfalls ziemlich grob geschnitzte, dafür jedoch schön bemalte Statuen. Eine zeigte St. Nikolaus in weißgoldenem Habit mit Mitra und Hirtenstab, die andere die Muttergottes, gewandet in ein hellblaues Tuch und das Jesuskind in der Armbeuge sitzend.

Die Sonne war inzwischen so weit aufgestiegen, dass ihre Strahlen durch die schmalen Fenster fielen und die Figuren beleuchteten. Ich kniete vor dem Altar nieder und hatte kaum ausgesprochen – leise, um meine Anwesenheit nicht zu verraten –, da vernahm ich, wie hinter mir die rundbogige Holztüre knarrte und wusste mich im nächsten Moment in Tageslicht getaucht.

Das wurde gleich wieder ausgesperrt. Still und reglos, als sei ich auch aus Holz geschnitzt, verharrte ich, spürte die Wärme eines Menschen, der sich über mich beugte und einen feuchten Atem mit Fischgeruch. In meinem leeren Magen begann es zu rumoren.

Eine alt klingende weibliche Stimme sprach auf mich ein. Ich war viel zu erschrocken, um auch nur eine Silbe zu verstehen. Dabei war mir diese Sprache vertraut, ich hatte einmal eine flämische Gouvernante.

Den Blick gesenkt, wandte ich mich um und schaute auf derbe Holzschuhe, die unter schäbigen dunklen Röcken hervorlugten. Immer noch redete die Frau. Sie überschüttete mich mit Mitleid und Besorgnis, so viel meinte ich jetzt zu verstehen. Ich musste ja einen erbärmlichen Eindruck machen. Doch in diesem Moment war mir das nicht klar. Außerdem schossen mir andere Gedanken durch den Kopf. Selbst wenn dieses Weiblein mir nichts Übles wollte, konnte sie andere auf mich aufmerksam machen, die einer Fremden, zumal einer Engländerin, nicht wohlgesinnt waren. Aber ich hatte mich ja nicht als Engländerin zu erkennen gegeben.

Jetzt wiederholte die Frau einen Satz, der mir durch die Betonung wie eine Frage erschien. Sie sprach sehr undeutlich. Schweigend hob ich ganz langsam den Blick und erkannte, warum. Sie hatte im Laufe ihres Lebens fast alle Zähne eingebüßt. Wahrscheinlich wollte sie wissen, wer ich sei und von woher ich komme. Doch ich brachte kein Wort heraus.

Sie überragte mich kaum und war gänzlich in erdfarbene Gewänder gekleidet, die ihre Körperformen verhüllten. So wenig mir ihre mündliche Sprache sagte, die ihres Herzens verstand ich wohl. Ihre trüben Augen, tief zwischen Runzeln im wettergegerbten Gesicht vergraben, leuchteten beim Sprechen auf wie das Sonnenlicht. Und so wärmten sie mich. Mir war, als würde die Frau in mir etwas erkennen und eine Saite zum Klingen bringen, die lange stumm gewesen war.

Das erschreckte mich nicht. Ich begriff, dass es nichts mit mir als Königstochter zu tun hatte. Ihre Stimme, dunkel und samtig, unterlegt von tiefer Traurigkeit, flößte mir Vertrauen ein. Ich spürte, wie sehr ich mich im tiefsten Innern danach gesehnt hatte, einem Menschen zu begegnen, der sich meiner annahm und dem ich vertrauen konnte. Das und jene Traurigkeit in ihrer Stimme rührten mich. Tränen schossen in meine Augen.

Zärtlich strich die Alte mit ihren abgearbeiteten Händen darüber, schloss mich in ihre Arme und wiegte mich tröstend. Ich ließ es geschehen.

Dann wiederholte sie erneut ihre Frage. Sie wollte wissen, wer ich sei und von woher ich käme. Weil ich ihr das weder sagen noch sie anlügen konnte, zuckte ich mit den Schultern und lächelte entschuldigend, immer noch unter Tränen. Sie nahm mich an der Hand und führte mich hinaus.

Wie ein Lämmlein folgte ich ihr in ein windschiefes Haus, wo sie mir bedeutete, mich auf eine Ofenbank an der Wand zu setzen. Nachdem sie mir einen Becher Wein gereicht hatte, den ich gierig leerte, begann sie geschäftig zu werkeln, feuerte den Ofen an, erwärmte Wasser und goss es in einen runden Zuber.

Ich verstand, wozu das dienen sollte, bevor sie ein zusammengefaltetes Tuch sowie ein Stückchen Seife auf einen Schemel neben dem Zuber legte und mir bedeutete, ich möge mich meiner Kleidung entledigen.

Zögernd blickte ich sie an. Ja, gewiss, es wäre wundervoll, ein Bad zu nehmen und mich des Sandes zu entledigen, den ich mit mir herumtrug. Aber ich würde mich dadurch verletzlich machen, was mir widerstrebte. Und obendrein einem Menschen gegenüber, den ich gar nicht kannte.

Doch da war er wieder, dieser mütterliche Blick, der mir Vertrauen einflößte. Außerdem war sie empfindsam genug, um auf mein Schamgefühl Rücksicht zu nehmen. Sie nickte verständnisvoll und zog sich in eine entlegene Ecke mit gemauerter Herdstelle unter einem Rauchfang zurück. Dort hantierte sie mit Töpfen und Schüsseln, als wäre ich gar nicht da.

Trotzdem war ich froh, dass zwischen uns ein Holztisch mit Schemeln als Sichtschutz stand, ließ das Collier in den Lederbeutel gleiten, löste selbigen vom Gürtel und verbarg ihn unter der Bank. Dann zog ich mich aus, stieg in das dampfend heiße Wasser und ließ mich bis zum Kinn hinabgleiten. Es tat mir unendlich wohl!

Als sie das Wasser plätschern hörte, wandte sich die Frau mit einem zufriedenen Lächeln zu mir um, nahm meine Kleidung und ging damit nach draußen.

Beunruhigt sah ich ihr nach, beschwichtigte mich jedoch. Bestimmt wollte sie meine Kleidung an einem Brunnen waschen, was sollte sie sonst damit anfangen? Selbst ihren trüben Augen konnte kaum entgangen sein, wie schäbig sie war.

Aber ... Warum tat sie das alles für mich, warum machte sie sich so viel Mühe für eine fremde Jungfer? Ich war zu aufgeregt, um Antworten auf diese Frage zu finden, wusch mich hastig, stieg aus dem Zuber und hüllte mich in das bereitliegende Tuch.

Vorsichtig hob ich die Tierhaut am Fenster ein wenig an und spähte hinaus, konnte aber weder meine Gönnerin sehen noch einen

Brunnen. Wenn sie doch etwas im Schilde führte? Ein Gedanke ließ mich an sofortige Flucht denken: Sollte ich sauber sein, um gewinnbringend verkauft zu werden? Im Geiste sah ich sie mit einem zwielichtigen Menschenhändler eintreten.

Darauf ließ ich es nicht ankommen, holte meinen Lederbeutel unter der Bank hervor und stieg bereits mit einem Fuß aus dem Fenster. Da vernahm ich ihre schweren Schritte sowie Gemurmel und blickte zur Tür. Sprach sie mit jemandem? Aber vorhin hatte sie auch unentwegt Selbstgespräche geführt. Wahrscheinlich war das eine Angewohnheit, bedingt durch ihre Einsamkeit.

Im Begriff, auch das andere Bein durchs Fenster zu schwingen, hielt ich inne. Draußen ging ein Fischer mit vollem Netz über der Schulter vorbei. Ich wich zurück und kauerte mich hinter dem Fenster auf den Boden. Hatte er mich bemerkt?

Im nächsten Moment kam die Alte herein, allein. Bestürzt schaute sie mich an, sprach beruhigend auf mich ein, schloss mich abermals in ihre Arme und führte mich zur Bank. Zutiefst beschämt hockte ich dort, einerseits, weil ich ihr dermaßen Niederträchtiges zugetraut hatte – andererseits, weil ich, wie mein nach wie vor angstvoll pochendes Herz mir verriet, immer noch in Hab-Acht-Stellung verharrte.

Unterdessen kramte die Frau in einer Truhe herum und entnahm ihr ein Kleid aus eierschalenfarbenem Leinen, samt Unterrock und dazugehöriger Haube. Alles war von zurückhaltender Schlichtheit, dabei jedoch sehr gut verarbeitet, mit sorgfältig gesetzten Nadelstichen. Sie musste nichts sagen, ich verstand. Sie hatte es genäht.

Prüfend hielt sie es vor mich hin und nickte zufrieden. Ich sah auch, dass es passte und fragte mich, wem es gehört haben mochte. Ihr selbst, als sie jung war?

Die Wehmut in ihrem Blick drückte etwas anderes aus. Schlagartig verstand ich, es gehörte ihrem eigenen Kind, ihrer Tochter. Dankend schüttelte ich den Kopf. Nein, das konnte ich nicht annehmen. Es schien mir geradezu vermessen, da hineinzuschlüpfen. Doch sie duldete keinen Widerspruch, drückte es mir in die Hände und wandte sich wieder ihrer Herdstelle zu.

Also zog ich zuerst den Unterrock an, klemmte den Lederbeutel hinter den Bund und streifte mir dann das Kleid über. Es passte wie für mich geschneidert.

Das schien auch sie zu denken, als sie mich darin betrachtete. Zuerst schlug sie beide Hände vors Gesicht und sperrte ihren Mund auf. Ihre Augen leuchteten. Ja, sie konnte sich gar nicht beruhigen, wiegte den Kopf mit traumverlorenem Blick, fasste mich an den Schultern, strich zärtlich über das Kleid, trat dann wieder zurück und schlug begeistert die Hände zusammen. Dabei rief sie immer und immer wieder: »Frauke, mine Frauke!«

Ich wusste nicht, wie mir geschah. Auf einen derartigen Gefühlsausbruch war ich nicht gefasst, er überwältigte mich. Verwirrt fragte ich mich, wer ich eigentlich sei. War ich noch ich selbst oder tatsächlich jene Frauke, ihre über alles geliebte Tochter, die sie offenbar verloren hatte? Ihrem fortgeschrittenen Alter nach musste es vor langer Zeit geschehen sein.

Sie konnte sich kaum von meinem Anblick lösen, führte mich zu einem der Schemel am Tisch und drückte mich sanft darauf nieder. Dabei fiel ihr Blick an mir herab. Sie stieß einen Entsetzenslaut aus, holte ein Gefäß mit Balsam und salbte hingebungsvoll meine wund gelaufenen Füße. Anschließend ging sie wieder zur Herdstelle, schaute sich jedoch beständig nach mir um, mit verklärtem Blick.

Der Balsam roch penetrant nach Lebertran, linderte aber meine Schmerzen. Außerdem zog von der Herdstelle bald ein verlockender Duft herüber.

Mir lief das Wasser im Munde zusammen. Wann hatte ich zuletzt etwas gegessen? Als sie mir eine ordentliche Schale voll dampfenden Haferbreis vorsetzte, dazu dunkles Brot und sogar etwas Käse, widerstand ich nur mühsam dem Impuls, mich heißhungrig darauf zu stürzen.

»Eten, eten!«, rief sie, setzte sich zu mir an den Tisch und erfreute sich sichtlich daran, wie ich zulangte und es mir schmecken ließ.

Durch die besagte Gouvernante hatte ich mir ein paar Brocken Flämisch angeeignet. Davon kramte ich jetzt welche hervor und fragte, wo ich hier sei.

Erstaunt sah sie mich an. Dann strahlte sie und antwortete: »Duinkerke, in Duinkerke!«

Ich rief eine der Landkarten aus unserem geographischen Unterricht vor mein inneres Auge. Duinkerke, das lag etwa dreißig Meilen nordöstlich von Calais. So weit war das Fährschiff abgetrieben worden? Oder nur ich, im Korb?

Indem sie mich nährte, wurde mir zumute, als tauschte ich meine Identität gegen eine neue, als sei ich ihr lang vermisstes Kind. Übel fühlte sich das nicht an. Ich würde bei ihr bleiben, ihr nach Kräften die verlorene Tochter ersetzen, bei allen anfallenden Arbeiten helfen und mich von ihr lieben lassen.

Obwohl es noch helllichter Tag war, legte sich nach dem Essen eine angenehme Müdigkeit auf mich. Wie selbstverständlich ließ ich mich von meiner Wohltäterin über eine Leiter in eine dunkle Kammer unter dem Dach führen. Durch eine schmale Luke fiel ein Lichtstrahl, direkt auf einen Sack, gefüllt mit duftendem Heu. Wie für mich vorbereitet, lag er in einer Ecke unter der Dachschräge. Ich rollte mich darauf zusammen und schlummerte sofort ein.

### Ernüchterndes Erwachen

Ohrenbetäubender Lärm riss mich aus dem Schlaf, Gepolter und Gebrüll. Erschrocken richtete ich meinen Oberkörper auf und stieß mit dem Kopf gegen etwas Hartes, die Dachschräge. Wo war ich? Überlegend rieb ich mein schmerzendes Haupt. Dabei sickerte die Erinnerung an die letzten Stunden in meine Gedankengänge. Wie lange hatte ich geschlafen, und was war das für ein Lärm dort unten? Männerstimmen übertönten sich gegenseitig, immer aufgebrachter.

Plötzlich ein Knall, als haue einer mit der Faust auf die Tischplatte, gefolgt von einem Schlag, als würde ein Stuhl am Boden zerschmettert.

Gespenstische Stille trat ein für einen Moment. Darauf erneutes Anschwellen einer jung klingenden Männerstimme, eine ältere fiel ein. Wieder übertrafen sie sich gegenseitig. Ich presse beide Hände auf die Ohren.

Ein erschreckender Gedanke durchzuckte mich. War meine Wohltäterin überfallen worden? Lebte sie noch? Von ihr vernahm ich nichts.

Das Heu im Sack knisterte bei jeder Bewegung. Obwohl man es unten unmöglich hören konnte, zumal bei diesem Krach, machte mir das Angst. Ich kroch zu der Luke am Boden, durch die ich heraufgekommen war, und überlegte, ob ich wagen sollte, sie anzuheben, ganz vorsichtig.

Lange, ich weiß nicht wie lange, konnte ich mich nicht dazu überwinden. Unterdessen ging der Disput unten weiter. Wer waren diese Kerle, worüber stritten sie? Über die magere Ausbeute ihres Überfalls? Angestrengt lauschte ich. Reichte mein bisschen Flämisch aus, um sie zu verstehen?

Ich war mir nicht sicher. Sie schienen uneinig darüber, ob man sich mit England oder besser mit Frankreich verbünden sollte. Der mit der tiefsten Stimme schimpfte vehement gegen »het Engels«. Er würde jeden, egal ob Mann, Weib oder Balg ... Seine weiteren Worte vermengten sich unkenntlich mit dem Grölen der jüngsten Stimme, aber ich konnte mir ja denken, was er von den Engländern hielt. Alle Stimmen wurden verwaschener, die jüngste zuerst, vermutlich ertränkt in Wein und Bier.

Ich schaute nach oben, wo die Dachluke sein musste. Sie stand offen, als ich kam, erinnerte ich mich. Meine Wohltäterin musste sie geschlossen haben, damit das einfallende Licht meinen Schlaf nicht störte.

Allmählich gewöhnten sich meine Augen ans Dunkel. Die Konturen der Luke zeichneten sich vom übrigen Dachgebälk ab. Ich hob sie vorsichtig an und spähte in einen sternenklaren Nachthimmel.

Ein Schlag, als wäre etwas Schweres zu Boden gestürzt, fuhr mir durch Mark und Bein. Vor Schreck ließ ich die Dachluke fallen. Zitternd kniete ich auf dem Boden und lauschte. Hatte jemand das Geräusch gehört? Jetzt vernahm ich gar nichts mehr, alles war verstummt. Was war dort unten geschehen? Mit bangem Herzen verharrte ich auf dem harten Holzboden. Es blieb still. Das Warten schläferte mich ein, allerdings nur oberflächlich.

Irgendwann vernahm ich erneut Geräusche und fragte mich schlaftrunken, ob sie real waren oder ob ich sie träumte.

Meine angespannten Glieder schmerzten. Ich stand auf, öffnete die Dachluke und traute meinen Augen kaum. War inzwischen wirklich so viel Zeit verronnen? Die Sterne waren verblasst. Ich wusste nicht, was für ein Tag anbrach. Seit meiner überstürzten Flucht von Mabel hatte ich mich nur durch meinen Kompass und die Natur orientiert, mitbedingt durch mein Einsiedlerdasein. Mabel ... Wie mochte es ihr jetzt gehen, den Kindern, dem kranken Vater?

Endlich hob ich die nach unten führende Luke leicht an, um hindurchzuspähen, und vernahm Schritte auf der Leiter. Jemand kam zu mir herauf, einer der Kerle? Flugs verkroch ich mich hinter dem Strohsack und presste mich an den Boden.

Von dort aus hörte ich, wie die Luke geöffnet wurde. Schritte knarrten auf den Holzplanken. Ich hielt den Atem an. Dann – träumte ich? – ertönte die Stimme meiner Wohltäterin. »Frauke, mine Frauke, waar ben je?«, klagte sie, wo bist du?

Ich kroch hinter dem Strohsack hervor. Bevor ich mich aufrichtete, schloss sie mich in ihre Arme und drückte mir schier die Luft ab.

Nun verstand ich gar nichts mehr und wollte fragen, was unten los sei, doch sie legte ihren schwieligen Zeigefinger auf meine Lippen, schüttelte den Kopf und wies zur Luke. Hinter ihr kletterte ich hinab. Als sie den festgestampften Erdboden betrat, stöhnte jemand. Einer der Kerle, dachte ich und wollte wieder hinauf, doch sie beschwichtigte mich mit einer Geste. Also folgte ich ihr.

Von der vorletzten Sprosse aus blickte ich auf zwei stämmige Männer sowie einen halbstarken Burschen. Alle schliefen, der mit Abstand älteste auf der Ofenbank, und zwar – sah ich richtig? – mit dem Kopf auf meinem zu einer Wurst zusammengerollten Kleid. Der Bursche lag auf dem festgestampften Erdboden, die Schulter an die Leiter gelehnt. Sein älterer Bruder hockte auf einem Schemel, den Kopf in die Beuge der auf dem Tisch verschränkten Arme gebettet. Allen entfleuchte ein weingeschwängerter Atem. Die Kleidung stank nach Fisch.

Dass ich darauf nicht gekommen war! Und ich dachte, die Frau wäre verwitwet und lebte allein. Dabei hatte sie Mann und Söhne, die tagsüber wohl auf Fischfang waren.

Ich wollte den Burschen auf gar keinen Fall berühren. Nicht dass er, Bruder oder Vater, noch einmal stöhnte, aufwachte und die anderen weckte. Mit links raffte ich den Rock, während meine rechte Hand die Leiter umklammerte. Durch einen großen Schritt seitwärts erreichte ich den Boden. Die Leiter wackelte und stieß gegen die Schulter des Burschen. Er hob den Kopf und glotzte mich aus glasigen Augen an.

Schreckensstarr verharrte ich, zu keiner Regung fähig. Als stünde ich neben mir, hörte ich die Mutter etwas Beschwörendes zu ihrem Sohn sagen. Sie fasste mich an der Hand und zog mich zur Tür hinaus.

Draußen bedeutete sie mir zu warten und ging wieder hinein, kam aber gleich zurück, in der Hand einen prallvollen Leinenbeutel mit abgewetztem Trageriemen. Den drückte sie mir in die Hand, nahm meine andere und führte mich fort – zwischen Gehöften, Hütten und Häusern hindurch, die noch vor sich hin schlummerten. Alles wirkte friedvoll.

Aber, überlegte ich, vielleicht erschien es mir nur so, nach den Eindrücken der letzten Nacht. Den Beutel hatte ich mir über die Schulter gehängt. Er war schwer und fühlte sich stellenweise hart an.

Wir erreichten die Stadtmauer von Duinkerke. Meine mütterliche Begleiterin führte mich am Tor vorbei. Vor uns, hinter einem Deich, ragten mächtige Windmühlen auf. Jetzt, im Morgengrauen, muteten sie dunkler an, als sie waren. Noch immer schien alles um uns herum zu schlafen, sogar der Wind. Die Flügel der Windmühlen standen still.

Von Gehöften, die wir hinter uns gelassen hatten, drang nach einer Weile Hahnengeschrei herüber. Kühe muhten, wollten gemolken werden. Zusehends lichtete sich der Himmel. Mir fiel ein, dass ich immer noch Fraukes Kleid trug. Und überhaupt, was hatte meine Begleiterin vor, wie weit wollte sie mit mir gehen? Ich blieb stehen und zeigte fragend auf das Kleid. Wortreich winkte sie ab: »Bewaar het, bewaar het!«

Ungläubig sah ich sie an. Das wahrscheinlich einzige, was ihr von ihrer Tochter geblieben war, wollte sie mir schenken? Entschieden schüttelte ich den Kopf. Nein, das konnte ich nicht annehmen!

Doch sie ließ nicht mit sich reden, und obwohl ich sie erst seit knapp einem Tag kannte, wusste ich, jeglicher Widerspruch war zwecklos, wenn sie sich etwas in den Kopf gesetzt hatte.

Außerdem, was hätte ich sonst anziehen sollen? Auf meinem Kleid schlief ja ihr Mann. Er oder die Söhne mussten es bei ihrer Heimkehr auf einer Wäscheleine gesehen und sich darüber gewundert haben. Ich fragte mich, ob sie sich sonnabends immer so volllaufen ließen.

Später verstand ich, wie es sich wohl tatsächlich verhielt. Meine

Gönnerin hatte ihnen in jener Nacht tüchtig zugesprochen und mich so vor ihnen beschützt.

Von jenseits der Stadtmauer drang das Läuten der Kirchturmglocke herüber und rief zum Gottesdienst. Meine mütterliche Freundin registrierte es mit wehmütigem Blick. Heute war Sonntag, der Tag des Herrn. Tränen traten in ihre tief in Falten vergrabenen Äuglein. »Ik moet teruggaan«, meinte sie traurig und blickte zurück. »Ik had je graag gehouden.«

Ja, auch mir tat der Abschied weh. Gern wäre ich bei ihr geblieben, zumindest ein Weilchen. Ich suchte nach den richtigen flämischen Worten. Sie unterbrach mich, verstand auch so, was ich sagen wollte. Ein letztes Mal schloss sie mich fest in ihre Arme, wiegte mich und wiederholte mehrmals: »Ik moet teruggaan.« Es klang fast wie eine Entschuldigung.

»Aber nein«, beteuerte ich. »Ich verstehe doch, dass du zurück musst, zu deiner Familie. Hab Dank für alles, was du Gutes an mir getan hast, und leb wohl.«

Besorgt sah sie mich an. »Wat ga je nu doen?«

Ich überlegte. Was sollte ich antworten, wo ich doch selbst nicht genau wusste, was ich mit meinem weiteren Leben anfangen würde? Zunächst musste ich in ein ein anderes Land, das nichts mit dem Streit zwischen England und Frankreich zu tun hatte, in ein neutrales Land. Das sagte ich ihr, soweit mein flämischer Wortschatz es ermöglichte.

Verstehend nickte sie und wies nach vorn, zu einer Moor- und Wiesenlandschaft, die hinter den Windmühlen begann und sich schier unendlich weit erstreckte, bis zum Horizont. »Duitsland«, sagte sie dabei, »Duitsland.«

Ich nickte. »Ja, Deutschland.«

Unerbittlich mahnten die Glocken zum Kirchgang, doch sie verharrte wie angewurzelt. Also tat ich den ersten Schritt. Nach etlichen Metern hörte ich sie etwas rufen, schaute mich um und versuchte es zu verstehen. Sie merkte, dass ich Schwierigkeiten hatte, eilte mir entgegen und wiederholte: »Vermijd de Moerassen!«

Es klang wie eine Warnung. Moerassen? Ich überlegte. Moore!, schoss es mir in den Sinn. Ich nickte. Ja, mooriges Gelände hatte es in Kent auch gegeben, das war mir vertraut. »Ik zal voorzichtig zijn!«, versicherte ich ihr, winkte zum Abschied und setzte meinen Weg fort, schnell, immer schneller, ohne anzuhalten oder einen weiteren Blick zurückzuwerfen. Ich war wieder allein, nur der Hunger begleitete mich.

Der Beutel, was war eigentlich darin? Beim Gehen öffnete ich ihn und hielt nun doch inne, erfüllt von wärmsten Gefühlen für meine Wohltäterin. Sie musste die halbe Speisekammer für mich ausgeräumt haben! Hoffentlich bekam sie deswegen keinen Ärger mit Mann und Söhnen. Ein ganzes Brot hatte sie für mich abgezweigt, Käse, Äpfel, Birnen sowie eine mit Wein gefüllte Lederflasche!

Heißhungrig biss ich in eine überreife Birne. Deren Saft rann mir die Mundwinkel hinab. Mehr gönnte ich mir zunächst nicht, obwohl ich seit gestern nichts gegessen hatte, schulterte den Beutel wieder und setzte meinen Weg fort. Ich wollte vorwärtskommen.

Meinen Kompass vermisste ich schmerzlich, insbesondere weil er ein Geschenk meines Bruders war und ein Stück Erinnerung an mein bisheriges Leben. Aus dem Geographieunterricht wusste ich, dass ich weiterhin der aufsteigenden Sonne entgegengehen musste, um nach Deutschland zu kommen, nach Osten.

Wie gehabt mied ich Städte und Siedlungen, zumindest solange ich durch Flandern reiste. Ich fragte mich, ob die Kunde über mein Verschwinden inzwischen bis hierher gedrungen war. Gleichwohl … Hier konnte es schon mein Verderben sein, als Engländerin erkannt zu werden, je nachdem, an wen ich geriet. Wie zwiegespalten die Bevölkerung war, davon hatte ich ja bereits einen Vorgeschmack erhalten. Und falls man mich tatsächlich erkannte? Ich wäre nicht die Erste, die zum Faustpfand taugte. Nicht auszudenken, wenn Flamen, die mit Frankreich verbündet waren, durch mich meinen Vater erpressten! Nie hätte ich mir verzeihen können, ihn in derartige Schwierigkeiten gebracht zu haben!

Allein beim Gedanken daran überlief es mich eiskalt, auch ohne dass der Wind im Laufe des Vormittags auffrischte und mir um die Ohren pfiff. Mittlerweile war der Oktober fortgeschritten.

Umgetrieben von Sorgen, hatte ich zunächst kaum Blicke für die Landschaft. Die Wiesen wurden wirklich immer sumpfiger und erzeugten bei jedem Schritt quatschende Geräusche, als flüsterten Moorgeister mir etwas zu und wollten mich zu sich hinunterziehen. Knöcheltief versanken meine Füße, beschwert vom Morast, der daran klebte.

Unterwegs verschlang ich eine zweite Birne und einen Apfel, aber auch das hielt natürlich nicht lange vor. Trotzdem ignorierte ich beharrlich den in mir nagenden Hunger. Auf diesen Sumpfwiesen wollte ich nicht rasten.

Allerdings war das nur die halbe Wahrheit. Ich gönnte mir stundenlang keine Pause, ging zwanghaft weiter. Damals konnte ich mir das nicht erklären. Ich war zu jung und unreif. Längst floh ich nicht mehr nur vor einer ungewollten Vermählung, sondern auch vor mir selbst, vor meinen eigenen Gefühlen. Der aufmüpfige Wille, mein Leben selbst zu gestalten und eine tief in mir verankerte Sehnsucht nach Geborgenheit trotzten einander. Beidem wähnte ich mich hilflos ausgeliefert, kam nicht damit zurecht.

Endlich wurden die Wiesen trockener und durchbrochen von Stoppelfeldern. Die stachen in meine Fußsohlen, trotz der Hornschicht, die sich darauf gebildet hatte.

Gegen Mittag kam wieder einmal eine Windmühle in Sicht. Mir schien, als drehten sich deren Flügel, obwohl heute ja nicht gemahlen wurde. Alles um mich herum drehte sich plötzlich, mir wurde schwindlig vor Hunger. Damit setzte mein Körper mir eine unüberwindbare Grenze. Ich musste endlich rasten!

Auf einer Holztreppe, die ins Windmühlenhaus führte, ließ ich mich nieder und nahm einen langen Schluck aus der Lederflasche. Der Wein war ziemlich wässrig. Da ich alkoholische Getränke nicht gewohnt war, machte er mich trotzdem leicht benommen.

Nachdem ich mich mit Brot und Käse gestärkt hatte, wollte ich erfahren, wie es im Windmühlenhaus aussah. Ich ging die Treppe hinauf, betrat es durch eine hölzerne Tür und fand mich umgeben von allerhand Gerätschaften aus Holz, Stein, Metall und Seilen. Alles war miteinander verhakt, verschraubt oder verkantet und ergab ein mir fremdartig anmutendes Ganzes.

Mein Blick schweifte eine Leiter hinauf in ein Gewirr aus Balken und ineinandergreifenden Zahnrädern verschiedener Größen. Die hölzernen waren senkrecht angeordnet. Ein besonders großes metallenes Rad steckte waagrecht auf einem Stamm, der inmitten eines runden Bodensteins befestigt und beidseits von zwei weiteren Stämmen umgeben war. Durch diese führte eine Achse, die den mittleren Stamm fixierte und einen Holzrahmen hielt, der das ganze Gebilde umgab.

Ich sank nieder auf die Holzplanken, lehnte mich gegen den Bodenstein und warf einen Blick hinauf zwischen die Speichen des Metallrads. Eine bleierne Müdigkeit legte sich auf meine Lider. Bevor ich eindöste, fiel mein Blick auf meine lehmverkrusteten Füße.

Bei diesem Bild kommt mir eine Begebenheit in den Sinn. Mein Herz drängt mich, sie gleich zu notieren, obwohl mein Verstand ihr keine besondere Bedeutung beimisst.

Sie ereignete sich anno 1362, ich weilte bereits etliche Jahre im Pforzheimer Dominikanerinnenkloster. Schon damals bewohnte ich das winzige Häuschen nahe des Wirtschaftsgebäudes, gegenüber vom Konvent. Wie jetzt saß ich eines Nachts im Spätsommer beim Schein eines Öllämpchens auf meinem Strohsack, vor mir die uralte Truhe, welche die Äbtissin mir aus Barmherzigkeit überlassen hatte, um darin meine wenigen Habseligkeiten zu verstauen. Damals schrieb ich allerdings nicht, sondern las in der Heiligen Schrift und betete. Über mein Nachtgewand hatte ich ein leichtes Tuch geschlungen, es war bereits ziemlich frisch.

Plötzlich vernahm ich ein leises Wimmern, wie von jungen Kätzchen. Unruhe breitete sich in mir aus. Ich bat Gott um Verzeihung, weil ich mein Gebet unterbrach, stand auf und öffnete die Tür.

Da stand ein kleines Mägdlein in hellem Nachthemd am gegenüberliegenden Bachufer und schaute sehnsuchtsvoll zu mir herüber. Es war Barbara, fünf Jahre alt. Im Frühjahr hatten wir sie als Oblate aufgenommen.

Ich ging zum Bach. Sie streckte beide Ärmchen aus, damit ich sie hochnehmen konnte. Ich trug sie in mein Häuschen, setzte sie auf mein Bett, legte ihr eine Decke um die Schultern und säuberte mit einem Lappen ihre Füße. Sie waren voller Uferschlamm. Die Kleine fröstelte. »Warum bist du aufgestanden, mitten in der Nacht?«, fragte ich sie, zog sie auf meinen Schoß und rieb ihr Arme und Beine, um sie aufzuwärmen. Sie kuschelte sich an mich und hörte auf zu fröstelen. Auf eine Antwort musste ich aber noch warten.

Endlich stammelte sie etwas von einer Unholdin.

»Wo?«, fragte ich, um ihr zu zeigen, wie ernst ich sie nahm. »Hier, im Kloster? Da dürfen keine Unholdinnen hinein.«

Es sei aber eine dagewesen, beharrte sie und riss die Augen weit auf.

»Das hast du bestimmt geträumt.«, versuchte ich sie zu beruhigen, doch sie sah mich voller Überzeugung an. Nein, es sei gewiss kein Traum gewesen. Eine Unholdin sei in ihr Zimmer gekommen, habe sich tief über sie gebeugt und sie angefasst. Sie habe sich ganz steif gemacht und gewartet, bis die Unholdin wieder fort war.

Mir lief es eiskalt den Rücken hinab. Das wollte ich die Kleine nicht spüren lassen und beteuerte: »Hier bist du sicher.«

»Hier, bei Euch, ja«, meinte sie und fragte, ob sie bei mir schlafen dürfe.

Spontan stimmte ich zu, um ihr die Angst zu nehmen, überlegte jedoch, ob das der Äbtissin, die für ihre Erziehung zuständig war, recht sei. Indem sie ihr Bett und obendrein die Konventsgebäude eigenständig verlassen hatte, war sie ungehorsam gewesen. Was, wenn man sie suchte und nicht fand? Man würde sich Sorgen um sie machen.

Dann schob ich diese Bedenken beiseite. Wer sollte sie jetzt vermissen, mitten in der Nacht? »Hat jemand gemerkt, wie du aufgestanden und fortgegangen bist?«, fragte ich.

Barbara schüttelte den Kopf. Nein, sie hätte niemanden gesehen, als sie ihr Kämmerlein verließ.

Hoffentlich hat auch dich keiner gesehen, dachte ich seufzend und schalt mich zugleich eine Närrin. Dann wäre man ihr ja gefolgt.

Nachdem sich die Kleine etwas beruhigt hatte, blickte sie wissbegierig auf meine aufgeschlagene Heilige Schrift und bat mich, ihr daraus vorzulesen. Diesem Wunsch kam ich gerne nach, erzählte ihr jedoch zuvor von der Kindersegnung Jesu. Anschließend blätterte ich bis zur entsprechenden Stelle und zitierte: »Lasset die Kinder zu mir kommen und wehret ihnen nicht, denn solchen gehört das Reich Gottes.«

Staunend sah die Kleine mich an, als ich fortfuhr: »Wahrlich, ich sage euch: Wer das Reich Gottes nicht empfängt wie ein Kind, der wird nicht hineinkommen.«

Barbara strahlte. »Oh ja, ich hab ja zu Euch kommen wollen!«

»Oh nein«, erklärte ich. »Nicht ich bin damit gemeint. Zu Jesus Christus sollen die Kindlein kommen. Ich bin doch nur seine ergebene Dienerin.«

»Aber ich komme so gerne zu Euch, Mutter Euphemia«, bekannte sie, stockte und senkte beschämt den Blick: »Oder darf ich das nicht?«

»Ja doch, natürlich«, beruhigte ich sie, drückte sie an mich und wiegte sie in meinen Armen. »Nur ... in der Nacht, da solltest du schlafen, in deinem Bett.« Zum Glück sah sie meine Träne nicht, die ich mir verstohlen aus dem Augenwinkel wischte. Das hätte sie womöglich verunsichert.

Wehmut überfiel mich beim Gedanken an ein anderes Kind.

Ihr seid irritiert, werter Leser? Verzeiht und geduldet Euch bitte. Ich kann hier nicht vorgreifen, die Erinnerung würde mich übermannen. Ich würde an unpassender Stelle zu weit ausholen und möchte doch chronologisch vorgehen.

Während ich die kleine Oblate wiegte, schlummerte sie in meinen Armen ein. Vorsichtig bettete ich sie neben mich und löschte das Öllämpchen.

Ich fand allerdings keinen Schlaf, mir wichen ihre Worte nicht aus dem Kopf. Was hatte sie veranlasst, von einer Unholdin zu träumen? Es muss ein Traum gewesen sein, sagte ich mir. Ich war wirklich davon überzeugt, dass keine Unholdin es wagte, geweihten Boden zu betreten. Drohten Dämonen sich Barbaras Seele zu bemächtigen – durch Träume, hier, im Kloster?

Sie war ein lebhaftes Kind, dessen zuweilen überschäumendes Temperament gezügelt werden sollte. Sie sollte lernen, sich angemessen ruhig und diszipliniert zu verhalten, wie es sich im Kloster geziemte. Schließlich war sie dazu auserwählt, einst eine Braut Christi zu werden und musste in ihre Aufgaben hineinwachsen.

Doch diese Anforderungen dünkten mich sehr hoch für ein so junges Mägdlein. Nach ihrer Aufnahme im Februar hatte sie von heute auf morgen nicht nur ihre Eltern verloren, sondern auch zwei Gespielinnen, die ältere sowie die jüngere Schwester.

Insbesondere eine der Nonnen befürwortet eine strenge Erziehung der mittlerweile Neunjährigen, vielleicht zu streng. Ich vermute das, weil Barbara sich nur augenscheinlich wunschgemäß entwickelt.

Tatsächlich hat sie sich ins Klosterleben gefügt und gelernt, ihr Temperament zu zügeln, allerdings nicht durch Einsicht, vielmehr durch Angst vor Strafe. Angst ist eine schlechte Lehrmeisterin. Zugleich verschließt sich ihr anfangs offenes Wesen. Brav und in sich gekehrt folgt Barbara ihren Lehrerinnen, mit zu ernster Miene für ihr zartes Alter. Ja, fast möchte ich sagen, unbelebt. Nur wer ganz genau hinsieht, bemerkt ein nervöses Zucken ihrer Lider und Mundwinkel. Ich erkenne darin den Hilferuf einer unterdrückten Seele.

Doch wer macht schon so viel Aufhebens um ein Mägdlein? Das könnte ja dessen Stolz und Eitelkeit fördern.

Außerdem … Solange die Oblate still und fügsam folgt, ist der Blick ihrer Erzieherin nach vorn gerichtet.

Könnte ich Barbara nur Gutes angedeihen lassen, sie unterrichten in bildhafter Gestaltung! Sie hat mir erzählt, wie gerne sie zeichnete, in ihrem Elternhaus.

Leider komme ich kaum mehr an sie heran, habe so gut wie keinen Einfluss mehr auf sie. Irgendwie ist sie mir entglitten, blickt scheu beiseite, wenn wir uns zufällig begegnen. Hat jemand einen Keil zwischen uns getrieben?

Wie absurd! Welche Schwester sollte so etwas tun und warum? Allein der Gedanke versetzt mir Gewissensbisse. Das würde ja bedeuten … Ich muss gestehen, nicht mit jeder Schwester verbindet mich Seelenverwandtschaft. Doch es widerstrebt mir zutiefst, auch nur einer von ihnen Niedertracht zu unterstellen.

Mehrmals habe ich versucht, der ehrwürdigen Äbtissin die Augen zu öffnen für Barbaras verhängnisvolle Entwicklung, selbstverständlich unter Wahrung des gebührenden Respekts. Schließlich bin ich nur Laienschwester und danke täglich meinem Schöpfer dafür, dass man mich hier so gnädig aufgenommen hat. Kritik steht mir nicht zu.

Zwei Nonnen erwiesen sich als zugänglicher für meine Argumente, können aber kaum etwas ausrichten gegen die Übermacht der anderen.

Doch ich schweife ab. Nach jener Spätsommernacht, vor dem Morgengebet, verhüllte ich mich mit einem dunklen Tuch und trug das noch schlafende Kind zurück in den Konvent, ins Kämmerlein neben dem Dormitorium. Behutsam, um es nicht zu wecken, legte ich es ins Bett, deckte es zu und schlich hinaus. So geräuschlos wie möglich schloss ich die Tür, sah mich um auf dem düsteren Flur und eilte leichtfüßig davon. Hatte mich jemand bemerkt? Von irgendwo her drang ein Knarren an meine Ohren. Ich erstarrte zur Salzsäule und lauschte. Nichts mehr, wahrscheinlich war es das Gebälk oder die Planken. Holz arbeitet.

Kurz vor der Treppe, die nach unten führt, lief mir maunzend eine schwarze Katze über den Weg und schmiegte sich an meine Beine. Ich streichelte sie und hoffte, sie möge Ruhe geben. Weil sie aber noch lauter maunzte, nahm ich sie kurzerhand hoch und eilte mit ihr hinunter. Dabei warf ich immer wieder Blicke hinter mich und stolperte fast über meinen Rocksaum. Im ersten Stock setzte ich die Katze ab und sah zu, wie sie schattengleich über den Boden sprang, auf lautlosen Pfoten. Ich beneidete sie. Könnte ich nur auch so lautlos sein!

Hinter mir knarrte es, als ginge jemand zur Treppe. Bangend schaute ich hinauf. Die letzten Stufen verloren sich im Dunkel. Trotzdem ... Stand dort oben nicht jemand?

Mit angehaltenem Atem eilte ich hinab, rannte zur Tür und zerrte am Griff, bekam sie aber nicht auf. Hatte jemand abgeschlossen? Nein, sie klemmte nur. Plötzlich gab sie so schnell nach, dass ich fast hintenüber stürzte.

Selbst, als ich längst wieder in meinem armseligen Häuschen war, konnte ich das Gefühl nicht abschütteln, beobachtet zu werden. So ist es bis heute geblieben.

# XI

Ursula blickte auf. Was sie zuletzt erfahren hatte, ragte in ihre eigene Gegenwart hinein, endlich ein Hinweis auf Barbara!

Allerdings warf er Fragen auf. Laut Euphemias Schilderung bestand anfangs ein sehr inniges Verhältnis zwischen ihr und der kleinen Oblate. Das wurde nicht allgemein toleriert, denn Euphemias Ansicht, wie mit dem Mägdlein umgegangen werden sollte, unterschied sich offenbar von jener der meisten Ordensschwestern. Und – bei all dem ihnen gebührenden Respekt – machte sie daraus keinen Hehl. Manch eine würde das als anmaßend empfunden haben. Als Laienschwester durfte sich Euphemia nicht in Barbaras Erziehung einmischen.

Unweigerlich dachte Ursula an Gottfrieda. Ihr, stellte sie sich lebhaft vor, mochte das ein solcher Dorn im Auge gewesen sein, dass sie einen Keil zwischen Euphemia und das Mägdlein getrieben hatte!

Freilich, ermahnte sich Ursula, sie musste sich hüten, Gottfrieda voreilig dergleichen zu unterstellen.

Doch in jener frühen Morgenstunde, als Euphemia das Kind ins Konventgebäude zurückbrachte, davon war Ursula überzeugt, war sie tatsächlich beobachtet worden. Jene Gestalt, oben auf der Treppe, die hatte Euphemia sich nicht eingebildet!

In Ursulas Gedanken hinein läutete es zur Matutin. Sie verbarg die Chronik unter ihrem Habit und betrat das Dormitorium.
Erstaunt, sie fertig zum Gang in den Nonnenchor vor sich zu sehen, schauten ihre Mitschwestern sie an. Ursula hoffte, sie seien noch zu schlaftrunken, um sich darüber weitreichende Gedanken zu machen, lächelte und erklärte, sie sei vor dem Läuten erwacht. Das entsprach ja durchaus der Wahrheit. Sie verschwieg nur, wie lange vorher.

Bis zum nächsten Morgen reifte in Ursula ein Plan. Dessen Ausführung war zwar ein wenig riskant, weil er eigenmächtiges Handeln erforderte, doch von dergleichen hatte sich die Nonne noch nie von etwas abhalten lassen, das ihr am Herzen lag. Es würde, sagte sie sich, ja, es musste irgendwie gelingen!

Vor dem Frühmahl, auf dem Flur zum Refektorium, nahm sie Barbara unauffällig beiseite und bat sie, anschließend zu ihr in die Bibliothek zu kommen. Erstaunt sah die Siechendienerin sie an und fragte nach dem Grund. Ursula hätte ihr gerne geantwortet, doch im selben Moment kam Gottfrieda und warf im Vorbeigehen einen misstrauischen Blick zu ihnen beiden hinüber.

Dass sie hinter allem eine Unbilligkeit vermutete! Ursula unterdrückte ihren Ärger, lächelte die Schaffnerin betont arglos an und bedeutete Barbara mittels einer Handgeste, zu schweigen. Die begriff das glücklicherweise und folgte Ursula wortlos hinter Gottfrieda ins Refektorium.

Als diese sich unterwegs zu ihnen umsah, verkniff Ursula sich ein spöttisches Grinsen. *Ach, das hätte mich ansonsten ja gewundert.*

Offenbar umgetrieben von der Frage, was die Unterbuchmeisterin wohl von ihr begehrte, blickte Barbara während des Frühmahls immer wieder verstohlen zu ihr herüber.

Das machte Ursula nervös. Sie ließ es sich aber nicht anmerken und war froh, als die Äbtissin die Tafel aufhob. Eine Meisterin des sich Verstellens war Barbara beileibe nicht. *Mal abwarten,* dachte Ursula, *ob sie tatsächlich eine gewisse anderweitige Kunst beherrscht.*

Es kam ihr gelegen, dass Barbara von ihrer Tätigkeit als Siechendienerin freigestellt blieb, bis sie vollständig genesen war. Wobei Ursula argwöhnte, diese vermeintliche Mildtätigkeit solle eher den anderen in der Krankenstube dienen, denen Barbara sonst vielleicht durch ihre Ungeschicklichkeit im Weg gewesen wäre.

In letzter Zeit setzte sich Luitgard nach dem Frühmahl oft eine Weile im Garten auf eine Bank und genoss die Sonne. Dadurch wähnte sie sich gestärkt. Auch das kam Ursula zupass. So war sie lange vor ihr in der Bibliothek, überflog suchend die Regalreihen und nahm ein Werk über einen der Kirchenväter heraus, den heiligen Hieronymus. Es gehörte zu denjenigen, die so erbarmungswürdig unter Mäusefraß gelitten hatten, dass sie nach und nach kopiert werden mussten. Ursula legte es auf ein Stehpult und schlug eine Seite mit einer der wenigen darin enthaltenen Illustrationen auf. Obwohl die einstige Farbenpracht ziemlich verblichen, die Vergoldung stellenweise abgeblättert und das Pergament von den Mäusen angefressen war, erkannte man darauf noch deutlich genug den am Pult sitzenden und nachdenklich das Kinn auf die Hand stützenden Hieronymus in dessen Studierstube, dahinter ein Landschaftsgemälde.

Nachdenklich war Ursula nun ebenfalls. Ein Tintenfass hatte sie neben die Illustration gestellt, aber wo war der Gänsekiel? Sie konnte sich freilich von der derzeit einzigen Kopistin im Scriptorium einen ausleihen, aber hier musste auch einer sein, ebenso ein paar Bögen Papier und Pergament.

In Gedanken noch beim Schreibwerkzeug, schweiften ihre Blicke umher und blieben am Griff der größten Klappe des Schreibpults inmitten der Bibliothek hängen. Normalerweise wurden darin solche Materialien aufbewahrt. Ursula öffnete die Klappe – leer. Es musste aber etwas vorrätig sein. Sollte sie doch nebenan im Scriptorium nachfragen? Aber dort wurden Papier und Pergament ja dringender gebraucht. Wie sie wusste, war beides hier im Kloster Mangelware.

Während sie noch überlegte, fand sie einen Bogen Papier im Fach hinter einer anderen Klappe, wo Luitgard ihn wohl versehentlich hineingelegt hatte.

Ursula nahm ihn heraus und haderte mit sich, einen langen Moment – vielleicht zu lang. Durfte sie diesen letzten Bogen verwenden? Sie konnte ja nicht absolut sicher sein, ob sie richtig vermutete. Ursula musste sich entscheiden, jetzt. Jeden Moment konnte Barbara erscheinen.

Gerade hatte sie das Blatt einladend neben das aufgeschlagene Buch gelegt, da pochte es an der Tür. Auf Ursulas »Herein« trat Barbara ein und blickte sie fragend an.

»Ah, da seid Ihr ja«, bemerkte Ursula und schaute sich suchend um. »Vielleicht habt Ihr den besseren Durchblick. Seht Ihr hier irgendwo eine Schreibfeder?«

»Hm ...«, überlegte Barbara, »vielleicht ist sie im Schreibpult.«

Ursula schlug sich gegen die Stirn. »Ja, natürlich! Wäret Ihr so gut und würdet nachschauen?« Ohne eine Antwort abzuwarten, wandte sie sich dem Buch zu und lauschte angespannt den Geräuschen, die Barbara beim Öffnen und Schließen der Klappen verursachte. Wenn sie lange brauchte und Luitgard inzwischen kam ... Ursula rechnete zwar mit deren Zustimmung zu ihrem Vorhaben, fürchtete aber, Barbara fände nicht die nötige innere Ruhe für jene Aufgabe, die Ursula ihr zugedacht hatte, wenn eine weitere Person anwesend wäre. Zumindest anfangs sollte sie dabei alleine sein.

Endlich wurde sie fündig und reichte Ursula das Gewünschte. Diese bemerkte hoffnungsvoll, wie interessiert Barbara dabei die Illustration betrachtete, und beteuerte, sie habe eigentlich gar keine Zeit zum Kopieren, sondern müsse einmal sehen, wo Luitgard bliebe und ob es ihr gut ginge. »Möchtet Ihr Euch inzwischen daran versuchen?«

Barbara schaute sie überrascht an. »Ja ... Meint Ihr – wirklich?«

»Warum nicht?«, fragte Ursula zurück. »Mir scheint, Ihr wäret daran interessiert.« Doch nun müsse sie wirklich gehen und nachschauen, wo Schwester Luitgard abgeblieben sei, fügte sie geschwind hinzu und hatte auch schon die Tür der Bibliothek hinter sich geschlossen.

Auf der untersten Treppe kam Luitgard ihr keuchend entgegen, einen Strauß Maiglöckchen in der Hand.

»Haltet ein!«, rief Ursula. »Ihr solltet Euch nicht so plagen.«

»Was bleibt mir denn anderes übrig, meine Liebe?«, entgegnete Luitgard. Die Bibliothek sei nun einmal im Obergeschoss untergebracht, und zwar aus gutem Grund. Sie wollte weitersprechen, doch ihr ging die Luft aus.

Ursula wusste, was sie sagen wollte, und stimmte seufzend zu. Gewiss, Ungeziefer fand den Weg hinauf, doch vor dem unberechenbaren und somit jederzeit möglichen Hochwasser der Enz waren die kostbaren Werke im zweiten Stock bisher verschont geblieben.

Sie hatte die betagte Bibliothekarin erreicht und stützte sie. Ihr Blick fiel auf das Sträußlein. »Oh, die schönen Meyenblümlin.« Sie atmete deren süßlich-aromatischen Duft. »Ihr bringt den Frühling in die Bibliothek!«, rief sie aus und entlockte Luitgard damit ein Lächeln.

Trotz der Hilfe kamen die beiden nur sehr langsam voran. Ursula war besorgt. So schwach hatte sie Luitgard noch nie erlebt. Wie lange mochte sie die Treppen noch hochsteigen können? Ursula musste sich etwas einfallen lassen und hatte auch schon eine Idee.

Doch zunächst war sie gespannt auf Barbaras Vorzeichnung der Illustration. Zu deren Gelingen dünkte es sie vorteilhaft, wenn sie recht lange brauchten, bis sie oben anlangten. »Lasst Euch Zeit«, bat sie Luitgard. »Es gibt gerade nichts, was nicht warten kann.«

Doch das widersprach der Philosophie der Ordensschwester. »Müßiggang ist aller Laster Anfang, mein liebes Kind.« Mahnend hob sie den Zeigefinger.

Ursula lächelte. »Von Müßiggang kann bei Euch ja wahrlich keine Rede sein.«

Die Bibliothekarin fühlte sich geschmeichelt und meinte schmunzelnd: »Nun, wenn Ihr das sagt ...« Erneut rang sie um Atem und stellte keuchend fest: »Ihr seid eine gute Seele.«

Nach einer gefühlten Ewigkeit betraten sie die Bibliothek. Ursulas Blick fiel auf den Rücken der eifrig am Stehpult zeichnenden Barbara. So versunken in ihre Arbeit, dass sie nichts um sich herum bemerkte, zuckte diese erschrocken zusammen, als Luitgard einen Laut des Erstaunens von sich gab.

»O!«, rief Barbara aus und bedeckte das Papier mit beiden Händen. »Es ist noch nicht vorzeigbar.«

Ursulas flinke Augen hatten indes längst einen Teil der Zeichnung erhascht und befriedigt festgestellt, dass Euphemia sich nicht getäuscht hatte. Natürlich benötigte Barbara noch Schulung, doch daran sollte es, wenn es nach Ursula ging, nicht mangeln. »Immer mit der Ruhe«, meinte sie und klärte Luitgard über den Grund von Barbaras Anwesenheit auf.

Die Bibliothekarin nickte verstehend, atmete ein paarmal durch und erwiderte mit erhobenem Zeigefinger: »Seht, ich hatte wirklich recht. Ihr seid eine gute Seele, kümmert euch um alle.«

*Um alle … Wenn ich das nur könnte,* dachte Ursula wehmütig und vernahm gleich darauf die Stimme der Demut in sich: *Maße dir nicht an, die ganze Welt retten zu wollen, Ursula von Eulenburg!* »Kann ich bitte kurz etwas mit Euch bereden?«, nahm sie die Bibliothekarin beiseite, um Barbara beim Zeichnen nicht zu stören.

»Gewiss«, entgegnete Luitgard, »was habt Ihr auf dem Herzen?«

»Es geht um unsere Vorräte, insbesondere um Papier und Pergament«, begann sie und fügte hinzu: »Aber auch um andere Dinge, von denen fast nichts mehr da ist, diverse Farben – Knochenweiß, Bleigelb, Azurit, um nur einige zu nennen.«

Luitgard nickte seufzend. Wie oft habe sie die Schaffnerin schon gebeten, all diese Dinge zu besorgen, insbesondere fürs Scriptorium. »Sie sagt es mir jedes Mal zu, aber dann …«, rang sie die Hände, »… geschieht gar nichts.« Ächzend ließ sie sich auf dem Stuhl am Fenster nieder, zu welchem Ursula sie geführt hatte und meinte entschuldigend, sie habe schlichtweg die Kraft nicht mehr, ihren Forderungen Nachdruck zu verleihen.

Derartiges hatte Ursula sich bereits gedacht. »Aber wir brauchen all diese Materialien, um die in Mitleidenschaft gezogenen Werke kopieren zu können, bevor sie ganz auseinanderfallen.« Sie setzte eine entschlossene Miene auf. »Wenn es sich so verhält, werde ich es tun. Euch trifft keine Schuld«, fügte sie eilig hinzu, als sie Luitgards betroffenes Gesicht sah und bat: »Ladet Euch nicht noch mehr Kummer auf, als Ihr ohnehin zu tragen habt.« Überlegend ging sie zur Tür, blieb kurz davor stehen und warf einen Blick auf die Zeichnende. »Aber zuvor gehe ich zu unserer ehrwürdigen Mutter und erkläre ihr, wie dringend wir Barbaras Unterstützung benötigen.«

Bei diesen Worten sah die Zeichnende sie an. Hoffnung und zugleich angsterfüllte Zweifel spiegelten sich auf deren Gesicht.

Beschwichtigend legte Ursula ihr eine Hand auf die Schulter. »Seid zuversichtlich, gemeinsam wird es uns gelingen, die ehrwürdige Mutter zu überzeugen. Nicht wahr?«, wandte sie sich aufmunternd an die Bibliothekarin.

Luitgard nickte und versicherte sie ihrer vollen Unterstützung.

Im nächsten Moment wich das dankbare Lächeln auf Ursulas Antlitz. Es pochte an der Tür, wer mochte das sein? Sie bat den Besucher herein und fand sich Gisela gegenüber, in lavendelfarbenem Kleid. Die Jungfer wurde von der Vorleserin gebracht, einer Nonne, die Ursula bisher nur bei Tisch auffiel, wenn sie die anderen während des Essens mit biblischen Texten erquickte. Ansonsten gab sie sich schweigsam und zurückhaltend, schwer einschätzbar. Auch jetzt verabschiedete sie sich sofort, mit nichtssagender Miene.

*Hat sie Barbara bemerkt?*, fragte sich Ursula, wurde jedoch von ihrer Schülerin abgelenkt. Die grüßte angemessen, wenn auch kurz, als rinne ihr die Zeit durch die Finger.

Ursula konnte sich des Eindrucks nicht erwehren, dass ihr die Anwesenheit der anderen lästig war, und fragte sie, was sie zu ihrem überraschenden Besuch bewogen habe. »Wir hatten für heute keinen Unterricht vereinbart.«

»Ich weiß«, erwiderte die Jungfer zerknirscht. Sie bitte inständig um Verzeihung für ihr unangemeldetes Erscheinen. »Doch ich bin gewiss, Ihr werdet gleich verstehen, warum ich kommen musste«, flüsterte sie, mit unruhigen Seitenblicken auf Barbara und Luitgard.

Kurzerhand bat Ursula die beiden, sie zu entschuldigen, nahm Gisela an der Hand und führte sie hinaus, die Treppe hinunter und in den Garten. Unterwegs bemerkte sie, dass die Jungfer andauernd ihre freie Hand aufs Herz legte, als spüre sie dort einen Schmerz. Um Ruhe bemüht und zielstrebig zugleich führte Ursula sie in einen abgelegenen Bereich des Gartens und wies auf eine mit Waldrebe bewachsene Laube. »Wollen wir uns dort ein wenig niederlassen?«

Gisela nickte geistesabwesend. Ihre Blicke irrten umher und trafen dabei auf die Novizenmeisterin. An diesem sonnigen Frühlingsmorgen unterrichtete sie ihre Schützlinge draußen. Bislang von Bäumen, Hecken und Büschen verdeckt, hatte die Gruppe sich unbemerkt genähert und kreuzte nun in einer Zweierreihe den Weg von Ursula und deren Schülerin. Im Vorbeigehen konnte Gisela sich nicht verkneifen, die Novizinnen zu mustern, wenn auch möglichst unauffällig. Schweigend, die Augen nach vorn gerichtet, folgten diese ihrer Lehrerin.

»Die Gesichter, sie gleichen einander wie ein Ei dem anderen«, bemerkte Gisela leise.

»Das erscheint Euch nur so, durch die weißen Hauben«, meinte Ursula.

Gisela nickte, wenig überzeugt.

Ursula bemerkte es und fügte hinzu: »Außerdem sind wir hier alle gleich – zumindest vor Gott und Jesus Christus. Was beunruhigt Euch daran?«

Gisela schüttelte den Kopf. »Nichts.«

Das bezweifelte Ursula. Sie beobachtete, wie Giselas und Juttas Blicke einander trafen. Dabei schien Gisela noch aufgewühlter, als sie ohnehin schon war. Ursula fragte sich, ob es an Jutta lag. Während sie ihrer Lehrerin zur Laube folgte, hatte die Novizin genauso andächtig in sich gekehrt gewirkt wie alle anderen, ihr Gesicht jedoch wächsern – transparent. Wie eine ausgehöhlte Kerze, hinter deren Wand ein Feuer loderte – ein unstillbares, verzehrendes Feuer.

Ursula fragte sich, was das in Gisela auslöste. *Ist sie sich ihrer Gefühle zu ungewiss, um sie in Worte zu fassen? Oder wagt sie nicht, sie mit mir zu teilen?* Insgeheim selbst erschrocken beim Anblick der Novizin, fürchtete Ursula, dieses Feuer in Jutta könnte auf Gisela übergreifen.

»Was schaut ihr so gequält?«, fragte sie, stützte die plötzlich strauchelnde Jungfer und streichelte deren schweißnasse Hand. Zum Glück hatten sie die Laube inzwischen erreicht. Gisela setzte sich.

»Schade, dass die Waldrebe erst im Juli blüht«, bemerkte Ursula, um die Stimmung etwas aufzulockern, ließ sich neben ihr nieder und wies in das Blattwerk über ihnen. »Sie hat die Farbe Eures Kleides.«

Gisela reagierte nicht darauf, umklammerte Ursulas Hand und presste die andere fest auf die Brust. In ihren Augen war etwas Undefinierbares. Ursula wurde schier unheimlich dabei zumute. *Törichtes Weib!*, schalt sie sich. *Das arme Kind ist doch nur etwas verstört. Etwas? Nun ja …* Entschlossen nahm sie Giselas Hände in ihre und blickte sie freundlich an. »Nun sagt mir, was Euch so bewegt und zugleich bedrückt.«

Die Jungfer atmete tief ein. Endlich kehrte ihr abwesender Blick ins Diesseits zurück. Eine zarte Röte überhauchte ihre Wangen. »Es ist …«, begann sie, fand aber noch nicht die richtigen Worte. Ursula wartete geduldig.

Flatternde Flügel fächelten ihnen einen Windhauch zu. Im Blattwerk über ihnen tummelte sich ein Singvogelpaar. In Braun-, Gelb- und Grüntönen gesprenkelte Federbällchen landeten auf einer vor den Sitzenden herabbaumelnden Ranke und versetzten sie in Schwingungen. Aus voller Kehle stimmte das Männchen seinen melodischen Gesang an. Giselas verkrampfte Züge entspannten sich.

Ursula bemerkte es erfreut. *Diese kleinen Engelchen hat uns der Himmel gesandt.*

An einer goldenen Kette zog Gisela ein Medaillon aus ihrem Ausschnitt hervor, öffnete es und reichte es der Nonne. Dabei vertiefte sich das Rot auf ihren Wangen, und ihre Augen glänzten. Das Medaillon enthielt eine in Öl gemalte Miniatur, das Portrait eines jungen Mannes vor grünem Hintergrund, der offensichtlich einen Garten andeutete. Der Jüngling trug eine königsblaue Robe aus Samt und ein weißseidenes Halstuch, in Rüschen gelegt. Das Auffälligste waren jedoch seine edlen Gesichtszüge sowie sein tiefgründiger, melancholisch anmutender Blick.

*Etwas zu melancholisch für sein junges Alter,* fand Ursula und fragte: »Euer zukünftiger Gemahl? Seid Ihr einander versprochen?«

Gisela druckste herum: »Nun ja …« So könne man es wohl nicht ausdrücken – noch nicht. Sie habe sich das erbeten, um sich über ihre Gefühle klar zu werden und eine Entscheidung treffen zu können.

»Und Ihr meint«, begann Ursula, »das gelänge Euch anhand dieses Bildnisses?«

»Er ist schön, nicht wahr?«, fragte Gisela anstelle einer Antwort.

Die Nonne lächelte verhalten. »Gewiss, so scheint es. Doch bedenkt, auf Schönheit allein kann man keine Zukunft aufbauen. Woher wisst Ihr, ob er einen ebenso wohlgefälligen Charakter besitzt? Ohne einen solchen verblasst die schönste Fassade nur allzu schnell.«

»Er entstammt einer hoch angesehenen, einflussreichen und vermögenden Familie«, sprudelte Gisela hervor.

»Habt Ihr ihn bereits kennengelernt?«, fragte Ursula, worauf Gisela sehr still wurde.

»Nein«, antwortete sie leise und sah auf ihre nervös im Schoß einander knetenden Hände. Sie wisse gar nicht, fügte sie leise hinzu – so leise, dass Ursula sie kaum verstand –, ob das gut wäre.

Die Nonne konnte nicht länger ertragen, wie die Jungfer an ihren Fingern herumzog, hielt sie fest und schaute ihr prüfend ins Gesicht. »Warum? Was veranlasst Euch zu dieser Annahme?«

»Ich ... Ich – ich ...«, stammelte Gisela, »könnte mich so in ihn verlieben, dass ... Und er ... sich vielleicht auch in mich und ...« Sie stockte, wich Ursulas Blick aus und strich sich eine Träne aus dem Augenwinkel.

Was daran schlimm wäre, lag der Nonne auf der Zunge, doch dann fiel es ihr ein. »Eure Schwester, Ihr denkt an Eure Schwester. Ist es das, was Euch so besorgt?«

Gisela nickte. »Wenn ich mich vermähle, muss sie ...« Die Jungfer brach in Tränen aus und barg ihr Gesicht im Habit der Nonne. Die strich ihr tröstend übers Haar.

Endlich sah die Jungfer auf und richtete ihren verzweifelten Blick auf die Nonne. »Was soll ich bloß tun?«

Ursula atmete tief ein, dann aus und erwiderte: »Es wird Euch schwer fallen zu glauben, was ich jetzt sage.« Sie unterbrach ihre Rede, um erneut einzuatmen. »Hört – was Ihr für Liebe haltet, ist jugendliche Schwärmerei.« Sie wies auf das Portrait: »Ihr seid verliebt, gewiss –, aber nicht in diesen jungen Mann, nicht wirklich, vielmehr in die Liebe an sich.«

Gisela sah sie groß an, dann das Portrait. »Ihr meint, das sei – ein Trugbild?«

»Nun ja ...« *Herr, wie soll ich ihr jetzt erklären, was sie erst Jahre später begreifen wird?* »So würde ich es nicht nennen. Es ist schlicht das – womöglich mehr oder weniger geschönte – Bildnis eines jungen Mannes, wie der Maler ihn gesehen hat. Ihr ...«, fuhr sie fort und schaute Gisela ernst an, »müsstet ihn mit Euren eigenen Augen sehen. Dann würde Euer Herz sie – vielleicht – erkennen, seine äußere und insbesondere seine innere Schönheit, falls vorhanden. Vielleicht ...«, meinte sie händeringend, »wäret ihr ernüchtert und grämt Euch jetzt vergebens wegen Eurer Schwester. Und wenn nicht ... Ja, ich erkenne sie in Eurem Blick, Eure Bedenken. Doch verzagt nicht, Ihr seid stärker, als Ihr glaubt. Wenn Eure Herzen zueinander sprechen sollten, werdet Ihr weitersehen. Gott weist den Liebenden einen Weg. Wenn Ihr hingegen aus Angst vor der Zukunft eine Begegnung mit jenem Jüngling vermeidet und Euch allem versagt«, mahnte Ursula eindringlich, »werdet Ihr auf ewiglich vermuten, das Glück Eures Lebens versäumt zu haben. Und …« Sie brach ab.

»Und was?«, fragte Gisela unter Tränen.

Ursula seufzte: »Womöglich Eurer Schwester dafür gram sein.«

Energisch schüttelte Gisela den Kopf: »Nein, das will ich nicht, sie ist solch eine gute Seele.«

Die Nonne nickte verstehend. *Das macht die Entscheidung nicht gerade leichter.*

Sie saßen noch eine Weile beisammen in der Laube, plauderten über Belanglosigkeiten und lauschten den Geräuschen der sie umgebenden Natur.

Gegen Mittag geleitete Ursula ihre Schülerin zur Klosterpforte und entließ sie ins weltliche Leben.

## XII

Mit ungutem Gefühl legte sich Ursula nach dem Abendgebet ins Bett. Sie hatte keine Gelegenheit mehr gehabt, mit der Äbtissin über Barbara zu reden und hielt das für ein schlechtes Vorzeichen.

Nach wenigen Stunden erwachte sie, stahl sich im Dunkel der Nacht in die Bibliothek und schlug Euphemias Chronik auf.

### *Mein Weg durch Westflandern*

Im Windmühlenhaus kreisten schwermütige Gedanken durch meinen Kopf und erschöpften mich. Ich schlief ein und erwachte erst, als es schon ziemlich düster um mich herum war. Entsetzt sprang ich auf, packte mein Bündel und eilte hinaus, die Leiter hinab. Der Sonne entgegenwandern konnte ich nicht mehr. Sie stand bereits tief am westlichen Horizont. Sollte ich die Nacht hier verbringen, im Windmühlenhaus?

Eigentlich sprach nichts dagegen. Ich hatte ja kein Ziel, das ich zu bestimmter Zeit erreichen musste. In der Morgendämmerung würde ich verschwinden, bevor jemand käme. Doch was sollte ich jetzt hier anfangen, ausgeruht wie ich war? Wieder einschlafen könnte ich nicht.

Aber die Nacht über wandern? Sie schien klar zu werden und ausreichend Licht zu spenden. Außerdem, sagte meine jugendliche Zuversicht, fände sich zu gegebener Zeit bestimmt ein Winkel, wo ich bei Bedarf unterschlüpfen könnte.

Also stapfte ich los, ohne weitere Zeit an Überlegungen zu verschwenden, in die Abenddämmerung hinein und in eine mondhelle Nacht.

Im Laufe meiner Flucht war ich stetig hellhöriger geworden, insbesondere was die Stimmen der Natur anbelangte. Mir war nicht bewusst, etwas vernommen zu haben, als ich verharrte und mich umwandte. Der Mond stand knapp über dem Horizont. Die Silhouette einer niedrigen, langgestreckten Gestalt huschte über seinen unteren blassgelben Rand. Mein Fuchs, dachte ich.

Unsinn! Natürlich war das unmöglich »mein« Fuchs. Wie war es ihm inzwischen ergangen? Mein Vater hatte ihm kein Haar gekrümmt, der blies zur Jagd auf die französische Krone. Sehnsüchtig dachte ich an mein Füchschen zurück, an die Zeit im Steinhaus. Wie lange war das jetzt her? Es konnten erst ein paar Wochen sein, mich jedoch dünkten es Jahre.

Entschlossen schritt ich aus. Die Zukunft lag vor mir, nicht dort hinten, bei meinen sentimentalen Erinnerungen. Trotzdem, meine Seele fror, von meinem Körper ganz zu schweigen. Der Stoff meines neuen Kleides war zwar dick, aber in kalten Herbst- oder gar Winternächten hätte er mich nicht ausreichend zu wärmen vermocht. Meine Nächte im Freien waren gezählt.

Um mich warm zu halten, fiel ich in einen Laufschritt. Wessen Argwohn sollte das hier erzeugen, in dieser endlos erscheinenden, topfebenen Wiesenlandschaft? Windmühlen prägen deren Bild. Nur daran kam ich immer wieder vorbei.

Also rannte ich in die Dunkelheit hinein, keuchte schließlich vor Erschöpfung, musste innehalten – und fror noch immer. Am Himmelszelt über mir funkelten Sterne. Die Nacht war klar, aber auch kalt. Was, wenn ich nicht bald einen Unterschlupf fand? Angst breitete sich in mir aus und begann sich meiner zu bemächtigen. Meine Füße schmerzten nun auch vor Kälte. Wie sollte das erst werden, wenn es gefror?

Angst ergriff mein Herz, umschloss es mit eisernen Klauen. Stoßweise atmend, kämpfte ich an gegen ein Engegefühl in der Brust. Es war das vermeintliche Nichts um mich herum: nichts, und niemand, der mir drohte –, aber auch niemand, der mir beistand. Bei Tag hatte mir die endlos anmutende Weite gefallen, nun jagte sie mir eisige Schauder über den Rücken.

Ich wandte mich um nach allen Richtungen und begriff zu spät: Das war ein Fehler. Nun verlor ich nicht nur meinen Mut, sondern obendrein die Orientierung.

Mein Kompass, hätte ich doch nur meinen Kompass gehabt! Er hatte mir stets das Gefühl vermittelt – schmerzlich wurde es mir klar –, mein Bruder wäre bei mir, zumindest ein Hauch seiner Stärke und Zuversicht.

Edward, bestimmt schlug er sich tapfer an Vaters Seite! Ich konnte es mir nicht anders vorstellen. In dieser menschenleeren Weite war mir plötzlich, als vernähme ich seine Stimme. »Euphemia!«, hörte ich ihn rufen. »Liebste Schwester, verzage nicht, bleib nicht stehen. Geh weiter!«

Das flößte mir frische Kraft ein. Ich schleppte mich weiter, ohne zu wissen, ob die Richtung stimmte. Jetzt und hier war das zweitrangig. Hätte ich auf jenem Fleck verharrt, wäre ich bestenfalls krank geworden und schlimmstenfalls erfroren.

Meine Füße spürte ich kaum noch, als der Wind mir Geräusche zutrug. Ich strengte meine Augen an, doch es war aussichtslos, im wahrsten Sinne des Wortes. Alles, was ich am Horizont ausmachen konnte, unter nachtblauem Himmel, waren unregelmäßig geformte Strukturen. Das mochten Bäume sein, vielleicht ein Waldrand. Oder einfach nur schwarze Wolken.

Wolken, in dieser sternenklaren Nacht? Was immer es war, es erschien mir besser als dieses bisherige Nichts um mich herum. Also ging ich darauf zu und erreichte es schneller als gedacht. Denn ein Lichtschein erhellte auf einmal die schemenhaften Umrisse vor mir. Endlich erkannte ich darin Gebäude. Sie gehörten offenbar zu einem Gehöft. Ja, bei diesem Gedanken konnte ich jene Geräusche zuordnen. Da schrie eine Kuh. Musste sie gemolken werden? Aber jetzt, mitten in der Nacht? Vielleicht war sie krank.

Das Licht fiel durch eine offene Stalltür, wie ich beim Näherkommen bemerkte. Vorsichtig spähte ich hindurch. Ein Öllämpchen in der Hand, stand eine Magd neben einem neugeborenen Kälbchen. Blut- und schleimverschmiert lag es auf dem festgestampften Erdboden und rührte sich nicht, obwohl seine Mutter es immer wieder anstupste. Deshalb muhte sie verzweifelt. Doch die Magd verharrte untätig. Sie war offensichtlich unerfahren.

Kurzentschlossen trat ich ein, nahm ein Büschel Stroh und massierte das Kälbchen, um seine Lebensgeister anzuregen. Zuerst protestierte die Kuh. Sie wollte mich wegstoßen, kannte mich ja nicht. Indem ich beruhigend auf sie einsprach, spürte sie jedoch, dass ich ihrem Neugeborenen helfen wollte und ließ mich gewähren, unterstützte meine Bemühungen mit ihrer rauen Zunge.

Endlich – das Kalb zuckte mit allen Vieren, hob den Kopf und versuchte aufzustehen.

Auch ich erhob mich und blickte in die erstaunten Augen der Magd. Sie war älter, als ich aufgrund ihrer Ungeschicklichkeit vermutet hatte. »Habt Dank!«, stieß sie auf Flämisch hervor. »Wenn das Kalb gestorben wäre?« Sie wolle gar nicht daran denken, wie der Bauer sie bestraft hätte.

Ich verstand zwar nicht jedes Wort, doch allein ihr Blick ließ mich erahnen, wovor ich sie bewahrt haben mochte.

»Denk einfach nicht daran, es lebt ja«, beruhigte ich sie mit meinem gebrochenen Flämisch und wies auf Mutter und Kind: »Sieh, es steht und säugt.«

Wie sie mir danken könne, begehrte sie zu wissen. Ich schaute sie eindringlich an: »Indem Ihr weder fragt, wer ich bin noch woher ich komme, keiner Menschenseele von mir erzählt und mich hier im Stall nächtigen lasst.«

Zum Zeichen ihrer Verschwiegenheit verschloss sie den Mund mit dem Zeigefinger und schüttete mir zwischen den wärmenden Leibern der Kühe ein Strohlager auf. Indessen überlegte ich, ob ich sie um das Lämpchen bitten sollte. Damit besäße ich in künftigen finsteren Nächten ein bisschen Licht.

Sie schien mir den Wunsch vom Gesicht abzulesen, drückte mir das Lämpchen in die Hand, bedankte sich nochmals überschwänglich und ließ mich mit den Tieren allein.

Ich legte mich nieder, warf einen Blick auf Kuh und Kälbchen und löschte das Licht, um keine ungebetenen Besucher anzulocken. Da knarrte die Stalltür. Ich schreckte hoch und starrte hinüber. Sie musste noch geschlossen sein, nicht einmal ein fahler Lichtschein drang herein.

Nach einem unendlich anmutenden Moment qualvoller Unsicherheit erlöste mich die beschwichtigende Stimme der Magd. Ich solle nicht erschrecken, sie wolle mir etwas bringen.

Ich atmete auf und nahm gleich darauf Zunder für das Lämpchen entgegen. Die Angst saß mir noch in der Kehle. Ich brachte keinen Laut heraus, nickte nur dankbar.

Wieder allein, fand ich lange keinen Schlaf, sondern wälzte mich auf meinem Strohlager hin und her. Meine Unruhe übertrug sich auf die Kühe. Besänftigend sprach ich auf sie ein, damit sie keinen Lärm machten.

Der erste Hahnenschrei riss mich aus einem unheilvollen Traum. Noch halb von ihm umfangen, obwohl ich mich nicht an ihn erinnerte, richtete ich den Oberkörper auf, rieb mir die Augen und verscheuchte eine aufdringliche Fliege. Im Dämmerlicht zeichneten sich allmählich die Leiber der Kühe um mich herum ab. Dabei sickerte in mein Bewusstsein, wo ich war. Ich fühlte mich unausgeschlafen, gestattete mir aber nicht, noch ein Weilchen liegenzubleiben. Jeden Moment konnte jemand hereinkommen, vielleicht eine andere Magd oder ein Knecht.

Also stand ich auf, verwahrte sowohl Öllampe als auch Zunder in meinem Beutel und warf einen letzten Blick auf die einträchtig beieinander verweilenden und Heu mahlenden Kühe. Auf festen Beinen stehend, saugte das Kälbchen am Euter seiner Mutter.

Mir wurde ganz warm ums Herz. Ich verabschiedete mich stumm, schob vorsichtig die Tür auf und trat hinaus in den erwachenden Morgen. Ein frischer Wind verwehte letzte Traumspuren und Schläfrigkeit. Frohgemut schritt ich voran, hinweg über Wiesen und Felder, der aufsteigenden Sonne entgegen.

In der folgenden Zeit zwang mich die Witterung, in Scheunen oder Stallungen zu übernachten. Stets beobachtete ich sie in der Abenddämmerung, verborgen hinter einem Baum oder Strauch, und wartete, bis die Tiere versorgt waren und niemand mehr in der Nähe weilte. Erst wenn alle Hofbewohner sich in ihre Behausungen zurückgezogen hatten, schlüpfte ich im Schutz der Dunkelheit durch die Stalltür und in den frühen Morgenstunden, nach dem ersten Hahnenschrei, wieder hinaus. So bemerkten nur die Tiere mein Kommen und Gehen.

Von Mal zu Mal wurde ich mutiger. Weil meine Vorräte nach zwei Tagen aufgebraucht waren, musste ich mich fortan anderweitig versorgen. Obst, Beeren und Pilze fand ich in dieser Jahreszeit in Hülle und Fülle, doch das war zu wenig, ich benötigte Nahrhafteres. Bevor ich frühmorgens die Stallungen verließ, gönnte ich mir einen ordentlichen Strahl Milch, kuhwarm aus dem Euter, und füllte meine Lederflasche randvoll.

Das war Diebstahl, mögt Ihr sagen, werter Leser. Gewiss, da habt Ihr recht. Das einzige, was ich zu meiner Verteidigung vorbringen kann, ist der Hunger, der in mir brannte. Hunger lässt uns mitunter jegliche Moral vergessen, das habe ich mit den Jahren gelernt. Gott der Allmächtige mag über mich richten, wenn ich einst vor ihm stehe, vielleicht schon bald.

Damals unterdrückte ich die Gewissensbisse, denn anders hätte ich mich kaum durchschlagen können. In den Ortschaften auf meinem Weg herrschte oft Aufruhr wegen des Krieges zwischen England und Frankreich. Immer machte ich mich schnellstens davon, oft ohne Nahrungsmittel gekauft zu haben.

Einmal frühmorgens, nahe Lichtervelde, begann der Boden unter mir durch Hufgetrappel zu vibrieren. Ich wandte mich um, sah eine Staubwolke auf mich zukommen und duckte mich hinter einen Busch. Grölend und mit Peitschen schlagend, preschte eine Reiterhorde an mir vorbei. Anschließend schleppte ich mich weiter, bedeckt vom Staub, ein graues und fortwährend niesendes Bündel Elend.

Mir blieb keine Wahl, früher oder später musste ich mich unter Menschen wagen. Das war mir natürlich seit meinem Aufbruch vom ersten flämischen Gehöft bewusst, ich hatte es bloß erfolgreich von mir geschoben.

Erste Schneeflocken zwangen mich zur Konfrontation mit dem Unausweichlichen. Am dringendsten brauchte ich Schuhe. Halb erfroren, trotz Hornhaut mit aufgeplatzten Blasen, wollten meine geschundenen Füße mich schon lange nicht mehr tragen.

Eines Morgens – es war trocken, aber ziemlich kühl – schleppte ich mich einen steinigen Feldweg entlang, die Arme eng um meinen zitternden Leib geschlungen. Jeder weitere Schritt steigerte meine Qual, ich kam kaum noch vorwärts.

Plötzlich vernahm ich hinter mir Hufschlag und das Rattern von Rädern. Ich blickte mich um. Ein Fuhrwerk kam direkt auf mich zu, beladen mit Säcken voller Rüben, Kohl und anderem Gemüse. Ich trat beiseite, um es vorbeizulassen, doch der Bauer auf dem Kutschbock zügelte seine beiden Gäule, hielt an und sah zu mir herab. Er sprach mich an, stark dialektgefärbt.

Ich verstand kein Wort und zuckte, um Nachsicht bittend, mit den Schultern. Als er eine mitleidige Miene zog, wurde mir bewusst, welch erbärmlichen Eindruck ich machen musste.

Mit flacher Hand schlug er auf den freien Platz neben sich auf dem Kutschbock.

Ich zögerte. Konnte ich ihm trauen? Weil ich keine Lüsternheit in seinem Blick bemerkte und er überdies seine tatkräftigsten Jahre hinter sich zu haben schien, ergriff ich seine helfend dargebotene Hand und stieg dankend auf.

Kaum saß ich, schnalzte er mit der Zunge und trieb seine Gäule an. Das grob gezimmerte Gefährt vollführte einen Satz und holperte über einen Stein. Darauf nicht gefasst, drohte ich zu fallen, doch der Mann hielt mich am Ärmel fest. Ich erschrak und riss mich los. »Verzeiht«, stammelte ich in sein verdutztes Gesicht, in meiner Aufregung auf Englisch, und schlug mich auf den Mund, als könnte ich das Wort so noch zurückhalten.

Er grummelte etwas vor sich hin, was ich natürlich wieder nicht verstand, und richtete fortan seinen Blick schweigend nach vorn.

So gut es ging, klammerte ich mich während der holprigen Fahrt auf dem Bock fest und fragte mich, ob ich besser doch abgelehnt hätte und was der Bauer nun von mir dachte. Es tat mir leid, falls er sich vor den Kopf gestoßen fühlte, er hatte mir ja bloß helfen wollen. Gerne hätte ich ihm das mitgeteilt, wusste aber nicht, wie.

Andererseits war mir seine Wortkargheit ganz recht. Was hätte ich auf etwaige Fragen entgegnen sollen? Wenn man kaum etwas von sich preisgeben darf, kann ein anfangs harmloses Gespräch einen in Bedrängnis bringen und schlimmstenfalls in unheilvolles Fahrwasser abdriften. Das sollte ich im Laufe meines Lebens noch lernen. Damals war ich ein welterfahrenes Mägdlein.

Apropos Fahrwasser – wir folgten der Leie in Fließrichtung und sahen bald unter blendend strahlendem Himmel die Silhouette von Gent. Trotz meiner Erschöpfung fieberte ich dieser Stadt, von der ich schon viel gehört hatte, gespannt entgegen. Vor sechs Jahren hatte Jacob van Artevelde, ein vermögender Tuchhändler und überdies einflussreicher Stadthauptmann, meinen Vater dort empfangen – auf einem Platz, wo freitags Markt abgehalten wird – und als rechtmäßigen König von Frankreich anerkannt. Zuvor hatten sich die Zünfte unter Van Arteveldes Führung mit England verbündet, weil ... nun ja ... Gent war von England abhängig. Mein

Vater hatte nämlich die Einfuhr von Rohstoffen, die für die Herstellung von Kleidung unabdingbar waren, blockiert.

Unglücklicherweise entbrannten später Konflikte zwischen den Zünften und entluden sich in Gefechten auf dem Freitagsmarkt. Jener treue Mitstreiter meines Vaters fiel ihnen im Jahr vor meiner Flucht zum Opfer. Er wurde ermordet.

Der Freitagsmarkt war offenbar das Ziel des Bauern. Hoffentlich war es jetzt friedlich dort. Ich lebte so zeitlos dahin, dass mir erst bei diesen Gedanken klar wurde, welcher Wochentag heute war.

Inzwischen erreichten wir Gent und passierten das dem Freitagsmarkt nächstgelegene Tor in der Stadtmauer. Es herrschte reges Treiben auf dem riesigen Marktplatz, der von prächtigen Adels- und Bürgerhäusern umstellt war. Als wären sie sich ihrer kunstvoll verzierten Fassaden bewusst, sahen ihre hoch aufragenden und teils vorkragenden Giebel auf ihn herab.

Etliche Marktleute hatten ihre Stände bereits aufgebaut, andere waren gerade dabei.

Der Bauer lenkte sein Gespann in einen noch freien Bereich zwischen anderen Korn- und Gemüsehändlern. Ich stieg zuerst ab und wollte ihm helfen, Tisch und Bänke zum Feilbieten seiner Waren aufzustellen, doch er musterte mich kritisch und winkte ab. Ich erschien ihm wohl zu schwächlich.

Zu meinem Erstaunen kränkte das mein Ehrgefühl und veranlasste mich, den ersten mit Rüben gefüllten Sack abzuladen. Das gelang mir auch, fast. Nachdem ich ihn für einen Moment wankend auf dem Arm hatte, entglitt er mir und prallte auf den Boden. Ich konnte gerade noch verhindern, dass er umkippte und sich entlud.

Händeringend und etwas ausrufend, dessen Bedeutung ich mir denken konnte, war der Bauer zur Stelle. Mein Fleiß hatte ihm offensichtlich gefallen, denn er drückte mir schief schmunzelnd ein paar Rüben aus dem Sack in die Hände.

Das war großzügig, meinem Empfinden nach aber auch ein Zeichen. Dankend verabschiedete ich mich, ohne weitere Worte, dafür mit einem Lächeln, und begann den Platz zu erkunden. Angesichts des jetzigen Gewimmels, Marktgeschreis und sonstigen Lärms bedurfte es großer Vorstellungskraft, Szenen jener feierlichen Zeremonie von vor sechs Jahren vor meinem geistigen Auge auferstehen zu lassen.

Auferstehen? Klingt dieses Wort vielleicht in solch einem Zusammenhang anmaßend? Nun, Ihr mögt selbst darüber urteilen, werter Leser. Es ist meiner Feder gerade einfach so entflossen.

Ich schloss also die Lider, versuchte die Geräuschkulisse auszublenden und stellte mir Jacob van Artevelde vor – den ich nie gesehen hatte –, wie er, inmitten dieses Platzes und umgeben von auserwählten Würdenträgern in festlichen Roben, dem König von England und Frankreich huldigte.

Dabei erschien unversehens das Antlitz meines Vaters vor mir, mit tadelndem Blick und missbilligendem Zug um die Lippen. Nur so konnte ich ihn mir vorstellen, wie ich bestürzt erkannte. Schließlich hatte ich ihm zuwider gehandelt.

Diese Visionen hatten mich Kraft gekostet, zu viel Kraft. Das Letzte, was ich um mich herum wahrnahm, bevor ich eine Ohnmacht erlitt, waren ein Raunen in der Menge und ein schriller Schrei.

Der Duft von frischem Heu und das Schnauben von Pferden weckten mich. Ich blinzelte, spürte samtweiche Nüstern auf meinem Gesicht und feuchtwarmen Atem.

Trübes Licht fiel in meine Augen. Ich hob den Kopf und schaute mich um im Pferdestall. Wie kam ich hierher? Ich versuchte mich zu erinnern, vergebens.

Mein nächster Gedanke galt meinen Habseligkeiten. Was sollte ich ohne sie anfangen? Mein Herz raste und Unruhe breitete sich in mir aus, während ich nach dem Lederbeutel hinter meinem Rockbund tastete. Gottlob, er war da. Und mein Beutel? Lag neben mir im Heu.

Ich stand auf. Mir wurde schwindlig. Ich taumelte, fiel zurück ins Heu und blickte in große glänzende Augen über mir. Neugierig musterten sie mich. Der Rappe senkte den Kopf und hauchte mich an. Dabei fiel seine lange, dichte Mähne auf mein Gesicht, kitzelte mich und reizte mich zum Niesen. Ich streckte beide Hände aus, legte sie auf das warme, weiche Fell, vergrub sie in der Mähne und spürte, wie mich das allmählich beruhigte.

Dann erhob ich mich erneut, diesmal langsamer. Vorsichtig ging ich zur Stalltür, begleitet von den Blicken der Pferde, öffnete sie einen Spalt und spähte hinaus auf eine schmale Gasse, gesäumt von hohen Häusern, weitaus schlichter als die um ... Ein Blitz erhellte mein Gedächtnis ... als die um den Freitagsmarkt! Nebelhaft dämmerte mir, was sich ereignet hatte. Ich war auf dem Freitagsmarkt gewesen, nachdem ein Bauer mich vom Feldweg aufgelesen und mitgenommen hatte. Plötzlich war mir übel geworden. Ich hatte einen Schwächeanfall erlitten.

Doch was war dann geschehen? Eine mildtätige Seele musste sich meiner angenommen und mich hierher gebracht haben. Wie lange war das her? Stand die Sonne inzwischen so tief, oder gelangten ihre Strahlen nicht in diese Häuserschlucht?

Ich holte meinen Beutel, trat auf die Gasse und gelangte nach wenigen Schritten zu einer Herberge. Zu ihr musste der Pferdestall gehören. Und folglich auch mein Retter? Durch die dicken Butzenscheiben drang gedämpftes Licht. Ich erkannte nichts, vernahm jedoch eine lautstarke Unterhaltung zwischen mehreren Männern.

Als ich eintrat, saßen sie an einem Tisch, teils sichtlich angetrunken. Grölend prosteten sie einander zu und debattierten erregt, während ein junges Schankmädchen ihnen frisch gezapftes Bier servierte.

Vielleicht, überlegte ich, waren es Händler, die sich nach dem Verkauf ihrer Waren auf dem Markt ein gutes Mahl gönnten. Von der Küche drang jedenfalls ein Duft herüber, zu verführerisch, um ihm widerstehen zu können.

Mit Unbehagen bemerkte ich, wie ein schmächtiger Bursche dem Schankmädchen an den Hintern fasste. Reflexartig schlug sie nach ihm und schaute hilfesuchend zur Wirtin, als er sich beschwerte.

»Dat kost extra!«, wetterte die stattliche Frau vom Ausschank herüber und blickte dann zu mir, den Ärger über das unbotmäßige Verhalten des Gastes noch in ihren Zügen.

Obwohl gänzlich schuldlos, wich ich unwillkürlich zurück.

»Kom binnen!«, rief sie mir zu, nahm mich unmissverständlich am Arm, als ich verharrte und führte mich zu einem abseits stehenden Tischchen, wo ich vor neugierigen und begehrlichen Blicken der Männer geschützt war. Dort drückte sie mich nieder auf einen Stuhl und beugte sich über mich. Der Ärger war aus ihrem pausbäckigen Gesicht gewichen. Freundlich redete sie auf mich ein. Ich nahm an, sie würde sich nach meinem Wohlergehen erkundigen und nickte.

»Nou, nou«, meinte sie mit zufriedener Miene, verzog sie jedoch, als sie mich begutachtete. Mir wurde bewusst, was für einen Eindruck ich auf sie machen musste. Ich schämte mich meines staubigen Kleides, meines strähnig unter der Haube heraushängenden Haares.

Sie merkte es mir an und tätschelte mich begütigend, sprach von einem Bad. Dagegen hatte ich nichts einzuwenden und wollte schon aufstehen, doch sie drückte mich zurück auf den Stuhl und bedeutete mir, zu warten.

Während sie fort war, trieb mich wieder die Frage um, wer mich auf dem Markt aufgelesen hatte. Etwa sie? Gleich verflogen jedoch derlei Gedanken, denn sie kehrte mit einer Schüssel zurück, randvoll gefüllt mit einem deftigen Eintopfgericht. Ich war so hungrig, dass ich fast jegliche Tischmanieren vergaß. Es war ein einfaches Mahl aus Weißkohl, Rüben und Brühe, angereichert mit fettem Speck und gewürzt mit Küchenkräutern, doch mir schien es das Herrlichste, was ich je genossen hatte.

»Langzaam!«, ermahnte sie mich. »Heet!« Ich hörte nicht darauf und verbrannte mir prompt die Zunge. Durch meinen Heißhunger spürte ich das aber kaum und löffelte die Schüssel bis aufs letzte Tröpfchen aus, ohne zu bedenken, was ich dafür würde bezahlen müssen, ganz zu schweigen von den Kosten für das anstehende Bad. Doch es half nichts, Flüsse und Bäche waren mittlerweile zu kalt. Ich durfte nicht riskieren, krank zu werden. Die Dienste eines Medicus wären ungleich teurer als Mahl und Bad in einer Herberge.

Mit der Sättigung kehrte die Frage zurück, wie ich in den Stall gekommen war. Ich stellte sie der Wirtin und meinte zu verstehen, dass ihr Knecht mich mitgebracht habe. Er sei auf dem Markt gewesen, um für die Gäste einzukaufen. Da hätte er mich auf dem Boden entdeckt und, einer Eingebung folgend, auf den Wagen geladen. »Ha ha!«, lachte sie und rang die Hände. »Wat voor sort groenten neem je mee?«, hätte sie ihn gefragt, als sie mich auf der Ladefläche des Karrens zwischen Kohlköpfen, Rüben und Sellerie hätte liegen sehen und schüttete sich aus vor Lachen.

»Nou«, fuhr sie fort, ein Zimmer sei nicht mehr frei, also habe sie den Knecht angewiesen, das »seltsame Gemüse« einstweilen im Pferdestall unterzubringen.

Ich dankte ihr von ganzem Herzen und bat sie, auch dem Knecht meinen allerherzlichsten Dank auszurichten. Mich schauderte bei dem Gedanken, wie ein Unhold meine Hilflosigkeit hätte ausnutzen können. Ich verspürte das dringende Bedürfnis, Gott ebenfalls zu danken, insbesondere ihm. Ob es in der Nähe eine Kirche oder Kathedrale gebe, fragte ich die Wirtin. Nach so guter Speise verlange die Seele nach geistlicher Nahrung.

Sie nickte. Ja, gleich um die Ecke, »op de graanmarkt«, da sei die Sint-Niklaaskerk.

»Sint-Niklaas!«, rief ich erfreut. Ja, dort musste ich hin, unbedingt, noch vor dem Bad! Schließlich war der Heilige St. Nikolaus nicht nur Schutzpatron der Seefahrer, sondern auch der Jungfern.

Die Wirtin trat mit mir vor die Türe. Dabei spürte ich Blicke der Männer am großen Tisch im Rücken. Die Zungen schwer von Bier und Wein, grölten sie durcheinander und feierten ausgelassener denn zuvor.

Ich bemühte mich, es zu ignorieren, und ließ mir von der Wirtin den Weg weisen, musste ihr aber versprechen, vor Einbruch der Dunkelheit zurück zu sein.

Tatsächlich stieß die schmale Gasse nach wenigen Schritten auf eine andere, welche alsbald zum Kornmarkt führte. Erleichtert atmete ich auf, als ich aus der düsteren Häuserschlucht trat und sich mir der wesentlich hellere weite Platz erschloss. Randständig erblickte ich, neben zwei nicht minder imposanten Bauwerken, wobei es sich, wie ich heute weiß, um den Genter Belfried und die St.-Bavo-Kathedrale handelte, das St. Nikolaus geweihte Gotteshaus. Sein über der Vierung hoch in den Himmel ragender doppelgeschossiger Turm ist, wie die Fassaden des Kirchenschiffs und des Chores, von schlanken Treppentürmchen eingefasst, auf denen spitze Helme sitzen.

Der Schiefer, aus welchem das Bauwerk erschaffen wurde, schimmerte bläulich. Lag es am Licht, worin es gerade getaucht war? Würde ein anderer Mensch es genauso sehen? Ich beschloss, die Wirtin danach zu fragen, sofern meine Sprachkenntnisse dafür ausreichten.

Während ich mich dem riesigen Portal näherte, meinte ich zu schrumpfen, mit jedem weiteren Schritt ein bisschen mehr. Gott blickt auf dein Herz, beschwichtigte ich mich, nicht auf dein Äußeres. Trotzdem stopfte ich ein paar eigenwillige Haarsträhnen unter die Haube und senkte beim Eintreten ehrfürchtig den Blick.

Als ich durch das Kirchenschiff ging und ihn wieder zu heben wagte, verhielt ich andächtig. Durchs Untergeschoss des Turms flutete Licht ins Innere wie aus einer Laterne. Es ergoss sich hauptsächlich über dem Hauptaltar. Dieser zeigte den wundertätigen heiligen Nikolaus, gekleidet in sein Bischofsornat, und war in tiefem Rot bis

Rotbraun gehalten, eigentlich. Denn einige der Lichtstrahlen ließen die Farben aufleuchten und entlockten ihnen gar goldene Töne.

Ich erstieg die ersten Stufen zum Altar, fiel auf die Knie und dankte St. Nikolaus für meine Rettung aus höchster Seenot. Freilich, das hatte ich bereits in der kleinen Kapelle getan, aber, werter Leser, kann man für dergleichen überhaupt oft genug danken? Auch versäumte ich nicht, um Fürbitte bei Gott für die Seelen der ertrunkenen Seeleute zu bitten. Warum, fragte ich mich nicht zum ersten Mal, hatte er mich verschont? Was hatte der Allmächtige mit mir vor?

»Heiliger St. Nikolaus«, fuhr ich fort, »Schutzpatron nicht nur der See- und Kaufleute, sondern auch der Jungfern, bitte behüte mich auf allen Wegen, die noch vor mir liegen.«

Dabei spürte ich, wie eine große, warme Hand, gleich einem schützenden Helm, sich auf mein Haupt legte. Zweifler mögen einwenden, es sei die Sonne gewesen. Nun gut, und wenn schon? Ist sie nicht ein Werkzeug Gottes, von ihm geschaffen, um uns Licht und Leben zu spenden?

Ein Strahl traf mein Auge. Ich wich ihm aus. So lenkte St. Nikolaus meinen Blick zum Tabernakelaltar. Hinter dessen Tür, verziert mit vergoldeten Ornamenten, wurden die heiligen Sakramente aufbewahrt.

Doch das war es nicht, was mein Innerstes vor Ehrfurcht und Wärme erglühen ließ, vielmehr das Licht darüber. Aus diesem Licht, direkt vom Himmel herab, wandte Gottvater sich mir leibhaftig zu – so machtvoll, dass ich mich aufgehoben und behütet fühlte, dabei jedoch mit gütigem Blick unter hoher, von Locken gekrönter Stirn. Ein gefälteltes Tuch umwehte sein Haupt und floss in anmutiger Welle über seine linke Schulter. Als ich seine ausgebreiteten Arme sah, die Hände offen und bereit, mich aufzufangen, da überkam mich eine süße Verlockung, meine irdische Hülle abzulegen. Sie erschien mir plötzlich gar zu schwer. Kaum konnte ich dieser Versuchung widerstehen. Ich breitete ebenfalls meine Arme aus und rief: »O Vater! Nimm mich auf in dein Reich, jetzt und immerdar!«

Doch die letzten Worte erstarben mir auf den Lippen, denn das so himmlisch sanfte Licht erlosch, und ein mahnender Ausdruck trat in Gottvaters Gesicht.

Schlagartig fiel mir ein, was ich der Wirtin versprochen hatte, nämlich vor Einbruch der Dunkelheit zurück zu sein. Hatte ich jegliches Zeitgefühl verloren und es gebrochen? Aber hier war es doch noch hell, zumindest bis vor einem Augenblick. Beschämt senkte ich mein Haupt und bat um Verzeihung.

Als ich es klopfenden Herzens wieder zu heben wagte, blickte Gottvater noch immer auf mich herab, in seiner unendlich währenden Güte. Nichtsdestotrotz ... Ich hatte die Lehre verstanden, die er mir erteilte. Bevor ich mein Versprechen doch noch bräche, verließ ich schweren Herzens St. Nikolaus, bereit, mein Bündel weiterhin zu tragen, wie schwer es auch werden sollte. Das Tageslicht reichte gerade noch für den Rückweg. Die Wirtin musste sich wirklich um mich gesorgt haben, denn sie stand in der Tür, als ich kam. »Kom op!«, forderte sie mich auf, führte mich an den zechenden Kaufleuten vorbei und in eine kleine Kammer im ersten Stock. Dort wartete ein Zuber auf mich, gefüllt mit dampfendem Wasser.

Nach dem Bad widerstrebte es mir, in das verschmutzte Kleid zu schlüpfen, doch was blieb mir anderes übrig mangels Ersatz? Händeringend konnte die Wirtin nicht oft genug ihr Bedauern darüber ausdrücken, dass ich im Pferdestall nächtigen müsse, weil all ihre Zimmer belegt seien.

»Das macht mir nichts aus, ich liebe Pferde«, versicherte ich ihr. Außerdem habe sie ja schon sehr viel für mich getan.

»Niet genoeg, niet genoeg«, widersprach sie kopfschüttelnd, bedeutete mir mittels einer Geste zu warten und holte eine Pferdedecke. Die drückte sie mir in die Arme: »Hier, zodat je niet bevriest.«

»Die Pferde spenden mir doch Wärme«, meinte ich, nahm die Decke trotzdem dankend an und wünschte ihr eine gute Nacht.

> Die meisten Kaufleute hatten sich inzwischen zurückgezogen. Nur noch drei saßen in der Gaststube, einer davon schnarchend, den Kopf auf dem Tisch. Die beiden anderen tranken fortwährend einander zu, obwohl sie die Humpen kaum mehr heben konnten, und stierten mit glasigen Augen vor sich hin.
> Ich verließ die Herberge, mein Bündel geschultert, die Decke über dem Arm. Im Stall, zwischen den wärmenden Leibern der Pferde, auf meinem Heubett, die Decke über mich gebreitet und gerade am einschlummern, wurde ich mir gewahr, worüber ich mit der Wirtin reden wollte: die wundersam bläulich anmutende Fassade der Kirche. Morgen, dachte ich, werde ich unbedingt daran denken. Hätte ich geahnt, dass sich keine Gelegenheit mehr dazu böte …

Betroffen sah Ursula auf. Was deutete Euphemia damit an? Sie wollte sich wieder in die Lektüre vertiefen, als ein Blick durchs Fenster der Bibliothek sie warnte. Bald würde die Glocke zur Matutin läuten. Oder gaukelte der helle Sternenhimmel ihr vor, dass die Nacht schwand?

Ursula musste im Dormitorium sein, bevor die anderen erwachten. Wenn den Mitschwestern ihre nächtlichen Alleingänge auffielen, würde das die Neugier der ein oder anderen wecken und sie vielleicht in Erklärungszwang bringen. Das galt es zu vermeiden! Mit gemischten Gefühlen verwahrte Ursula die Chronik unter ihrem Habit, verließ die Bibliothek und eilte die Flure entlang.

Nahe des Dormitoriums mäßigte sie ihre Schritte. Es war praktisch unmöglich, über den Holzboden zu gehen, ohne dass er knarrte. Sie hoffte, dass alle schliefen. Und Jutta … Nun, die würde gewiss Stillschweigen bewahren, allein, um keine Aufmerksamkeit auf sich zu ziehen. Sie könnte sich freilich Gedanken machen über die nächtliche Umtriebigkeit der Neuen.

Beim Eintreten ins Dormitorium hielt Ursula eine Hand über die Öllampe, um deren Licht zu dämpfen, und ließ ihren Blick über die Betten der Novizinnen schweifen. Deren Konturen zeichneten sich allmählich vor ihren Augen ab. Jutta schien zu schlafen, ebenso wie die anderen. Nur Gottfrieda wälzte sich von einer Seite auf die andere.

Kaum hatte Ursula das Licht gelöscht und sich niedergelegt, da ertönte die Glocke.

# XIII

Weder bei der Matutin noch während des Morgengebets war der Äbtissin die geringste Gemütsregung anzumerken. Beim Frühmahl, die Tischdienerin hatte eben das Essen ausgeteilt, meinte Ursula jedoch einen Blick von ihr aufzufangen, der Missbilligung ausdrückte. Mit freundlicher Miene hielt sie ihm stand und sah beiläufig zur Tischleserin. Die blätterte in der Heiligen Schrift und las aus den Sprüchen: »Die Furcht des Herrn ist Zucht und Weisheit; und ehe man zu Ehren kommt, muss man zuvor leiden.«

*Hm …* Ursula überlegte. *Das Leiden wird sehr ungleich verteilt. Manche müssen es stärker und länger erdulden als andere, auch ohne ersichtliche Schuld.*

Jutta wirkte zwar meistens leidend, aber heute ganz besonders. Der Schmerz in ihren Zügen mochte von ihrer Seelenpein herrühren, oder war er körperlichen Ursprungs? Ursula fühlte mit ihr, wusste aber nicht, wie sie ihr helfen könnte. Sie löffelte ihre Suppe und ließ ihren Blick schweifen.

Barbara wirkte unsicher und war offensichtlich auf der Hut, wie immer. Doch anders als sonst glomm ein Fünkchen Hoffnung in ihren Augen. Ursula empfand das Bedürfnis, es zu hüten und vor dem Verlöschen zu bewahren.

Nach dem Frühmahl ging sie mit Barbara in die Bibliothek und bat sie um den ersten Entwurf ihrer Illustration. Mangels Übung wies er Schwachpunkte auf. Die verblassten jedoch angesichts der Stärke des Ausdrucks, der vom Talent seiner Schöpferin zeugte.

»Wir dürfen zuversichtlich sein«, meinte Ursula, nahm Barbaras nervös am Habit herumnestelnde Hände und registrierte dabei abgekaute Fingernägel, äußerte sich aber nicht dazu. Stattdessen schenkte sie ihr ein ermutigendes Lächeln und deutete auf die Illustration: »Das hier sagt mehr als tausend Worte.« Außerdem … die ehrwürdige

Mutter Oberin könnte ja schwerlich gegen ein der Allgemeinheit nützendes Talent sein.

»Wenn es von mir stammt, vielleicht schon«, vermutete Barbara mit Leichenbittermiene.

»Unsinn!«, Ursula gebot ihr, sich nicht durch schwarzseherische Gedanken zu zermürben, nahm ein Werk über die Kunst der Buchmalerei aus einem der Regale und drückte es ihr in die Hände. »Hier, befasst Euch besser damit.«

Als Ursula auf die Erlaubnis der Äbtissin hin eintrat, sah sie sich zu ihrem Erstaunen auch Gottfrieda gegenüber. Die Hochbetagte saß neben der Äbtissin an einem kleinen Tisch und hatte bis eben ein angeregtes Gespräch mit ihr geführt.

»Oh, verzeiht«, sagte Ursula.

Sie wolle nicht stören, komme später, sofern es der ehrwürdigen Mutter Oberin genehm sei.

Doch die Äbtissin bedeutete ihr zu bleiben und heftete ihren Blick neugierig auf das Blatt Papier in Ursulas Hand. »Was habt Ihr da?«

Nun äugte auch Gottfrieda herüber. Dabei bemerkte Ursula ein nervöses Flackern in deren Augen und war irritiert. So sehr, dass sie einen Moment verharrte, sich jedoch besann und der Äbtissin entschuldigend das Blatt reichte. Die zog eine tadelnde Miene und räusperte sich vernehmlich, machte aber gleich darauf große Augen. »Ausgezeichnet, sehr detailgetreu«, lobte sie nach eingehender Begutachtung. Sie kenne selbstverständlich das Original. »Woher habt Ihr das?«

Ursulas Herz hüpfte, als sie das Interesse in den Augen der Äbtissin sah. Diese war echt überrascht, hatte also nichts von der Tischleserin erfahren. Ursula beschwor sich. *Jetzt nur nichts falsch machen!* »Oh …«, begann sie gedehnt, um Zeit zu gewinnen, derweil Gottfrieda zunehmend angespannter wirkte.

»Wir Ihr wisst, müssen etliche schadhafte Werke kopiert werden«, holte Ursula aus, »darunter auch illustrierte.« Sie sei der bildhaften Darstellung ja nicht mächtig, also habe Gott in seiner unendlichen Güte ihr einen Fingerzeig gegeben. »Seid Ihr damit einverstanden, ehrwürdige Mutter Oberin, dass der Schöpfer dieser Illustration weitere für uns anfertigt?«

»Gewiss«, stimmte die Äbtissin zu. »Ist es ein hiesiger Buchmaler, und wie ist er zeitlich verfügbar?«

»Zu Eurer ersten Frage«, sprudelte Ursula hervor, »ja. Und es fügt sich noch besser, er ist nämlich jederzeit verfügbar. Wobei ich eine winzige Kleinigkeit äh … berichtigen muss …«, fuhr sie fort in das ungeduldige Gesicht der Äbtissin.

»Ja«, befahl diese, »berichtigt!«

»Es handelt sich um eine Buchmalerin.«

Die Äbtissin staunte, und die Schaffnerin schaute verdrießlich drein.

»Ihr kennt sie bereits sehr lange«, spannte Ursula die Äbtissin weiterhin auf die Folter. »Es ist nämlich unsere Mitschwester Barbara Krummholz.«

»Barbara?« Verblüfft blickte die Äbtissin zu Gottfrieda, die offensichtlich nur unter Aufbietung größter Selbstdisziplin Ruhe bewahren konnte, und fragte sie: »Habt Ihr das gewusst?«

Gottfriedas Stimme zitterte, als sie verneinte und hastig hinzufügte: »Wie hätte ich … Wie hätten wir das je erfahren sollen, wo diese unsere Mitschwester bereits als Oblate stets verstockt war?«

Die Äbtissin seufzte. Zu jener Zeit könne sie nichts sagen, weil sie da noch nicht in Pforzheim geweilt habe.

»Nun …«, erlaubte sich Ursula zu bemerken, darüber nachzudenken bringe ja nichts mehr. »Wollen wir nicht besser vorausschauen und Schwester Barbaras Talent endlich nutzen?« Erwartungsvoll blickte sie die Äbtissin an. Die zog eine wohlgefällige Miene und wollte gerade zustimmen, als sie einen kritischen Seitenblick von Gottfrieda auffing.

»Habt Ihr etwas Triftiges dagegen einzuwenden?«, fragte die Äbtissin erstaunt und vollführte eine einladende Handgeste. »So tragt eure Gründe vor.«

Die Schaffnerin räusperte sich und druckste herum: »In der Sache an sich eigentlich nicht«, begann sie endlich und schaute streng zu Ursula. »Was die Art und Weise angeht, allerdings schon. Anstatt Barbara eigenmächtig von der ihr zugedachten Aufgabe als Siechendienerin zu entbinden, hätte Schwester Ursula sich zuerst an Euch wenden und Euch ihr Anliegen vortragen müssen.«

»Wenn Ihr gestattet, ehrwürdige Mutter Oberin«, wagte Ursula vorsichtig einzuwenden, sie habe Barbara keineswegs ihrer Aufgabe entbunden. »Bis zu ihrer vollständigen Genesung ist sie doch freigestellt.«

»Eben«, betonte Gottfrieda, »freigestellt! Das bedeutet, sie sollte vorerst auch nichts anderes verrichten – um völlig zu genesen.«

Ursula konnte sich nicht zurückhalten. »Aber das ist es ja gerade«, betonte sie, obwohl sie im selben Moment erkannte, dass sie womöglich zu weit vorgeprescht war. Doch nun gab es kein Halten mehr. »Durch diese so ganz andere Aufgabe wird Barbara viel schneller genesen«, fuhr sie fort. »Sie verleiht ihr Stärke, Selbstvertrauen …«

»… und noch etwas mit S?«, hakte Gottfrieda scharfzüngig ein. »Stolz?«

Aufgebracht, wie sie war, wollte Ursula erneut Einspruch erheben, wurde diesmal jedoch von der Äbtissin ausgebremst. »Haltet inne!«, befahl diese. »Schwester Gottfriedas Argument ist nicht gänzlich von der Hand zu weisen. Wir müssen Barbara vor dem Irrglauben behüten, etwas Besonderes zu sein, nur weil sie besonders gut zeichnet.«

»Oh«, meinte Ursula mit bitterem Lächeln, »von nichts ist dieses Menschenkind weiter entfernt als von solcher Hoffart.«

Gottfrieda beäugte sie misstrauisch. »Ihr seid Euch da sehr sicher, obwohl Ihr sie erst seit wenigen Monaten kennt, im Gegensatz zu uns?«

»Als fehlerhafter Mensch maße ich mir nicht an, in jeden Winkel der Seele eines anderen schauen zu können«, beteuerte Ursula. Das könne nur Gott. Während sie das sagte, erwog sie den Einsatz einer Waffe, deren Schärfe und Zuverlässigkeit sie nicht einzuschätzen wusste. Andererseits … Es wurde Zeit, vom Thema abzulenken. »Schwester Schaffnerin«, begann sie, »Euch hätte ich heute ohnehin aufgesucht.« Sie hielt kurz inne. Täuschte sie sich, oder glomm ein Funke Unsicherheit auf in Gottfriedas Augen? Es gehe um Arbeitsmaterialien für Bibliothek und Scriptorium, fuhr Ursula fort, auch an die Äbtissin gerichtet: »Insbesondere an Papier und Pergament …«

Das könnten sie nachher in ihrer Stube bereden, unterbrach die Schaffnerin sie. »Wir wollen ja unsere ehrwürdige Mutter Oberin dadurch nicht von Wichtigerem abhalten.«

»Oh!«, das sei sehr rücksichtsvoll, hakte die Äbtissin ein, aber sie verfüge gerade über genügend Zeit. Ursula möge fortfahren. Diese unterdrückte ein aufsteigendes Triumphgefühl und zählte auf, woran es mangelte.

Als sie das Pergament erwähnte, hakte Gottfrieda ein. Dem Gebot der Wirtschaftlichkeit zufolge solle zunächst gebrauchtes Pergament verwendet werden. »Das wurde gründlich gereinigt und ist so gut wie neuwertig. Ich hatte mich selbst davon überzeugt.«

Die Äbtissin nickte ihr zu. »Gewiss, dem Herrn missfällt jegliche Art der Verschwendung.«

»Mit Verlaub«, räusperte sich Ursula. Von Verschwendung könne keine Rede sein. Auch gebrauchtes Pergament sei kaum noch vorrätig. Davon abgesehen sei auch sie sehr für Wirtschaftlichkeit und rate deshalb zur Anschaffung des wesentlich günstigeren Papiers.

»Gott bewahre!«, stieß Gottfrieda hervor, »Papier!« Das sei neuartiges Zeug, beileibe nicht günstig und bei weitem nicht so belastbar wie Pergament.

Freilich sei die Schrift davon schwieriger zu entfernen, gestand Ursula ein, selbst mit dem schärfsten Messer. Dennoch … es gäbe gewiss günstige Papierschöpfer in Pforzheim. »Die Zukunft gehört dem Papier, davon bin ich überzeugt.«

Die hochbetagte Nonne schnaufte erbost: »Was zählt, ist Gottes Wort. Das wurde in Stein gemeißelt und auf Pergament verewigt. So gebührt es sich und nicht anders.«

Ein Wort gab das nächste, bis die Äbtissin beiden Einhalt gebot. Ursula erhielt den strengeren Blick, wähnte sich zurecht ermahnt und entschuldigte sich bei der Äbtissin. Ja, sie ärgerte sich selbst über ihr zügelloses Temperament. Das brachte sie auf keinen grünen Zweig. »Ob Papier oder Pergament …«, stellte sie abschließend fest, »ohne Schreibuntergrund können jahrhundertealte Werke, die dem Zerfall anheimgegeben sind, nicht kopiert werden.«

Sie dürften auf keinen Fall verlorengehen, bekräftigte die Äbtissin und wandte sich an die Schaffnerin. So schlecht könne es doch nicht stehen um die finanzielle Lage des Konvents. »Immerhin besitzen wir ausgedehnte Ländereien.«

»Die uns in den letzten Jahren nur Unterhalt gekostet und Missernten eingebracht haben«, gab die Schaffnerin zu bedenken.

Erschrocken sah die Äbtissin sie an. »Steht es wirklich so schlecht?«

Auch Ursula konnte das kaum glauben und richtete einen kritischen Blick auf Gottfrieda.

»Nun …«, meinte diese, zur Äbtissin gewandt, es bestehe durchaus Hoffnung, dass sich die Lage in den nächsten Jahren bessere. Aber da Gottes Wege unergründlich seien, »sind wir dazu angehalten, vorsorglich zu sparen und den Herrn durch inbrünstige Gebete um gute Ernten zu bitten.«

Noch sichtlich erschüttert, gab die Äbtissin sich mit dieser Erklärung zufrieden. Ursula hingegen war nicht so leicht zu überzeugen. Weil sie Gottfriedas Behauptung jedoch nicht widerlegen konnte, schwieg sie und dachte sich ihren Teil. *Da stimmt etwas nicht. Was geht nur in der Schaffnerin vor?*

## XIV

Jutta tanzte in einem lavendelfarbenen Kleid. Ihr Haar leuchtete in der Sonne und fiel in langen, weichen Locken über ihre Schultern. Sie tanzte und tanzte, drehte sich im Kreis in »seinen« Armen, lachte vor Übermut, sah »sein« Gesicht bei jeder Drehung – »sein« Gesicht. »Er« war wieder da – endlich! Und durfte sie nie mehr verlassen!

Ihr wurde schwindlig. Sie fiel. Aber was machte das schon? Schließlich fiel sie in »seine« Arme.

»Was habt Ihr?«, flüsterte er, dann lauter, weil sie nicht antwortete. »Wacht auf, redet!«

Doch Juttas Seele weigerte sich, sie wollte nicht erwachen. Obwohl es in ihrem Traum nicht mit rechten Dingen zuging, nicht mehr. Warum sprach »er« mit der Schaffnerin Stimme?

Widerwillig schlug Jutta die Augen auf, blickte in das fragende Gesicht der Hochbetagten und spürte im Rücken den harten Holzboden. Sie musste aus dem Bett gefallen sein. »Verzeiht«, flüsterte sie, noch traumverloren, rappelte sich auf, kroch zwischen ihre Laken und vergrub ihr Gesicht im Kopfkissen. *Ist noch jemand außer der Schaffnerin erwacht?*

Jutta hörte ein Knarren, verursacht von deren schweren Schritten. Dann trat Stille ein. Die Schaffnerin musste sich wieder hingelegt haben. Jutta lauschte. Als sie nach einer Weile angespannten Ausharrens nur die regelmäßigen Atemzüge der anderen vernahm, versuchte sie in ihren Traum zurückzufinden. Doch sie hatte zu lange gewartet. Die Bilder waren verblasst. Jenes köstliche Gefühl der Freude beim Tanzen ... es hatte sich verflüchtigt.

Jutta begehrte auf, wollte es herbeizwingen. Blauviolett ... ein Kleid ... Sie hatte getanzt. Dieses Bild beschwor sie herauf und versuchte sich daran zu klammern. Aber es entglitt ihr, versank in den Tiefen ihres Seins.

Überhaupt … Es war ein verbotenes Bild, verlockte zum Genuss an weltlichem Vergnügen. Ihr blieb nur ein diffuses Gefühl von Schuld und der Duft von Lavendel, so real empfunden, als laufe sie durch ein Lavendelfeld, wie einst als kleines Mägdlein während einer Reise. Da hatte sie diesen Duft tief in sich aufgesogen. Doch auch er verflog und war nur noch ein Hauch seiner selbst, eine verwehte Erinnerung, verblichen und schal.

Jutta zog die Nase hoch, sog ihren Kummer in sich auf. Sie konnte nicht mehr einschlafen. Still und starr verharrte sie, vermied jede Bewegung.

Aber weder Schlaf noch Traum, nur Einsamkeit stellte sich ein. Sie ertrug es nicht, begann sich zu wälzen. Das kurze, harte Rosshaar des härenen Hemdes unter ihrem Unterkleid reizte ihre Haut. Sie juckte. Jutta rieb dagegen an und genoss das Gefühl, suhlte sich darin, verlangte nach mehr, presste sich immer fester gegen die Matratze. Die spitzen Härchen bohrten sich in ihre Haut. Das Jucken steigerte sich zu Schmerz.

Nun scheuerte Jutta sich erst recht. Wut ballte sich in ihr zusammen, glühte in ihrem Bauch, stieg in ihr auf, verdrängte Schmerz und Seelenpein, unbändige Wut. Auf wen? Auf die Ohnmacht gegen das ihr auferlegte Schicksal? Auf sich selbst, weil sie es nicht annehmen konnte? Oder womöglich – rasch unterdrückte sie den Gedanken – auf Gott? Wohin mit der Wut?

Jutta frönte ihr, lieferte sich ihr aus. Es tat so gut, ihr freien Lauf zu lassen! Stöhnend gab sie sich ihr hin, wälzte und fraß alles in sich hinein, in Haut, Herz und Eingeweide, den Schmerz, den lautlosen Schrei. Der erzeugte Druck drohte ihren Leib zu sprengen.

Sie verzerrte das Gesicht zur Grimasse, biss die Zähne zusammen, biss sich auf die Zunge und schluckte ihr Blut – schluckte aufsteigende Übelkeit und erhob sich zu schnell. Ihr wurde schwarz vor Augen, sie sank zurück aufs Bett und würgte. Stickige Luft verstärkte den Reiz. Nicht hier, nicht in die Laken! Jutta kämpfte ihn nieder, stand erneut auf, diesmal langsamer, und rang um ihr Gleichgewicht. Eine Kerze? Zu spät! Nur hinaus, mit letzter Kraft gegen erneuten Schwindel! Im Dunkeln tastete Jutta sich auf den Flur und bis zur Treppe. Dort musste sie innehalten, stützte sich auf den Handlauf, beugte ihren Oberkörper darüber und erbrach sich.

Einen Moment lang sah sie sich mit ihrem Erbrochenen in die Tiefe stürzen. *Vielleicht wäre es so am besten. Aller Ängste, Sorgen und Pein ledig sein.*

Jutta widerstand dieser Verlockung, erschrak im Nachhinein davor und sank erschöpft auf die oberste Stufe nieder. Sie wollte doch gar nicht sterben, sie wollte leben! Aber nicht hier – hier konnte sie nicht leben! Jeder weitere Tag hier, jede Stunde saugte Lebenskraft und -willen aus ihr heraus. »Herr!«, flüsterte sie und schlug beide Hände vors Gesicht. »Verzeih mir meine sündhaften Gedanken. Ich kann einfach nicht anders.« Sie fühlte sich schwach – zu schwach, um gleich wieder aufzustehen. Dieses härene Hemd, direkt auf ihrer Haut … Die Novizenmeisterin hatte es ihr verordnet, als Buße für ihr unziemliches Benehmen. Wenn sie Buße täte, würde ihr das Leben hier leichter fallen, denn damit bezahle sie für ihre ungebührlichen weltlichen Wünsche und erleichtere ihr Gewissen, hatte sie gemeint.

Jutta hatte Verständnis in deren Augen bemerkt. Auch die Novizenmeisterin hielt sie nicht für berufen, den Schleier zu nehmen. Doch das änderte nichts. Sie konnte ihr nicht helfen, weder sie noch Schwester Ursula, die sich so herzlich ihrer angenommen hatte.

Aus einer Nische, direkt neben der Treppe, drangen Geräusche zu Jutta herüber. Vielleicht nahm sie die erst jetzt wahr, wegen ihrer desolaten Verfassung. Sie waren ihr vertraut, das rhythmische Klatschen einer Geißel auf menschliche Haut, dazwischen Stöhnen und unartikulierte Laute.

Vorsichtig stand Jutta auf und schlich zur Nische. Ein fahles Licht fiel von innen auf den Flur. Jutta spähte um die Ecke. Vor dem Kreuz an der Wand, beleuchtet von einer Kerze, kniete die Schaffnerin mit entblößtem Oberkörper und geißelte sich. Wie gebannt schaute Jutta ihr dabei zu. Frische blutige Striemen bedeckten den vernarbten Rücken. *Sie muss sich schon sehr oft gegeißelt haben, ungewöhnlich oft. Welch große Schuld hat sie auf sich geladen, dass sie so hart Buße tun muss? Hat es womöglich eine Zeit gegeben, in der die strenge Schwester Schaffnerin nicht gar so streng mit sich selbst war?*

Erschöpft hielt Gottfrieda inne, ließ die Geißel sinken und sackte schwer atmend in sich zusammen.

Jutta schämte sich ihrer Neugier. Zu ihrem Erstaunen empfand sie Mitleid für diese Frau, die sie eigentlich gar nicht mochte, der sie möglichst aus dem Weg ging.

Und damit war sie nicht allein. Jeder, außer der Äbtissin, fürchtete die Schaffnerin, keiner mochte sie, außer vielleicht … *Schwester Ursula? Die hat immer für alle ein gutes Wort. Aber ob das so weit geht, dass sie die Schaffnerin mag …*

Kaum vorstellbar für Jutta. Doch jetzt, wie ein Häufchen Elend am Boden kauernd und jammernd, verlor diese gefürchtete Nonne jeglichen Schrecken.

Peinlich berührt machte Jutta sich davon, ohne zu wissen, wohin. Überall hin, bloß nicht zurück ins Dormitorium. Sie achtete nicht auf den Weg und fand sich im Garten wieder. Wind wehte auf und trug ihr einen würzigen Duft zu. Jutta ließ sich davon locken und gelangte zu den Kräuterbeeten. Peterling, sie roch ihn mehr, als dass sie ihn sah, zupfte ein paar Blättchen ab, zerrieb sie zwischen den Fingern und atmete ihren Duft. Dabei fiel ihr ein, was die Novizenmeisterin unlängst über dieses Kraut gesagt hatte. In größeren Mengen genossen, wirke es abführend.

Jutta überlegte. *Hm … Nur abführend oder womöglich auch …* Sie aß die Blätter, rupfte weitere ab, ein ganzes Büschel samt Wurzeln, stopfte es in ihren Mund und würgte es hinunter.

Wenn nur keiner sie dabei ertappte! In ihrer Verzweiflung hatte

Jutta ihre Umgebung völlig außer Acht gelassen. Nun blickte sie sich verstohlen um. Aber nein, wer sollte sie bemerkt haben, jetzt, mitten in der Nacht?

Die Sterne und … Gott. Jutta haderte kurz mit sich, aß dann aber noch mehr Petersilie. Vor Gott konnte sie ohnehin nichts verbergen. Und überhaupt: War ihre Seele nicht längst hoffnungslos verloren?

Die Sterne … Sie hielt inne und schaute gen Himmel. Bei deren Anblick fand sie manchmal ein bisschen Trost. Aber in dieser Nacht waren sie verdeckt von einer dicken schwarzen Wolkenwand.

Jutta legte den Kopf in den Nacken, schloss die Augen und genoss den immer stärker wehenden Wind. Ein schwaches Lächeln umspielte ihre Lippen. *Bist du doch gekommen, du mein Herzenslicht, und streichst mir sanft übers Gesicht?*

Sie sah *ihn* vor sich, wie Tage zuvor im Redhaus. Da war *sein* Antlitz zerschnitten gewesen von einem schmiedeeisernen Gitter, mit Ornamenten verziert.

*Du darfst nicht mehr kommen, hast du gesagt. Du brächtest mich ins Verderben, wenn wir uns weiterhin liebten.* Mit hellem Auflachen schüttelte sie den Kopf. *Oh, ich habe es nicht über mich gebracht, es dir zu sagen. Es ist bereits zu spät. Was du befürchtet hattest, ist geschehen.*

Den Blick immer noch himmelwärts gerichtet, legten beide Hände sich auf ihre Brust. *Aber wozu dich damit belasten? Wo du ja deinem Schicksal folgen musst wie ich dem meinen. Nur, dass* du *vielleicht noch glücklich werden kannst – irgendwann. Ich hingegen … Als Weib muss ich die Hauptlast tragen, muss verantworten, was wir heraufbeschworen haben durch unser sündhaftes Treiben.*

Ihr Gedankenfluss stockte für einen Moment. *Und ist es nicht recht so? Habe nicht ich dich verführt durch mein kokettes Verhalten, damals, in der Laube, im Garten meiner Familie? Und das, obwohl ich da bereits wusste, dass ich den Schleier würde nehmen müssen. Oder …*

Sie lächelte wissend. *… gerade deswegen. Ach wärst du doch nach* meinem Eintritt ins Kloster nie ins Redhaus gekommen, um mich zu besuchen! Mein Schicksal …

Sie senkte das Haupt. *… ist besiegelt.*

Schaudernd vor ihren eigenen Gedanken, ging Jutta zurück in den Konvent, eine Hand weiterhin auf dem Herzen, die andere das Kettchen unter ihrem Hemd umklammernd, und stieg die Treppen hinauf, bis ganz nach oben.

Schmerz lief über Gottfriedas Rücken und drang tief in ihren Körper, bis in jedes einzelne Glied. Sie kostete ihn aus. *Nimm das und das und das …! Ja, nimm, nimm – elendes Luder, Dreckstück, verderbter Mensch, Ausgeburt Satans! Sündhafter Leib, löse dich von meiner Seele!*

Schwer atmend hielt sie inne, das Gesicht rot vor Zorn. Es gelang ihr nicht mehr wie einst, sie musste sich der bitteren Erkenntnis stellen. Ihre Kräfte ließen nach, Satan drohte ihr die Geißel zu entreißen.

Was war das vorhin gewesen? Hatte sie nicht ein Geräusch vernommen, vom Flur? Ein leises Knarren? Wer wagte die Züchtigung ihres Fleisches zu stören?

Als Gottfrieda nach einer Weile bangen Ausharrens nichts weiter vernahm, setzte sie ihr Werk fort. *Da nimm, nimm! Du wirst mich nicht daran hindern, Buße zu tun, Satan, mich nicht in die Hölle ziehen! Ich gehöre* IHM, *nur* IHM!

Erneut musste sie innehalten. Doch der Schmerz vom letzten Schlag saß ihr noch in den Gliedern. Verzückt blickte Gottfrieda auf zu Christus am Kreuz, in sein Antlitz, gezeichnet von Qualen. *Wir sind eins – eins im vereinten Schmerz.*

Was konnte sie dafür, wenn andere ihrem Beispiel trotzten, Stolz und Hoffart frönten und folglich nach dem irdischen Leben nicht durch die Himmelspforte durften? Sie hatte ihr Möglichstes getan, um deren Seelen vor Satan zu schützen, auch für diese verstockte Oblate mit dem einst so niedlichen Gesichtchen. *Ja, vor allem für sie. Aber sie begreift es nicht, noch immer nicht und widersetzt sich meinen Geboten, die auch deine sind, o Herr! Anstatt in Demut ihr Joch zu tragen, lässt sie sich nun von dieser Hergelaufenen zu dem Glauben verleiten, sie sei zu Höherem geboren!*

Wissend lächelte Gottfrieda. *Oh ja! Satan liebt es, Menschen durch harmlos anmutende, liebreizende und Mitleid erregende Fassaden zu verlocken.*

Ein Frauenbildnis trat vor ihr geistiges Auge. Wehmut legte sich in ihre Züge. *Auch du, mein Engel, wärst ihm durch solche List erlegen, wenn ich dich nicht errettet hätte, im letzten Moment.* Tränen rannen über ihre Wangen. *Aus Liebe habe ich Verzicht geübt, Verzicht auf dich, so groß ist meine Liebe zu dir, mein Engel, der du jetzt bist, im Himmel – an* Seiner *Seite.*

Durch das Bildnis schien die Christusfigur und verschmolz damit.

*Die anderen hatten dich verkannt – damals, sogar die Äbtissinnen. Sie gaben dir ihre Wäsche zum Waschen am Bach. Nur ich … Ich hatte dich gleich erkannt, lange bevor der Pilger kam und ihnen die Augen öffnete.*

*Ja, ich erkenne, was sich hinter Fassaden verbirgt, ich sehe die wahren Gesichter! Selten gehören sie Engeln, nur allzu oft Satan!* In sich hineinlächelnd, wiegte Gottfrieda den Kopf. *Ich falle nicht auf seine List herein – weder damals noch heute! Ich verwehre ihm den Einlass in meine Seele.*

Ein dumpfer Schlag, als sei irgendwo etwas Schweres aufgeprallt, schreckte Gottfrieda aus ihrer andächtigen Hingabe zu Jesus. Das Geräusch von vorhin fiel ihr ein. *Soll ich nach dem Rechten sehen?*

Fragend richtete sie ihren Blick auf den Gekreuzigten, dessen Augen im Kerzenschein glänzten. *Ah … Du schaust mich an, dein Augenlicht erleuchtet meine Seele. O Herr, in mir siehst du deine eifrigste und ergebenste Dienerin. Als Zeichen dafür, dass ich das wahrhaftig bin, werde ich dir einen Altar stiften, wie er an Pracht Seinesgleichen sucht, geschmückt mit Bildnissen der ehrwürdigsten Märtyrer, die in Schmerz und Leid ihr Leben für dich gaben – so wie du dereinst für uns. Davor will ich knien und dich preisen immerdar.*

Währenddessen schwebte ihr eine Szene vor, in der die Heilige Barbara von Nikomedien von ihrem Vater Dioscuras enthauptet wurde, weil sie weder ihre Jungfräulichkeit einem weltlichen Gemahl opfern noch ihrem christlichen Glauben abschwören wollte.

Entsetzt fasste sich Gottfrieda ans Herz. Die Märtyrerin besaß die Züge von Barbara Krummholz.

Auch Ursula, in der Bibliothek, hatte den dumpfen Schlag vernommen, ihm jedoch keine Bedeutung beigemessen, vertieft in Euphemias Chronik. Als ein zweiter Schlag ertönte, diesmal eindeutig verursacht durch ein Gewitter, horchte sie kurz auf. *Das andere, vorhin, was war das? Sicher auch ein Donnerschlag,* redete sie sich ein.

Hin- und hergerissen erwog sie, ob sie nachschauen und sich Gewissheit verschaffen sollte. Doch die Faszination, die Euphemias Chronik auf sie ausübte, war stärker. Ursula fieberte darauf zu erfahren, wie es der Prinzessin weiterhin ergangen war.

---

Obwohl die Kälte im Laufe der Nacht durch Ritzen zwischen den Holzplanken in den Stall kroch, konnte sie mir kaum etwas anhaben. Zwischen den Leibern der Pferde ruhte ich wohlig gewärmt.

Weil sie sich bewegten, hörte ich beim Einschlafen unterschwellig Heu und Stroh rascheln, dann umhüllte mich der Schlaf und blendete alles aus.

Als Nächstes erinnerte ich mich an erneutes Rascheln, dicht neben mir, und feuchten Atem auf meinem Gesicht. Aus tiefem Schlaf gerissen und umgeben von völligem Dunkel, erwartete ich samtige Nüstern zu ertasten, merkte aber zugleich, dass ich mich irrte. Dieser Atem stank nach Bier. Finger schoben sich zwischen meine. Mit der anderen Hand wollte ich den Kerl wegstoßen, doch er umklammerte mein Handgelenk.

Nun hellwach, wollte ich mich aufrichten, wurde aber ins Heu gedrückt. Während eine Männerhand meinen Mund verschloss, fummelte die andere unter meinem Rock herum und versuchte ihn hochzuschlagen. Das Gewicht des vor Erregung keuchenden Kerls auf mir, seinen stinkenden Atem über mir, schnappte ich nach Luft und wand mich nach Leibeskräften.

Meine Angst übertrug sich auf die Pferde. Sie wieherten, zerrten an ihren Haltestricken und versuchten sich loszureißen. Dabei schlugen sie mit den Köpfen und stießen aneinander.

Irgendwie gelang es mir, mich auf die Seite zu rollen. Den Blick nach oben gerichtet, um dem vor Begierde sabbernden Mund des Unholds zu entgehen, sah ich das Weiße im Auge des Rappen neben mir aufblitzen. Er wieherte schrill und bäumte sich auf.

Einen entsetzlichen Moment lang glaubte ich, unter seine Vorderhufe zu geraten. Dann fuhr mir ein Schrei durch Mark und Bein.

Starr vor Schreck hielt ich den Atem an, bis sich die Tiere einigermaßen beruhigten. In unmittelbarer Nähe vernahm ich ein jämmerliches Wimmern und richtete mich auf. Meine Hände zitterten, als ich das Öllämpchen entzündete. In dessen Schein sah ich meinen Angreifer, von Schmerz gezeichnet. Sein Körper lag verkrümmt im Heu, beide Hände in den Schritt gepresst, das Gesicht zur Fratze entstellt. Der Rappe musste ihn getreten haben, direkt ins Gemächt. Trotz des verzerrten Gesichts erkannte ich jenen Schmächtigen von der Tafelrunde.

Was ich dann getan habe, kann ich bis heute kaum fassen. Wie fremdgesteuert erstickte ich sämtliche Gefühlsregungen im Keim. Dergleichen sollte mir nie mehr widerfahren! Gott hatte mich durch eines seiner Geschöpfe davor bewahrt, meine Jungfräulichkeit zu verlieren. Daraus musste ich lernen und Vorsorge treffen.

Bevor der Kerl sich auch nur ansatzweise erholen konnte, zerrte ich ihm Kapuzenmantel, Hemd und Hose vom Leib, zuletzt die Schuhe von den Füßen. Weil ich in der Eile keinerlei Rücksicht auf seine Befindlichkeit nehmen konnte, stöhnte und schrie er immer wieder vor Schmerz.

Allmächtiger Herr und werter Leser, ich empfand weder Mitleid noch Genugtuung. Ich stand wie neben mir. Hastig streifte ich die Sachen über mein Kleid. Weil sie mir zu groß waren, erhielten sie dadurch eine gewisse Festigkeit und schlotterten mir nicht um den Leib. Nur Ärmel und Hosenbeine musste ich etwas hochkrempeln. Durch den Mantel pikte mich etwas. Ich griff in die Tasche und zog ein Messer heraus. Das wanderte sofort in meinen Beutel. In den Schuhen rutschte ich herum. Kurzerhand stopfte ich so viel Heu hinein, bis ich darin gehen konnte. Zu guter Letzt strich ich dem Rappen dankend über die Nüstern, nahm meinen Beutel und machte mich davon.

Durch die Geschäftigkeit war mir warm geworden, aber draußen empfing mich kühle Nachtluft. Ich zog die Kapuze über den Kopf, auch weil mein langes Haar mich als Jungfer ausweisen konnte.

Eine Hand über das Öllämpchen haltend, um sein Licht zu dämpfen, schlich ich durch die nächtlichen Gassen. Dabei stieß ich ständig auf eine neue, die quer vor mir verlief, und wusste nicht, welche zur Stadtmauer führte. Ich fühlte mich wie in einem Labyrinth.

Zu allem Übel fürchtete ich bei jedem meiner Schritte einen fremden hinter mir zu vernehmen. Der Kerl, der mich überfallen hatte, kannte sich hier vermutlich besser aus. Was, wenn er sich inzwischen aufgerappelt hatte und mich verfolgte?

Gleich verwarf ich diesen Gedanken. Er war schließlich nackt. Trotzdem, wahrscheinlich torkelte er in seine Unterkunft. Wenn er dort den anderen von seinem Missgeschick erzählte? Nein, das ließ er sicher bleiben, da würde er sich schön zum Narren machen, versuchte ich mich zu beruhigen und schmunzelte unweigerlich bei dieser Vorstellung. Wie auch immer, ich musste fort von hier!

Ein Ruf ließ mich innehalten. Ich schlang die Arme um meinen Leib und warf hektische Blicke um mich. Schon ertönte er erneut. Es klang nicht, als würde nach einem Menschen gerufen, eher wie nach durchgegangenem Vieh. Hinter ein paar Fenstern flammte Licht auf. Ich verdrückte mich in eine Ecke, lauschte angespannt und sog prüfend die Luft ein. In Gassen riecht es immer nach Fäkalien. Jetzt filterte meine Nase deutlich den Geruch von frischem Schweinemist heraus. Wer war zu nachtschlafender Zeit hinter seinen Schweinen her?

Ein Torwächter!, schoss es mir durch den Kopf. Deren Verdienst reicht selten zum Überleben, weshalb sie sich oft Vieh halten. Vorsichtig folgte ich dem Geruch und gelangte tatsächlich alsbald an ein Tor in der Stadtmauer. Es stand offen und war unbewacht. Fern konnte der Wächter nicht sein. Im nächsten Moment gellten nämlich seine Verwünschungen durch meine Ohren, als stünde er in unmittelbarer Nähe. Geduckt huschte ich durch das Tor, tauchte ein in tiefschwarze Nacht und meinte ihn noch lange hinter mir zu hören.

Als dieser Eindruck nachließ, hielt ich inne und atmete frische, würzige Luft. Kalt war mir längst nicht mehr, im Gegenteil. Nun, nachdem der erste Schreck vorüber war und ich keine akute Vorsicht walten lassen musste, breitete sich Unbehagen in mir aus gegen die Kleidung des Unholds. Mir schien, als wäre ich damit in seine Haut geschlüpft. Erst jetzt nahm ich wahr, was ihr anhaftete: uralter penetranter Schweiß. Ich zog die Kapuze herab und widerstand nur schwer dem Impuls, mir auch alles Übrige vom Leib zu reißen. Die Stimme der Vernunft ermahnte mich. Ich müsse mich an diese Kleidung gewöhnen, sie sei mein Schutz. Allmählich würden sich deren Gerüche und damit das unangenehme Gefühl verflüchtigen.

Widerwillig fügte ich mich und versuchte mich damit zu beschwichtigen, dass dieser Stoff meine Haut kaum berührte, weil ich darunter das Kleid trug, welches meine Gönnerin mir geschenkt hatte. Trotzdem, meine Haut wehrte sich. Sie juckte, als trüge ich ein härenes Hemd.

Abscheu und Ekel trieben mich an. Ich rannte und rannte querfeldein, als könnte ich beiläufig abschütteln, was mich abstieß.

Die Schuhe schonten meine Fußsohlen. Doch durch meine kopflose Eile war ich unachtsam, übersah in der Finsternis Unebenheiten auf Wiesen und Feldern, trat in Löcher und knickte nach ein paar Meilen mit dem linken Fuß um. Ein stechender Schmerz raste durch meinen Knöchel. Ich beachtete ihn nicht und eilte hinkend weiter, in der Hoffnung, der Schmerz würde nachlassen. Stattdessen wurde er schlimmer.

Endlich konnte ich ihn nicht mehr ignorieren, sank nieder am dicken Stamm einer Rotbuche und besah mir die schmerzhafte Stelle, soweit das in der Dunkelheit möglich war. Sie hatte sich verfärbt und war heiß. Ich ertastete eine Schwellung. Ausgerechnet jetzt, wo ich Schuhe trug, passierte mir so etwas. Oder vielleicht gerade deshalb? Nun, sie waren mir zu groß, aber durch das Ausstopfen konnte ich darin laufen, musste mich eben daran gewöhnen. Und sie wärmten, was wirklich nicht zu verachten war. Wenn ich dem Ekel nicht so nachgegeben hätte und vorsichtiger gewesen wäre ...

Ich beschloss, mich künftig mehr vom Kopf leiten zu lassen als vom Herzen. Ob mir das gelang? Werter Leser, urteilt selbst, nachdem Ihr meine Chronik gelesen habt.

Da saß ich nun also auf jener Wiese, an den Stamm der Rotbuche gelehnt, und blickte mich um. Viel konnte ich nicht erkennen unter verhangenem Himmel, nur verwaschene Konturen vereinzelter Büsche, Hecken und Sträucher sowie hier und da Bäume mit kahl gen Himmel gereckten Ästen. Jedenfalls nichts, worin ich eine unmittelbar drohende Gefahr vermutete. Ein Käuzchen rief und von irgendwo her glaubte ich ein Plätschern zu vernehmen. Ein Bach?

Ich war zu erschöpft, um darüber nachzudenken, blieb an Ort und Stelle. Mein Fuß hätte mich keinen Schritt weiter getragen. Ich rollte mich zusammen und fiel in einen unruhigen, von Schmerzen durchzogenen Schlaf.

Als ich erwachte, war es taghell. Ich sah mich um. Ein Geräusch hatte mich geweckt, aber was für eines? Ich grübelte, kam jedoch nicht darauf. Von fern vernahm ich immer noch ein Plätschern. Das konnte es nicht gewesen sein. Obwohl ich noch müde war, fand ich keine Ruhe mehr.

Mein Schmerz war mit mir erwacht und erinnerte mich an die Ereignisse der verstrichenen Nacht. Die ausgestreckten Hosenbeine vor mir im Gras … Ich musste sie berühren, um wahrhaftig glauben zu können, dass sie mir gehörten. Ich fühlte mich fremd darin, als wäre ich im Schlaf zu jemand anderem geworden. Als ich das linke Hosenbein hochzog, erschrak ich. Dieser unförmige, blaurot verfärbte Klumpen an meinem Bein, war das wirklich mein Fuß? Taugte der überhaupt noch zum Gehen?

Ich musste es wissen und stand auf. Kaum belastete ich ihn, durchzuckte mich ein solcher Schmerz, dass ich aufschrie und mich am Stamm der Rotbuche abstützte. Ratlos sank ich zu Boden. Was nun? Mein Fuß versagte mir den Dienst, mein Magen verlangte nach Nahrung. Unglücklicherweise war mein Beutel fast so leer wie er. Der leckere Eintopf – ich durfte gar nicht daran denken! – hatte durch meine kräftezehrende Flucht nicht lange vorgehalten. Ich aß eine der Rüben, die der Bauer mir geschenkt hatte, und horchte kauend. Ein Hahn schrie. Wahrscheinlich hatte der mich vorhin geweckt. Der Hof, zu dem er gehörte, konnte nicht allzu weit entfernt sein.

Hinter der leicht hügelig ansteigenden Wiese tauchte im gleißenden Sonnenlicht ein kleiner Punkt auf. Er vergrößerte sich zusehends. Abschirmend hielt ich eine Hand an die Stirn und erkannte einen Kopf, der zu einer Frau gehörte. Sie trug einen Korb am Arm und suchte den Boden ab. Offenbar wollte sie etwas sammeln, aber was? Für Kräuter und Wiesenchampignons war es zu spät im Jahr.

Die Frau schien mich nicht zu bemerken. Sie bückte sich, grub etwas mit einem Stock aus und legte es in den Korb. Pflanzenwurzeln! Darauf war sie erpicht.

Sie näherte sich. In ihre Beschäftigung vertieft, registrierte sie mich immer noch nicht.

Als sie in Rufweite war, sprach ich sie freundlich an. Sie hob den Kopf, erblickte mich – und rannte davon.

Ich war zu verblüfft, um etwas zu sagen. Was hatte sie so erschreckt, doch nicht etwa ich?

Zu spät fiel mir ein, dass ich Hosen trug. Ein Mann mit der Stimme einer Jungfer, was mochte sie sich gedacht haben? Ich konnte die Frau, vermutlich eine Magd, nicht zurückrufen und das Missverständnis aufklären. Sie war längst hinter dem Hügel verschwunden. Andererseits, wie hätte ich ihr meine Maskerade erklären sollen, ohne ihren Argwohn zu erregen?

Meinen Beutel ließ ich am Fuße des Baumes zurück und rutschte auf den Knien zu der Stelle, wo sie gegraben hatte. Unweit davon vermutete ich den Bach. Dessen klares, kühles Wasser würde die Hitze aus meinem Knöchel ziehen und ihn vielleicht ein bisschen abschwellen lassen.

Bei ihrer überstürzten Flucht war der Sammlerin eine Wurzel aus dem Korb gefallen oder noch gar nicht darin gewesen. Das tat mir leid. Gerne hätte mich dafür entschuldigt.

Indem ich an der Wurzel roch, überfielen mich unversehens wehmütige Erinnerungen an die Zeit bei Mabel und ihrer Familie. Jene Pflanze hatte ich dort kennen- und schätzen gelernt. Es war Beinwell, eine Heilpflanze, die gegen vieles hilft, auch bei Verstauchungen. Allerdings hatten wir seinerzeit hauptsächlich die oberen Pflanzenteile verwendet, sie getrocknet und einen Sud daraus zubereitet.

Ich überlegte. Bald wusste ich, was ich zu tun hatte, um Linderung zu erlangen, nämlich die Wurzel zerstampfen, mit Wasser zu einem Brei vermengen und diesen erhitzt auf der geschwollenen Stelle verteilen.

Wasser! Ich spitzte die Ohren. Der Bach verlief in unmittelbarer Nähe. Mit der Wurzel in der Hand kroch ich auf allen Vieren an sein Ufer, zog den linken Schuh aus, streifte Hose und Rock bis übers Knie und hielt meinen Fuß ins Wasser. Gleich ließ der Schmerz ein bisschen nach. Mit beiden Händen schöpfte ich das erfrischende Nass, löschte meinen Durst und wusch mein Gesicht.

Einen Teil der Wurzel zerrieb ich zwischen zwei Kieselsteinen. Dabei bedauerte ich, meinen Beutel beim Baum zurückgelassen zu haben. Denn darin befand sich, was ich zum Erhitzen des Breis brauchte sowie der Lederbeutel, worin ich den Rest davon für die nächsten Tage aufbewahren konnte.

Verärgert über mich selbst, krabbelte ich zurück und löste einen bereits angebrochenen Ast von der Blutbuche, der mir als Stütze dienen sollte. So konnte ich wenigstens aufrecht gehen.

Während ich an den Baum gelehnt auf der Wiese saß und mit der Flamme des Öllämpchens den Brei erhitzte, bemerkte ich eine gewisse Ironie meines Missgeschicks. Gut möglich, dass jenes Loch, welches mir zum Verhängnis wurde, durch das Ausgraben einer Wurzel entstanden war.

Eigentlich sollte man, wie ich von Mabel wusste, ab Allerheiligen diese Pflanzen ruhen lassen, damit sie genügend Kraft speichern konnten, um im nächsten Frühjahr wieder auszutreiben. Vielleicht war die Magd zu unerfahren oder … Wenn sie nun diese Arznei dringend benötigte, dann hatte ich sie dabei gestört, sie zu beschaffen. Dieser Gedanke war mir unerträglich.

Inzwischen war der Brei warm genug. Eilends nahm ich meine Haube ab, verteilte ihn darauf und band sie um meinen Knöchel.

Dass ich die Kapuze nun ohne etwas darunter auf dem Kopf aushalten musste, ekelte mich an. Doch wer wusste, ermahnte ich mich, wie schlecht es dem mutmaßlichen Verletzten ergehen mochte, für den die Magd die Wurzel ausgegraben hatte? Ich schämte mich regelrecht für mein empfindliches Gehabe.

Nun gut, versuchte ich mein schlechtes Gewissen zu beschwichtigen, sie hatte hoffentlich nicht alles verloren, was im Korb war.

Wie auch immer – schnellstmöglich wollte ich weiter, um sie nicht erneut zu stören, falls sie zurückkäme. Den verletzten Fuß angewinkelt, stand ich auf, stützte mich auf den Ast und hinkte über die Wiese davon. Irgendwie musste ich meinen knurrenden Magen besänftigen. Ich aß die vorletzte Rübe, was meinen Appetit aber nur noch mehr anregte. Die meisten Obstbäume waren abgeerntet, zumindest jene, an denen ich vorbeikam. Hinter der Wiese entdeckte mein suchendes Auge Schlehenhecken. Das war besser als nichts. Obwohl mein Knöchel heftig schmerzte, trotz noch so vorsichtigen Auftretens, hinkte ich schneller, fand schwer behangene Zweige vor und stopfte mir die blauen Beeren hastig in den Mund. Sie schmeckten süßlich, weil sie schon Nachtfrost abbekommen hatten.

Das überbrückte die Zeit, bis ich im nächstgelegenen Dorf Brot, Käse und vielleicht auch etwas Trockenfleisch oder -fisch erstehen konnte. Lag es an der im Übermaß genossenen einseitigen Kost oder an der Vorstellung, mich als Bursche auszugeben? Jedenfalls drückte ein mulmiges Gefühl auf meinen Magen.

Obendrein plagten mich Gedanken an meine nahe Zukunft. Übernachtungen im Freien können bei Frost sehr ungemütlich werden. Weil ich gut mit Tieren umgehen kann, insbesondere mit Pferden, plante ich, mich unterwegs nach Deutschland von Ort zu Ort als Stallbursche zu verdingen. Vorher musste allerdings mein Knöchel geheilt sein. Wer stellte schon einen schmächtigen Stallburschen ein, der hinkend daherkam? Mir würde nichts anderes übrig bleiben, als bis zur hinlänglichen Genesung heimlich in Ställen oder Scheunen unterzuschlüpfen.

Nachdem ich meinen Magen und den Beutel mit Schlehen gefüllt hatte, hinkte ich weiter, musste aber immer wieder rasten. Nur wenn ich meinen Fuß hinreichend schonte, konnte die Medizin wirken.

Nachmittags erreichte ich Wetteren, ein überwiegend aus strohgedeckten Holzhütten bestehendes Dorf. Dank der Kälte erregte es niemandes Argwohn, dass ich die Kapuze weit ins Gesicht zog. Weil sie mir zu groß war, beschattete sie Stirn und Augen. Mein Herz pochte mir bis zum Hals. Man müsste es hören, fürchtete ich und verstand meine eigene Stimme kaum, als ich Brot und Salzheringe kaufte. Der dicke Kloß in meiner Kehle ließ nur ein heiser klingendes Krächzen hindurch.

Anschließend zog ich mich in die Natur zurück, erleichtert darüber, dass meine Tarnung überzeugte.

Andererseits empfand ich nun einen zusätzlichen Schmerz, der nicht von meiner Verletzung herrührte. Als vermeintlicher Bursche, spürte ich, würde ich noch einsamer sein, als ich es ohnehin schon war. Denn um mich durch keine zu weibliche Geste, Äußerung oder Bewegung zu verraten, musste ich hinfort jeden Kontakt aufs Allernötigste beschränken. Bedrückt hinkte ich dahin, hielt mich möglichst abseits von viel begangenen oder befahrenen Wegen und gelangte bei tief stehender Sonne in ein kleines Wäldchen. Dort schichtete ich um einen Baum Äste auf und errichtete darüber ein Zelt, indem ich ringsherum weitere Äste schräg an den Baumstamm lehnte. Nachdem ich etwas gegessen und meinen Verband erneuert hatte, rollte ich mich in meinem Unterschlupf zusammen, das Haupt auf den Beutel gebettet.

Obwohl das beschwerliche Gehen mich erschöpft hatte, fand ich lange keine Ruhe. Schmerzen im Knöchel und schwermütige Gedanken plagten mich, dazu die Kälte der hereinbrechenden Nacht.

Mein Tannenzelt konnte sie nur notdürftig abhalten. Ich schlotterte am ganzen Leib und fiel irgendwann in einen oberflächlichen Schlaf.

Im Traum saß ich wieder unter der Blutbuche. Die Magd rannte auf mich zu, mit einer Gruppe bewaffneter Knechte. Anklagend deutete sie auf mich und schrie. Ich schreckte hoch und wusste zuerst nicht, wo ich war. Ein Eichelhäher warnte vor irgendeiner Gefahr. Durch das dicht um mich herum aufgerichtete Tannenreisig sah ich so gut wie nichts und konnte nur hoffen, dass sie mich nicht betraf. Mir schien, als wäre es milder geworden, aber vielleicht lag das an der Aufregung.

Als ich das nächste Mal erwachte, leuchtete etwas Weißes zwischen Ästen und Zweigen hindurch. Nun begriff ich, warum mir die Luft in der Nacht milder erschienen war. Eine Schneedecke hatte sich auf mein Zelt gelegt und den Innenraum erwärmt.

Noch etwas hatte sich verändert. Das wurde mir allerdings erst bewusst, während ich in gedämpftem Tageslicht ein karges Frühmahl zu mir nahm. Mein Knöchel schmerzte kaum noch und war deutlich abgeschwollen. Arznei und Schonung förderten seine Genesung. Für ihn wäre es am besten gewesen, den ganzen Tag sitzenzubleiben und eine weitere Nacht hier zu verbringen. Dazu war es jedoch zu kalt. Ich musste mich bewegen, um meinen Körper zu erwärmen.

Deshalb verließ ich nach dem Frühmahl mein Tannenzelt und zog weiter. Glücklicherweise war die Schneedecke dünn und schmolz im Laufe des Vormittags unter der aufsteigenden Sonne. Mein unfreiwilliger Kleiderspender konnte kein armer Mann gewesen sein. Seine Schuhe, aus feinem Leder und sorgfältig verarbeitet, trotzten der Nässe und wärmten. Auch die übrige Kleidung musste viel Geld gekostet haben. Ich wollte sie baldmöglichst waschen, um alles daraus zu tilgen, was von ihm stammte, sowohl Schweißgeruch als auch -flecken. Damit sollte zugleich die Erinnerung daran verblassen, dass er mich schänden wollte.

Weil ich mich diesem Versuch erfolgreich widersetzt hatte, nun ja, mit tatkräftiger Unterstützung des Rappen, konnte ich die Sachen eigentlich als Trophäe betrachten.

Derartige Überlegungen gingen mir durch den Kopf, während ich meines Weges hinkte, gestützt auf die behelfsmäßige Krücke. Aber waren das nicht eher männliche Gedanken? Soldaten und Eroberer mochten so empfinden, aber ich, eine Jungfer? Ich stutzte. Auf dergleichen absonderliche Gedanken war ich niemals zuvor gekommen. Mir wurde direkt unheimlich dabei zumute. Als hätte ich mir mit diesen Kleidern eine andere Haut übergestreift, eine männliche. Und obendrein die eines Zeitgenossen von höchst zweifelhaftem Charakter. Nicht, dass der auch noch auf mich abfärbte!

Eines war jedenfalls nicht zu leugnen. Obwohl ich hinkte, hatte mein Gang sich verändert, war forscher geworden. Im letzten Tageslicht erspähte ich am Horizont ein Gehöft, wartete bis dessen Bewohner sich zur Ruhe begeben hatten und schlich dann in einen der Ställe. Zu meiner Überraschung sah ich mich darin umgeben von Ziegen und Schafen. Ein Bock beschnupperte und beknabberte mich eingehend. Ich versuchte Gelassenheit auszustrahlen, als sei es völlig normal, dass ich mich zu ihm und seinesgleichen gesellte. Was immer er von meinem Geruch hielt, ich störte mich nicht mehr daran, hatte er doch gegen den seinen nicht die geringste Chance. Nachdem ich mich in ein entlegenes Eckchen verkrochen hatte, verloren die Tiere allmählich das Interesse an mir.

Wie bisher brach ich vor dem Morgengrauen auf, diesmal mit Ziegenmilch in meiner Lederflasche.

Die nächsten Tage verliefen gleichmäßig, geradezu verdächtig gleichmäßig. Vom ersten bis zum letzten Sonnenstrahl mied ich Wege und Plätze, wo ich meinesgleichen begegnen konnte. Erst wenn die Sonne sich dem Horizont näherte, hielt ich Ausschau nach einem warmen Stall oder einer Scheune und wartete, bis ich im Schutz der Dunkelheit dort unterschlüpfen konnte.

Weil ich meinen verstauchten Knöchel schonte, kam ich langsamer voran als sonst. Dafür ließen die Schmerzen von Tag zu Tag nach. Er heilte zusehends, dank der Beinwellwurzel.

Ich glaube, es war am Abend des achten Tages nach meinem Missgeschick, als man mich bemerkte. Mag sein, dass ich unvorsichtiger wurde, weil es so lange gut gegangen war. Den ganzen Tag über war ich durch Schnee gestapft. Meine Schuhe blieben dicht, aber trotz der Bewegung spürte ich meine Zehen kaum noch und hatte das Gefühl, meine Füße würden sich in Eisklumpen verwandeln. Zum Glück war gegen Abend ein Gehöft in Sichtweite. Die letzten Sonnenstrahlen schwanden und setzten mich schonungslos der Kälte aus. Es schien mir aber noch zu hell, um mich meinem ausgespähten Ziel zu nähern, heiß ersehnt wie nie zuvor. Also kauerte ich mich hinter einen Busch, schlotternd am ganzen Leib, und hoffte, dass die Magd, welche ich im Kuhstall wähnte, bald herauskommen würde.

Weil es ein klarer Tag gewesen war und eine Vollmondnacht hereinbrach, ließ die schützende Dunkelheit auf sich warten, sehr lange – zu lange für mich. Unentwegt rieb ich meine vor Kälte erstarrten und schmerzenden Glieder, erhob mich ein bisschen und trat auf der Stelle. Dabei bewegte ich unwillentlich Zweige, hielt inne und machte mich so klein wie möglich.

Als ich kurz darauf zwischen den Zweigen hindurchspähte, schalt ich mich eine Närrin. Selbst wenn jemand etwas bemerkt haben sollte, am wahrscheinlichsten vermutete man doch einen Vogel im Geäst.

Weilte noch immer jemand im Stall? Ich hatte ihn niemanden verlassen sehen, es durch mein unbedachtes Verhalten aber vielleicht verpasst. Die Zeit, da Kühe für gewöhnlich gemolken wurden, dauerte womöglich noch an.

Nach wie vor schien es mir zu hell, doch die Kälte wurde immer unerträglicher.

Ein Hauch von Schicksalsergebenheit flog mich an. Selbst wenn ich beim Eindringen ertappt wurde … Wagte ich es nicht, und zwar sofort, würde ich an Ort und Stelle erfrieren. Zumindest fühlte ich mich so.

Meine Taktik wäre auch diesmal aufgegangen. Niemand hätte mich bemerkt, wäre da nicht die Mistgabel gewesen, vermutlich vergessen in der Einstreu.

Ich hatte den Stall betreten, fühlte mich sicher und atmete auf. Da sah ich einen der Zinken im schrägen Sonnenstrahl wie einen dürren Finger emporragen. Zu spät. Auf den anderen war ich bereits getreten. Der Stiel schnellte hoch, direkt gegen meine Stirn. Es geschah zu plötzlich, als dass ich einen Aufschrei hätte unterdrücken können. Die Kühe muhten. Ich fiel rücklings ins Stroh.

Der Knecht musste in der Nähe gewesen sein. Sonst hätte er mich bestimmt nicht gehört. Breitbeinig ragte er vor mir auf und grinste mich schadenfroh an. Glücklicherweise war mir beim Sturz die Kapuze nicht vom Kopf gerutscht.

Fieberhaft überlegte ich, welche Erklärung ich zu meiner Entschuldigung vorbringen konnte. »Ich …«, stammelte ich, rappelte mich auf und rieb meine schmerzende Stirn. »Ich suche eine Anstellung.«

An seinen Augen sah ich ihm an, dass er mir nicht glaubte. Außerdem grinste er immer noch. Immerhin, es war kein böswilliges Grinsen, eher amüsiert. »Ja, natuurlijk«, spottete er, »bij zonsondergang.« Ob etwa die Kühe mich hätten einstellen sollen. Bei Sonnenaufgang solle ich wiederkommen, zum Bauern.

Ich nickte und verharrte unschlüssig. Kritisch begutachtete er mich und meinte mitleidig: »Je kunt hier slapen.«

»Dank je wel«, brachte ich nur heraus. Er winkte ab und verließ mich. Damit es mich nicht verriet, säbelte ich mir in jener Nacht schweren Herzens mit dem Messer mein schönes hüftlanges Haar ab, flocht es zu einem Zopf und verwahrte ihn in meinem Beutel.

Ich sei ja ein schmächtiges Bürschchen, meinte der Bauer anderntags, aber er wolle es mit mir versuchen.

So erhielt ich meine erste Anstellung als Stallbursche. Auf die Frage nach meinem Namen nannte ich mich spontan John aus Dover und erklärte, ich habe mein Heimatland verlassen, weil ich als neuntes Kind meinen Eltern nicht länger zur Last habe fallen wollen. Außerdem wolle ich die Welt kennenlernen. Als Flame konnte ich mich unmöglich ausgeben. Mein Akzent hätte mich sofort entlarvt.

An harte körperliche Arbeit nicht gewöhnt, verrichtete ich mein Tagwerk anfangs nur mit größter Mühe. Sämtliche Knochen taten mir weh. Der Bauer merkte nichts davon, weil Fietje, der Knecht, mir zu meinem Erstaunen unter die Arme griff. Hinter dessen spöttischem Gehabe verbarg sich nämlich ein großmütiges Herz, in das er mich offenbar geschlossen hatte. Manchmal behandelte er mich fast wie einen Sohn, auf seine raue, im Grunde aber herzliche Art.

Dennoch lebte ich ständig in der Angst, mich versehentlich wie eine Jungfer zu gebärden und dadurch zu verraten. Sobald ich Fietjes Blick auf mir zu spüren glaubte, fragte ich mich, ob Misstrauen darin läge, wurde unsicher und machte Fehler. Dann konnte er fürchterlich schelten, nannte mich einen Simpel und argwöhnte, ich sei wohl zu Hause als Nesthäkchen zu sehr verwöhnt und verweichlicht worden.

Mit der Zeit begriff ich, dass ich solche Ausbrüche nicht allzu ernst nehmen musste. Fietjes Temperament war unberechenbar und konnte jederzeit mit ihm durchgehen. Ebenso schnell wie er sich aufregte, beruhigte er sich jedoch und legte dann eine maßlos übertriebene Fürsorglichkeit mir gegenüber an den Tag. Ich war irritiert. Zweifelte er vielleicht doch an meiner Männlichkeit? Und triebe ihn das irgendwann dermaßen um, dass er es überprüfen würde – nachts, heimlich bei mir im Stall?

Grundsätzlich bot sich dazu eine andere Örtlichkeit an, und zwar die Badstube. Weil der Bauer von einer an Geiz grenzenden Sparsamkeit besessen war, beheizte man diese allerdings nur sehr selten. Wenn, dann badeten zuerst er und seine Familie in den beiden Zubern.

Anschließend durfte das Gesinde ins gerade noch lauwarme Wasser, selbstverständlich nach Geschlechtern getrennt.

Weil erst wieder zu Weihnachten gebadet werden sollte, hatte ich eine Gnadenfrist und zerbrach mir den Kopf, wie ich dieses unweigerlich nahende Problem lösen könnte. Eigentlich wollte ich lieber heute als morgen baden und insbesondere meine Männersachen waschen. Die meinte ich erst dann hinlänglich ertragen zu können, wenn ich auch geringste Spuren des Vorbesitzers daraus getilgt hatte.

Es war der vierundzwanzigste Dezember, der zweite Tag des Höhepunkts der Fastenzeit, die in Flandern wie in England stets am fünfundzwanzigsten November beginnt und mit der Christmette am fünfundzwanzigsten Dezember endet, indem man die Mettensau schlachtet und serviert. Und wie in England sind an den beiden letzten Fastentagen auch in Flandern nur Brotsuppe und getrocknetes Brot erlaubt. Ich brachte weder das eine noch das andere herunter.

Der Tag zu Ehren von Christi Geburt, den alle reinlich begehen wollten, stand also unmittelbar bevor, ohne dass ich eine zuverlässige Strategie entwickelt hatte. Sollte ich Übelkeit vorschützen? Dazu hätte ich vermutlich nicht einmal schwindeln müssen. Allein beim Gedanken an ein Bad mit Fietje wurde mir flau im Magen.

Trotzdem verwarf ich diesen Einfall. Auch ich wollte das Christfest reinlich feiern, in gewaschener Kleidung. Wie sollte ich die Katastrophe verhindern, die am Abend drohte?

Bis dahin war mir nichts Besseres eingefallen, als reichlich verspätet zur Badstube zu kommen und inbrünstig zu hoffen, Fietje möge bereits gebadet haben.

So war es tatsächlich.

Mit hängendem Kopf und einer geliehenen Decke über dem Arm, in die ich mich nach dem Bad zu wickeln gedachte, stand ich in der Diele vor ihm und berichtete, einer Kuh, die demnächst kalben sollte, sei es schlecht gegangen. Ich hätte es beim Melken bemerkt und sei bei ihr geblieben, weil ich gedacht hätte, es wäre schon so weit. »Aber ich hab mich geirrt.«

»Hm, hm ...«, grummelte er vor sich hin. Dann müsse ich jetzt halt ins kalte Wasser steigen.

Ich nickte, ohne den Kopf zu heben, aus Angst, er sähe mir meine Erleichterung an. In der Badstube stellte ich vorsorglich einen Schemel vor die Tür, aber niemand behelligte mich.

Heute neige ich zu der Annahme, Fietje spürte – zumindest unbewusst –, dass ich eine Jungfer war, und ließ deshalb stets Nachsicht mit mir walten.

Als er bemerkte, wie gut ich mit den beiden hofeigenen Ackergäulen zurechtkam, durfte ich sie betreuen und bei ihnen im Stall schlafen. Abgesehen von jener Mettensau zu Ehren von Christi Geburt gab es einfache, aber ausreichende Kost. Von meinem kargen Lohn musste ich nichts ausgeben.

Damit sich das Unkraut auf den Feldern möglichst wenig ausbreiten konnte, wurden sie in regelmäßigen Abständen umgepflügt. Fietje brachte mir das bei. Ich wunderte mich selbst über den Ehrgeiz, den ich dabei entwickelte. Auf keinen Fall wollte ich schlapp machen, auch wenn mir der Schweiß, trotz eisigster Kälte, in Strömen von der Stirn troff. Unermüdlich folgte ich dem Pflug über den holprigen Acker, zog Furche um Furche und hielt die Pferde durchs Lenken mit den Zügeln, und Kommandos in der Spur. Nach Weihnachten wurde der Winterweizen eingesät.

Mit solchen und anderen schweißtreibenden Arbeiten von Sonnenauf- bis -untergang beschäftigt, war es kein Wunder, dass ich abends todmüde in den Schlaf fiel.

So verstrich der Winter wie im Flug. Im Frühjahr säten wir gemeinsam Sommerweizen, der zeitgleich mit dem Winterweizen im Juli geerntet werden würde.

So lange blieb ich aber nicht auf dem Hof, obwohl es mir dort leidlich gut ging. So gut es einer Jungfer gehen kann, die ihre Geschlechtszugehörigkeit verleugnen muss. Das war natürlich nur eine Übergangslösung. Außerdem schwelte auch hier der Konflikt zwischen unseren Heimatländern. Bevor womöglich ein Flächenbrand daraus wurde, musste ich weiterziehen ins neutrale Deutschland.

Ende Mai, als die Witterung Übernachtungen im Freien wieder zuließ, erwachte ich eines Morgens mit einer nur schwer erklärbaren Aufbruchsstimmung. Ich bat den Bauern um die Auszahlung meines letzten Lohns. Er, der anfangs so skeptisch gewesen war, ließ mich nur ungern ziehen und das, obwohl bereits alle Felder bestellt waren, er also derzeit keine zusätzliche Hilfskraft auf seinem Hof benötigte.

Auch das übrige Personal bedauerte mein Scheiden, zu meinem Erstaunen insbesondere die beiden Mägde. Vielleicht, weil ich sie nie mit lüsternen Blicken belästigt hatte? Nun, dachte ich, und schmunzelte in mich hinein. Falls dies tatsächlich der Grund sein sollte … Wenn sie wüssten!

Fietje wollte sich seinen Abschiedsschmerz nicht anmerken lassen. Er versuchte ihn durch seine raue Scherzhaftigkeit zu überspielen, die mir inzwischen lieb geworden war. Mir fiel jedoch auf, wie er sich verstohlen eine Träne aus dem Augenwinkel rieb. »Vaarwel, mijn jongen«, wünschte er, klopfte mir ungewöhnlich sanft auf die Schulter und widmete sich wieder seiner Arbeit.

»Vaarwel, Fietje«, erwiderte ich und machte mich auf den Weg der Sonne entgegen.

### *Überraschende Lebensweisen*

Weil ich stets nur das Nötigste ausgegeben und meinen gesamten Lohn gespart hatte, leistete ich mir zunächst das meines Erachtens nach wertvollste Gut: Freiheit, zumindest ein paar Wochen lang. Heute entbehre ich sie, wenn auch freiwillig. Wobei … Der Freiheit des Geistes lasse ich weiterhin Raum, wie Ihr seht, werter Leser, in dieser Chronik.

Doch ich schweife ab. Freiheit ist und war mir stets so wichtig, dass sie nach wenigen Stunden meinen Abschiedsschmerz zu lindern und Tage später zu heilen vermochte. Gewiss, ich vermisste das rege Treiben auf dem Hof sowie dessen Bewohner. Am meisten, um der Wahrheit die Ehre zu geben, vermisste ich die Gesellschaft der Pferde, insbesondere in den nun einsamen Nächten.

Bis Ende Mai waren sie noch so frisch, dass ich nur tagsüber Kleid und Haube im Beutel verwahrte. Stimmen aus der Natur waren Balsam für mein einsames Herz und trösteten mich. Hatte ich mir auf Reisig ein Nachtlager im Wald bereitet, so schlief ich beim Ruf des Käuzchens ein, und die Vögel des Tages weckten mich mit ihrem Gesang.

In der Vergangenheit hatte es sich bewährt, menschliche Siedlungen großräumig zu meiden. Von Gottes Hand geleitet, folgte ich auch jetzt wieder dieser Gewohnheit, deckte mich in Dörfern mit den nötigen Lebensmitteln ein und zog mich alsbald in den Schoß der Natur zurück. Dort fühlte ich mich nach wie vor am besten aufgehoben und meinem Schöpfer am nächsten. Fast möchte ich sagen, näher als in Kirchen und Kathedralen. Die wurden zwar ihm zu Ehren erbaut, aber von Menschenhand. Die Natur dagegen war und wird auf ewig ganz allein Gottes Werk sein. Er allein hat sie erschaffen.

Ist nicht ein lichtdurchfluteter Wald, erfüllt von reinster Luft und überdacht von einem Baldachin aus frischem Laub, dazu belebt von Geschöpfen vielfältigster Art, die wunderbarste Kathedrale überhaupt? Weichen Waldboden unter meinen Füßen, den Blick erhoben ins Licht, spüre ich nirgendwo sonst beim Beten so unmittelbar und deutlich den Atem des Herrn, gleichgültig ob in meinem Heimatland, in Flandern oder anderswo auf der Welt. Mögen menschliche Sitten und Gebräuche sich von Land zu Land – ja oft sogar innerhalb ein und desselben Landes von Dorf zu Dorf – voneinander unterscheiden, Gottes herrliche Natur ist über all dies erhaben. Wolf und Bär trennen nicht zwischen Edelmann und Bettler. Beide sind ihnen gleichermaßen lieb und vor ihnen einander ebenbürtig. Übernehmt Verantwortung für Euch selbst und Eure Taten. Achtet und befolgt die Gebote der Natur, dann behütet Euch Gott, wer immer Ihr auch seid!

In der Natur war es gleichgültig, ob ich weiblich oder männlich gekleidet war. Ich war ich, in jedem Gewand.

Dieses befreiende Gefühl wurde stets getrübt, sobald ich den Boden eines Dorfes oder einer anderen menschlichen Siedlung betrat. Aus einer Laune heraus begann ich, ein Spiel daraus zu machen. Mal trug ich Hemd und Hose, mal das Kleid – je nachdem, wonach mir zumute war. Nur wenn die Sonne sank, war ich immer Mann, schritt weiter aus und trat selbstsicherer auf. Statt, wie es sich für eine Jungfer ziemte, mich diskret zurückzuhalten, blickte ich meinem Gegenüber offen ins Gesicht. Die Angst, jemand könnte meine Tarnung durchschauen, hatte ich während meiner Zeit als Stallbursche abgelegt.

Mittlerweile waren Monate vergangen. Das Gras auf den Wiesen reichte mir bis über die Hüften. Die Zeit der Heuernte nahte, und viele Bauern hatten zu wenig hauseigenes Gesinde. Sie benötigten zusätzlich helfende Hände, also bewarb ich mich auf einem Hof und wurde ohne viele Fragen angenommen.

Das Mähen erwies sich als völlig neue Erfahrung für mich. Wenn ich bislang geglaubt hatte, pflügen und säen seien besonders anstrengend, so wurde ich nun eines Besseren belehrt. Unter sengender Sommersonne schufteten wir von früh bis spät im Schweiße unseres Angesichts.

Mir fiel eine junge und ausgesprochen zart gebaute Magd auf, die zum Hof gehörte. Wenige Stunden nach Arbeitsbeginn schien es mir, als könne sie die Sense kaum noch halten und breche jeden Moment zusammen. Trotzdem summte sie, wie manch andere Erntehelferin, oft eine aufmunternde Melodie vor sich hin, um sich und anderen die anstrengende Arbeit zu erleichtern. Unwillkürlich hatte ich ein

Auge auf sie und merkte nicht, dass andere eins auf mich hatten. Ich lächelte sie an. Züchtig senkte sie den Blick.

In meiner Sorge um die Magd ließ ich völlig außer Acht, dass man mich für einen Burschen hielt.

Mit anderen Feldarbeitern in der Scheune schlafen, wollte ich nicht. Die Nächte waren lau. Ich lagerte auf einem Hügel am Rande eines Baumgrüppchens, unter dem Sternenzelt. Einen Burschen, der allein durch seine fremdländische Herkunft suspekt war, machte es natürlich erst recht verdächtig, wenn er sich absonderte. Das war mir bewusst. Nichtsdestotrotz, ich konnte nicht anders.

Nach etwa eineinhalb Wochen hatten wir eine ausgedehnte Wiese abgemäht und das frische Gras in Reihen ausgestreut. Tagelang wendeten wir es jeden Mittag und Nachmittag, damit es schneller trocknete. Dabei warfen wir immer wieder sorgenvolle Blicke zum Himmel, hofften und beteten, der Herr möge uns vor Regen verschonen, damit die Ernte nicht faule und verderbe.

Bisher schien uns der Himmel wohlgesonnen, doch eines Morgens zogen Wolken auf, zuerst nur weiße, faserige. Sie muteten harmlos an. Es waren aber Vorboten dichterer und dunklerer Wolken. Der Gesang der Erntehelferinnen wurde leise, verzagt und allmählich überlagert von argwöhnischem Murmeln und Stöhnen. Bald verstummte er ganz.

Auch über die Lippen der zarten Magd glitt kaum noch ein Wort. Wenn sie überhaupt sprach, dann Gebete. Meist flehte sie die Muttergottes an. Dabei regte sich in mir erstmals der Verdacht, es beträfe nicht nur die Ernte.

Auch ich betete und warf beunruhigte Blicke gen Himmel, während ich das Gras wendete. Zwar brach die Sonne immer wieder durch die Wolken, vermochte es aber nicht zu trocknen. Es war noch feucht vom Morgentau.

Trotzdem gab es Grund zur Hoffnung, denn obwohl sich die Wolkendecke bis zum Abend fast gänzlich geschlossen hatte, fiel daraus kein Tropfen. Offenbar war der Allmächtige unschlüssig. Dieser Gedanke erhöhte die allgemeine Anspannung. Alle wollten das Zünglein an der Waage sein, das den glücklichen Ausschlag gab, gingen in sich und überlegten, wodurch sie Gott erzürnt haben mochten – sie oder andere. Insbesondere andere!

Im trüben Abendlicht kam der Bauer angeritten und befahl, wir sollten unsere Sünden aufrichtig bereuen und Abbitte leisten. Wer Gottes Zorn heraufbeschwöre und damit das Unglück seiner Nächsten, dem zahle er keinen Lohn. Und jenen, die ihn deckten, ebenso wenig. Wer jedoch den Schuldigen überführe und mithelfe, das Unheil einer Missernte abzuwenden, dessen Schaden solle es nicht sein. Damit gab er seinem Pferd die Sporen und galoppierte davon.

Wie angewurzelt schauten wir ihm nach, bis er hinter einem Hügel verschwand.

Darauf brach Unruhe aus. Manche hoben ihre Heugabel und schimpften dem Bauern lauthals hinterher, andere tuschelten miteinander. Ich sah das Weiße in Augen blitzen, die auf mich gerichtet waren, und bemühte mich, ihnen standzuhalten. Hätte ich den Blick abgewandt, so wäre das vermutlich als Schuldeingeständnis gedeutet worden. Vermeintliche Schuld, ich sah sie in etlichen Gesichtern, vielleicht als Ausdruck von Unsicherheit. Und überhaupt, wer kann von sich behaupten, völlig ohne Sünde zu sein?

Wie an den vorigen Abenden verabschiedete ich mich unterwegs zum Hof, trottete zu meinem Lager bei den Bäumen und spürte förmlich argwöhnische Blicke im Rücken. Nur schwer widerstand ich dem Drang, davonzulaufen. Ich wusste, ich wäre nicht weit gekommen.

In dieser Nacht leuchtete mir kein einziger Stern. Obgleich zum Umfallen müde, lag ich wach im Gras und schaute auf strohgedeckte Dächer. Die dazugehörigen Gebäude gehörten zum Hof, lagen in einer Talsenke und verschmolzen fast mit dem nachtschwarzen Himmel. Was braute sich darunter zusammen?

Von fern meinte ich Donnergrollen zu hören. Oder waren es aufgebrachte Stimmen nahender Erntehelfer, die entschieden hatten, dass ich es war, die Gottes Unwillen erregte? Rotteten sie sich zusammen, um mich zu ergreifen, im Eifer gar an Ort und Stelle zu erschlagen? Würde ich herhalten müssen als Sündenbock?

Umgetrieben von derlei Befürchtungen, sah ich, wie sich unterhalb eines Daches etwas bewegte und zog mich samt meiner Habe in den Schutz der Bäume zurück, ohne besagtes Gebäude aus dem Blickfeld zu verlieren.

Jemand entfernte sich davon und kam mir entgegen, konnte mich aber unmöglich ausmachen. Unter einem dunklen Überwurf blitzte beim Laufen hie und da hellere Kleidung hervor. Den Bewegungen nach, war die Person weiblich. Mit gesenktem Blick huschte sie über die Wiese, stolperte, fiel auf die Knie und erbrach sich.

Intuitiv hatte ich sie längst erkannt. Es war jene Magd, die mir schon seit längerem durch ihre Unpässlichkeit auffiel. Spontan eilte ich zu ihr, um zu helfen. Sie hob ihr bleiches Antlitz, den Mund verschmiert vom Erbrochenen, und starrte mich aus schreckgeweiteten Augen an.

Ich legte den Zeigefinger über die Lippen und wollte ihr aufhelfen, doch sie entzog sich meinem Zugriff und wich zurück.

Irritiert verharrte ich, Närrin, die ich war! Sie hielt mich für einen Burschen und hatte vermutlich kaum Gutes erfahren von Vertretern des männlichen Geschlechts. Sollte ich mich ihr als Jungfer offenbaren?

Ich konnte mich nicht dazu überwinden, schließlich wusste ich nicht, wie sie darauf reagieren würde. Weil sie den Grund meiner Tarnung nicht erfahren durfte, würde sie das womöglich verwirren. »Sei getrost«, sprach ich beruhigend auf sie ein. Ich wolle ihr nichts Böses.

Zweifelnd blickte sie mich an. Während sie noch abwägte, ob sie mir trauen könne, wurde sie von erneuter Übelkeit übermannt und erbrach Galle. Verlegen wandte ich mich ab und wartete.

Endlich vernahm ich hinter mir ein Räuspern. Sie habe nicht

gewusst, dass ich hier lagere, beteuerte sie. Aber da sie mich nun sehe, wolle sie mich warnen.

In meiner unheilvollen Ahnung bestätigt, drehte ich mich zu ihr um: »Vor den anderen Schnittern?«

Sie nickte. Erst jetzt bemerkte ich neben ihr im Gras ein Bündel. Sie folgte meinem Blick und erklärte, sie müsse ebenfalls fort von hier.

Ich überlegte, warum, und sah Bilder der vergangenen Tage vor meinem geistigen Auge. Ihr geringes Durchhaltevermögen ... Hatte der Bauer erkannt, dass ihr zarter Körper der harten Arbeit auf Dauer nicht gewachsen war und sie deshalb aus dem Dienst entlassen?

Während ich darüber nachsann, warf sie nervöse Blicke zum Hof. Ich begriff, wir sollten uns davonmachen. Rasch packte ich meine Habseligkeiten zusammen und bot an, ihr Bündel zu tragen, was sie dankend annahm.

Zunächst achteten wir nicht auf den Weg, sondern entfernten uns so schnell wie möglich vom Hof, ohne zu rennen. Das hätte nach einer Flucht ausgesehen. Henrieke, wie sie sich mir vorstellte, hätte das auch schwerlich durchgehalten. Sie stammte aus Wetteren.

»Ah«, dort sei ich im Frühjahr durchgekommen, sagte ich und fand mich in einem Zwiespalt wieder. Einerseits wollte ich nicht verantworten, sie allein nach Wetteren ziehen zu lassen. Andererseits wäre ich höchst ungern so weit zurückgegangen. Ich nannte mich wieder John von Dover und erklärte, ich müsse gen Osten.

Daraufhin wanderten wir eine Weile schweigend nebeneinander her. Ich spürte, dass ihr etwas auf dem Herzen lag und ermutigte sie, es auszusprechen.

Verlegen senkte sie den Blick, seufzte einige Male und äußerte endlich, man unterstelle ihr, sich auf mich, nun ja ... Sie räusperte sich: ... eingelassen und damit Gottes Zorn heraufbeschworen zu haben. Meine begehrlichen Blicke seien den anderen aufgefallen.

Betroffen hörte ich zu. Begehrliche Blicke? Ich verstand nicht sofort. Aber dann, schlagartig wurde es mir klar. Ich hatte ja tatsächlich oft ein Auge auf sie gehabt, allerdings nicht aus unlauterer Absicht, sondern aus Sorge!

Durch mein unbedachtes Verhalten hatte ich sie wohl um Lohn und Brot gebracht. Außerdem hätte sie für die bereits geleistete Arbeit bestimmt noch etwas erhalten müssen, ich übrigens auch.

Es stand außer Frage, ich musste ihr aus der Notlage heraushelfen. Aber zurück nach Wetteren ...

Sie schien meine Gedanken zu erraten und schüttelte entschieden den Kopf. Nein, nach Hause könne sie nicht. Sie gehe zu einer Tante nach Hasselt. Das läge in Ostflandern.

Also in meiner Richtung, welch ein Zufall, dachte ich leicht verwundert und seufzte erleichtert auf.

Gemeinsam zogen wir gen Osten. Unser Nachtlager errichteten wir meist auf Wiesen, unter Bäumen oder im Wald. Zum Glück regnete es selten. Wenn es danach aussah, hielten wir Ausschau nach einer Scheune, Windmühle oder anderen trockenen Unterkunft. Wir hatten immer einen Sichtschutz zwischen uns, lagen aber nahe genug beieinander, um uns notfalls beistehen zu können. Henrieke sprach wenig, und wenn, dann Unverfängliches. Ich tat es ihr gleich und so erfuhren wir kaum etwas voneinander. Wenn wir des Tags schweigend unseres Weges zogen, kreisten meine Gedanken oft um sie.

Denn so scheu sie war und achtsam ihr Seelenleben vor mir verbarg, nachts gewährte sie mir Einblicke, unwissentlich. Sie wurde von üblen Träumen gepeinigt. Manchmal schlug sie wild um sich, als wehre sie jemanden ab, und stieß Satzfetzen hervor, die Schlimmstes andeuteten. Einmal glaubte ich einen Namen zu verstehen. So hieß der älteste Sohn des Bauern, für den wir gearbeitet hatten.

Zeugin dieses Geschehens zu sein, war mir sehr unangenehm, zumal Henrieke sich mir nicht aus freiem Willen anvertraute, doch ich konnte meine Ohren ja nicht davor verschließen. Ich litt mit ihr, war hin- und hergerissen. Sollte ich sie wecken, obwohl ich sie damit in Verlegenheit brächte? Manchmal war ich nahe dran und überlegte so lange, bis auch ich eine schlaflose Nacht verbrachte. Stets hoffte ich, sie könne sich selbst aus ihrem Traum befreien. Doch der Alp hielt sie fest umklammert.

Eines Nachts – wir hatten gefunden, was im flachen Flandern sehr selten ist, ein Lager unter einem Felsvorsprung – ertrug ich es nicht mehr und sprach meine Weggefährtin an, zuerst leise, dann lauter. Als das nicht half, stand ich auf und berührte sie vorsichtig an der Schulter.

Wie angestochen schreckte sie hoch und starrte mich an, als habe ich ihr Gewalt angetan. Ich entschuldigte mich, hockte mich neben ihr nieder und bot an, mir den Traum zu erzählen. Aus eigener Erfahrung wusste ich schon damals, wie hilfreich es sein kann, schlimme Träume mit jemandem zu teilen. Oft verlieren sie dadurch ihren Schrecken.

Doch Henrieke schaute mich nur leidend an, zog ihre dünne Decke bis unters Kinn und schüttelte den Kopf. Also wünschte ich ihr, sie möge nun in einen ruhigen, erholsamen Schlaf fallen und zog mich auf mein Lager zurück.

Dort malte ich mir aus, was sie im Traum immer wieder heimsuchte: die Erinnerung an einen Kerl, der ihr Gewalt angetan hatte. Wie sich später herausstellen sollte, vermutete ich richtig. War es da verwunderlich, dass sie sich einem Burschen gegenüber verschloss?

Schaudernd dachte ich an mein eigenes Erlebnis zurück, vor dessen fatalstem Verlauf ich bewahrt worden war. Um Henrieke helfen zu können, musste ich mich ihr offenbaren.

Mein Entschluss war gefasst in jener Nacht. Jedoch setzte ich ihn nicht in die Tat um, noch nicht. Erst überdachte ich ihn sorgfältig, stellte ihn nicht etwa in Frage. Es war nötiger denn zuvor, Henrieke wissen zu lassen, was ich war, eine Jungfer. Nur wie, in welchem Moment und auf welche Art und Weise? Das wurde zur überraschenden

Herausforderung. Auf einmal fragte ich mich nämlich, ob sie diese Erkenntnis als Erleichterung empfinden würde.

Ich weiß nicht, wann genau, aber es muss bald nach jener Nacht gewesen sein, dass Henrieke ihr Verhalten mir gegenüber änderte. Zuerst war es ihr Blick. Er wich dem meinen nicht mehr aus. Manchmal, wenn wir nebeneinander hergingen, suchte sie ihn sogar. Erwiderte ich ihn, so bemerkte ich etwas in ihren Augen, einen Glanz, ein Leuchten. Allzu gern hätte ich mich darüber gefreut, war es doch ein Zeichen, dass sie sich besser fühlte.

Aber jeder Ansatz von Freude in mir versiegte, denn ich wurde stutzig. Es sprach etwas aus diesem Leuchten, ein ... hoffnungsvolles Begehren? Unmöglich, ich muss mich irren, dachte ich – anfangs. Unglückseligerweise hatte ich recht. Henrieke liebäugelte mit mir.

Dazu kam eine weitere Erkenntnis, und zwar eine weitaus schwerwiegendere. Zunächst sorgte ich mich nur darum, wie wir ihren Heißhunger stillen konnten, der sich unablässig steigerte. Kaum hatten wir irgendwo Nahrungsmittel erstanden, waren sie auch schon aufgebraucht. Während mein eigener Magen knurrte, überließ ich ihr das meiste und fragte mich insgeheim, ob die Alpträume ihren unbändigen Hunger erzeugten. Immerhin zehrten sie an ihrer Kraft.

Inzwischen hatte sie mehrmals den Namen des Bauernsohns im Traum genannt. Wenn der sie angerührt hatte ... Ich wagte kaum, den Gedanken fortzuführen, doch das war die schlüssigste Erklärung dafür, warum sie den Hof verlassen musste. Nie und nimmer hätte der älteste Sohn dieses wohlhabenden Bauern eine mittellose Magd geehelicht.

Verständlicherweise wollte Henrieke nicht darüber reden. Sie schämte sich. Außerdem hatte sie mit ihrer Beobachtung – die ich übrigens nicht in Abrede stellen möchte –, man würde mich unzüchtiger Absichten ihr gegenüber verdächtigen, ein Band zwischen uns geknüpft. Beabsichtigte sie tatsächlich, mich zu verführen und mir ein Kind unterzuschieben, das sie bereits unter dem Herzen trug? Ich werde es nie erfahren. Falls es sich so verhielt –, werter Leser, Ihr mögt es verwerflich finden, doch ich bitte Euch, urteilt nicht voreilig, auch nicht über das, was ich im Folgenden niederschreiben muss. Bedenkt: Welche Wahl hat eine Jungfer in Henriekes Lage? Ja, hat sie überhaupt eine? Ist sie nicht vielmehr selbst ein Opfer?

Die Existenz jener Tante in Hasselt bezweifelte ich allmählich, weil Henrieke sie nur einmal und dann nie wieder erwähnte. Ich vermutete, sie hatte sie sich aus den Fingern gesogen und damit einen Grund geschaffen, mich zu begleiten. Ich musste befürchten, die Erkenntnis, dass ich sie nicht ehelichen konnte, würde jegliche Hoffnung in Henrieke zerstören.

Da ich nicht wusste, wie ich ihr anderweitig helfen könnte, zog ich vorerst als Bursche mit ihr weiter und tat, als bemerke ich ihre Annäherungsversuche nicht.

Eines Tages, die Sonne stand im Zenit, gelangten wir an einen Fluss, die Demer. Unsere Vorräte waren schon wieder verbraucht. Also bot Henrieke an, im nächstgelegenen Dorf neue zu besorgen. Mir war es recht, denn inzwischen konnte ich im Fluss baden. Ich gab ihr Geld und wartete, bis sie außer Sichtweite war. Dann wusch ich an einer seichten Uferzone Hemd und Hose, legte beides zum Trocknen auf die Wiese und glitt ins erfrischende Nass. Als ich dem Fluss entstieg, waren die Sachen noch feucht. Also zog ich das Kleid an und verbarg mein kurzes Haar unter der Haube.

Ich war gerade fertig, als hinter dem Hügel jemand auftauchte – Henrieke. So schnell hatte ich sie nicht zurückerwartet. Die Sonne stand noch ziemlich hoch. Was sollte ich tun? Zum Umziehen war es zu spät. Sie musste mich bereits bemerkt haben. Nun gut, sagte ich mir seufzend, dann soll es so sein, ging ihr entgegen und überlegte, wie ich ihr möglichst schonend diese Verwandlung erklären könnte.

Doch es kam anders. Ich zerbrach mir umsonst den Kopf. Henrieke erkannte mich nicht. Sie sah nur eine Jungfer am Fluss, offensichtlich auf der Suche nach Kräutern. Es erscheint mir zwar etwas dürftig als Erklärung, aber vielleicht hatte die Sonne sie geblendet. Schützend beschirmte sie ihre Augen mit der Hand, als sie mich ansprach und fragte, ob ich einen Burschen gesehen habe.

Vielleicht, das erscheint mir heute glaubwürdiger, wollte sie mich ganz einfach nicht erkennen in dieser Jungfer.

Ich wies auf den Waldsaum hinter der Wiese und sagte, jener Bursche habe mich gebeten, ihr auszurichten, dass er dort Beeren sammle und auf sie warte.

Unverzüglich eilte Henrieke davon, ohne einen Blick zurück, während ich hastig Hemd und Hose auflas, überzog und wartete, bis der Wald sie verschluckte. Anschließend rannte ich ebenfalls zum Wald, allerdings ein gutes Stück entfernt von ihr. Bald erspähte ich sie zwischen den Stämmen, pflückte nun tatsächlich eine Handvoll Blaubeeren, eilte zu ihr und bot ihr welche an. Sie steckte sie in den Mund, kaute aber nicht. Es war, als müsste sie zuerst nachdenken. Worüber? Ihren Blick habe ich noch heute vor mir. Es war eine schwer zu beschreibende Mischung aus Freude über unsere Wiedervereinigung, Zweifeln und ängstlicher Erwartung.

Ich war versucht, sie über mein Possenspiel aufzuklären. Oder es zu bestätigen, da sie mich augenscheinlich durchschaut hatte. Doch wir schwiegen beide und ließen jenen Moment verstreichen, in dem wir uns einander hätten offenbaren können, ungeachtet dessen, was daraus resultierte. Henrieke schluckte die Beeren und ging weiter. Ich folgte ihr.

Abends gelangten wir an einen von Bäumen bestandenen Bach. In dessen Mitte entdeckte Henrieke von der Uferböschung aus einen flachen Stein, raffte ihre Röcke, sprang mit einem Fuß darauf und dann mit dem anderen auf die gegenüberliegende Seite. Dort legte sie sich nieder.

Ich blieb, wo ich war. Erstmals, seit ich mit ihr unterwegs war, schlief ich durch. Beim Erwachen im Morgengrauen meinte ich, die ganze Nacht geträumt zu haben, einen einzigen langen Traum, an den ich mich nicht erinnerte. Er ließ nur ein flaues Gefühl im Magen zurück.

Seltsam ... Bevor ich zu Henriekes Lager schaute, wusste ich: Sie war fort. Ich wusste es einfach und verdrängte meine Erleichterung, die ich darüber empfand. Irgendwann in der Nacht war Henrieke weitergezogen – heimlich, still und leise.

Ich warf mir vor, es nicht bemerkt zu haben. Ich hätte sie zurückhalten müssen! Angst erfüllte mich. Ich sprang auf, rannte kreuz und quer über die Wiese und rief nach ihr. Ich schrie mir die Kehle heiser, ohne zu bedenken, wen ich sonst dadurch herbeilocken könnte. Dabei spürte ich längst, ich würde Henrieke nicht wiedersehen. Was auch immer ich versäumt oder falsch gemacht hatte, es war zu spät, unwiderruflich.

Bei sinkender Sonne zog ich weiter. Sie berührte fast den Horizont, als mir klar wurde: Ich ging ja nach Nordwesten, den Bach flussaufwärts. Stattdessen musste ich zurück und die Demer überqueren. Also kehrte ich um, traf sie wieder und folgte ihr. Irgendwann führte bestimmt eine Brücke hinüber. Und wenn nicht ... Es war mir gleich.

Dann sah ich die Leute am anderen Ufer: Männer, Frauen, Kinder drängten sich neugierig um Burschen, die etwas Helles an Land zogen. Rasch wandte ich den Blick ab und versuchte mir einzureden, es wäre ein Boot. Doch das war vergebens, denn ich wusste, was da angeschwemmt worden war, ich wusste es einfach. Ein weiterer Blick brachte mir traurige Gewissheit.

Fortan war mir, als ginge Henrieke unsichtbar an meiner Seite. Ich verdingte mich unterwegs wieder als Stallbursche. Die Pferde erinnerten mich an mein früheres Leben. Ich dachte an meine Lieblingsstute und fragte mich, wie ihr Fohlen sich wohl entwickelt hatte, ob es noch im Tower of London lebte oder verkauft worden war. Unweigerlich dachte ich auch an Justin, den Stallburschen, und bemerkte erstaunt, welche Wehmut das in mir hervorrief. An der Sprache meiner Herrschaft oder wenn ich Nahrungsmittel erwarb, erkannte ich, dass ich noch in Flandern weilte – und an der Landschaft.

Die änderte sich fast unmerklich, wurde hügeliger und waldreicher. In Valkenburg, wo ich mich zuletzt als Stallbursche verdingte, hielt ich mich länger auf als beabsichtigt, weil man mich dort besonders gut behandelte.

Schließlich musste ich aber doch aufbrechen, sonst hätte ich es womöglich nicht mehr geschafft und mein restliches Leben in Hosen verbracht. So praktisch und bequem ich sie mittlerweile fand, so fremd war ich mir darin.

Obwohl ich die Richtigkeit meiner Entscheidung nicht anzweifelte, fühlte ich mich schlecht damit. Verdrängte Gedanken an Henrieke brachen sich Bahn, sobald ich über Wiesen ging und an Flüsse gelangte. Deren gab es einige. Im gleißenden Sonnenlicht glaubte ich sie zu sehen. Sie stand am anderen Ufer und schaute zu mir herüber.

Ich suchte Zuflucht vor diesen Visionen in Wäldern. Je nachdem, wie nachdrücklich Henriekes sehnsuchtsvoller Blick vor meinem geistigen Auge haftete, ließ ich außer Acht, ob sie gen Osten führten und nahm Umwege in Kauf.

An einem an sich goldenen Oktobertag geriet ich vormittags in einen Wald, dessen Bäume so dicht standen und so hoch in den Himmel ragten, dass er kaum Sonnenlicht hereinließ. Das drückte schwer auf meine ohnehin trübselige Stimmung. Lustlos schleppte ich mich vorwärts und hinterfragte zum unzähligen Mal, ob ich Henriekes Tod und den ihres ungeborenen Kindes nicht doch irgendwie hätte verhindern können. Ich hätte auf sie achten müssen, insbesondere nach der Verwechslung am Fluss! Stattdessen hatte ich geschlafen, während sie …

Der Wald wurde noch düsterer, obwohl es unmöglich schon Abend sein konnte. Hatten sich Wolken vor die Sonne geschoben? So weit ich meinen Kopf in den Nacken legte, ich sah nur ein paar Fetzen Himmel in undefinierbarer Farbe zwischen den tiefgrünen Wipfeln. Bleischwer fühlten meine Füße sich an, doch für ein Nachtlager war es zu früh. Ich wusste, ich hätte nicht schlafen können, also lief ich weiter, immer weiter.

Erst der Ruf des Käuzchens sagte mir Stunden später, dass der Tag nun tatsächlich vorüber war. Ich richtete mir ein Zelt aus Reisig, verkroch mich darin und sank in einen unruhigen Schlaf. Im Traum erschien mir Henrieke und schaute mich leidend an, ohne jeglichen Vorwurf. Wie sollte ich mich dagegen wehren? Das machte alles noch viel schlimmer.

Wie gerädert erwachte ich in den frühen Morgenstunden, schlief aber nicht wieder ein. Bevor sie mich erneut heimsuchte, rief ich Henrieke vor mein inneres Auge und bat sie um Verzeihung, wie schon so oft. Inbrünstig betete ich für sie und ihr nie geborenes Kind. Gott allein darf Leben geben und nehmen. Henriekes Sünde wog doppelt, weil sie die Frucht ihres Leibes mit in den Tod genommen hatte. Herr, vergib ihr!, flehte ich, bat auch die Muttergottes Maria um ein gutes Wort für meine verzweifelte Weggefährtin, und zuletzt für mich. Denn ich fühlte mich nicht minder schuldig, hatte ich Henrieke doch nicht abgehalten von dieser Verzweiflungstat.

Während ich sprach, fiel ein Sonnenstrahl durch das Reisig in mein Zelt, direkt auf meine betenden Hände. Mir wurde wohlig warm ums Herz. Als er sich zurückzog, nahm er die Last auf meiner Seele mit sich.

Nun meldete sich der Hunger. Ich brachte jedoch nur ein paar Bissen hinunter, war zu aufgewühlt. Eilends packte ich meine Habe zusammen, fühlte mich leicht wie der Wind und zog weiter.

Immer tiefer geriet ich in den Wald hinein, doch das belastete mich nicht. Ich lauschte seinen Stimmen und vernahm in jeder die des Herrn, der über alles wacht. Geleitet von Seiner Hand war ich bereit, mich in jedes Schicksal zu ergeben, das er für mich vorsah.

Wie im Flug verstrich der Tag. Fast fragte ich mich, ob es noch die schrägen Sonnenstrahlen des Morgens seien oder schon die des Abends?

Mein Blick folgte den Stämmen der Buchen bis zu deren Wipfeln. Unendlich hoch erschienen sie mir. Als reichten sie bis zu Gott, dachte ich unweigerlich. Die ausladenden Wedel der Nachstrebenden, unten noch nicht kahl, sondern gekleidet in sattem Grün, streiften mich im Vorübergehen. Manchmal blieben sie an mir hängen, schienen mich festhalten zu wollen. Dort, wo sie lichter standen, breiteten sich moosige Teppiche zu ihren Füßen aus. Die meinen waren wundgelaufen und brannten. Ich entledigte mich der Schuhe, genoss die feuchte, weiche Kühle der Moose und zog barfuß weiter. Steinchen auf dem Waldboden pikten in meine Fußsohlen. Ameisen krabbelten an mir hoch und kitzelten mich. Der Wald mit all seinen Bewohnern schärfte meine Sinne. Ich atmete seine von vielerlei würzigen Kräutern erfüllte Luft, vernahm das Summen und Brummen des geflügelten Getiers, den Schrei des Adlers hoch über mir, die Abendkonzerte der Singvögel. Brombeerranken schlossen sich des Öfteren um meine Fesseln. Wenn ich sie sprengte, schützte mich meine Hose vor den Dornen. Stürzte ich, so war ich schnell wieder auf den Beinen und ging weiter. Manchmal stolperte ich über Baumwurzeln, die aus der Erde ragten wie knorrige Glieder.

Abermals fiel ich der Länge nach hin, mit dem Gesicht ins Unterholz, direkt neben eine Wurzel, die teils darin verborgen war und daraus hervorragte. Sie roch nicht nur modrig, sondern verströmte überdies einen süßlich-fauligen Geruch. Der ließ mich die Nase krausen.

Ich richtete mich halb auf und nahm sie genauer in Augenschein. War das wirklich eine Wurzel? Mit beiden Händen zog ich Efeuranken,

Farne und anderes Gestrüpp beiseite, legte den aus der Erde ragenden Teil frei und hielt schaudernd inne. Die vermeintliche Wurzel erwies sich als eine von mehreren halbverwesten Rippen. Was hatte ich da vor mir, den Kadaver eines verendeten Tieres? Ich musste es wissen, hielt den Atem an, überwand meinen Ekel und entfernte klopfenden Herzens das umliegende Erdreich. Noch weich vom letzten Regen, löste es sich leicht.

Plötzlich ertastete ich etwas Festes, zog daran und schnellte entsetzt zurück. Aus der Erde ragten die Überreste einer Hand. Zitternd am ganzen Leib, wandte ich mich ab und übergab mich. Dieser Anblick erschien mir so unwirklich. Gestützt an einen Baumstamm, versuchte ich ein paar Mal tief durchzuatmen und sagte mir, meine Sinne hätten mir einen üblen Streich gespielt. Ich müsste nur ein zweites Mal hinschauen, dann würde ich es erkennen. Bestimmt lag da nur ein stark verzweigter Ast. Die Ereignisse der vergangenen Zeit, Henriekes Tod, all das war offenbar zu viel für mich gewesen.

Ich zwang mich, den Blick auf das zu richten, was ich mit meinen erdigen Fingern zutage befördert hatte. Es war immer noch eine Hand.

Angst kroch in mir hoch. Wenn dieser Mensch, Gott hab ihn selig, Räubern in die Hände gefallen war? Inzwischen dämmerte es. Ich warf nervöse Blicke ins Dickicht. Bisher hatte ich mich in Wäldern behütet gefühlt, in Gottes ureigensten Kathedralen. Jetzt erschien mir diese Umgebung feindlich. Und ich fand keinen Weg, der mich hinausführte.

Die Nacht brach herein. Mein Blick reichte kaum bis zu den nächsten Bäumen. Ich wähnte mich von ihnen umzingelt. Mit jedem weiteren Schritt verstärkte sich dieses Gefühl. Bald sah ich die Hand vor Augen nicht mehr. War das letzte Nacht auch so gewesen? Ich war zu aufgeregt, um mich daran zu erinnern. Wahrscheinlich, sagte ich mir, hatte ich da mein Nachtlager früher errichtet und es deshalb nicht bemerkt.

Meine Gedanken wurden unterbrochen durch einen Geruch, den der Wind mir zuwehte. In meinem Entsetzen konnte ich ihn nicht einordnen, aber er passte nicht in den Wald. Spielte meine Nase mir einen Streich? Das, was ich jetzt hörte, klang dagegen erschreckend real, ein tiefes, kehliges Knurren. Wölfe! Hungrige Wölfe? Wo steckten sie, vor mir, hinter mir? Kreisten sie mich ein? Es raschelte und knackte – hier, da, dort. Abwehrend hob ich die Hände, zuckte zurück, weil mich etwas pikte und erstickte einen Schrei in meiner Kehle. Oder war er mir entfahren, hatte mich verraten? Wahrscheinlich hatten nur Zweigspitzen in meine Handflächen gestochen.

Ich warf hektische Blicke um mich, obwohl sie nicht durch die Finsternis drangen, wollte unbedingt etwas sehen. Das tat ich dann auch, zwei hell leuchtende Punkte. Wieder dieses Knurren!

Schützend schlang ich die Arme um den Körper und betete stumm. Aber mein Herz übertönte durch sein Hämmern die Gedanken an Gott. Und dieser Geruch nach … Kohl?

Etwas klammerte sich an mir fest. Die Hand, die verweste Hand!

Ich schrie, riss mich los, stürzte kopflos voran und stieß mit der Stirn gegen etwas Hartes. Ein dumpfer Schmerz sprengte schier meinen Schädel. Ich rang um Luft, roch und schmeckte Blut.

## XV

Ursula hörte Euphemia wimmern und starrte wie gebannt auf deren Zeilen. Eine zweite Stimme mischte sich hinein, Äste wiegten sich knarzend im Wind. Wer war noch im Wald?

Sie fuhr herum und blickte irritiert zur Tür der Bibliothek. Das waren keine Äste gewesen, sondern Schritte auf den Holzdielen dahinter. Und das Wimmern kam nicht von Euphemia.

Ursula dachte an jenes Geräusch, jenen Schlag, den sie dem beginnenden Unwetter zugeordnet hatte. Aber das war lange her, fast zwei Stunden. Hätte sie doch besser nachgeschaut? Inzwischen war das Unwetter abgeklungen.

Seufzend verwahrte Ursula Euphemias Chronik unterm Habit. Erneut wurde sie ausgerechnet an einer besonders spannenden Stelle unterbrochen. Aber sie hätte vielleicht jenen Schlag beachten sollen. Wenn das doch kein Donner war … Hatte jemand Hilfe gebraucht, sich verletzt? Und klagte erst jetzt?

Mit unguten Gefühlen öffnete Ursula die Tür und blickte auf den Flur. Da war jemand entlanggegangen, bestimmt eine ihrer Mitschwestern. Jetzt musste sie auf der Treppe sein. Das Jammern, es ertönte erneut und lauter. Ursula meinte, es käme von unten – aus der Krankenstube? Sie eilte hinunter und holte die Siechenmeisterin ein. Die drehte sich erstaunt zu ihr um.

Ursula knetete ihre Finger. »Ich hatte Geräusche gehört und wollte seh…« Schmerzenslaute hinter der Tür zur Krankenstube ließen sie innehalten.

Die Siechenmeisterin öffnete und rief leise hinein, sie werde gleich kommen. Dann eilte sie in einen Raum neben dem Refektorium, die klostereigene Apotheke. Diese Leidende, erklärte sie Ursula unterwegs, sei die ältere verwitwete Schwester der Vorleserin. Diese habe die Äbtissin gebeten, sie wie eine Pfründnerin ins Kloster aufzunehmen, um hier ihren Lebensabend zu verbringen. Daraufhin habe diese, der Absprache mit der Äbtissin gemäß, ihr geerbtes Vermögen dem Kloster vermacht. Der Medicus habe ein starkes Ungleichverhältnis ihrer Körpersäfte diagnostiziert und sie mehrfach zur Ader gelassen, leider ohne die gewünschte Wirkung.

Suchend glitt ihr Blick über Regale, zwischen denen frische Kräuter gebündelt zum Trocknen hingen. Zusammen mit bereits verarbeiteten Heilkräutern und Essenzen in grünen Gläsern verströmten sie ein intensives Geruchsgemisch, dessen einzelne Ingredienzen kaum auseinanderzuhalten waren. Ursula meinte ein paar Unverkennbare herauszufiltern, darunter Minze und Peterling.

»Wo ist er bloß?«, murmelte die Siechenmeisterin vor sich hin, sie habe ihn doch erst kürzlich angesetzt.

Endlich wurde sie fündig und nahm eine grüne Flasche vom Regal. »Tollkirschensaft, stark verdünnt!« Sie habe zuerst versucht, die Unterleibsschmerzen der Kranken mit Bilsenkraut zu betäuben, aber das reiche offenbar nicht aus. Seufzend hielt sie inne. Die Schreie der Pfründnerin waren auch hier vernehmbar.

Ursula begleitete die Siechenmeisterin zurück zur Krankenstube und fragte, ob sie ihr noch irgendwie behilflich sein könne. Als diese verneinte, wünschte sie eine heilsame Wirkung der Arznei und eilte zurück zur Bibliothek, auf der Treppe gedanklich bei Euphemia.

---

Mein Kopf schmerzte. Obwohl ich blinzelte, sah ich nichts. Mindestens zwei weiblich klingende Stimmen sprachen – leise und eine davon rauchig, aber ich hätte sowieso nichts verstanden. Es klang weder englisch noch flämisch.

Etwas lag auf meinen Lidern. Heben konnte ich sie nicht, sie waren zu schwer. Ich spürte einen weichen Untergrund, keinen Waldboden. Das hätte ich erkannt, ich hatte ja oft im Wald übernachtet. Um mich herum war es warm, besonders in der Nähe meiner Füße. Ich rührte mich nicht. Niemand sollte bemerken, dass ich aufgewacht war, solange ich meine Situation nicht besser einordnen konnte.

Die Wärmequelle zu meinen Füßen war vielleicht ein Feuer. Es roch danach. Ein Lagerfeuer oder ein Herdfeuer? Wo war ich, wie kam ich hierher? Und was war das auf meinen Augen, meiner Stirn? Die schmerzte fürchterlich. Auch das Einatmen durch die Nase tat mir weh. Dabei dachte ich an meinen verstauchten Knöchel. Denn etwas zog durch meine Nase, das mir seit jener Zeit vertraut war, der Duft von Beinwell, allerdings durchsetzt von einer aromatischen Substanz. Mabel hatte sie für ihre Geschwister verwendet, bei kleineren Verletzungen. Arnika!

Ich versuchte mir ins Gedächtnis zu rufen, was in jüngster Zeit geschehen war. Das Letzte, woran ich mich erinnerte ... Mir fiel nichts ein. Das Nachdenken verstärkte nur den Schmerz und erschöpfte mich.

Etwas Feuchtkühles berührte meine Hand. Ich zuckte zurück. Das allein wäre vielleicht nicht aufgefallen. Doch unwillkürlich stieß ich einen Laut aus, stockte und hielt den Atem an.

Zu spät, man hatte bemerkt, dass ich wachte. Die Stimmen verstummten. Mir war, als schwebte über mir eine dunkle, feuchte Wolke. Sie sagte etwas zu mir. Es klang wie eine Frage, aber ich verstand sie nicht. Etwas Warmes, Weiches berührte meine Stirn. Eine Hand? Sie wich zurück, als ich vor Schmerz stöhnte. Hand ... Bei diesem Gedanken erfassten mich Übelkeit und Angst. Mein Atem ging stoßweise, ich würgte und versuchte mich aufzurichten.

Sanft, aber entschieden wurde ich daran gehindert, während die normal klingende Stimme auf mich einsprach. Eine Hand entfernte, was auf meinen Augen lag.

Jetzt konnte ich sie öffnen. Über mir schwebte ein Gesicht, zuerst verschwommen, das Gesicht einer Frau. Ihre Lippen bewegten sich.

Zum Zeichen, dass ich nichts verstand, wiegte ich den Kopf, hielt aber sofort darin inne. Ein stechender Schmerz veranlasste mich erneut zum Stöhnen.

Etwas berührte meinen Arm, wieder dieses Feuchtkühle. Nun glaubte ich zu erkennen, was es war – eine Hundeschnauze. Ein Winseln bestätigte meine Vermutung und weckte zugleich eine Erinnerung. Dieses Knurren …

Die Frau sprach weiter. Zwar verstand ich nach wie vor kein Wort, doch es klang freundlich. Im Hintergrund vernahm ich die rauchige Stimme. Sie sprachen miteinander, wahrscheinlich über mich. Zu gern hätte ich gewusst, was und versuchte es an ihrer Mimik abzulesen, aber die sah ich immer noch etwas verschwommen.

»Wo bin ich?«, fragte ich, erst auf Flämisch, dann in meiner Muttersprache. Die hintere Frau trat nun auch an mein Lager und beäugte mich kritisch, tauschte dann einen nachdenklichen Blick mit der anderen. Ich überlegte, in welchem Verhältnis sie zueinander standen. Inzwischen sah ich klarer. Beide waren ungefähr im selben Alter, aber wesentlich älter als ich. Sie trugen ihr Haar offen. Der einen fiel es in langen rotbraunen Locken über die Schultern. Das der anderen, die sich zuerst im Hintergrund gehalten hatte, war glatt, aschblond und zu meinem Erstaunen kaum länger als meines. Sehr ungewöhnlich … Hatte sie sich in letzter Zeit auch für einen Burschen ausgegeben?, fragte ich mich unweigerlich. Eine andere Erklärung fiel mir nicht ein. Allerdings war ich immer noch ziemlich benommen.

»Wie lange bin ich schon hier?«, fragte ich weiter, obwohl kaum Aussicht auf eine Antwort bestand, da meine erste Frage immer noch offen war.

»Hildegard«, sagte die Rotbraune und deutete auf sich, dann auf ihre Mitbewohnerin: »Magdalena.«

Ich nickte zum Zeichen des Verstehens und lächelte schwach. »John«, glitt es über meine Lippen. Sie glaubten mir nicht. Ich merkte es ihnen an und war irritiert. Dann durchzuckte mich die Erkenntnis wie ein Blitz, bevor ich an mir herabschauen konnte. Natürlich glaubten sie mir nicht! Unter meiner Decke lugte der Kragen meines Kleides hervor. Wo waren Hemd und Hose? Eilends korrigierte ich mich, nannte mich »Joan«, und hoffte, sie glaubten, ich hätte zuerst undeutlich gesprochen, schließlich schienen sie meiner Muttersprache nicht mächtig zu sein.

Hildegard lächelte, Magdalena ebenfalls –, aber hintergründig und nach langer Pause. Sie bezweifelte meine Aufrichtigkeit. Ich sah es in ihren Augen. Sie hat ja recht, dachte ich, und spürte, wie ich vor Scham rot anlief. Doch was sollte ich tun? Meinen wahren Namen konnte ich unmöglich offenbaren.

Magdalena entfernte sich. Als sie zurückkehrte, hielt sie etwas in den Händen, meine Männerkleidung. Ihr Gesicht war ein einziges Fragezeichen.

Weil man als Bursche sicherer reise, hätte ich gerne erklärt. So blieb mir nur ein hilfloser und um Verständnis heischender Blick. Hildegard, spürte ich, verstand mich ohne Worte, zumindest ansatzweise. Sie sagte etwas zu Magdalena, worauf diese seufzend meine Sachen unter den Sack stopfte, auf dem ich lag.

Ich hörte das Stroh darin knistern und den Ruf des Käuzchens. Dieser beantwortete mir gleich zwei Fragen, eine durch seine Nähe: Es war Abend und ich war im Wald.

Damit warf er jedoch eine neue auf, und zwar eine viel beunruhigendere: Wieso hausten die beiden im Wald, fernab der menschlichen Gesellschaft? Meine vergeblichen Versuche, Antworten zu erhalten, und die Ungewissheit, inwiefern ich ihnen vertrauen konnte, erschöpften mich. Auf Gedeih und Verderb war ich ihnen ausgeliefert. Gewiss, sie kümmerten sich um mich, versorgten meine Stirnwunde mit frischen Umschlägen. Noch intensiver nahm ich ihn wahr, den Duft von Beinwell und Arnika. Trotzdem, die beiden erschienen mir unheimlich. Sie bargen ein Geheimnis. Vielleicht, dachte ich, sollte ich besser nichts davon erfahren. Wenn sie es nämlich mit niemandem teilen wollten ...

Ich sah ihre Gesichter über mir, Hildegards mitleidig, Magdalenas entschlossen. Plötzlich verstand ich, was sie meinten. »Wir müssen es tun«, sagte Magdalena. Hildegard blickte sie bittend an.

»Sie wird uns sonst verraten«, bekräftigte Magdalena. Mich überlief es heiß und kalt. Ich strampelte die Decke weg, wälzte mich herum und wurde festgehalten.

Dann spürte ich etwas an meinen Lippen. Es fühlte sich an wie Ton, der Rand eines Bechers? Man wollte mir etwas einflößen! Magdalena? Ich kniff die Lippen zusammen. Als sie daraufhin versuchte, sie mir mit sanfter Gewalt zu öffnen, riss ich den Kopf beiseite. Ein schriller Schmerz ließ mich aufheulen. Der Hund bellte.

Magdalenas rauchige Stimme beschwor mich, nun wieder in der mir unverständlichen Sprache. Ich konnte nichts dagegen tun. Während Hildegard mir den Kopf festhielt, flößte Magdalena mir einen bittersüß schmeckenden Saft ein. Schon legte sich eine bleierne Schwere auf meine Lider. »O Herr, nimm mich auf«, flehte ich, »sei meiner armen Seele gnädig.«

Doch anstatt an Seiner Seite, erwachte ich das nächste Mal auf meinem Strohmatratzenlager, verdutzt darüber, dass ich offenbar noch lebte. Neben mir vernahm ich regelmäßige Atemzüge. Wer lag da, eine der Frauen? Wachte sie an meinem Bett, damit ich mich nicht davonstahl?

Ehe ich diesen Gedanken vollendete, fiel mir der Hund ein. Er war es, meine vorsichtig tastende Hand erfühlte sein raues, struppiges Fell. Bevor er erwachte, zog ich sie zurück. Er seufzte behaglich, blieb aber still.

Ich hob den Kopf ein wenig, verkniff mir einen Schmerzenslaut und versuchte zu erkennen, wie die Hütte eingerichtet war. Es musste tiefe Nacht sein. Durch ein Fenster an der Wand neben mir, verhangen mit einer dünnen Tierhaut, fiel kaum wahrnehmbares Mondlicht auf meine Decke. Dahinter verlor es sich in der Dunkelheit. An der gegenüberliegenden Wand befanden sich zwei Fenster, aber kleinere. Außerdem waren sie durch dickere Tierhäute verschlossen.

Der Beutel mit meinen Habseligkeiten, wo hatten sie ihn verwahrt? Wenn überhaupt, womöglich lag er irgendwo im Wald. Dieser Gedanke beunruhigte mich zutiefst. Schließlich besaß ich sonst nichts. Außer ... Erregt tastete ich mich unter der Decke ab und atmete ein klein wenig auf. Unter meinem Kleid verborgen, erfühlte ich meinen Lederbeutel. Abgesehen von den paar Münzen und meinem Collier, welches mir nach dem Fährunglück der Strand zurückgegeben hatte, befand sich darin mein hart erarbeiteter Lohn der letzten Monate. Wie gut, dass ich ihn stets direkt am Körper trug!

Nach einer Weile zeichneten sich Umrisse diverser Gegenstände vor meinen Augen ab: ein Tisch, zwei Stühle, die Herdstelle, eine Truhe – und ein schwarzer Vorhang. Schliefen dahinter die Frauen? Er endete nach dem ersten Fenster und teilte die Hütte in zwei Bereiche. Der vordere, in dem ich lag, machte etwa zwei Drittel aus. Mein Blick schweifte nach oben, erfasste aber nur den untersten Teil der Dachbalken. Darüber wurde es stockfinster.

Angespannt lauschte ich auf weitere Atemzüge, vernahm jedoch nur die des Hundes. Wenn die Hausherrinnen anwesend waren, mussten sie einen sehr ruhigen Schlaf haben. Aber wo sollten sie sonst sein, um diese Zeit?

Plötzlich bemerkte ich, dass sich etwas verändert hatte. Ich kam nicht sofort darauf, was es war, erst, indem ich mich langsam aufrichtete – ganz langsam, damit das Knistern des Strohs mich nicht verriet. Mein Schmerz, er hatte nachgelassen. Vorsichtig ertastete ich den Verband auf meiner Stirn. Die Heilkräuter hatten geholfen und wahrscheinlich auch die Medizin, die sie mir eingeflößt hatten. Das sah nicht danach aus, als ob sie mich umbringen wollten.

Trotzdem, seit meiner Flucht lebte ich selbstbestimmt, das sollte so bleiben! Diese Frauen waren mir fremd, wie sollte ich ihnen vertrauen? Weil sie mir halfen? Das musste nicht aus reiner Nächstenliebe sein, dafür konnte es andere Gründe geben. Wollten sie mich als Magd hierbehalten?

Sie führten ein heimliches Leben im Wald. Warum? Hatten sie sich eines Verbrechens schuldig gemacht? Wurden sie womöglich gesucht? Unter diesem Gesichtspunkt konnten sie mich nicht einfach ziehen lassen. Sie müssten darauf vertrauen, dass ich sie nicht verriete.

Fast reizte mich dieser Gedanke zum Lachen. Sie kannten mich ja ebenso wenig wie ich sie. Schwer vorstellbar also, wie sie mir vertrauen sollten.

Ich wollte meinen Beutel suchen. Vorsichtig setzte ich einen Fuß auf den festgestampften Erdboden, dann den zweiten und achtete dabei tunlichst darauf, den Hund nicht zu berühren.

Meine Männerkleidung … Hemd, Hose, Schuhe, alles lag unter der Strohmatratze, direkt davor der Hund. War das Zufall? In mir keimte ein Verdacht. Vermutlich hatten sie den Hund dazu veranlasst, sich dort abzulegen, damit ich nicht an meine Sachen herankam. Obwohl sie nicht wussten, weshalb ich als Bursche umherzog, konnten sie sich ausmalen, dass ich diese Kleidung mitnehmen wollte.

Entmutigt sank ich auf mein Lager zurück. Es schien aussichtslos. Der Hund würde mich verraten, winseln oder gar bellen. Und womöglich würde mein Fluchtversuch den Zorn der Frauen heraufbeschwören oder zumindest einen gewissen Unmut über meine Undankbarkeit. Das wagte ich nicht zu riskieren.

Davon abgesehen, wäre es denn nicht wirklich undankbar von mir gewesen, mich einfach so in der Nacht davonzustehlen, nach all der Hilfe, die sie mir hatten angedeihen lassen? Ich schämte mich bei diesem Gedanken.

Hätte ich mich bloß erinnern können! Außer der Hand, die mich in den nächsten Nächten immer wieder in meinen Alpträumen verfolgte, waren sämtliche Inhalte jener Stunden, bevor ich hier erwachte, scheinbar aus meinem Gedächtnis gelöscht.

Ich weiß nicht, wie lange ich nach der ernüchternden Erkenntnis, dass ich nicht fort konnte, zumindest nicht in dieser Nacht, dagelegen hatte, teils wach, teils dösend. Gedankenverloren kraulte ich den Hund, der das offenbar genoss. Jedenfalls gab er wohlige Seufzer von sich.

Auf einmal spitzte er seine zotteligen Ohren, richtete sich auf und lief erwartungsvoll wedelnd dahin, wo ich die Tür vermutete. Verdutzt wie ich war, brauchte ich einen Moment, um zu begreifen. Ich war die ganze Zeit allein gewesen. Das durfte nicht wahr sein!

Knarrend wurde die Tür geöffnet und die beiden Frauen kamen herein. Ich stellte mich schlafend und lauschte, obwohl ich ja nichts verstanden hätte. Aber sie gaben keinen Laut von sich, sondern zogen sich schweigend hinter den schwarzen Vorhang zurück. Vielleicht wollten sie meinen Schlaf nicht stören. Rücksichtslosigkeit konnte ich ihnen jedenfalls nicht unterstellen.

Was hatten sie im Wald gemacht, mitten in der Nacht? Dieses Rätsel trieb mich um und ließ mich erst recht lange nicht mehr einschlafen.

Am nächsten Morgen weckten mich frische Luft, Tageslicht, welches durch meine geschlossenen Lider drang, und ein etwas bitterer Geruch.

Hildegard half mir, mich aufzusetzen, während Magdalena mir eine Schale Hirsebrei reichte. Dabei merkte ich, wie hungrig ich war. Wann hatte ich das letzte Mal etwas zu mir genommen? Ich wusste es nicht, wusste ja nicht einmal, seit wann ich hier lag. Begierig leerte ich die Schüssel, unter den wachsamen Augen der beiden. Das fiel mir aber erst nachher auf. Plötzlich meinte ich, die Hirse hätte einen seltsamen Beigeschmack gehabt und musste aufstoßen. Immer noch regte sich Misstrauen in mir.

Magdalena lachte herzhaft. Sie merkte es, ihr konnte ich nichts vormachen. Es war mir unangenehm und peinlich, so durchschaut zu werden.

Das schien zumindest Magdalena nicht zu bekümmern. Sie löste den Verband von meinem Kopf, begutachtete die Wunde und nickte zufrieden: »Gut, sehr gut.«

Zum ersten Mal verstand ich, was sie sagte, wiederholte die Worte und sah sie fragend an. Nach einem Blickwechsel mit Hildegard nickten beide und grinsten. Ich grinste zurück.

Damit brach allmählich das Eis. Sie lehrten mich weitere Wörter, deuteten nach und nach auf alles in der Hütte und benannten es. Ich erfuhr, in welcher Sprache: Deutsch. War ich bereits auf deutschem Boden?

Sie verneinten. Wie sie mir etliche Wochen später erzählten, stammten sie aus Köln. Davon hatte ich gehört. Dabei kam mir die heilige Ursula in den Sinn. Es ehrt mich, dass sie, die ja aus der Bretagne stammte, einst einen meiner Vorfahren ehelichen sollte. Zugleich ist es mir peinlich, denn jener Prinz war bekanntlich Heide. Nun, das ereignete sich Ende des vierten Jahrhunderts, liegt also sehr lange zurück. Lobenswerterweise ließ er sich von Ursula zum Christentum bekehren und erfüllte auch deren weitere Bedingungen, wollte vor der Eheschließung gemeinsam mit ihr, zehn Gefährtinnen und weiteren elftausend Jungfrauen nach Rom pilgern. Der Überlieferung nach schlossen sich ihnen unterwegs sogar Papst Cyriacus sowie etliche Bischöfe und Kardinäle an. Aber was dann geschah …

Diese Geschichte hatte mich bereits als Kind ungemein mitgenommen. Gewiss, es war eine göttliche Gnade, dass Ursula im Traum das Martyrium verkündet wurde. So war sie wenigstens darauf vorbereitet, sofern man auf dergleichen vorbereitet sein kann.

Herr, wie hart hattest du dieses Menschenkind geprüft! Zuerst hast du zugelassen, dass all ihre Begleiter in Köln von den Hunnen niedergemetzelt wurden! Und dann Ursula und deren einzig verbliebene Freundinnen, Cordula, Aukta und Odilia, vor die schwierigste Wahl ihres Lebens gestellt! Verzeih, wenn ich das in Frage stelle, doch ich kann nicht anders. Wusstest du denn wirklich nicht, wie treu sie dir ergeben waren, dass sie dir niemals abschwören würden, auch nicht um des irdischen Daseins willen?

Köln, so sagten mir meine Gastgeberinnen, läge weit entfernt. Ich lernte schnell und konnte mich mittlerweile mit ihnen unterhalten. Nun ja, leidlich. Weil ich nicht falsch verstanden werden wollte, suchte ich oft lange nach dem richtigen Wort. Wenn ich es nicht fand, bediente ich mich zuweilen ausschweifender Umschreibungen. Hildegard hörte mir stets geduldig zu, wohingegen Magdalena manchmal die Augen verdrehte.

Sie meine das nicht so, beruhigte mich Hildegard, sobald wir einmal kurz allein waren. Sie merkte, wie es mich bedrückte. Es war mir sowieso unangenehm, den beiden zur Last zu fallen. Da konnten sie noch so oft betonen, wie gern sie mich bei sich hätten.

Als ich mich einigermaßen erholt hatte, half ich ihnen bei sämtlichen Arbeiten, die anfielen. Rings um die Hütte herum hatten sie Beete für Wildkräuter und schattenliebende Gemüsesorten angelegt. Nur der Winterrettich musste noch abgeerntet werden. Wir zogen die Knollen aus dem Boden, entfernten das Laub und lagerten sie in aus Rindenstücken und Ästen gezimmerten Kisten. Dieses Jahr, erzählte mir Hildegard, hatten sie sogar Hirse angebaut, aber nur einen geringen Ertrag erzielt. Für Hirse sei es im Wald eben doch zu schattig. Das Wenige, was sie ernten konnten, habe einen etwas eigenartigen Geschmack. Ich hätte es vielleicht bemerkt.

Und ob! Da konnte ich ihr nicht widersprechen.

Obwohl es mich einiges an Überwindung kostete, half ich auch beim Ausnehmen des Wildes. Greif, so hieß der Hund, spürte es auf, Magdalena erlegte es mittels Pfeil und Bogen und wir beiden anderen kümmerten uns um alles Nachfolgende. Es war schweißtreibend, einer Wildsau das Fell über die Ohren zu ziehen und für Magdalena eigentlich zu anstrengend. Das vertraute Hildegard mir an. Ich begriff, was sie meinte. Inzwischen war mir Magdalenas Kurzatmigkeit aufgefallen. Es hing wohl mit ihrer rauchigen Stimme zusammen. Ihrer angegriffenen Gesundheit schrieb ich außerdem zu, wenn ich sie des Nachts stöhnen hörte und war sehr besorgt. Aber das lag an etwas, wovon ich seinerzeit nichts ahnen konnte.

Magdalena sagte wenig. Wenn, war sie auch sprachlich eine gute Schützin und traf stets ins Schwarze.

Im Gegenzug lehrte ich die beiden Englisch, allerdings mehr zum Zeitvertreib.

Sie müssten es nie anwenden, meinte Magdalena mit vielsagendem Blick.

Ich verstand, was sie meinte. Nie wieder würden sie unter anderen Menschen leben. Warum, das wagte ich damals noch nicht zu fragen. Sie fragten mich auch nicht, weshalb ich als Bursche umhergezogen sei. Ich denke, ihre Lebenserfahrung hatte ihnen das längst beantwortet. Als alleinstehendes Weib ist man schließlich nie sicher vor männlichen Übergriffen. Ich nahm an, sie hätten sich deshalb zusammengetan. Auf den wahren Grund wäre ich nie im Leben von selbst gekommen.

Doch ich greife wieder einmal vor. Nachdem wir unser erstes Wildbret zubereitet hatten, eine Rehkeule, vermutete ich, sie seien erfolglos auf der Jagd gewesen in jener Nacht, in der ich mich davonzustehlen gedachte.

Doch als sie das nächste Mal nachts verschwanden, fiel mir bei ihrer Rückkehr etwas auf. Sie hatten weder Pfeil noch Bogen dabei und überdies Greif bei mir gelassen.

Weitere Nächte folgten, in denen sie stundenlang ausblieben. Das dumpfe Gefühl, es stünde mir nicht zu, hielt mich davon ab, nach dem Grund dafür zu fragen. Dabei brannte in mir die Neugier.

Obwohl sie sich bemühten, leise zu sein, erwachte ich stets durch die knarrende Tür, wenn sie zurückkamen, stellte mich aber schlafend. Greif war an dieses Kommen und Gehen gewöhnt, er zuckte kaum mit der Wimper.

Ein paar Mal war ich nahe dran, sie doch darauf anzusprechen, zumindest die etwas zugänglichere Hildegard. Die Neugier loderte einfach zu stark in mir, ließ mir keine Ruhe. Wir spülten gerade unser Geschirr in einem ausgewaschenen Stein. Ich holte tief Luft und setzte zum Reden an, sagte aber nichts. Hildegard sah mich fragend an.

»Ach, nichts«, meinte ich bloß und senkte verlegen den Kopf.

Ich zermarterte mir das Gehirn. Warum konnte ich danach nicht fragen? Wir kochten, aßen und tranken zusammen, verrichteten alle notwendigen Arbeiten gemeinsam und verständigten uns. Wir hatten doch ein festes Band des Vertrauens zueinander geknüpft. So wollte ich es sehen.

Ende November, in einer ungewöhnlich milden Nacht, verschwanden Hildegard und Magdalena wieder einmal. Obwohl ich wusste, wie falsch es war, schlich ich ihnen hinterher. Ich konnte einfach nicht anders, getrieben von meiner Neugier. Ungeduldig zählte ich bis zehn, nachdem sie die Hütte verlassen hatten, stand auf und legte mir eine Decke über die Schultern. Greif wollte unbedingt mit. Er ließ mich schier nicht alleine hinaus. Nur mit Mühe konnte ich ihn zurückschieben und die Tür hinter mir verriegeln.

Draußen, wenige Schritte entfernt, hörte ich ihn winseln. Die beiden Nachtwanderinnen hoffentlich nicht auch, bangte ich und spähte umher. Wo waren sie? Weit konnten sie noch nicht sein. Die silberne Scheibe des Vollmonds schien zwischen den Bäumen hindurch. Magdalena trug ein helles Gewand. Danach suchte ich, schlich vorsichtig durchs Unterholz und lauschte.

Ich dachte schon, ich hätte zu lange gewartet, da vernahm ich Hildegards Stimme und folgte der Richtung, aus welcher sie kam. Sie stimmte.

Vor mir sah ich Magdalenas Gewand zwischen Zweigen leuchten. Offensichtlich gingen sie immer dort entlang, denn es hatte sich ein schmaler Pfad gebildet. Weil er gewunden war, verlor ich die beiden bei jeder Biegung aus dem Blick. An ihren Stimmen konnte ich mich auch nicht mehr orientieren. Sie schwiegen nämlich. Magdalenas Gewand erkannte ich nur durch ihre Bewegungen. Es leuchtete heller, alles wurde heller. Einen Steinwurf vor mir tat sich eine Lichtung auf. Im ersten Moment hielt ich sie fast für einen See, denn sie fing das Mondlicht.

Vor meinen staunenden Augen tauchten Hildegard und Magdalena darin ein. Sie tanzten, scheinbar schwerelos. Es war, als ob sie schwebten.

Ich wagte mich weiter vor, fast bis zum Rand der Lichtung, verbarg mich hinter einer Eiche, schmiegte mich an deren wärmende Rinde und beobachtete fasziniert das sich mir bietende Schauspiel, einen mitternächtlichen Elfentanz.

Das also ist ihr Geheimnis, dachte ich, erleichtert und zugleich beschämt. Denn niemand hatte mich dazu eingeladen.

Verzückt sah ich den Tänzerinnen zu und wiegte mich unwillkürlich in den Hüften. Liebend gern hätte ich mich zu ihnen gesellt!

Vertieft, wie ich war, vernahm ich das Gebell nicht sofort – erst, als Hildegard und Magdalena inmitten ihrer Bewegung innehielten und herüberschauten. Direkt zu mir! So meinte ich jedenfalls. Schnell duckte ich mich. Zweige knackten, ohrenbetäubend laut, wie mir schien. Mir wurde angst und bange, doch am schlimmsten plagten mich meine Gewissensbisse. Wenn sie mich entdeckten ... Ich schämte mich in Grund und Boden, im wahrsten Sinne des Wortes.

Greif bellte immer lauter und aufgeregter. Er musste es sein, ansonsten gab es hier bestimmt nur Wölfe, und die bellten nicht.

Geduckt huschte ich durchs Unterholz, obwohl ich dabei weitere Geräusche erzeugte, die sich mit Greifs Gebell vermischten. Ich musste vor Hildegard und Magdalena in der Hütte sein, das war mein vordringlichster Gedanke.

Zuerst folgte ich dem Pfad, bis mir klar wurde, dass sie mich dort eher bemerkten. Also wich ich von ihm ab und warf beim Laufen Blicke zurück. Plötzlich fiel mir auf, dass etwas nicht stimmte.

Mit hämmerndem Herzen blieb ich stehen. Greif, ich hörte ihn nicht mehr. Hatte er sich von selbst wieder beruhigt? Das erschien mir am unwahrscheinlichsten. Waren Magdalena und Hildegard bei ihm? Dann mussten sie sehr schnell gewesen sein. Wobei … Ich war auch sehr schnell gerannt. Vielleicht schlug mein Herz zu laut. Oder ich hatte die falsche Richtung eingeschlagen.

Mühsam kämpfte ich aufsteigende Angst nieder und warf hektische Blicke um mich. Wo war ich, schon nahe der Hütte? Der Mond stieß seine Strahlen wie leuchtende Speere durch den Wald. Dazwischen reichte das Licht gerade einmal aus, um mir geheimnisvolle Formen und Gestalten vorzugaukeln. Es sind Blätter – Zweige und Blätter, sagte ich mir, sonst nichts! Doch ich konnte mir selbst nicht glauben.

Angestrengt horchte ich. Greif, warum bellte er nicht? War ich wirklich so weit weg?

Da, ein Knacken, ein Rascheln! Hinter mir? Ich fuhr herum. Ein Vogel oder ein Marder, versuchte ich mich zu beschwichtigen. Aus Erfahrung wusste ich, wie unglaublich viel Lärm sogar kleinste Tiere verursachen können.

Doch da war keines, stattdessen die Hand! Sie kam auf mich zu, griff nach mir. Ich schrie wie am Spieß und versuchte auszuweichen, stieß jedoch gegen etwas Weiches, während die Hand sich in meine Halsbeuge legte. Und dann eine zweite, auf die Schulter. Ich wurde geschüttelt.

Erst, als ich mich heiser geschrien hatte, vernahm ich Hildegards Stimme. Schweigend, weil ich sie nicht auch noch belügen wollte, das Haupt gesenkt vor Scham, ließ ich mich von den beiden in die Hütte führen und zu Bett bringen. Sie ersparten mir jegliche Ausflüchte oder Erklärungen, die unweigerlich fadenscheinig ausgefallen wären. In dieser Nacht sah ich ihnen nicht mehr in die Augen, doch ich fühlte ihre wissenden Blicke auf mir.

In den folgenden Tagen verhielten wir uns, als wäre nichts geschehen. Nun ja, nicht ganz. Meist stillschweigend verrichteten wir jede anfallende Arbeit, bis ich die spürbaren Unklarheiten zwischen uns nicht mehr ertrug.

»Bitte verzeiht mir, was eigentlich unverzeihlich ist«, stieß ich eines Morgens hervor, nach dem Gebet. Wir saßen vor dampfendem Hirsebrei am Tisch. Mein schlechtes Gewissen hatte den Kloß in meinem Hals beständig genährt. Letzte Nacht war er so gewachsen, dass ich nichts herunterbrachte. Erst musste einiges heraus. Gott hatte ich längst um Vergebung meiner verwerflichen Neugier gebeten – mehrmals und gerade wieder, dabei jedoch seine Stimme immer noch nicht deutlich in mir vernommen. Das offenbarte ich nun den beiden und dankte ihnen, weil sie mich in jener Nacht nicht mit Schimpf und Schande davongejagt hatten.

Auch sie hatten ihren Brei noch nicht angerührt, sahen mich lange und ernst an, tauschten einen ebenso langen und ernsten Blick miteinander.

Magdalena ergriff das Wort. Dafür bräuchte ich ihnen nicht zu danken. Sie behielten mich aus eigennützigen Gründen hier.

»Ach ja?« Überrascht und ängstlich erwartungsvoll schaute ich sie an.

»Denk an die Hand«, half Magdalena meinem Gedächtnis auf die Sprünge, während Hildegard nervös in ihrem Brei herumrührte.

»Die Hand«, wiederholte ich überflüssigerweise, um überhaupt etwas zu sagen.

»Ja«, meldete sich Hildegard nun doch zu Wort. Das hätte ich ja unablässig gerufen: »Die Hand!«

Sie könnten daraus nur eines schließen, meinte Magdalena. Ich müsse darüber gestolpert sein, ein paar Wochen zuvor, unterwegs durch diesen Wald.

Ich nickte und erwartete angespannt, was man mir gleich eröffnen würde. Stattdessen begutachtete Hildegard kritisch Magdalenas Haarschopf, holte Kamm und Schere und begann sie zu frisieren. »Du willst dir das Haar nicht wachsen lassen?«, fragte ich irritiert.

»Du etwa?«, fragte Magdalena zurück. Hildegard schwieg. Ich verneinte, fügte aber geschwind hinzu, dass ich ja irgendwann weiterziehen würde, als Bursche, weil das sicherer sei.

»Weiterziehen«, sagte Magdalena lachend zu ihrer Freundin. »Sie meint tatsächlich, wir ließen sie weiterziehen, obwohl sie …«, sie brach ab und schaute mich eindringlich an, »diese Hand gesehen hat, uns und unser Heim.«

Hildegard lachte ebenfalls, doch es klang gezwungen. Sie erstickte ihr Lachen, warf mir einen – wie ich meinte – um Verzeihung bittenden Blick zu und senkte das Haupt, derweil Magdalena mich aufklärte. Besagte Hand, erfuhr ich, gehörte einem Mann. Ob auf der Suche nach ihnen oder rein zufällig, sei er ihrer Hütte zu nahe gekommen. Eine Konfrontation sei leider unumgänglich gewesen, wobei es zum Handgemenge gekommen sei.

Eine allein, ergänzte Hildegard, wäre ihm hilflos ausgeliefert gewesen. »Doch gemeinsam überwältigten wir ihn, bevor er uns etwas antun oder unseren Aufenthaltsort verraten konnte.«

Ich schluckte, schreckliche Bilder vor Augen. Endlich erfuhr ich die Geschichte der beiden. Magdalena war das Weib eines wohlhabenden Kölner Kaufmanns und einst zur Heirat gezwungen worden. Ihrer ehelichen Pflicht sei sie niemals freiwillig nachgekommen. Das habe ihn nicht gestört, meinte Magdalena bitter. »Er nahm sich einfach, was ihm seiner Ansicht nach gehörte.« Doch damit sei er nicht zufrieden gewesen. »Er wollte, dass ich ihm Kinder gebäre, vornehmlich Söhne; aber …«, ein triumphales Lächeln umspielte Magdalenas Lippen, »das habe ich zu verhindern gewusst, dank …«

Nun kam Hildegard ins Spiel. Sie war des Kaufmanns Köchin und wusste nicht nur schmackhafte, sondern –, Magdalena lächelte geheimnisvoll in sich hinein – auch wirkungsvoll gewürzte Speisen zuzubereiten.

Ich lauschte wie gebannt und konnte mir an dieser Stelle nicht verkneifen anzumerken, das hätte wohl des Kaufmanns Verdacht erregt.

Doch beide schüttelten den Kopf. Hildegard, inzwischen fertig mit Magdalenas Haaren, lachte amüsiert auf. Nein, zu derlei Schlussfolgerungen sei dieses Mannsbild viel zu begriffsstutzig gewesen. Er sei vielmehr eifersüchtig geworden, rasend vor Eifersucht.

»Weil Magdalena meine Gesellschaft der seinen vorzog«, erläuterte Hildegard. »Wir mussten fliehen, Hals über Kopf, er hätte uns sonst erschlagen. Unterwegs gaben wir vor, ein Paar zu sein.«

»Deshalb opferte ich mein Haar«, fuhr Magdalena fort. »Wobei …«, sie hielt inne und lächelte, »mittlerweile gefalle ich mir gut mit kurzem Schopf, und Hildegard ebenfalls.« Diese bejahte eifrig.

Nun wusste ich also Bescheid, konnte mich aber trotzdem des Gefühls nicht erwehren, dass sie mir etwas verschwiegen.

Mittlerweile wurde es winterlich kalt. Täglich sammelten wir Feuerholz und heizten abends noch einmal gründlich ein. Magdalena und Hildegard blieben nachts in ihren Betten, hinter dem schwarzen Vorhang. Das war nicht zu überhören. Schlagartig wurde mir bewusst, ich hatte stets durch eine plötzlich eintretende Stille bemerkt, wenn sie ausgingen.

Jetzt hörte ich sie nachts oft stöhnen. Magdalena hatte durch ihre Kurzatmigkeit einen unruhigen Schlaf, aber Hildegard …

Eines Morgens sprach ich sie darauf an und äußerte meine Besorgnis. Sie hörten mir erstaunt zu, wechselten einen amüsierten Blick miteinander und brachen in schallendes Gelächter aus. Ich war verdutzt, verstand die Welt nicht mehr.

»Weißt du …«, ergriff Magdalena endlich das Wort. »Wir hatten nicht nur vorgegeben, ein Paar zu sein.« Liebevoll sah sie Hildegard an und strich zärtlich über deren Haar. »Wir sind eins.«

Ich muss selten dämlich dreingeschaut haben, denn sie lachten erneut und konnten gar nicht mehr aufhören.

Weil ich nicht wusste, wie ich mit dieser Offenbarung verfahren sollte und das zunächst allein verdauen musste, stand ich auf, um draußen Feuerholz zu sammeln.

Dabei vergaß ich völlig die Zeit und merkte erst, wie durchgefroren ich war, als sie mich fanden, zurückbrachten und mir einen Becher heißen Kräutersuds an die Lippen hielten. Das dürfe ich nie wieder tun, tadelten sie mich mit ungewöhnlich sanften Stimmen, so lange ausbleiben, bei solcher Kälte. Ich versprach es und hielt mich daran.

Seitdem sah ich Magdalena und Hildegard mit anderen Augen. Dass mir das zuvor nie aufgefallen war, wie sie sich anblickten, miteinander umgingen. Zu meiner Überraschung stieß mich die Erkenntnis, dass sie nicht nur Tisch, sondern auch Bett miteinander teilten, nicht ab, sondern verwirrte mich nur. Was hätten meine Eltern dazu gesagt, unser Priester, der Bischof, der Heilige Vater? Die Antwort darauf war mir allzu klar. Schnell verdrängte ich sie. Damals kannte ich ja kaum die geschlechtliche Liebe zwischen Mann und Frau, wie sollte ich da andere Lebensformen verstehen? Nur eines war mir klar, und dessen bin ich mir bis heute gewiss: Magdalena und Hildegard standen in keinerlei Bündnis mit dem Teufel. Sie waren keine Unholdinnen, sondern vielmehr gutherzige und hilfsbereite Frauen, die nichts weiter wollten, als ein eigenständiges Leben führen.

Ich verbrachte den Winter von 1347 auf 1348 bei ihnen, stets darum bemüht, mich ihrer Gastfreundschaft würdig zu erweisen. Als im März die Natur zu neuem Leben erwachte und die Tage länger wurden, breitete sich eine seltsame Unruhe in mir aus. Die Hütte, in der ich mich bisher so wunderbar geborgen gefühlt hatte, erschien mir plötzlich zu eng für drei. Da half es auch nichts, wenn ich den größten Teil des Tages draußen verbrachte, im Wald. Eine innere Stimme sagte mir, ich müsse weiterziehen. Wir kannten uns inzwischen so gut, dass meine Freundinnen mir diese Umtriebigkeit anmerkten und mich darauf ansprachen. Gehen lassen wollten sie mich allerdings nicht. Nirgendwo hätte ich es besser als hier, meinten sie und hatten damit wohl recht.

Dennoch ... »Ihr seid nicht ganz unschuldig an meiner Reiselust«, hielt ich ihnen scherzhaft vor. »Ihr habt mir ja den Mund wässrig gemacht mit Köln.«

»Tatsächlich?«, wunderte sich Magdalena. Und was wolle ich dort?

»Das Grab der heiligen Ursula besuchen«, sprudelte ich hervor. »Es beeindruckte mich schon immer sehr, welch ein Martyrium diese Jungfer auf sich nahm. Sie hatte dem Hunnenprinzen getrotzt, um sich ihre Jungfräulichkeit zu bewahren.«

Die beiden sahen mich an, als sei ich nicht recht bei Sinnen.

Irritiert meinte ich: »Aber ... so ist es doch gewesen.«

So sei es überliefert, entgegnete Magdalena und fügte hinzu, mit einem ironischen Zug um die Mundwinkel: »... von Männern.«

Ich verstand die Welt nicht mehr. Gewiss, beinah alles wurde uns von Männern überliefert. Das war bis dahin selbstverständlich für mich gewesen. Nie zuvor hatte ich darüber nachgedacht. Natürlich, wurde mir plötzlich bewusst, berichteten Männer auch über Frauen aus ihrer Sichtweise.

Die beiden sahen, wie es hinter meiner Stirn arbeitete. Endlich ergriff Hildegard das Wort: »Wir meinen, Ursula ging es vielmehr um ihre Eigenständigkeit, als um dieses sogenannte ... ›Jungfernhäutchen‹«.

Das war ungeheuerlich, ja das stellte doch die ganze von Gott geschaffene Welt auf den Kopf! Darauf wusste ich nichts zu erwidern. Also schwieg ich, zutiefst aufgewühlt.

»Davon abgesehen ...«, begann Magdalena. Ich hätte doch von ihnen erfahren, wie es Weibsbildern ergehen könne. Noch dazu sei ich allein.

Hildegard stimmte ihr mit ängstlicher Miene zu, als sähe sie mein Elend voraus.

Angesichts dessen wurde mir mulmig zumute. Zumindest damit hatten sie ja recht. Ich versuchte meine Unruhe durch Arbeit zu vertreiben. Davon gab es mehr als genug, gerade im Frühjahr. Wir sammelten Waldmeister und Bärlauch. Ich legte ein neues Kräuterbeet an und schuftete bis zum Umfallen.

Doch es half alles nichts. Meine Zeit bei dem Paar war abgelaufen. Jene innere Stimme, die mir das eingab, ließ sich nicht zum Schweigen bringen.

Nur ... die beiden vernahmen sie leider nicht, sonst hätten sie mich vielleicht verstanden. Jetzt, wo ich selbst ein reiferes Alter erreicht habe, kann ich nachvollziehen, welche Sorge sie umtrieb. Man möchte einer geliebten Freundin Erfahrungen ersparen, die man selbst durchlitten hat. Aber das ist unmöglich. Ein jeder muss seine tiefen Täler selbst durchwandern.

Nun denn, es gab einen triftigen Grund, weshalb sie mich schlichtweg nicht freiwillig gehen lassen konnten. Unser gegenseitiges Vertrauen war zwar gewachsen, aber was – ich frage Euch, werter Leser –, was wäre gewesen, wenn ich ihren Aufenthaltsort verraten hätte, ganz unabsichtlich? Wie leicht rutscht einem etwas heraus? Der brüskierte Kaufmann hätte den ganzen Wald durchsuchen lassen und, wie die beiden ihn mir schilderten, nicht eher Ruhe gegeben, bis er sie gefunden hätte. Und dann? Ich darf gar nicht daran denken.

Bei Gott, ich versichere, nie glitt ein Sterbenswörtchen über meine Lippen. Nur meiner Chronik vertraue ich diese Geschichte an. Ich bin sicher, wenn Ihr sie lest, werde nicht nur ich längst mein irdisches Dasein vollendet haben, sondern erst recht Hildegard und Magdalena.

*Köln*

Ende Mai, im Jahre des Herrn 1348, brach ich auf, mitten in der Nacht. Greif verriet mich nicht. Er betrachtete mich längst als seine dritte Herrin und blieb auf mein Zeichen ruhig auf seinem Lager liegen.

Wohlweislich hatte ich am Vorabend als Letzte die Hütte betreten und die Tür nur angelehnt. Trotzdem knarrte sie, als ich sie bewegte. Sofort hielt ich inne und horchte angespannt, ob sich hinter dem Vorhang etwas rührte.

Nachdem es einen Atemzug lang still geblieben war, zog ich die Tür unendlich vorsichtig weit genug auf, um mitsamt meinem Beutel hindurchschlüpfen zu können. Wieder knarrte und ächzte sie ein bisschen. Ich hätte mich schnell davonmachen müssen, eigentlich. Aber ich konnte nicht weg ohne einen wehmütigen Blick zurück, zu Greif, zum Vorhang, wohinter meine Freundinnen ahnungslos schliefen. Fast zu lange verharrte ich.

Dann riss ich mich los, im letztmöglichen Moment, bevor mir das Herz zu schwer wurde, lief durch den Wald, lief und lief ... Und beschwor mich: Wirf keinen Blick zurück, nur voraus!

Selbst dieser Wald, so ausgedehnt er war, hatte ein Ende. Ich zog gen Osten und stellte in der nächsten Ortschaft fest: Tatsächlich befand ich mich auf deutschem Boden. Nun kam es mir sehr zupass, dass ich der deutschen Sprache mächtig war, wenngleich ein Akzent, trotz größter Anstrengung unvermeidlich, mich den meisten als Ausländerin zu erkennen gab.

Tagsüber reiste ich als Jungfer, so war ich näher bei mir selbst. Bei Einbruch der Dunkelheit verwandelte ich mich in einen Burschen, sicherheitshalber. Außerdem wärmte die doppelte Kleidung besser in den noch frischen Frühlingsnächten. Weil ich meine mühsam erarbeitete Barschaft sparen wollte, verdingte ich mich gelegentlich wieder als

Stallbursche oder Knecht, aber nie mehr als Erntehelfer. Im Sommer, bereits beim Anblick hoch stehender Wiesen, suchte die Erinnerung an Henrieke mich heim, meist ohne Vorwarnung. Schnell eilte ich dann weiter, in den nächsten Wald, von welchem ich mir Zuflucht erhoffte. Wälder gab es hier reichlich, doch meine Gedankenlast trug ich mit hinein.

Früher, als nach den Worten meiner Freundinnen erwartet, erreichte ich Köln, an einem sonnigen Morgen im Spätsommer. Wahrscheinlich hatten sie mich durch den Gedanken an einen sehr weiten Weg davon abbringen wollen.

Ich trug mein Kleid. Es war Markttag und reges Treiben herrschte, wie ich es in solcher Vielfalt nur von London kannte. Hühner, Gänse und Marktweiber schrien wild durcheinander. Reiter, Wagen und allerlei Fußvolk drängten kreuz und quer an mir vorbei und rempelten mich an, wenn ich nicht schnell genug auswich. Daran war ich durch meine überwiegend einsamen Wanderungen nicht mehr gewöhnt. Bevor ich unter die Räder kam, zog ich mich in weniger belebte Gässchen zurück.

Es trieb mich ja nicht zum Markt, obwohl meine Vorräte wieder einmal aufgebraucht waren und mein Magen hörbar nach Nahrung verlangte. Der musste warten! Zuerst kam die geistige Speisung, es zog mich nach St. Ursula! Demütigst wollte ich mich vor dem Grab dieser Heiligen niederwerfen. Ihr fühlte ich mich tief verbunden und wähnte mich, auf gewisse Weise, in ihrer Schuld. Im Gegensatz zu mir war ihr ja nicht vergönnt gewesen, sich einer unliebsamen Vermählung durch Flucht zu entziehen. Schließlich hatte jener Hunnenprinz sie durch einen Pfeilschuss ermordet, aus Zorn und gekränkter Eitelkeit darüber, dass sie ihn verschmähte.

Außerdem ... Insgeheim hegte ich eine Hoffnung. Würde ich eine Antwort auf jene Frage erhalten, die in mir brannte, seitdem Magdalena und Hildegard mir ihre Sicht der Dinge dargelegt hatten? Worum ging es Ursula vorrangig, um den Erhalt ihrer Jungfernschaft, wie ich es gelernt hatte, oder tatsächlich um ein eigenständiges Dasein als Frau?

Letzteres wäre von vornherein zum Scheitern verurteilt gewesen, selbst wenn jener Hunnenprinz sie verschont und auf sie verzichtet hätte. Wie kann eine Frau selbstbestimmt leben in einer von Männern beherrschten Welt? Doch nur, indem sie sich vor ihr verbirgt, wie Magdalena und Hildegard. Diese beiden hatten meinen Horizont erweitert. Leider sehe ich sie trotzdem nicht, noch nicht, die Zukunft, in der alle Menschen die gleichen Rechte haben. Manchmal erscheint mir der Gedanke daran wie die Sterne, vermeintlich zum Greifen nah und doch unendlich weit entfernt.

Mit derlei Gedanken schwanger, ging ich durch die Kölner Gassen und erreichte das Rundbogenportal von St. Ursula. Um hindurchzutreten, hätte ich über ein altes Weiblein steigen müssen, welches davor im Staub am Boden lag. Ich sprach sie an, doch sie gab kein Lebenszeichen von sich.

Eine Frau mit einem Korb am Arm, offenbar unterwegs zum Markt, bekreuzigte sich und warnte mich. Ich solle besser die Finger von der da lassen. Sie sei hier bis vor wenigen Tagen noch nie gesehen worden und trage womöglich den Schwarzen Tod bei sich.

Erschrocken horchte ich auf: »Wie kommt Ihr darauf?«

Sie sah mich an, als könne ich nicht bis drei zählen. Ja, ob ich denn nicht wisse, dass der Schwarze Tod in Frankreich sein Unwesen treibe. Das, meinte sie besserwisserisch, schnatterten sogar die Gänse aus den Körben.

Tatsächlich war diese Kunde nicht bis zu mir gedrungen. Wie auch? Seit meinem Aufbruch von den Waldfrauen hatte ich menschliche Gesellschaft gemieden.

Nach einem mahnenden Blick ging die Frau weiter. Ich verharrte. Frankreich, dort kämpften vermutlich mein Vater und mein Bruder. Immer noch um die französische Krone? Oder jetzt vielleicht gegen einen anderen, weniger greifbaren Feind? Und was war mit meiner Mutter, meinen Geschwistern?

Ein Stöhnen rüttelte mich auf. Ich beugte mich zu dem alten Weiblein hinab und berührte ihre Schulter. Sie hob den Kopf und schaute mich an, als käme ich aus einer anderen Welt. Ein Leuchten trat in ihre trüben Augen. Die spröden Lippen zitterten. Ganz nah musste ich mein Ohr daranhalten, um ihre Worte zu verstehen: »Ein Engel, mein Engel!«, flüsterte sie.

Ich schüttelte den Kopf: »Nein, nur eine Jungfer, so irdisch wie Ihr.« Sie ließ sich nicht überzeugen. Ich zog die lederne Flasche aus meinem Beutel und hielt sie an ihren Mund. Fast zu schwach zum Trinken war sie, brachte dann aber doch ein paar Schlucke hinunter. Dabei befühlte ich ihre Stirn. Sie schien mir nur ein wenig erhitzt von der Sonne. Ein Bericht aus dem Unterricht in meiner Kindheit fiel mir ein. Einst wurde er verfasst von dem Gelehrten Prokopios von Caesarea und behandelte die Justinianische Pestilenz. Darin hieß es, der Schwarze Tod würde seine Opfer durch Beulen zeichnen. An Gesicht, Hals oder Händen der Alten entdeckte ich keine. Unter ihre Kleidung konnte ich freilich nicht schauen.

Ich wusste, dass der Schwarze Tod auf einen übergreifen kann, wenn man einen Kranken berührt, aber deshalb die Ärmste hier liegenlassen? Wahrscheinlich war sie nur ausgezehrt.

Vom Wasser belebt, setzte sie sich nach einer Weile mit meiner Hilfe auf und erhob sich dann sogar, gestützt ans Portal. Wir verharrten, bis sie meinte, sich von mir führen lassen zu können.

Vermutlich war es insbesondere meine Hinwendung zu ihr, die ihr neue Kraft gab.

Während sie mir den Weg zum Heiliggeistspital auf dem Domhof wies und ich sie nach dorthin geleitete, spürte ich jeden Knochen an ihrem ausgemergelten Körper. Wie sie mir unterwegs mit brüchiger Stimme erzählte, sei sie bisher von der Spitalmutter abgewiesen worden.

Ich fand das sehr hartherzig und konnte es kaum glauben. Hatte sie irgendetwas falsch verstanden?

Leider war es nicht so. Im Schatten des mächtigen Doms, dessen südliche Seitenschiffe sich im Bau befanden – der spitzbogige Chor war damals bereits fertiggestellt –, lag das Heiliggeistspital direkt neben dem Kerker. Obwohl ich nichts verbrochen hatte, wurde mir bei dessen Anblick etwas flau im Magen. Schnell wandte ich mich ab und klopfte an das Spitzbogentor des Spitals.

Nach geraumer Weile erschien die Spitalmutter, zog eine missbilligende Miene und wollte Käthe, so hieß mein Schützling, erneut abweisen. Sie sei keine Hausarme, sondern ein elendes Weib, das sich des Bettelns nicht schäme.

Kurzentschlossen bot ich an, für Käthes Unterbringung und Verpflegung im Spital zu arbeiten. »Ich mache alles, bin mir für nichts zu fein«, beteuerte ich und erweichte dadurch endlich die harten Züge der Spitalmutter.

Wie ich bald bemerkte, war an meiner neuen Wirkungsstätte keine Hand zu viel. Tüchtig packte ich mit an, ließ mein Haar wachsen und nannte mich fortan Gertrud von Köln. Weil es praktisch an allem mangelte, opferte ich meinen angesparten Lohn für Bettzeug, Geschirr und weitere dringend benötigte Utensilien. Darüber hinaus verpfändete ich mein Diamantcollier und ermöglichte Käthe, die mir ans Herz gewachsen war, durch den Erlös einen angenehmen Lebensabend als Pfründnerin im Spital.

Nun war ich völlig mittellos. Ich grämte mich nicht darüber. Gott hatte mir Käthe geschickt, als Fingerzeig. Im Kölner Heiliggeistspital würde ich mein Leben den Armen und Kranken widmen. Davon war ich fest überzeugt. Doch Gottes Wege sind unergründlich. Es sollte anders kommen.

## XVI

Nachdenklich spielte Ursula an der Kette herum, womit ein großformatiges Buch auf dem Pult befestigt war, ein besonders kostbares Werk des italienischen Dominikaners Thomas von Aquin. Sonst hätte Luitgard es wahrscheinlich längst irgendwo falsch eingeräumt, wie viele andere. Sie wurde immer zerstreuter und zeigte in letzter Zeit Anzeichen beginnender Verwirrung.

Ursula seufzte. Den geistigen Verfall der Hochbetagten konnte sie nicht aufhalten, ihr nur bestmöglich zur Seite stehen. Das zu akzeptieren, fiel Ursula schwer. Stets wollte sie leidvolle Zustände zum Besseren verändern und nicht hinnehmen, wenn es misslang. Da mochte sie noch so oft die Marienstatue im Nonnenchor anflehen, sie möge sie darin bestärken, sich in Demut zu üben.

Wenigstens hatte Luitgard sich an diesem sonnigen Freitagvormittag Anfang Juli dazu überreden lassen, nach dem Frühmahl ein paar Stunden in der Gartenlaube zu verbringen, anstatt sich die Stufen zur Bibliothek hinaufzuquälen. Eine Weile hatte Ursula ihr dort Gesellschaft geleistet.

Geistig war sie allerdings zu Gisela abgeschweift, mit welcher sie einige Wochen zuvor auch in der Laube gesessen hatte. Inzwischen hatte die Nonne ihre Schülerin nur einmal unterrichtet und dabei erfahren, dass deren Vermählung mit jenem Kaufmannssohn nun beschlossene Sache sei und im Herbst stattfinden solle. Einen besonders zufriedenen, ja, glücklichen Eindruck hatte Gisela nicht hinterlassen. Sie wirkte fahrig und nervös. Ihr Lachen klang gekünstelt.

Während Ursula mit Luitgard in der Laube verweilte, blitzte ein Bild in ihr auf, ein Blickwechsel zwischen Gisela und Jutta. Wenn auch nur flüchtig, war er Ursula nicht entgangen, als die Novizenmeisterin damals ihre Schar durch den Garten führte. Seltsam, die beiden Jungfern waren einander unbekannt. Wieso begegneten sich ihre Blicke, als hätte eine höhere Macht sie zueinander geführt? Gott?

Spürten sie intuitiv, was sie verband, das Hadern mit ihrem Schicksal, wenn auch aus gänzlich unterschiedlichen Gründen?

Als fände sie darin eine Lösung dieses Rätsels, zog Ursula Euphemias Chronik unter dem Habit hervor, legte sie auf Thomas von Aquins Werk und las die letzte Passage nochmals. Dieser zufolge war die Heilige einst fest davon überzeugt gewesen, Gott hätte sie dazu bestimmt, im Kölner Heiliggeistspital ihr Leben den Armen und Kranken zu widmen.

»Es sollte anders kommen.« Mehrmals wiederholte Ursula nachdenklich diesen Satz und ließ ihn auf sich wirken, im Geiste bei der Heiligen und zugleich in einem Winkel ihrer Seele bei Jutta und Gisela.

Wütendes Geschrei und Gepolter rissen Ursula aus ihrer Versunkenheit. Erschrocken horchte sie auf. Das kam von drüben, aus dem Scriptorium. Sie meinte die Stimme zu erkennen, ließ alles liegen und stehen und stürzte hinaus.

Im Scriptorium bestätigte sich ihre Vermutung. Barbara, die Haube des Habits halb heruntergezogen, das Gesicht glühend rot, trampelte inmitten zerrissener Zeichnungen auf dem Boden herum, zerkratzte sich die Wangen, schrie und zerriss einen weiteren Bogen Papier in kleinste Fetzen.

Nach einer kurzen Schreckstarre trat Ursula zu ihr, fasste sie an den Händen und sprach auf sie ein: »Haltet ein und beruhigt Euch, so beruhigt Euch doch.« Ihre Worte erreichten Barbara nicht. Sie riss sich los, schlug um sich und traf dabei Ursula am Kinn. Mehr vor Schreck als vor Schmerz stieß diese einen Laut aus und wich zurück.

Der brachte die Tobende abrupt zum Verstummen. Sie erstarrte und blickte ihr Gegenüber an, ohne es zu erkennen. Ursula verhielt sich ruhig, gab ihr Zeit.

Allmählich wich der wilde Ausdruck in Barbaras Augen der Erkenntnis ihres Tuns und offensichtlicher Beschämung. Bestürzt schaute sie auf das Chaos um sich herum: »W... w... war ich das?«

Ursula schüttelte den Kopf: »Das war der Zorn, der von Euch Besitz ergriffen hat. Ihr wart von Sinnen.« Sie widerstand dem Impuls, sich an ihr schmerzendes Kinn zu fassen, trat stattdessen erneut zu Barbara und nahm deren Hände: »Was, um Himmels willen, hat Euch so zornig gemacht? Ihr dürft jetzt Euer Talent ausleben, das wisst Ihr doch. Das habe ich bei der Äbtissin erwirkt und …« Fassungslos blickte sie auf die zerrissenen Entwürfe am Boden. »Sie hat sogar der Schaffnerin aufgetragen, Papier zu erwerben. Papier, das Ihr zerreißt. Warum?« Während sie sprach, war Ursulas Ton schärfer geworden als beabsichtigt. Vergebens versuchte sie Ihre Mitschwester zu halten. Diese entglitt ihr, sank zu Boden und barg schluchzend das Gesicht im Habit.

Ursula ging neben ihr in die Hocke, nahm abermals ihre Hände und schaute sie an, nun wieder sanft: »Verzeiht, ich wollte Euch nicht so anfahren. Jedoch …«, seufzend brach sie ab. »Ich möchte Euch so gern verstehen. Warum zerreißt Ihr Eure Entwürfe?«

»Weil …«, Barbara schniefte, zog die Nase hoch und setzte erneut zum Sprechen an: »Weil sie schlecht sind. Sie sind das Papier nicht wert, auf dem sie stehen! Gott hat mir mein Talent genommen, zur Strafe für …« Von aufwallenden Gefühlen übermannt, wurden ihre Worte verwaschen.

Ursula verstand nicht. »Zur Strafe? Wofür? Was glaubt Ihr verbrochen zu haben, das solch eine Strafe nach sich ziehen könnte?«

Sie glaube nicht, jammerte Barbara, sie wisse es. »Ich bin schuld, bin schuld, bin schuld!«

»Woran?«, drang Ursula in sie. »Was ist geschehen, damals?«

Erschrocken sah Barbara sie an: »Ihr wisst … Was wisst Ihr, woher? Verachtet Ihr mich jetzt auch?«

Ursula verneinte. »Gar nichts weiß ich, und wie käme ich dazu, Euch zu verachten? Aber so, wie Ihr Euch gebärdet, muss Euch einst Schlimmes widerfahren sein, sehr Schlimmes. Ich möchte Euch so gerne helfen. Bitte, vertraut Euch mir an.«

Sie spürte, wie Barbara ruhiger wurde, getröstet von der Anteilnahme. Sie schluckte, wischte ihre Tränen fort und setzte zum Reden an.

Im selben Moment ertönte eine andere Stimme, von außen hinter der Tür. Es klopfte. Bevor Ursula sämtliche Papierfetzen zusammenklauben und Barbara aufhelfen konnte, trat die Siechenmeisterin ein und warf einen erstaunten Blick auf die sich ihr bietende Szenerie.

Ursula fasste sich schnell. »Ähem ... Schwester Barbara hat einen Schwächeanfall erlitten, aber nun geht es wieder. Nicht wahr?« Aufmunternd blickte sie Barbara an. Die nickte, huschte mit gesenktem Blick zwischen beiden hindurch und eilte davon.

»Nun ...«, Ursula tat, als wäre nichts weiter gewesen und strahlte ihr verdutztes Gegenüber an: »Was kann ich für Euch tun?«

Der Gefragten fiel es sichtlich schwer, das eben Erlebte zu verdrängen und sich auf ihr Anliegen zu besinnen. »Das Buch ...«, begann sie endlich, sie wolle ...

»Ah ja«, fiel es Ursula ein. Die Siechenmeisterin hatte sich vor einiger Zeit nach einem Werk Hildegards von Bingen erkundigt, welches sie entleihen wollte. Leider gehörte es zu jenen, die von Mottenfraß betroffen waren, weshalb Ursula es zuerst kopieren ließ. Unbehagen rührte sich in ihr. Wo steckte eigentlich die Kopistin? Hoffentlich war sie nicht Zeugin von Barbaras Anfall geworden und vor Entsetzen geflohen. Womöglich hatte sie die Äbtissin alarmiert.

*Unwahrscheinlich*, verwarf Ursula diesen Gedanken. Dann hätte sie sich bestimmt schon der Angelegenheit angenommen.

»Seid Ihr wohlauf?« Der besorgte Blick der Siechenmeisterin beorderte Ursula in die Gegenwart zurück.

»Gewiss«, versicherte sie und ließ ihren Blick suchend über Regale und Pulte schweifen. Hoffentlich war die Kopie schon fertig. Die Kopistin hatte sie noch nicht zum Entleihen in die Bibliothek gebracht.

In einem der Pulte wurde Ursula fündig. Die deutsche Übersetzung von »Causae et Curae« oder »Liber compositae medicinae«, »Ursachen und Behandlungen der Krankheiten«, ein großartiges

Werk. Unwillkürlich dachte sie an Barbara. *Wenn ich nur wüsste, worin die Ursache ihrer Verstörtheit liegt ...*

Die Siechenmeisterin räusperte sich vernehmlich. Ursula blickte sie entschuldigend an: »Verzeiht, ich war einen Moment gedanklich abwesend.« Sorgfältig überprüfte sie, ob das Werk vollständig kopiert war, atmete erleichtert auf und überreichte es der Siechenmeisterin: »Hier, zu Euren treuen Händen.«

Dankend nahm die Nonne es entgegen und wandte sich zur Tür, als Ursula etwas einfiel: »Wie geht es der Pfründnerin? Ich meinte sie kürzlich wieder klagen zu hören.«

Es sei ihr ein Rätsel, weshalb sie noch immer derartige Schmerzen erleiden müsse, meinte die Siechenmeisterin achselzuckend. Gewiss, sie sei krank, erbreche gelbe Galle und ihr Urin sei viel zu dunkel, der Stuhl dagegen zu hell. Der Medicus habe sie zur Ader gelassen. Das verschaffe ihr leider kaum Erleichterung. »Ich verstehe nicht, warum mein Tollkirschensaft nicht wirkt. Der hat bisher immer geholfen, zumindest die Schmerzen betäubt«, versicherte die Siechenmeisterin. Es sei wohl Gottes Wille, meinte sie resigniert, dass diese arme Sünderin so büßen müsse.

Ursula drückte ihr Bedauern darüber aus und hatte es plötzlich sehr eilig, in die Bibliothek zu gehen. Sie bangte um Euphemias Chronik, die sie dort auf dem Pult hatte liegenlassen, noch dazu offen, verabschiedete die Siechenmeisterin, eilte das kurze Stück über den Flur und fiel fast mit der schweren Eichenholztür in die Bibliothek hinein. Sie war nur angelehnt gewesen.

Gleich erkannte Ursula auch, warum. Auf dem Armstuhl am Fenster saß Luitgard, die vom grauen Star getrübten Augen zur holzgetäfelten Decke gerichtet, als sähe sie dort etwas.

*Einen Geist,* schoss es Ursula durch den Kopf, deren plötzlich schweißnasse Hand den Türknauf umklammerte. Das Herz schlug ihr bis zum Hals. Sie schalt sich ihrer Nachlässigkeit, doch das nützte nun nichts mehr. Auf Luitgards Schoß lag aufgeschlagen Euphemias Chronik. Eine Seite vibrierte zwischen zitternden Greisenfingern.

Fieberhaft überlegte Ursula, während sie auf die Buchmeisterin zueilte. Deren Sehkraft taugte nicht mehr zum Lesen – eigentlich. »Habt Ihr Euch ganz alleine hier hochgeschleppt?« *Wäre jemand dabei gewesen und hätte das Buch gefunden …*

Die Greisin, deren Gehör in den letzten Monaten stark nachgelassen hatte, richtete ihren Blick auf Ursula. Die junge Nonne erschauderte. *Sie schaut nach innen, in ihre Seele. Sie ist nicht mehr von dieser Welt.*

Was dachte sie da? Ursula rief sich zur Besinnung und berührte Luitgards Hand. Deren Finger hielten eine von Euphemias Seiten. *Lässt sie los? Meine Hand zittert ja auch.*

»Ein Engel!«, rief die Greisin.

War es Einbildung? Für die Dauer eines Wimpernschlags trat etwas Verklärtes in deren Augen. »Das …« Sie ließ die Seite los, schloss das Buch und strich darüber, jetzt vor Erregung zitternd. »Das ist das Werk eines Engels!«

Ursula überlief es heiß und kalt zugleich. »Habt Ihr darin gelesen?«, fragte sie, wohl wissend, wie unwahrscheinlich das war.

Durchschaut bis auf die Knochen fühlte sich Ursula – von diesen fast blinden Augen. Eine Erkenntnis durchzuckte sie. *Sie sieht, besser denn je, nichts Irdisches. Sie sieht das andere, das Wesentliche.* Jegliche Angst, Luitgard könne jemandem von Euphemias Chronik erzählen, fiel von Ursula ab. »Sagt mir, bitte sagt …«, bat sie die Buchmeisterin, »was habt Ihr darin gelesen?«

Noch immer mutete die Greisin hellsichtig an, doch nun glomm ein Funke in ihren Augen, ein Flackern. Ihre Falten gruben sich tiefer ins Gesicht, die Mundwinkel senkten sich, die Lippen zitterten. Erregt tastete sie nach Ursulas Hand. Diese bot sie ihr dar. Luitgards greise Finger schoben sich zwischen Ursulas junge und drückten sie, mit erstaunlicher Kraft. »Hütet Euch«, bebten die dünnen Lippen. »Seid gewarnt. Ungehöriges ist geschehen. Wird es nicht gesühnt, so ...« Sie brach ab. Ihre innere Erregung überstieg ihre körperliche Kraft.

»So?«, fragte Ursula leise. Doch keine weitere Silbe glitt über Luitgards Lippen. Ihre Finger entkrampften sich.

Behutsam löste Ursula sie aus den ihren, nahm Euphemias Chronik und barg sie unter ihrem Habit. Es fühlte sich nun anders an, sie direkt am Leib zu tragen, als trüge sie Verantwortung, nicht mehr nur für sich selbst, sondern auch für Euphemias Vermächtnis, und zwar eine unabsehbar große Verantwortung. Ursula fragte sich, ob sie stark genug dafür war. Wie auch immer ... Sie konnte sie nicht abgeben.

Gedankenverloren zog sie einen Schemel heran und bettete die Füße der Buchmeisterin darauf. Das genügte aber nicht. Selbst bei dieser sommerlichen Hitze war es hier drinnen, hinter den dicken Klostermauern, zu kühl für Luitgards durch Altersschwäche ausgemergelten Körper.

Ursula eilte in die Krankenstube und holte eine Decke. Unterwegs zurück zur Bibliothek dachte sie an Barbara. Die hatte etwas gesagt, das ging ihr nicht aus dem Sinn: »Verachtet Ihr mich jetzt auch?«

Ein Wörtlein in Barbaras Frage warf weitere auf und kreiste durch Ursulas Kopf: dieses »auch«. Was glaubte Barbara, wer sollte sie verachten? Gewiss, sie war nicht gerade gut angesehen bei den anderen. Manche blickten auf sie herab, im besten Falle mitleidig. Aber um eine Mitschwester zu verachten ... *Bedarf es dazu nicht eines Vergehens von großer Tragweite?*

Nur sehr ungern hatte Ursula sie vorhin gehen lassen in solch einer Verfassung und hätte gern nach ihr geschaut. Nein, zuerst muss ich mich um Luitgard kümmern. Sie braucht die Decke.

Die Hochbetagte saß noch genauso da, wie Ursula sie verlassen hatte. Behutsam, um sie nicht zu wecken, breitete sie die wollene Decke über sie und blickte dabei in ihr Gesicht. Es war verändert. Ursula brauchte einen Moment, bis ihr klar wurde, was sich verändert hatte. Jeglicher Schmerz war aus Luitgards Zügen gewichen. Sie wirkten vollkommen entspannt. Durch das Fenster fiel ein weiches Licht auf das Antlitz der sanft Entschlafenen. Unter Tränen schloss Ursula deren Augen, faltete deren Hände, wie es Brauch war, und verharrte für die Dauer eines Ave Marias andächtig bei ihr.

Daraufhin benachrichtigte sie die Äbtissin, damit die Schwestern kommen und unter Gebeten den Leichnam für die Bestattung vorbereiten konnten.

Jutta spürte immer noch Schmerzen, weil sie sich, Wochen zuvor, die Treppe hinabgestürzt hatte. Auf dem ersten Absatz war sie aufgeprallt und hatte sich an die Balustrade geklammert, erschrocken über ihre eigene Tat – fast noch mehr jedoch über den dumpfen Schlag, den sie dabei verursacht hatte. Aus Sorge, man könnte ihn gehört haben und sie finden, hatte sie sich mühsam aufgerappelt und war davongehinkt.

Als sie sich nun in die Apotheke stahl, empfand sie eine diebische Freude. Ungeduldig hatte sie nach dem Zubettgehen wach gelegen und gewartet, bis die anderen eingeschlafen waren – zumindest augenscheinlich. Es war später als sonst, denn der überraschende Tod der alten Buchmeisterin hatte die Vesper verlängert. Schließlich musste der ehrwürdigen Verschiedenen gedacht und sie gebührend in das Abendgebet mit eingeschlossen werden.

Währenddessen ertappte Jutta sich dabei, wie etwas in ihr die Buchmeisterin beneidete. Sie war nun aller irdischen Sorgen ledig und musste bestimmt nicht lange, wenn überhaupt, im Fegefeuer schmoren. Vielleicht sah sie jetzt schon Gottes Angesicht.

Denn konnte diese gütige alte Nonne jemals eine nennenswerte Sünde begangen haben? Kaum vorstellbar für Jutta. Noch viel weniger vermochte sie sich die Greisin als Jungfer vorzustellen, obwohl sie natürlich wusste, dass diese einst auch eine gewesen war. Doch dafür trennten die beiden zu viele Jahrzehnte voneinander.

Als Juttas Blick während des Gebets beiläufig zu Ursula schweifte, dachte sie an das Gespräch mit ihr auf der Gartenbank. Wochen lag es zurück, für Jutta eine gefühlte Ewigkeit. Alles hier im Kloster währte Ewigkeiten, jede noch so geringfügige Tätigkeit, schier unerträgliche Ewigkeiten.

Von Ursula fühlte Jutta sich verstanden. Die war ja noch jung, sehr viel jünger als die Buchmeisterin. Davon abgesehen ... Jutta spürte, es lag eher am Wesen, wie eng man sich verbunden fühlte. Ursula war ihrer Seele sogar ziemlich nah, näher als die etwa gleichaltrigen Novizinnen, unter denen Jutta sich wie ein Fremdkörper wähnte.

Aber was nutzte das letztendlich? Voller Bitterkeit griff sie nach der Flasche im Regal. Verlockend schimmerte deren grünes Glas im diffus einfallenden Mondlicht. *Es ist ja nur ein schwacher Trost. Hier heraushelfen kann Ursula mir auch nicht.* Dieser Saft hingegen ... Sie entkorkte die Flasche und nahm einen winzigen Schluck, bloß nicht zu viel. Ansonsten könnte sie den darin wohnenden Geist nicht beherrschen! Einmal hatte sie das zu spüren bekommen und ihn gerade noch rechtzeitig bezähmt.

Wohldosiert vermochte er ihr hingegen zu helfen. Ja, er half ihr manchmal, diesem Gefängnis zu entfliehen, wenn auch nur für Stunden. Nichts und niemand sonst vermochte das, außer ... Jutta legte eine Hand auf ihren leicht geschwollenen Leib. Sichtbar war noch nichts, zumal unter dem weiten Habit, aber spürbar. Seit Monaten hatte sie nicht mehr geblutet. *Wenn sie es erfahren, werden sie mich hier rauslassen.*

Die Flasche in der Hand, verharrte Jutta. *Aber was erwartet mich draußen? Als sündhafte Jungfer, in Schande aus dem Kloster verstoßen?* Die Familie würde sie nicht wieder aufnehmen, die müsste ihr Ansehen schützen. »Und dein Vater«, sprach die Novizin, schon leicht berauscht vom Tollkirschensaft, zu ihrem Ungeborenen »Pah! Der ist einer anderen versprochen und vielleicht längst vermählt.« Bei diesem Gedanken benötigte sie gleich noch einen Schluck, diesmal einen größeren.

Bevor die Wirkung sich voll entfaltete, füllte Jutta die Flasche mit Wasser auf und stellte sie zurück ins Regal. Dann verließ sie die Apotheke, betrat die Klosterkirche, wandelte beschwingt durchs Schiff zum Chor und tanzte auf Euphemias Grabplatte. Indem sie sich schneller und schneller drehte, auf den Zehenspitzen, eine wehmütige Melodie auf den Lippen und beide Arme ausgebreitet, dürstend nach einer Labsal, schienen die Mauern um sie herum sich zu drehen. Ihre geweiteten Pupillen sahen alles ineinander verschwommen und grotesk verzerrt: den Altar, die schwach im fahlen Mondlicht leuchtenden Farben der Fenster, altehrwürdige Heiligenfiguren, Säulen mit kunstvollen Kapitellen, Malereien an den Wänden … Ein Liebesreim des Wernher von Tegernsee kam ihr in den Sinn:

*Ich bin dein,*
*Du bist mein,*
*Des sollst du gewiss sein.*
*Du bist beschlossen*
*In meinem Herzen*
*Verloren ist das Schlüsselein:*
*Nun musst du immer*
*Darinnen sein.*

»Ach!«, rief sie, »wo ist es nur das Schlüsselein, das uns befreit von Seelenpein? Denn es zerreißt uns sonst das Herz, o allergrößter Seelenschmerz!«

Jutta fiel auf die Knie und tastete die kühle, graue Grabplatte ab, als suche sie es, dieses Schlüsselein. Ein weiterer Dichter aus ihrer knospenden Jugend kam ihr in den Sinn, Dietmar von Aist.

»Es scheint mir tausend Jahre her, dass ich im Arm des Liebsten lag«, schluchzte sie dessen überlieferte Verse. »Völlig ohne mein Verschulden, bleibt er fern seit manchem Tag. Seitdem sah ich keine

Blumen, hörte nicht der Vöglein Gesang, kurz ward mir alle Freude, mein Jammer ward allzu lang.«

Jutta blickte zum bemalten Gewölbe. Das durch die schmalen Fenster hereinflutende Mondlicht war zu schwach, um Formen und Farben sichtbar zu machen. Erkannte man tagsüber die heilige Familie in bunten Gewändern, scheinbar schwebend und umgeben von Engeln, so waren Letztere jetzt unscharf umrissene kleine Flecken, die um einen riesigen marmorierten und ebenso unscharf umrissenen Fleck kreisten.

Doch der Zauber der Tollkirsche öffnete Juttas innere Augen. Davor bildete sich ab, was die wunde Seele ihnen offenbarte. Dem Willen der Novizin unterwarf sie sich dabei nicht.

Staunend blickte sie hinauf, den Kopf bis über die Schmerzgrenze im Nacken, doch sie spürte keine Schmerzen. Auf dem Gemälde hinter der heiligen Familie tauchte eine Jungfer auf, zart wie sie, mit sensiblen Zügen. Ohne jemals deren Bildnis gesehen zu haben, wusste Jutta, wer es war: die heilige Euphemia. Sie blickte direkt auf sie, tief in ihre Seele. Jutta spürte es förmlich, griff sich ans Herz. Wie es raste!

Euphemia löste sich aus der Malerei, schwebte zu ihr hinab und betrachtete sie still – gütig und mahnend zugleich.

Jutta warf sich ihr zu Füßen nieder, bereute ihre Sünden und beteuerte schluchzend, sich die größte Mühe gegeben zu haben, um dem Vorbild Ihrer Heiligkeit zu entsprechen. Aber sie sei zu schwach. »Ich habe nicht Eure Größe«, bekannte sie demütig.

Euphemia lächelte geheimnisvoll und auch ein wenig amüsiert. »Größe … Sieh mich an. Was siehst du?«

Jutta verstand nicht, zögerte mit der Antwort. *Alles, was ich nicht bin.* »Eine Jungfrau, schön und – rein.«

Euphemia lachte glockenhell. Jutta erschrak. Hatte sie etwas Falsches oder zumindest Unpassendes gesagt?

Die Heilige lächelte milde. »Was denkst du, besudelt uns die Liebe?«

»Nein.«

»Warum wähnst du dich dann unrein?«

»Ja, aber ... Sind nicht nur die Jungfrauen rein, so wie Ihr oder die Jungfrau Maria?«

»Die ›Jungfrau‹ Maria ...« Euphemia brach in schallendes Gelächter aus.

Zugleich vernahm Jutta eine zweite weibliche Stimme und folgte verstört Euphemias Blick zum Gewölbe. Maria schwebte auf halbem Weg hinunter, im blauen Gewand, das Jesuskind an ihrer entblößten Brust. »Lass gut sein, Euphemia«, meinte sie. »Auf einmal mehr oder weniger kommt es nicht an. Muss ich mich denn nicht unablässig so nennen lassen, Tag für Tag und Nacht für Nacht, insbesondere hier: ›Jungfrau Maria?‹ Seit der Verkündigung des Propheten, und das nur, weil Männer dessen Worte ›junge Frau‹ falsch überlieferten.«

»Hör nur«, wandte sich Euphemia wieder an Jutta. »Das war kein Versehen! Insbesondere Mannsbilder wollten es so verstehen und wollen es noch immer, um jungen Frauen die Lust an der Liebe zu verderben. Also schufen sie ein Trugbild von Maria, mir und vielen anderen. Das soll Jungfern, so unwissend wie unschuldig ihnen ausgeliefert, als Vorbild dienen. Wahrlich, ich sage dir, hüte dich davor, einem Trugbild nachzueifern, das Männer sich von uns machen.«

»Ein Trugbild ...«, wiederholte Jutta zitternd, überwältigt von dieser wahrhaft ungeheuerlichen Offenbarung.

»Drum sei beruhigt«, vernahm sie hinter sich eine vertraute Stimme. Ihr Herz schlug höher, sie wandte sich um. »Oh mein Geliebter!« Irritiert hielt sie inne. Hatte sie sein Gesicht nicht eben schon gesehen? Sie blickte sich um nach Euphemia, entdeckte sie aber nirgends und schaute wieder ihren Liebsten an. Neben ihm stand Euphemia. Verdutzt schossen Juttas Blicke zwischen beiden hin und her, immer schneller. Deren Gesichter legten sich übereinander und wurden eins.

»Was starrst du mich so an, als erblicktest du mich zum ersten Mal?«, fragte die Stimme des Geliebten.

»Oh … verzeih, ich …« *Habe das gar nicht bemerkt.* Unschlüssig verharrte sie.

Endlich überwog ihre Liebe zu ihm. Sie wähnte sich etwas wacklig auf den Beinen und wollte in seine Arme fallen. Im selben Moment vernahm sie ein Jammern, sah an ihm vorbei und lauschte. Knarrten da nicht außerdem Holzdielen unter schweren Schritten? *Das ist die Siechenmeisterin, sie geht zur Pfründnerin.*

Jutta verscheuchte diesen Gedanken und dachte an ihren Geliebten. Doch ihr Blick fand keinen Halt an seinem Antlitz, er fiel hindurch ins Leere. »Wo bist du, ich seh dich kaum mehr?« *Er war gar nicht da.* Plötzlich schmerzten Kopf und Nacken.

Ihr war, als hätte sie das Schlüsselein aus jenem Vers gefunden und ihn aus ihrem Herzen gelassen. Sie fühlte jedoch keine Erleichterung, sondern Leere. Wenn sie sich beeilte und vor der Siechenmeisterin in der Apotheke war … Jutta raffte ihre Röcke, rannte hinüber in den Konvent und stoppte abrupt an der Tür, wäre fast vornübergestürzt.

Zu spät, die Siechenmeisterin betrat gerade die Apotheke. Jutta konnte ihren Seelenschmerz nicht mehr betäuben. Übermannt von dieser Erkenntnis, begehrte sie auf und floh in den Garten, in den entlegensten Winkel. Dort gellte ihr Schrei durch die Nacht.

Als sie vor Erschöpfung keinen Ton mehr herausbrachte, verkroch die Novizin sich hinter einem Rosenstrauch, der lange nicht mehr geblüht hatte. Sie wollte sich gerade tief in die feuchte Erde schmiegen, da vernahm sie ein Rascheln und fuhr herum. Durch die dürren Zweige fiel das Licht einer Öllampe. *Ursula,* schoss es Jutta durch den Kopf, *die schlaflose Nonne.* Sie war sicher, von ihr bemerkt worden zu sein und suchte krampfhaft nach einer Erklärung für ihr seltsames Verhalten.

Doch Ursula entfernte sich wortlos. Dankbar und erleichtert, weil die einfühlsame Nonne sie nicht in Verlegenheit gebracht hatte, schlief Jutta ein.

## XVII

In einer lauen Julinacht saß Ursula neben Luitgards Grab auf einem Stein und hielt stille Zwiesprache mit ihr, Euphemias Chronik auf den Knien. *Was hatte sie bloß gemeint in jenem hellsichtigen Moment? Was war einst geschehen, was muss gesühnt werden?* Nachdenklich strich sie über den Ledereinband. *Sie kann doch unmöglich darin gelesen haben.*

Ursulas Blick schweifte zu den Sternen am Firmament, die in dieser Nacht besonders hell leuchteten, als käme von dort eine Antwort. »Luitgard, ich vermisse Euch«, sagte sie leise. *Sei nicht selbstsüchtig! Freu dich darüber, dass Gott diese gute Seele vom schweren Erdendasein erlöste.* Plötzlich verstand Ursula. *Luitgard hatte eine Eingebung, sie war in jenen letzten Minuten dem Jenseits schon sehr nah. Und damit Euphemia?*

Ursula schlug die Chronik auf und sah die Seite vor sich, die sie zuletzt gelesen hatte bis zur Hälfte.

---

Es war ein heißer Markttag im August des Jahres 1350, als das Blatt sich abermals wendete.

Hinter mir lag eine bedrückende und gefahrvolle Zeit im Kölner Heiliggeistspital. Gleich zu Beginn meines Aufenthalts glaubte ich in der Krankenpflege meine Bestimmung gefunden zu haben und erhielt Befriedigung durch die Hinwendung zu Alten, Kranken oder sonst vom Schicksal Geschlagenen. Viele waren zum Reden zu schwach. Doch allein die Dankbarkeit in ihren Augen ward mir der köstlichste Lohn. Dazu einen Strohsack zum Schlafen in einer Kammer, die andere Laienschwestern mit mir teilten, und mein tägliches Brot, mehr brauchte ich nicht.

Unter den Notleidenden hatte sich bald herumgesprochen, dass ich nicht nur den Hausarmen an der Pforte etwas zusteckte. Heimlich, denn die Spitalmutter litt das nicht. Sie achtete peinlichst darauf, ob jemand wirklich der Mildtätigkeit würdig war oder ein »nichtsnutziger Faulpelz«, wie sie sich auszudrücken pflegte.

Was ich während meiner Flucht am eigenen Leib erprobt hatte, etwa die Wirkung des Beinwell-Breiumschlags, nachdem ich mir den Knöchel verstaucht hatte, ließ ich nun anderen zugutekommen. Anfangs musste ich den unweigerlich in mir aufsteigenden Ekel hinunterwürgen, wenn ich stinkende Wunden verband, Unrat beseitigte oder verschmutzte Tücher wusch.

Allmählich gewöhnte ich mich aber an all dies und nahm es nicht mehr wahr. Stattdessen sog ich begierig neues Wissen ein, über Krankenpflege, heilende Kräuter und solche, deren Genuss Schmerzen lindert.

Dabei bestätigte sich, was mir aufgefallen war als ich den verletzten Fuchs behandelte. Meine Hände, ja, sogar meine Stimme, besaßen offenbar heilsamen Einfluss auf die Kranken. In ihre Augen trat ein Leuchten, wenn ich mich ihnen näherte. Sie nannten mich »ihren Engel«. Das war fast zu viel des Lobes für mich. Ich spürte, ich musste mich vor dem Laster der Eitelkeit hüten.

Besonders abends, wenn wieder ein Tag hinter mir lag, der mir großen Zuspruch beschert hatte, bat ich Gott im Gebet vorsorglich um Vergebung. Denn ich war unsicher. War ich womöglich stolz auf mich gewesen und hatte es vor lauter Begeisterung über die Genesung eines Kranken an der nötigen Demut mangeln lassen? Dieser Gedanke flößte mir Unbehagen ein. Nicht unbegründet, wie sich später erweisen sollte.

Manch Sterbendem vermochte ich den Übergang ins Jenseits zu erleichtern, indem ich an dessen Bett saß, mit ihm redete und ihm sanft über Hand und Wangen strich. Seine Schmerzen ließen nach. Wenn er mit einem Lächeln auf den Lippen verschied, erfüllte es mich mit tiefer Glückseligkeit.

Leider war ein solch sanfter Tod trotz all meiner Bemühungen nicht jedem vergönnt. Gott zeigte mir zuweilen meine Grenzen. Seine Beweggründe sind mir oft nicht nachvollziehbar. Warum mussten und müssen bis auf den heutigen Tag immer wieder Menschen sterben mit Schmerzen in den Zügen, bis über den Tod hinaus? Schauen sie in die Hölle statt ins Himmelreich?

Das nächste Frühjahr brachte tatsächlich den Schwarzen Tod mit sich, zuerst in dicht besiedelte Stadtbezirke, wo das größte Elend herrschte und sich der meiste Unrat anhäufte. Dorthin, wo die Ärmsten hausten.

Eines Morgens wollte ich einen fiebernden alten Mann versorgen. Da kam Lotte, die kräftigste Spitalmagd, begutachtete ihn eingehend und wies auf Beulen am Hals, in den Achselhöhlen und in der Leiste. »Wie beim seligen Sebastian«, murmelte sie. Ich begriff. Auf diese Körperstellen trafen Gottes giftige Pfeile und verursachten die Beulenpest, eine der beiden Arten, durch welche sich der Schwarze Tod ausdrückt. Was, fragte ich mich, hatte Gottes Zorn dermaßen erregt?

Lotte war mir wohlgesonnen, sie scheuchte mich barsch weg. Fortan kümmerte ich mich noch öfter als zuvor um Käthe. Als Pfründnerin hatte sie eine winzige Kammer für sich allein erhalten. Das hatte ich mir für sie ausbedungen. Um meinen Einsatz und das von mir gespendete Geld nicht zu verlieren, willigte die Spitalmutter zähneknirschend darin ein.

Die meisten Patrizierfamilien, und wer sonst dazu in der Lage war, verließen Köln und zogen sich auf ihre Landsitze zurück. Eine gespenstische Stimmung breitete sich aus, insbesondere in sonst sehr belebten Stadtteilen. Auf großen Plätzen, meist auf dem Marktplatz, wurden Holzstöße errichtet und Feuer entfacht, um das Pestmiasma zu vertreiben. Der Rauch zog durch ganz Köln und verdüsterte es tagelang, ließ kaum noch Sonnenstrahlen hindurch. Mit in Essig getränkten Tüchern vor Mund und Nase versuchte das einfache Volk sich vor der verpesteten Luft zu schützen. Wer es sich leisten konnte, trug einen Bisamapfel am Hals, gefüllt mit wohlriechenden Kräutern.

Sobald bekannt wurde, dass in einem Haus jemand erkrankt war, wurden Wachleute davor aufgestellt. Niemand durfte mehr hinaus oder hinein, außer dem Priester, am bitteren Ende. Doch nicht wenige Priester entzogen sich der Pflicht ihres Amtes, aus Angst, bald selbst einen zu benötigen.

Längst rührte der mittlerweile allgegenwärtige beißende Rauch nicht mehr nur von verbranntem Holz. Viele gaben den Juden die Schuld an Gottes Zorn und zündeten im jüdischen Viertel deren Häuser an. Mich schaudert, wenn ich daran denke, wie viele Menschen womöglich darin verbrannten.

Mitglieder einer aus der Not geborenen Totenbruderschaft zogen leise singend Karren durch die Gassen, die über und über mit Leichen beladen waren. Vor den Toren der Stadt wurden ihre Kleider und Teile ihres Hab und Guts verbrannt, sie selbst übereinander in große Gruben gelegt, meist ohne priesterlichen Beistand. Ich fragte mich, ob deren Seelen wirklich im Fegefeuer schmoren mussten.

Tag und Nacht starben Menschen, auch im Heiliggeistspital. Inbrünstig beteten wir für sie, flehten sämtliche Schutzheiligen um Fürbitte bei Gott an. Ich fühlte mich besonders zu Maria hingezogen, unter deren Schutzmantel ich im Geiste floh. An ihm prallten Gottes giftige Pfeile ab.

Weltliche Hilfe war unzureichend. Der Medicus durfte nicht mit Blut in Berührung kommen. Er überprüfte den Urin und ließ die Kranken zur Ader, richtete dadurch aber nichts aus. Im Gegenteil, ich konnte mich des Eindrucks kaum erwehren, sie hätten ohne diese Behandlung länger gelebt. Nur wenn der Bader die Pestbeulen aufschnitt und Blut und Eiter herausquellen ließ, genasen manche Kranken.

Ich fragte mich, warum ich noch lebte. Was hatte der Allmächtige mit mir vor? Fast fühlte ich mich schuldig, weil er mich so lange schon verschonte.

Das Jahr 1349 neigte sich dem Ende zu. Um mich Gottes Gnade würdig zu erweisen und nicht mehr so schuldig fühlen zu müssen, schuftete ich oft bis zur völligen Erschöpfung.

Endlich – ich hatte es vor lauter Geschäftigkeit kaum bemerkt – lockerte der Schwarze Tod seinen Griff um Köln. Anfang 1350 kehrten die ersten Patrizierfamilien in ihre verlassenen und nicht selten ausgeplünderten Häuser und Paläste zurück.

Ganz allmählich herrschte wieder annähernd Normalität. Wir wagten ihr allerdings kaum zu trauen. Ich denke, nicht zuletzt dieses Misstrauen, das auf uns übergriff und unsere Seelen vergiftete, wie der Rauch die Lungen, schürte untereinander Wut, Eifersucht und Missgunst.

Bei aller Trauer um unsere Verstorbenen war ich froh und erleichtert, die schlimmste Zeit überstanden zu haben. Dadurch entging mir manch neidvoller Blick anderer Pflegerinnen, das Tuscheln hinter meinem Rücken und der Argwohn der Spitalmutter, wenn meine Hände wieder einmal ihre heilsame Wirkung entfalteten. Konnte das nicht dämonischen Ursprungs sein?

Im Nachhinein denke ich, sie zeigte mich nur deshalb nicht an, weil sie viele tüchtig zupackende Hände an den Schwarzen Tod verloren hatte.

Als mir all das endlich auffiel, war es zu spät. Jener Markttag im August 1350 begann eigentlich gut. Eine frühmorgendliche Brise verhieß erträgliche Wärme. Ich flößte gerade einem Greis ein bisschen Brühe ein, als Hermine, eine meiner Mitschwestern, aufgeregt umherlief und überall verkündete, sie vermisse einen Schleier. Weil ich eben mit dem Versorgen des Alten fertig war, half ich ihr bei der Suche und meinte beschwichtigend, er würde sich schon finden, müsse ja irgendwo sein.

Arglistig beäugte mich Hermine. Ich wisse das offenbar ganz genau. Sie stachelte zwei Schwestern an, in unsere Kammer zu eilen und mein Bett zu durchwühlen. Machtlos stand ich daneben, als sie besagten Schleier fanden, wo Hermine oder deren Komplizinnen ihn versteckt hatten, unter meinem Kopfkissen. So viel Böswilligkeit hätte ich meinen schlimmsten Neidern nicht zugetraut – damals.

Zwar bemerkte ich ungläubige und mitfühlende Blicke von

Schwestern und Pflegern. Die konnten mir aber nicht helfen oder wagten es nicht, aus Angst, der Mittäterschaft bezichtigt zu werden.

Lauthals wurde nach der Spitalmutter gerufen und im Handumdrehen führten zwei Schergen mich ab. Sie warfen mich in den Kerker und stellten mich keine Stunde später vor Gericht. Alles verlief der hiesigen Gepflogenheit nach rasant. Ich kam kaum zur Besinnung und beteuerte vergebens meine Unschuld. Der bei mir gefundene Schleier genügte als Beweis. Mir war, als legte er sich um meinen Hals und zöge sich zu. Konfrontiert mit den verächtlich auf mich herabblickenden Augen meiner Ankläger, brachte ich kaum ein Wort heraus, wurde zu einem Tag am Pranger und anschließender Verbannung aus Köln verurteilt.

Verkaufsstände wurden gerade errichtet. Neugierige Blicke von Knechten und Mägden, Bauern und Marktweibern trafen mich, als die Schergen mich zum Pranger führten. Damit möglichst viele die Verurteilten sehen konnten, stand er mitten auf dem Platz, auf einem hölzernen Podest.

Höhnende Parolen grölend, hob man mich darauf und drückte meinen Hals sowie beide Handgelenke in die dafür bestimmten Aussparungen am unteren Balken. Unmittelbar darauf betäubte ein Knall mein Gehör. Ein Stoß erschütterte meinen Körper. Sie hatten den oberen Balken hinabsausen lassen, damit er mich umschloss.

In der Frühe war das Holz um Hals und Handgelenke noch kühl.

Nach den ersten Morgenstunden glühte es. Ich wand mich darin, doch es ließ mir kaum Spielraum. Um meine empfindliche Kehle vor seiner Berührung zu verschonen, drückte ich meist den Nacken gegen die obere Ausbuchtung. Der war durch Haar und Haube zumindest notdürftig geschützt.

Auch das Podest hatte sich aufgeheizt. Obwohl meine Fußsohlen verhornt waren, brannten sie. Ich ahnte, wie ein Tanzbär sich fühlen musste. Immer schneller hob ich abwechselnd die Füße, bis zur Erschöpfung.

Doch mehr als diese körperlichen Qualen setzten mir Hohn und Spott der Leute zu. Ich ertrug ihre Gesichter nicht mehr. Manche bewarfen mich sogar mit Dreck und Unrat.

Mein Blick floh zum wolkenlosen Himmel, aber von dort stach die Sonne in meine Augen. Dazu dröhnte von allen Seiten Lärm durch meine Ohren. Der Boden unter mir schien zu erbeben vom Rattern eisenbeschlagener Räder, Hufgetrappel und Schritten – schnell, langsam, kurz, lang, barfüßig, in kostbaren Schuhen, mit Trippen, einander kreuzend, ausweichend, verhalten …

Scharf schnitt das Quietschen einer Schubkarre in mein Trommelfell, dazu die Stimme jener Marktfrau, die ihre Ware sonst so freundlich feilbot. Heute klang es wie Gekeife und galt nur mir, mir allein – glaubte ich.

Dabei war ich doch unschuldig! Aber das wusste nur Gott. Lautlos formten meine spröden Lippen Gebete.

»Was wispert sie, was, was?«, tuschelte es vielstimmig um mich herum. Ich wünschte sehnlichst, Gott würde den Leuten meine Unschuld offenbaren, wagte ihn aber nicht darum zu bitten. Wenn er das wollte, warum hatte er es nicht längst getan?

Ich sollte mich wohl meinem Leid hingeben, wie Jesus. Vielleicht war das hier eine Prüfung. Ich bangte. Würde ich sie bestehen? Äußerungen von Nonnen fielen mir ein: Es sei eine süße Qual, wie Jesus zu leiden, weil man ihm dann ganz nah sei. Demnach, so dachte ich, litt ich entweder noch nicht so wie er oder … Ich wollte den Gedanken abbrechen, doch er war nicht mehr zu stoppen und flößte mir ein: Du bist ihm fern, du bist Jesus fern. Das erschütterte mich. Wenn Jesus sich von mir abwandte … Inmitten der Menge fühlte ich mich einsamer denn je. Doch ein paar Worte von mir, und die menschliche Gesellschaft würde mich wieder aufnehmen. Ich wäre erlöst, zumindest von meinen körperlichen Qualen. Ich müsste diese Worte nur aussprechen, dachte ich, sofort bekäme ich Wasser. Allein der Gedanke daran machte mich irr. Ich bin Euphemia, die … Meine Kehle war wie zugeschnürt.

Während ich also weiterhin schwieg und vor Angst, bei Gottes Prüfung zu versagen, am ganzen Leib zitterte, knarrten leise die Balken, zwischen denen ich steckte. Du hältst durch!, versuchte ich mir einzureden. So würde die Angst weichen – vielleicht.

Ich zwang meine brennenden Augen, sich auf die Leute zu richten. Doch deren Gesichter waren wie Spiegel, in denen ich Schuld zu sehen glaubte – meine Schuld.

Bedrückt senkte ich die schweren Lider und starrte auf meine staubigen Füße. Die glühten in der Sonne.

»Da seht, sie kann einem nicht in die Augen schauen«, hörte ich jemanden sagen und blickte in dessen Richtung. Etwas in mir hatte aufbegehrt und mich dazu veranlasst, ehe es mir bewusst wurde. Aber ich erkannte nicht, wer gesprochen hatte. Meine Blicke begegneten anderen, die mich gierig verschlangen und sich trotzdem nicht satt sehen konnten an meinem Elend.

»Da! Schau die an!« Eine Mutter zerrte ihr plärrendes Kind heran und deutete auf mich. Wenn es nicht sofort brav sei, ergehe es ihm genauso.

Ich wollte dem Kleinen zulächeln, aber das misslang. Ich sah es an seinem Blick.

Mägde mit schweren Körben blieben stehen und gafften. Die meisten eilten allerdings schnell weiter, trotz ihrer Last insgeheim erleichtert. Andere schauten nur flüchtig im Vorübergehen zu mir und empfanden vielleicht sogar Mitleid, wagten es aber nicht zu zeigen, geschweige denn hörbar zu äußern. Sonst hätte man womöglich argwöhnen können, sie hätten selbst Dreck am Stecken. Ob alt, an Krücken oder von harter Arbeit vorzeitig verbraucht – keiner hätte mit mir tauschen mögen, zumindest nicht an jenem Tag.

In etlichen Gesichtern entdeckte ich Neugier. Bestimmt fragten sie sich, wofür ich am Pranger stand, rechtmäßig verurteilt. Aber ob wirklich zu Recht ... Wer Zeit und Kraft besitzt, um über dergleichen nachzudenken, weil er sich nicht mit Alltagslasten abplagen muss, durchleidet keine Nöte wie das niedere Volk und kann sie ihm deshalb kaum nachempfinden.

Bettlern auf Kirchenstufen wirft man vorsorglich etwas hin, um Gott gnädig zu stimmen. Schließlich weiß niemand, wann seine letzte Stunde schlägt und er sich vor dem Jüngsten Gericht für seinen Lebenswandel verantworten muss.

Aber eine Sünderin am Pranger büßt ihre Strafe ab und erntet statt Mitleid Spott und Verachtung. In ihrer Gegenwart empfinden selbst jene, auf die Edle und Freie sonst herabsehen, eine gewisse Genugtuung.

Damals, an jenem Tag, herrschte besonders reges Treiben auf dem Kölner Marktplatz. Raffinierte Händler hatten sich einen Platz in meinem Umkreis verschafft. Dort erregten auch unscheinbare Äpfel Aufmerksamkeit und schienen regelrecht zu erröten. Auf ihresgleichen lagen sie in Körben vor einem der Marktstände, welche sich aneinanderreihten. Schräge Dächer schützten Händler und Waren vor der unerbittlichen Sonne. Rote Rüben, Zwiebeln, Radieschen, Rettiche und Salate auf Tischen, davor Birnen, Pfirsiche, Zwetschgen sowie Pflaumen in runden Kübeln – alles war bunt, appetitlich angerichtet und lockte mit Düften. In überquellenden Säcken wartete Getreide auf Käufer.

Ein Esel, vor einen halb beladenen Karren gespannt, scharrte gelangweilt über den Boden und wirbelte Staub auf. Überall wuselten geschäftig Bauern, Knechte und Mägde herum, vorschriftsmäßig unscheinbar gekleidet, in grobes Leinen. Männer und Burschen mussten die Haare über den Ohren abgeschnitten tragen. Mägde trugen straff geflochtene Zöpfe, versteckt unter Hauben.

Hoch über ihnen, hinter etlichen Reihen weiterer Stände, ragten

Giebel prunkvoller Patrizierhäuser auf in den tiefblauen Himmel und säumten das Areal.

Marktbesucher kamen und gingen und mit ihnen Minuten und Stunden, die sich für mich zu Ewigkeiten dehnten.

Der Esel schien sich in sein Schicksal zu fügen, scharrte nicht mehr und ließ den Kopf hängen.

Doch plötzlich spitzte er die Ohren und blähte die Nüstern. Aus hölzernen Buden, weit hinter dem Drillhäuschen, trieb der Sommerwind den süßlich-herben Duft von frischem Heu herüber. Schwerer und schwerer drückte indessen die Mittagshitze. Wenn ich die Lider hob, rann Schweiß von meiner Stirn in meine zu schmalen Schlitzen zugeschwollenen Augen und trübte meinen Blick. Scharfe Konturen lösten sich auf. Ich konnte nicht mehr in den Gesichtern der Leute lesen. Gedämpft vernahm ich ein Raunen, als ein dunkler Schleier sich vor meine Augen legte.

Nur einen Atemzug später lüftete er sich zwar, doch alles war ineinander zerflossen: Gesichter zu ovalen, runden und schmalen fleischfarbenen Flächen, die in flirrender Luft inmitten größerer Farbflächen schwammen.

Trotzdem glaubte ich zu spüren, wie Blicke durch mein grobes Leinenkleid stachen, das wie eine zweite Haut an mir klebte. Überall juckte es mich. Hätte ich mich nur einmal kratzen können oder wenigstens meine brennenden Augen reiben, ein einziges Mal!

Wurde ich blind? Von Panik erfasst, strengte ich mich an und sah tatsächlich wieder klar. Im nächsten Moment verschwamm jedoch erneut alles. Mir wurde schwindlig. Nur die Balken um Hals und Handgelenke hinderten mich am Zusammenbrechen. Weder Stimmen noch Geräusche konnte ich mehr zuordnen. Alles verhedderte sich unkenntlich ineinander. Kläfften irgendwo Hunde, die sich um einen ergatterten Bissen zankten? Oder waren es Marktweiber, die um die Gunst eines Kunden feilschten? Lachten oder weinten neben mir Kinder? Stritten sich hinter mir Männer oder bot ein Marktschreier Geschichten feil? Rumpelten Räder oder kündigte Donner ein Gewitter an?

Obendrein wurde alles untermalt von einem beständigen Summen in meinem Kopf. Jeden Moment, bangte ich, müsste die darin brodelnde Hitze ihn zersprengen.

Doch nichts dergleichen geschah. Der Tag lief weiter an mir vorbei und mit ihm Gerüche von Peterling, Schnittlauch, Sauerampfer, Sommerkohl, Fisch, Fleisch, Schweiß, Fäkalien ... Nur die Sonne wich nicht, sondern brannte beharrlich auf mein Haupt, auf Brust und Füße. Wie rot sie mittlerweile waren, meine Füße. Wie mein Gesicht? Bestimmt war es auch rot, krebsrot – blutrot.

Ja, schon lange roch ich Blut, nur einmal überlagert von Karpfen, die seit mindestens einem Tag in der Hitze schmorten.

Mein Bewusstsein schmolz dahin. Aromen, die ich mittags noch deutlich wahrgenommen hatte, geleitete es jetzt – am Nachmittag – in entlegene Winkel meines Geistes. Dort spürten sie schlummernde Erinnerungen auf.

Einer dieser Düfte befreite endlich meine Seele. Betäubt von der Erschöpfung, konnte ich ihn zunächst nicht einordnen. Unversehens fand ich mich im Tower of London, im heimischen Garten wieder, tauchte mein Antlitz in einen Rosenstrauch und legte meine Wangen an dessen Blüten. Weiß leuchteten sie, in solch reinem Weiß, dass es fast blendete.

Ein lauer Sommerwind kitzelte mich mit meiner eigenen Haarlocke im Ohr, trug leises Hufgetrappel zu mir herüber und Stimmen, vertraute Stimmen.

Eine Rosenblüte zärtlich zwischen den Fingern reibend, schweifte mein Blick erwartungsvoll über das leuchtende Grün des Rasens, vorbei an prachtvollen Ziersträuchern und zwischen Obstbäumen hindurch. Am Horizont erschienen Reiter, getaucht in Sonnenlicht.

Einer hatte mich offenbar entdeckt, denn obwohl er seinem Begleiter eine Antwort schuldete, lachte er mich an. War es ... Ja, konnte es Justin sein?

»Prinzessin Euphemia!«, rief er. »Ist das dort nicht unsere Prinzessin Euphemia?«

Zitternd vor Freude vernahm ich, was ich zu hören begehrte. Die erste Silbe schon auf den Lippen, ließ etwas in der Stimme mich erstarren und jagte mir, trotz der Hitze, eisige Schauder durch den Leib. Nein, das war nicht Justin. Ich blinzelte.

Da schien es, als hätte ich meine Traumwelt fortgeblinzelt, bis auf die weißen Rosen. Die gehörten jetzt zu einem Strauß im Korb einer Magd. Sie stand vor mir und glotzte mich an.

Irritiert starrte ich auf eine der Blüten. Deren samtweiche Blätter glaubte ich förmlich zwischen meinen Fingern zu fühlen – wie eben noch im heimischen Garten –, obwohl meine Hände zwischen Holzbalken steckten.

Die Magd wandte ihren Blick von mir ab und ging weiter. Über mein Antlitz huschte der Schatten eines Lächelns. Nein, wartet, formten meine spröden Lippen. Meine ausgedörrte Kehle brachte keinen Laut heraus.

Erst jetzt bemerkte ich, wie laut das Hufgetrappel geworden war. Die Reiter, gehörten sie nicht in meinen Traum? Sie waren ganz nah, stoppten vor mir. »Doch, beim Allmächtigen«, sagte der eine, »stellt sie Euch sauber vor, in königlichen Kleidern. Ich schwöre Euch, das ist sie.«

Seine Stimme rüttelte mich vollends wach. Ich senkte den Blick, gepeinigt von blankem Entsetzen. Denn ich fürchtete, es sei zu spät.

# XVIII

Ursula hielt den Atem an. Inbrünstig fieberte sie mit Euphemia, ertrug die Spannung kaum und sah vom Buch auf. Was flackerte da für ein Licht hinter einem der Fenster im ersten Stock des Konvents? Dahinter musste einer der Räume sein, die zum Klosterspital gehörten.

Ursula wollte schon aufstehen und nachsehen, da fiel es ihr ein. Barbara wachte seit einiger Zeit nachts bei Schwerstkranken. *Barbara … Seit jenem Vorfall im Scriptorium komme ich nicht mehr an sie heran. Weiterhin vergeudet sie ihr Talent. Wieso glaubt sie, es stünde ihr nicht zu? Woran fühlt sie sich schuldig?*

Nachdenklich fiel Ursulas Blick auf das aufgeschlagene Buch. *Wer ist jene Schwester, die Euphemia erwähnt im Zusammenhang mit der Oblate Barbara, deren Namen sie verschweigt? Jene, die eine strenge Erziehung befürwortete. Gottfrieda?* Ursula versuchte sich Gottfrieda als junge Nonne vorzustellen. Es gelang ihr nicht. *Und jener Traum des Kindes von einer Unholdin … Wenn es keiner war, wer war dann die Unholdin?*

Ursula fröstelte plötzlich, trotz der lauen Nacht. Sie schlang ihre Arme ineinander, rieb sich warm und las weiter.

---

Ich wurde vom Pranger genommen, konnte aber kaum auf meinen Beinen stehen, geschweige denn gehen. Stadtknechte fassten mich beidseits unter den Achseln und schleppten mich ins Rathaus zum Schultheißen. Im Beisein der Gesandten meines Vaters, an deren Stimmen ich mich schwach erinnerte und deren Blicken ich auswich, fragte er mich nach meiner Herkunft: »Seid Ihr von königlichem Geblüt?«

Innerlich zerrissen, rang ich mit mir. Ein Wort nur, das Wörtlein »Ja«, und meine Marter hätte ein Ende. Mein Körper, lechzend nach Erlösung von der Pein, flehte mich an: Gib dich zu erkennen!

Ich sagte: »Nein.« Er strafte mich mit Schmerzen.

In Windeseile lief mein bisheriges Leben vor meinem geistigen Auge ab, wie in aneinandergereihten Bildern eines Bänkelsängers – bis hin zu meiner Ankunft im Spital, meinem dortigen Wirken.

Mein Vater, sagte ich und dachte dabei an Jesus Christus, sei hingerichtet worden. Elf Brüder seien jämmerlich umgekommen. Einer habe sich erhängt.

»Ah«, meinte darauf einer der Gesandten enttäuscht, dann sei ich offenbar von diesen faulen Äpfeln angesteckt worden und eifere ihnen nach.

Man ließ mich gehen. Ich schleppte mich aus der Stadt hinaus. Vor den Toren brach ich zusammen. Was weiter geschah ... Wenn ich daran zurückdenke, ist mir, als würde ich mich an einen Traum erinnern. Wasser erquickte Gesicht und Hände, benetzte meine aufgeplatzten Lippen. Welch Labsal, als es durch meine Kehle rann! Ich rührte mich nicht, wollte niemals mehr erwachen, fühlte mich aufgehoben, sanft gewiegt und wie getragen von Gottes starker Hand.

Hatte ich doch »Ja« gesagt? War ich wieder im Tower? Wenn ich mich regte, knisterte es in meinem Rücken.

Als ich endlich doch die Augen aufschlug, meinte ich zuerst, immer noch zu träumen. Durch Nebel sah ich Grün- sowie Brauntöne und Himmelsblau. Unmöglich, dafür war es viel zu warm. Beim Atmen flatterte der vermeintliche Nebel und entpuppte sich als dünnes Tuch. Es schützte mich vor der Sonne und hing über mir, befestigt an einem Holzgestell, das mit einem Binsengeflecht bezogen war, welches mir als Lehne diente. Daher das Knistern. Ein breiter Gürtel um meine Taille bewahrte mich vor dem Herunterfallen.

Ich saß auf einem Maultier in einem Sambue, einem Damensattel. Zumindest dachte ich das, bevor ich erfuhr, dass es eigentlich ein normaler Sattel war, von geschickter Hand umgebaut.

Indem ich das Tuch zurückschlug, sah ich einen Mann, Gestalt und Bewegung zufolge jung, schlicht gekleidet, mit einer Kappe. Er führte das Maultier. Irgendwie musste er gemerkt haben, dass ich aufgewacht war. Vielleicht hatte ich gestöhnt. Jedenfalls hielt er an und wandte sich mir zu.

Spielte die Erschöpfung mir einen Streich und gaukelte mir vor, was mein Herz erblicken wollte? Just in diesem Moment erkannte ich, wie sehr es sich gewünscht hatte, genau das zu sehen, ein vertrautes Gesicht. »Das Fohlen …«, stammelte ich, »Leila …«

Justin schaute mich fragend an. Er war es tatsächlich, musste jetzt ungefähr achtzehn sein. Er war gewachsen, seit ich ihn zuletzt gesehen hatte, und trug das brünette Haar länger als seinem Stand erlaubt. Ein Lächeln der Erkenntnis glitt über seine feingeschnittenen, zwar noch jungenhaften, aber nun deutlich ausgeprägteren Gesichtszüge. »Leila … Ja, sie ist wohlauf, das Fohlen auch, ein kleiner Hengst.«

»Wie … Wie kommst du hierher, wie hast du mich gefunden?« Aus reiner Gewohnheit duzte ich ihn, wie ich es immer getan hatte. Er war schließlich unser Stallbursche.

»Oh, ich folgte Euch, hochverehrte Prinzessin Euphemia, fast von Anbeginn.« Zeitweise habe er mich aus den Augen verloren.

Entschieden schüttelte ich den Kopf. »Bevor du fortfährst … Prinzessin, das war ich einmal. Jetzt …«

Er wollte widersprechen, aber ich ließ ihn nicht. Weil ich seinen Sturkopf kannte, musste ich ein schlagkräftiges Argument liefern. »Es wäre auch zu riskant. Stell dir vor, wenn jemand hört, dass du mich so nennst.« Abwartend sah ich ihn an.

Endlich, das überzeugte ihn. Er nickte. Ich konnte nicht fassen, wie er mich gefunden hatte und war begierig darauf, es zu erfahren.

Darüber werde er mir ausführlich Bericht erstatten, versprach er und bat mich um ein wenig Geduld. Erst wolle er einen geeigneten Rastplatz für uns finden.

Ich nickte. Dabei fiel mir etwas ein: »Du hast mir schon einmal etwas versprochen, ganz fest sogar, weißt du noch?«

Mein vorwurfsvoller Unterton irritierte ihn. Fragend sah er mich an. Bevor ich seinem Gedächtnis auf die Sprünge helfen konnte, erinnerte er sich: »Leilas Fohlen ... Herzallerliebste Euphemia, bitte verzeih. Ich hätte mein Versprechen gehalten, gewiss! Doch ich muss gestehen ...« Verlegen senkte er den Blick. »Ich weiß nicht, wie es geschehen konnte, aber ich hatte verschlafen. Ich hatte die Geburt des Fohlens einfach verschlafen.«

Ich sah Aufrichtigkeit in seinen Augen. Sie konnten noch immer nicht lügen.

Bald gelangten wir an einen Bach, der sich durch eine Wiese schlängelte. Wir folgten ihm zu einer Schatten spendenden Baumgruppe. Dort breitete Justin eine Decke aus, half mir aus dem Sambue und ließ das Maultier grasen.

Ich vermochte kaum zu glauben, was er mir erzählte. Nachdem er meine Flucht bemerkt hatte, war er mir gefolgt, verlor mich aber immer wieder aus den Augen. Er hatte sich jedoch gedacht, dass ich nach Calais wollte. Als er den Hafen von Dover erreichte, wartete er bangen Herzens. Es hüpfte vor Freude, als er mich kommen sah. Verborgen hinter einem Felsen, beobachtete er, wie ich in den Korb kletterte. Dass ich eine mutige Jungfer sei, habe er ja immer gewusst, aber für so waghalsig habe er mich nicht gehalten, meinte er grinsend.

Die vertraute Stimme auf der Fähre, schoss es mir durch den Kopf. Das war also keine Einbildung.

Zu meiner Freude hatte fast die gesamte Besatzung das Unglück überlebt. Eine Fähre der englischen Flotte, welche entlang der Küste von Calais patrouillierte, habe sie aus dem Kanal gefischt, berichtete Justin. Entgegen aller Wahrscheinlichkeit wollte er nicht glauben, dass ich umgekommen war, und mich sofort suchen. Aber er wurde unverzüglich rekrutiert. Für die Belagerung von Calais benötigte man jeden Mann.

»Die Belagerung ...«, sagte ich nachdenklich.

Er wisse nicht, wie es damit weitergegangen sei, erklärte Justin. Er habe sich baldmöglichst abgesetzt.

»Abgesetzt!«, entfuhr es mir. »Du meinst ...«

Beschämt verzog er das Gesicht: »Genau, ich bin fahnenflüchtig. Aber nur um Euretwillen!«

»Um deinetwillen«, korrigierte ich ihn.

Verständnislos sah er mich an: »Nein, nicht wegen mir, um Euret...« Er brach ab, lächelte und begriff endlich. »Daran muss ich mich erst gewöhnen«, meinte er entschuldigend. »Also um deinetwillen.«

»Oh, versteh mich recht«, bat ich und versicherte ihm, jegliche Art von Gewalt zu verabscheuen, »auch den Krieg! Ich stellte mir nur gerade vor ... Wenn man dich erwischt hätte ...« Ich muss wohl sehr besorgt ausgesehen haben, denn er legte beruhigend eine Hand auf meinen Arm, zog sie aber gleich zurück und entschuldigte sich.

Ich lächelte und berührte ihn nun auch. Dabei bemerkte ich blutige Striemen auf seinen von der Sonne gebräunten Unterarmen. Ich küsste sie. Wir tauschten einen endlos anmutenden Blick gegenseitigen Verstehens, wurden richtig aufgeregt und fanden kaum noch Worte. Aber die waren überflüssig, unsere Herzen verstanden einander wortlos.

Wir folgten deren Sprache, dürstend nach Zuwendung, küssten und liebkosten uns, labten uns am klaren Wasser aus dem Bach und an Nahrungsmitteln, die Justin besorgt hatte. Hauptsächlich labten wir uns aneinander, lagen schließlich eng beisammen im Gras und schauten den ziehenden Wolken nach.

Dass Justin mich gefunden hatte, grenzte an ein Wunder. Durch Gottes Fügung war er von Calais aus fast denselben Weg gegangen wie ich, nur geraume Zeit später und nicht durch jenen Wald, in welchem ich den Winter von 1347 auf 1348 bei Hildegard und Magdalena verbracht hatte. Von seinem Sold als Soldat erwarb er unterwegs das Maultier. Es war alt, aber brav und zäh. Ein Pferd konnte er sich nicht leisten. In weiser Voraussicht bastelte er den Sambue, beseelt von der Hoffnung, mich zu finden.

In Aachen stieß er auf die Abgesandten meines Vaters, dachte, sie seien vielleicht auf der Suche nach mir, und folgte ihnen deshalb unauffällig nach Köln. Mich am Pranger zu sehen, war ihm so unerträglich, dass er sich beide Arme zerkratzte. Er wollte mit mir leiden. Behutsam berührte ich die blutigen Striemen, benetzte sie fortwährend mit meinen Lippen und spürte, wie wohl ihm das tat.

Innigst einander zugewandt, ließen wir den Tag verstreichen. Abendlicht breitete sich über uns aus wie eine Decke und tauchte alles um uns herum in ein unwirkliches Rosarot. Noch heute zehre ich davon.

Im Morgengrauen zogen wir weiter, am Rhein entlang in südlicher Richtung. Das gefiel uns, die Landschaft wirkte so malerisch und friedlich. Hier schien sich nichts von dem zu bewahrheiten, wovon Justin gehört hatte, dass mancherorts immer noch der Schwarze Tod wüte, Dörfer, Städte und ganze Landstriche entvölkere. Ach, wie waren wir naiv!

Unterwegs erreichten uns Schreckensmeldungen. Welche davon waren glaubwürdig? Deren Verkünder wussten es oft selbst nicht genau oder waren geistig wie körperlich schon sehr hinfällig, redeten wirres Zeug.

Vorsorglich hielten wir uns abseits, in der Natur, den ganzen Sommer über, bis in den Herbst hinein. Was brauchten wir andere Menschen, wir genügten uns ja selbst! Wenn uns zu Ohren kam, wir würden dem Schwarzen Tod geradewegs in die Arme laufen, schlugen wir einen Bogen. Ob sich die Prophezeiungen bewahrheitet hätten … Wir erfuhren es nie.

Vor anderen Gefahren wie Wegelagerern oder Räubern warnte uns so manches Mal unser braves Langohr. Sein feines Gehör erfasste, trotz seines Alters, viel früher als unseres, wenn jemand nahte.

Einmal, auf einem Waldpfad, reagierten wir zu spät auf sein beunruhigtes Schnauben, sahen die Bande hinter uns schon kommen und stürzten Hals über Kopf einen Abhang hinab. Ein Pferd hätte sich dabei bestimmt ein Bein gebrochen, nicht aber unser Maultier. Es hatte seine Trittsicherheit beim Klettern vom Esel geerbt.

Mit angehaltenem Atem verharrten wir unter einem Überhang, über uns grölende Stimmen. Die Kerle stritten über eine Bewegung, die einer hier erhascht haben wollte. Zu allem Übel löste sich unter meinen Füßen ein Stein. Er polterte den Abhang hinab, stieß gegen andere und nahm sie mit sich. Es erschien uns furchtbar laut. Bangend sahen wir uns an und dachten beide dasselbe, jetzt sei alles aus.

Doch nichts geschah. Endlich wagten wir uns wieder hinauf. Die Räuber waren längst weitergezogen.

Der Weg war unser Ziel. Wir wähnten uns frei und schmiedeten Pläne für unsere gemeinsame Zukunft, vom Wunsch beseelt, unseren Bund der Liebe von einem Priester segnen zu lassen. Doch was hätten wir ihm erzählen sollen? Obwohl Justin inzwischen auch recht gut deutsch sprach, hörte man unsere englische Herkunft heraus. Obendrein suchte man immer noch nach mir. Und wenn jemand argwöhnte, Justin könnte ein fahnenflüchtiger Soldat sein? Ich wagte gar nicht, daran zu denken.

Notgedrungen hofften und beteten wir also inbrünstig darum, dass unsere Liebe Gnade und Verständnis vor Gottes Augen fände, auch ohne Priester.

Nach Einbruch des Winters kamen wir als Magd und Stallknecht bei einem Bauern unter. Er betrachtete uns stillschweigend als Paar, froh, überhaupt wieder Gesinde zu haben, nachdem der Schwarze Tod bei ihm Ernte gehalten hatte. Wir erhielten eine winzige Kammer, in der es bei Wind und Kälte durch sämtliche Ritzen zog, waren aber nach getaner Arbeit stets so erschöpft, dass wir trotzdem sofort einschliefen, eng aneinandergekuschelt.

Im nächsten Frühjahr beobachtete die Bäuerin, wie ich mich morgens hinter der Scheune erbrach. Seit zwei Monaten blutete ich nicht mehr. Sie zog sich zwar diskret zurück, beäugte mich seitdem aber neugierig und stellte Fragen nach meiner Herkunft. Ich antwortete ausweichend. Auf Dauer hätte ihr das nicht genügt, ich sah es in ihrem Blick.

Zunehmend fühlte ich mich unbehaglicher und kam mit Justin überein, weiterzuziehen. Im Grunde war es ihm recht, weil er ein Handwerk erlernen wollte, am liebsten das des Sattlers, um später unabhängig mit mir davon zu leben. Dazu mussten wir jedoch in einem Dorf oder in einer Stadt einen Meister finden, der Gesellen ausbildete.

Aus Rücksicht auf meine Schwangerschaft wäre Justin bis zur Geburt unseres Kindes auf dem Hof geblieben. Doch ich fand hier keine Ruhe mehr. Außerdem hatte der Bauer eines Abends aus dem etwa eine Tagesreise entfernten Koblenz eine zweite Magd mitgebracht. Ein Knecht würde sich bestimmt auch bald einstellen, wir konnten also guten Gewissens gehen. In der Hoffnung, bis zum nächsten Winter eine neue Bleibe zu finden, ließen wir uns den restlichen Lohn auszahlen und machten uns auf den Weg.

Abermals war der Rhein unser Begleiter. Immer wieder staunte ich, wie viele wehrhafte Burgen beidseits des Ufers von mächtigen Felsen auf uns herabschauten. Dahinein mischte sich Unbehagen. Die Bewohner jener Festungen würden uns hoffentlich nicht als Feinde empfinden und angreifen.

Justin, der das nervöse Flackern in meinen Augen bemerkte, versuchte mich zu beruhigen. Welche Gefahr sollte schon ausgehen von einem jungen Paar mit Maultier?

Gewiss, er hatte recht. Lachend schlug ich meine Ängste in den Wind. Trotzdem, sie wehten mich immer wieder an. Vielleicht wird man vorsichtiger, wenn man ein beginnendes Leben unter dem Herzen trägt und damit nicht mehr nur Verantwortung für sich selbst.

Manchmal fragte ich mich, ob ich ihr gewachsen war. Schließlich zählte ich erst siebzehn Lenze.

Es war Frühsommer geworden. Gefühlt hatten wir zahllose Meilen zurückgelegt, uns aber noch nirgends nach einer Sattlerei umgesehen. Sogar bei an sich schönem Wetter lastete immer wieder der Geruch von Rauch in der Luft, sobald wir uns einem Dorf oder einer Stadt näherten. Das verhieß nichts Gutes.

Jedes Mal hielten wir dann an, blickten zum grauen Himmel und spürten, wie eine eisige Klaue nach unseren Herzen griff. Unser Langohr schnaubte und warf widerwillig den Kopf zurück, wollte nicht weiter. Fröstelnd, auch wenn es warm war, zogen wir uns in den Schoß der Natur zurück.

Es mag Ende Juli gewesen sein. Etliche Meilen von Bingen entfernt, nächtigten wir in einem Mischwald, unmittelbar hinter den Bäumen, die ihn säumten. Ich schlief schlecht. Mein Ungeborenes strampelte in mir herum wie nie zuvor. Was beunruhigte es?

Im Morgengrauen, ich war endlich eingenickt, hallten jämmerliche Schreie bis zu uns in den Wald. Ich schreckte auf. Justin war ebenfalls wach und schloss mich schützend in die Arme. Überrascht bemerkte ich, wie heftig auch sein Herz pochte. Das trug nicht eben zu meiner Beruhigung bei.

Die Schreie kamen von jenseits der Wiese, welche an den Wald grenzte. Annähernd gleichzeitig erkannten wir, was sie verursachte. Eine unheilvolle Ahnung stieg in uns hoch. Obwohl mir die Knie schlotterten, stand ich auf. »Wir müssen dorthin, Jus! Sie leiden entsetzlich, du weißt es auch.«

Wortlos nickte er, packte unsere Habe aufs Maultier und folgte mir.

Abgesehen vom Geschrei der Kühe lastete eine gespenstische Stille über dem Hof, welchem wir uns bald darauf näherten. Langohr witterte zuerst den Gestank. Justin musste geballte Willenskraft aufbieten, um es weiterzuführen. Er wickelte den Strick am Halfter um die oberste Latte eines Weidezauns und wollte den Stall betreten, allein.

»Auf keinen Fall«, protestierte ich, tränkte zwei Tücher mit Essig und reichte ihm eins. »Ich komme mit!« Er wusste, dass mein Sturkopf dem seinen in nichts nachstand. Also versuchte er erst gar nicht, mich davon abzuhalten.

Direkt vor der Stalltür vernahmen wir ein Summen, die Melodie des Todes. Sie ließ sich einen Spalt breit nach innen öffnen, dann stockte sie, gebremst durch einen Widerstand, der leicht nachgab, als Justin fester dagegen drückte. Schaudernd hielt er darin inne und sah mich an.

Verstehend erwiderte ich seinen Blick. Wir ahnten, was die Tür blockierte. Der Essig konnte den penetranten Verwesungsgestank nicht übertünchen. Justin quetschte sich durch den Spalt. Ich folgte ihm.

Betroffen blickten wir auf die von einem Fliegenschwarm umschwirrte Magd. Sterbenskrank musste sie sich hier hereingeschleppt haben, wollte augenscheinlich noch die Kühe melken. An dunklen Verfärbungen auf ihrer Haut erkannten wir, wer sie auf dem Gewissen hatte. So zeichnet nur einer seine Opfer, der Schwarze Tod.

Wir wagten nicht, die Ärmste mit bloßen Händen zu berühren, sondern umhüllten sie zuerst mit einer dicken Schicht Stroh. So eingepackt, trugen wir sie vorsichtig hinaus und legten sie zunächst auf den Erdboden. Danach molken wir die Kühe, um sie von ihrer Qual zu erlösen, und verdrängten dabei, was uns noch bevorstand.

Im Wohnhaus fanden wir die Leichen einer vierköpfigen Familie, umschwirrt von Fliegen, die Mutter mit den Kindern auf dem Bett. Der Vater hatte allen die Hände gefaltet, war offensichtlich zuletzt gestorben. Er lag auf dem festgestampften Erdboden, in einer Hand einen Rosenkranz aus vermutlich selbst geschnitzten Holzperlen.

Die Fliegen wiesen uns den Weg in eine winzige Kammer, zu den sterblichen Überresten eines Burschen, vermutlich war es der Knecht.

Vorsichtig, ohne sie direkt zu berühren, trugen wir auch diese Verstorbenen nach draußen, sahen uns um und fanden einen kleinen Friedhof mit zwei frischen Kindergräbern. Das waren also die ersten Opfer, bestimmt von den Eltern bestattet.

Tiefes Mitgefühl erfasste uns. Klerikalen Beistand mussten wohl alle entbehren. Der Schwarze Tod hatte ihnen keine Zeit gelassen, einen Priester zu holen. Und da es im näheren Umkreis dieser abgelegenen Gegend keine Nachbarn gab, konnte auch nicht nach einem geschickt werden.

Die Erde war zwar noch weich von den Regenfällen der letzten Woche, trotzdem brauchten wir fast zwei Tage, um alle Toten würdevoll auf dem Friedhof zu beerdigen. Abschließend beteten wir für sie und baten Schutzheilige um Fürbitte beim Allmächtigen, insbesondere Sebastian. Er, der die Pfeilmarter überstanden hatte, vermochte sicher am meisten auszurichten bei Gott, auf dass sich dessen Zorn lege und er die Verblichenen in sein himmlisches Reich aufnehmen möge.

Nun kümmerten wir uns um den verwaisten Hof, aus tiefstem Selbstverständnis heraus. Das Haus räucherten wir zur Vorsorge eine Woche lang aus. Auch verbrannten wir sämtliche Kleidung, die wir fanden. Truhen, Tisch und Betten wuschen wir mit Essigwasser. Wir misteten die Ställe aus, versorgten Ackergäule, Kühe sowie anderes Getier, ernteten Heu, Gemüse und Obst. Nichts sollte verkommen. Natürlich war es für uns alleine viel zu reichlich. Was wir nicht gleich verbrauchten, lagerten wir zunächst ein, um Zeit für weitere Überlegungen zu gewinnen. Sollten wir es im Herbst auf dem nächstgelegenen Markt feilbieten? Manches hätte sich nicht über den Winter gehalten. Es wäre frevelhaft gewesen, Nahrungsmittel verderben zu lassen, anstatt sie unseren Nächsten zugänglich zu machen.

Also spannten wir Ende September die beiden Ackergäule vor einen Wagen, beluden ihn und fuhren nach Bingen.

Bis heute quält mich die Frage, ob das ein verhängnisvoller Fehler war, ob wir dadurch auf uns aufmerksam machten. Mein Bauch war sichtbar gewachsen, doch weil wir als Paar auf dem Markt erschienen, erregte das niemandes Aufmerksamkeit. Oder etwa doch? Vielleicht schaute und horchte der ein oder andere genauer hin. Ein deutsch sprechendes Bauernpaar englischer Herkunft?

Tage, ja Wochen danach beschlich mich immer wieder ein beklemmendes Gefühl, das auch durch Justins Beschwichtigungsversuche nicht weichen wollte. Er überraschte mich mit einer Hündin und einem Korb, aus dem drei Gänse neugierig ihre Hälse reckten. Erstere wich mir nicht mehr von der Seite und Letztere watschelten beim leisesten ungewohnten Geräusch aufgeregt schnatternd umher.

Die Geburt unseres Sohnes Anfang Dezember verdrängte meine unheilvollen Gefühle. Von da an hatte ich fast nur noch Augen für ihn. Er besaß ein feines Gesichtchen und so einen tiefgründigen Blick, als ahne er die Zukunft voraus – mein Josef Justin Eduard.

Der dritte Name war eine Erinnerung an meinen Vater und in gewisser Weise, so wurde mir inzwischen bewusst, auch der Versuch einer Wiedergutmachung.

Joe, wie wir ihn liebevoll nannten, würde allerdings, dachten wir, auf deutschem Boden aufwachsen, deshalb Eduard statt Edward. Immer war er bei uns, geborgen in einem Tragetuch an meinem Leib – oder an Justins. Mangels Hebamme war er bei der Geburt dabei, litt fast mehr unter meinen Schmerzen als ich selbst und durchtrennte die Nabelschnur. Wohl deshalb entwickelte er ein außergewöhnlich inniges Verhältnis zu seinem Sohn, vom ersten Atemzug an.

Im nächsten Frühjahr tat Justin eines Morgens sehr geheimnisvoll. Ich solle mich nicht sorgen, er wolle mit Joe etwas unternehmen, einen Ausflug. Spätestens am Nachmittag seien sie zurück.

Ich wunderte mich zwar, konnte aber schwerlich etwas dagegen einwenden. Mit Joe auf dem Arm sah ich zu, wie Justin die Gäule vor den Wagen spannte, legte ihm den Kleinen ins Tragetuch und ließ die beiden ziehen, mit zwiespältigen Gefühlen. Die versuchte ich den ganzen Tag über durch Arbeit zu verscheuchen und überprüfte in immer kürzeren Intervallen den Stand der Sonne. Auch um unser Langohr sorgte ich mich. Letzte Nacht hatte es im Stall gelegen und nicht mehr herausgewollt. Nun, es war alt und seine Tage gezählt, vielleicht sogar seine Stunden.

Endlich gab es nichts mehr zu tun. Ich verweilte bei den Kühen und ihren Kälbern auf der Weide und schaute nach dorthin, von wo ich meine Lieben zurückerwartete. Die Sonne berührte fast den Horizont.

Im letzten Tageslicht ratterte der Wagen auf den Hof. Mehr aus Erleichterung denn aus Ärger beschimpfte ich Justin, schloss mein schlafendes Kind in die Arme und wiegte es.

Als ich sah, was mein Liebster mir mitgebracht hatte, schmolz meine Wut dahin. Wie lange hatte ich mir das insgeheim ersehnt: einen Stoff, aus dem ich mir ein neues Kleid nähen konnte! Mein altes bestand ja nur noch aus Lumpen. Und wie schön er war, aus feinem Leinen in zartem Himmelblau!

Ich überlegte. Er musste ein Vermögen gekostet haben. Justin merkte mir meine Bedenken an und winkte ab. Letztes Jahr hätten wir doch reichlich geerntet und einen guten Erlös auf dem Markt erzielt. Ganz aufgeregt war er, vor lauter Freude darüber, wie sehr mir sein Mitbringsel gefiel. Die Worte sprudelten nur so aus ihm hervor. Er berichtete von seinem Besuch beim Tucher. Das sei ein feiner Mensch! Ein reisender Händler aus einer kleinen, aber sehr malerisch an drei Flüssen gelegenen Stadt namens Pforzheim. Und in Joe sei er ganz vernarrt gewesen, habe ihm zu diesem Prachtjungen gratuliert, ihn auf den Arm genommen, liebkost und gar nicht mehr hergeben wollen.

Bei diesen Worten beschlich mich ein ungutes Gefühl. So ein übertriebenes Interesse an einem fremden Kind, das erschien mir sehr merkwürdig. Ich sagte es Justin, aber er hörte mir überhaupt nicht zu, sondern redete einfach weiter.

Diesem Tucher sei kein einziger Sohn beschert worden, stattdessen dreizehn Töchter und dazwischen Fehlgeburten. Nun sei der Quell der Fruchtbarkeit versiegt. Er frage sich, wer sein Lebenswerk einst weiterführen solle.

Während ich Justin zuhörte, fürchtete ich, im Überschwang und angesichts seines Sohnes müsse ihm das volle Ausmaß dieser Tragik entgangen sein. Ich war zwiegespalten. Einerseits vernahm ich eine innere Stimme, die mich warnte. Doch ich verstand nicht, wovor, und das beunruhigte mich noch mehr. Andererseits fühlte ich zutiefst mit jener reichen und doch so armen Gattin des Tuchers. Dermaßen viel Leid und erlittener Schmerz für das Bemühen um einen Stammhalter. Aber das, werter Leser, kann wahrscheinlich nur eine Frau nachempfinden.

Wir schätzten uns glücklich, doch es war geborgtes Glück. Auf diesem Hof fühlten wir uns heimisch, und verdrängten, dass er uns nicht gehörte. Ein knappes Jahr war uns Dreien hier miteinander vergönnt, die Blütezeit meines Lebens. Noch immer zehre ich davon, wohl bis zur letzten Minute, in bittersüßer Qual.

## XIX

Ursula horchte auf. Von woher kam das Rascheln, und seit wann dauerte es an? Tief berührt und ergriffen von Euphemias Worten, bisweilen auch ein wenig erschüttert in ihren Glaubensgrundsätzen, nahm sie es erst jetzt bewusst wahr.

Es kam aus einer entlegenen Ecke des Gartens, weit hinter dem Friedhof. Ein Vogel? Dafür war es zu laut, jedenfalls auf diese Entfernung. Ursula wandte sich um, sah aber nur Sträucher, Büsche und Bäume, die sich trotz Mondlicht und strahlendem Sternenhimmel kaum voneinander abhoben. Sie verwahrte die Chronik unter dem Habit, schlich mit der Öllampe in die Richtung, von woher sie noch immer etwas zu vernehmen glaubte, wenn auch leiser, und leuchtete die Umgebung ab. Die Lampe erhellte nur ihren unmittelbaren Umkreis. Alles dahinter versank in Finsternis – umso tiefer, nachdem Ursula unbedachterweise direkt in die Flamme geblickt hatte. Nun war sie davon geblendet und musste eine gefühlte Ewigkeit verharren, bis ihre Augen sich wieder an die Dunkelheit gewöhnten.

Inzwischen waren jegliche Geräusche verstummt. Totenstill erschien es Ursula. Sie schauderte.

Plötzlich – weit vor ihr zwischen den Bäumen – etwas Helles, eine Bewegung! Was nun? Ursula konnte nicht kneifen! Sie ging darauf zu, fest entschlossen, wen auch immer zur Rede zu stellen, der zu nachtschlafender Zeit dort herumstreunte. Hinter ihr ertönte das unverkennbare Fauchen eines Igels. Sie fuhr herum, nur einen Moment.

Als sie wieder nach vorne leuchtete, spürte sie: Was oder wer sich da herumgetrieben hatte, war verschwunden. Trotzdem ging sie weiter, gestreift von ausladenden Zweigen, und gelangte an einen alten, ziemlich verdorrten Rosenstrauch.

»Au!« Alt mochte er sein, aber stechen konnten seine Dornen recht gut. Ursula lutschte an ihrem schmerzenden Mittelfinger und schmeckte

Blut. Seltsam ... So stark konnte der Dorn sie nicht verletzt haben. Sie beleuchtete die Hand, ganz voller Blut! Fast hätte sie geschrien. *Ursula, das ist unmöglich, das kann nicht alles deines sein!*, beschwor sie sich. *Es tut ja gar nicht mehr weh. Aber wer hat sich hier so verletzt und woran?*

Fieberhaft leuchtete sie alles um sich herum ab und fragte leise, ob jemand Hilfe brauche. Nur ein Uhu antwortete.

Endlich wurde sie fündig. Bodennahe Blätter des Rosenstrauchs waren blutbesprenkelt, ebenso das Gras darunter. Schlimmstes befürchtend, schaute Ursula genauer hin, strich das Gras beiseite und entdeckte eine verdächtige Stelle, direkt am Fuße des Strauches. Hier musste jemand gegraben haben, erst kürzlich. Unschlüssig, mit rasendem Herzen verharrte Ursula, befühlte schließlich die Erde und grub. Ihre Finger zitterten. Schaudernd hielt sie inne, unterdrückte einen Entsetzensschrei und schlug beide Hände vors Gesicht. *Herr ...* Ursula schaute auf zum Himmel. *Sag mir, was soll ich tun?*

Die Glocke zur Matutin läutete. Ursula verließ diesen Ort des Grauens, wischte ein Stück weiter die Hände am Gras ab und eilte in den Konvent, hinauf zum Nonnenchor.

Wieder einmal schweiften ihre Gedanken ab vom mitternächtlichen Stundengebet. Heimlich zählte sie ihre Mitschwestern. Keine fehlte, Barbara kam kurz vor ihr. Wie oft in letzter Zeit vermied sie Blickkontakt mit Ursula.

Auch die Novizinnen, alle anwesend, einschließlich Jutta. Nur, dass Letztere ihr noch blasser erschien als sonst –, falls das überhaupt möglich war. Nahezu transluzent, das schmale Antlitz wie aus glühendem Wachs. Außerdem ... wankte sie nicht ein bisschen, suchte Halt am Chorgestühl, die schlanken Finger totenbleich? *Wie blutarm. Unsinn! Du stehst ja selbst nicht fest auf deinen Füßen. Wie auch, nach so einer Entdeckung?*

Nach der Matutin konnte Ursula nicht einschlafen und stahl sich aus dem Dormitorium in den Garten, zu Luitgards Grab. Sie wollte einfach nicht wahrhaben, was sie vorhin entdeckt hatte. *Ich muss mich getäuscht haben. Dieses Blut … Es wird von irgendeinem Tier stammen,* versuchte sie sich einzureden. *Was ich fand, müssen Überreste eines gerissenen Tieres gewesen sein. So genau habe ich ja gar nicht hingesehen.*

Hin- und hergerissen, ob sie noch einmal zum Rosenstrauch gehen sollte, verharrte die Nonne geraume Zeit reglos auf dem Stein, Euphemias Chronik auf den Knien.

Endlich war ihr, als vernehme sie die Stimme der Heiligen in sich. Ihr Blick senkte sich auf deren filigrane Schrift. Wurde sie nicht ein bisschen zittrig? Waren die Auf- und Abstriche so gerade und sicher gezogen wie bisher?

## *Die Wende*

Ich stand an der Herdstelle und bereitete unser Mittagsmahl. Vor mir, unter dem Rauchfang, hing ein eiserner Topf an einem Kesselhaken über dem Feuer. Neben mir saß Belle, unsere Hündin, und verfolgte jede noch so geringe Bewegung meiner Hände. Es hätte ja vielleicht etwas abfallen können. Amüsiert blickte ich sie an.

Meine Brüste spannten, prall von Milch. Mit wärmsten Gefühlen im Herzen dachte ich an meinen Kleinen, sein süßes Gesichtchen vor meinem geistigen Auge. Gleich würde ich ihn an mich drücken, sein anschmiegsames Körperchen spüren, geradezu mit ihm verschmelzen – wie früher, als er in mir wuchs.

Er war mit Justin unterwegs. Jeden Moment würden sie von der Heuernte zurückkehren, müde und hungrig. Heißer Dampf aus dem Topf, worin der Kohl köchelte, überzog mein Gesicht mit feuchtem Glanz. Ich gab ein paar Würfel Speck hinzu, hörte Belle leise fiepen und hob den Blick auf zum Fenster neben der Herdstelle. Die Tierhaut davor hatte ich beiseite gebunden, damit der Rauch schneller abziehen konnte. Von hier aus sah ich nur die gegenüberliegende Stallwand. Aber ich hörte, wenn sie nahten, meine Liebsten. Schon nach Stunden des Alleinseins ersehnte ich sie zurück und konnte mir ein Leben ohne sie nicht mehr vorstellen, als wären sie ein Teil meiner selbst.

Ein vorfreudiges Lächeln trat in meine Augen, legte sich auf mein vom Dampf benetztes Antlitz. Da, Belle spitzte ihre Ohren und lief kläffend hinaus. Es klang tiefer als sonst, aufgeregter. Noch dachte ich mir nichts dabei.

Zugleich vernahm ich Joes Stimmchen. Ein gutes halbes Jahr war er inzwischen alt und tüchtig gewachsen.

Doch, was war das? Das Lächeln auf meinem Gesicht erstarrte. Irgendetwas stimmte nicht. Joe weinte. In das Gebell unserer Hündin mischten sich Männerstimmen, dann Justins. Wer war da bei uns auf dem Hof? Ich verstand keine Silbe. Belle kläffte und knurrte. Justins Stimme, zuerst ruhig und freundlich, schwoll an, immer lauter, erregter und schlagartig übertönt von herzzerreißendem Jaulen.

Furcht ergriff mich. Ich musste hinaus, aber meine Glieder gehorchten mir nicht. Es war, als hielte mich etwas fest. Mir stockte der Atem. Justin schrie und dann … Nichts mehr, unheilvolle Stille. Die seltsame Starre mochte Augenblicke gewährt haben, mir erschien sie ewig.

Endlich ließ sie von mir ab. Ich stürmte zur Tür und fiel beinahe über einen großen, unförmigen Klumpen am Boden, halb auf der Schwelle. Blut leuchtete in der Augustsonne.

Ich starrte darauf, doch mein Geist weigerte sich zu erkennen, was ich sah – Belle, zerschmettert – und was ich noch sehen würde, daneben.

Ich ging ins Haus. Hier war alles, wie es sein sollte. Tisch, Stühle, Ofenbank, Truhe – alles stand an seinem Platz. Durchs offene Fenster trieb der Wind den Kohlgeruch zu mir herüber. Der Eintopf brodelte, drohte überzukochen. Ich eilte hin, löschte das Feuer und löste den Topf vom Kesselhaken. Gleich käme Justin, gleich würde ich seine Stimme hören – und die meines Kindes.

Ein lauter Knall tönte in meinen Ohren. Ich musste erst begreifen, was geschehen war, senkte den Blick und schaute zu, wie die Brühe um meine Füße herumlief und langsam im festgestampften Erdboden versickerte. Der Topf ... er war meinen zitternden Händen entglitten.

Wie fremdgesteuert ging ich wieder zur Tür. Alles erschien mir unwirklich. Was ich sah, durfte nicht sein. Ich fühlte nichts. In mir war alles tot, eine unendliche Leere.

Das Blut aus der Stichwunde in Justins Herz glänzte noch, aber die gleißende Sonne hatte es schon angetrocknet. Mund und Augen aufgerissen, mit fragendem Blick, als hätte er nicht mehr begriffen, was geschah – so lag er da, unweit von Belle, die Glieder unnatürlich verdreht.

Und Josef ... Mein kleiner Joe ... Plötzlich fühlte ich wieder etwas, Hoffnung! Wie irr rannte ich überall umher und rief seinen Namen, konnte nicht damit aufhören – bis ich schließlich zusammenbrach.

Als ich erwachte, war es finstere Nacht. Im ersten Moment wusste ich nicht, warum ich hier lag, mitten auf der Weide. Mein Gesicht war nass. Ich spürte den feuchten Atem einer Kuh über mir. Sie musste mich geweckt haben.

Allmählich sickerte die Erinnerung an die vergangenen Stunden in mein Gedächtnis. Der Damm in meinem Herzen, der mich bislang geschützt hatte, brach. Aufgestauter Schmerz überspülte meine Seele. Ich meinte zu ertrinken in meinen Tränen, schrie und schluchzte immer wieder dieselbe Frage: »Warum o Herr, warum?«

Am Horizont verkündete ein schmaler lichter Streifen den neuen Morgen. Ich hob mein lehmverkrustetes Gesicht von der Erde. Ein neuer Morgen ... Wie war das möglich? Justin war tot, mein Kind verschwunden. Gestohlen? Aber warum? Schlagartig fiel mir das merkwürdige Verhalten des Tuchers ein. Meine innere Stimme, sie hatte mich gewarnt bei Justins Bericht. Doch anschließend hatte ich nicht mehr an den Vorfall gedacht. Nun hatte der Tucher meinen

Sohn geraubt oder, was wahrscheinlicher war, rauben lassen. Und obendrein meinen Mann ermordet, weil der ihm im Wege war.

Warum hatten sie mir nicht ebenfalls den Garaus gemacht? War ich ihnen dieser Mühe nicht wert? »Ach, hätten sie mich doch auch gemeuchelt!«, schrie ich in meinem Schmerz und bedachte nicht, dass ich mich dabei versündigte. Ich musste weiterleben, aber was für ein Leben? Alles Lebenswerte war dahin! Und da graute einfach ein neuer Morgen?

Ich stand auf, ging zum Friedhof und grub. Es mag merkwürdig klingen, aber dabei breitete sich Ruhe in mir aus. Vielleicht lag es an dem Gefühl, dass ich doch noch etwas für meinen Liebsten tun konnte – tun musste! Zum letzten Mal.

Wie mein zierlicher Körper all das geschafft hat, weiß ich nicht. Es kann nur mit Gottes Hilfe gewesen sein.

Nachdem es nichts mehr zu erledigen gab, sank ich auf Justins Grab in einen tiefen Schlaf, aus dem mich erst die Mittagshitze des darauffolgenden Tages weckte.

Ich stand auf und ließ sämtliche Tiere frei, in der Hoffnung, sie begegneten irgendwo Menschen, die sich ihrer annähmen. Flüchtig erwog ich, einen der beiden Ackergäule mitzunehmen, dann wäre ich schneller.

Schneller ... wozu? Um mein Kind zu finden? Jener Tucher musste es haben, angenommen an Sohnes statt, weil seine Frau ihm nur Töchter gebar. Josef lebte, davon war ich felsenfest überzeugt und bin es heute noch. Mein Herz sagt es mir, jener Teil meines Herzens, der übrig blieb, nachdem man mir mein geliebtes Kind und meinen treuen Justin herausgerissen hatte. Seitdem vergeht kein Tag, an dem ich Gott nicht frage, warum. Warum hast du das zugelassen? Zur Buße für meine Sünden?

Das Pferd gehörte mir nicht. Kein weiteres Vergehen wollte ich auf mich laden, packte das Nötigste für unterwegs in einen Beutel und brach auf.

Pforzheim, die ganze Zeit schon spukte der Name dieser Stadt in meinem Kopf herum.

# XX

Das winzige Gesichtchen glühte. Der Widerschein von Flammen spiegelte sich in seinen übergroßen Augen, die anklagend auf Jutta gerichtet waren. Sie schlug beide Hände vors Gesicht und wagte kaum, um Vergebung zu flehen. Auch sie wähnte sich in der Hölle, krümmte sich vor Schmerzen. In ihrem Unterleib loderte ein Feuer.

»Du hast mich der ewigen Verdammnis ausgeliefert«, jammerte der kleine Mund. »Hast mich verscharrt, in ungeweihter Erde.«

Jutta schluchzte. »Verzeih mir, verzeih! Ich wusste mir keinen Rat. Was hätte ich denn tun sollen?«

»Zu mir stehen und dein Schicksal annehmen, unser Schicksal.«

»Ja, oh ja«, bekannte Jutta. »Aber ich bin zu schwach, ich konnte nicht.«

Der kleine Mund schwieg. Umso eindringlicher sprachen die Augen, diese riesigen Augen voller Klage, Leid und Trauer.

Schweißgebadet schreckte Jutta auf, saß kerzengerade im Bett, umgeben von Dunkelheit und den Atemgeräuschen der anderen Novizinnen und Nonnen. War jemand aufgewacht? Noch halb umfangen vom Traum meinte sie, jeder müsste die Klage gehört und die Augen gesehen haben.

Seitdem Jutta die Frucht ihres Leibes hinter dem Rosenstrauch verscharrt hatte, erschien sie ihr im Traum. Mal als Fötus, mal als kleines Kind und einmal sogar als betörend schöne Jungfer, die plötzlich im Fegefeuer verbrannte.

Jutta hatte versucht, diese Visionen durch den Tollkirschensaft zu unterbinden, doch das verstärkte sie nur. Fortan naschte sie nicht mehr aus der grünen Flasche.

Ein Teil von ihr war erleichtert, denn die drohende Gefahr einer Entdeckung ihres heimlichen Lebenswandels war durch die Fehlgeburt gebannt. Die Stimme ihres Gewissens gestand ihr aber keine mildernden Umstände zu und peinigte sie fortwährend. Dazu diese anklagenden Augen, auch des Tags wurde sie von ihnen verfolgt. *Ich hab dich doch gar nicht getötet, Kind meiner Liebe, meiner sündigen Liebe. Du bist von selbst abgegangen.*

Sie meinte, das wäre nur die halbe Wahrheit. Hätte sie keine abtreibenden Kräuter genommen ... Dabei lag jener Verzehr von Peterling, nachts im Garten, viel zu lange zurück, konnte also unmöglich den Abort bewirkt haben. Aber das bedachte sie nicht. Beharrlich klagten die Augen.

Jutta wusste nicht, was sie tun sollte. Wenn sie wieder einschlief, würde sie wohl erneut von Visionen heimgesucht werden und noch jemanden wecken, sich durch Satzfetzen verraten. Dann müsste sie Rede und Antwort stehen.

Sie stand auf, verließ das Dormitorium und ging in den Garten, im eierschalenfarbenen Unterkleid. Es war die bisher heißeste Nacht im August. Saß Ursula, die neu ernannte Buchmeisterin, wieder neben dem Grab ihrer verstorbenen Vorgängerin? Jutta schlug einen Bogen darum und bewegte sich im Schutz des Dickichts. Wissen wollte sie es aber doch, spähte aus sicherer Entfernung zum Friedhof. Wenn sie zwischen den dunkel aufragenden Grabsteinen die Silhouette einer verhüllten Gestalt ausmachte, vielleicht nur schemenhaft sichtbar im diffusen Licht einer Öllampe, dann musste es Ursula sein, wer sonst?

Aber da war niemand. Jutta bedauerte, beim Verlassen des Dormitoriums nicht darauf geachtet zu haben, ob Ursula im Bett lag. *Sie wacht auch so oft des Nachts – und liest. Was liest sie eigentlich?*

In jener Nacht vor knapp zwei Wochen, war sie da auch hier gewesen und hatte womöglich etwas bemerkt? Falls ja, so bewahrte sie darüber Stillschweigen – bis jetzt. Die Ungewissheit darüber beunruhigte Jutta. Zwar mochte sie Ursula, ihr unrühmliches Geheimnis wollte sie jedoch selbst ihr nicht anvertrauen.

Mit Beklemmung im Herzen huschte sie zum alten Rosenstrauch, hielt dabei immer wieder inne und horchte in die dunkle Nacht.

Hatte es gerade nicht irgendwo geraschelt? Jetzt hörte sie nichts mehr. *Das sind die Stimmen der Nacht.* Alles mutete lauter an, wenn die Geschöpfe des Tages schliefen.

Jutta ging weiter, jetzt langsamer, auf jeden Schritt bedacht. Seltsam … Sobald sie sich bewegte, glaubte sie das Geräusch erneut zu hören. Verharrte sie, trat Stille ein. Verursachte sie es selbst? *Nein, es passt nicht zu meinen Bewegungen.*

Jutta eilte zu dem Strauch. Erstaunlich, dass er überhaupt noch da war. Bestimmt übersah die Gärtnerin ihn stets, weil er in der hintersten Ecke wuchs. Eine Zierde war er längst nicht mehr mit seinen auch während des Sommers überwiegend nackten Zweigen. Die spärlichen Blätter daran schimmerten im Mondlicht graugrün.

Indem Jutta sich ihm näherte und ihn betrachtete, schämte sie sich. Nicht nur, dass sie ihr Totgeborenes in ungeweihter Erde vergraben hatte. Nein, obendrein unter solch einem trostlos kahlen Gewächs.

Immerhin … Weil der Strauch so kahl war, drang mehr Mondlicht unter seine Zweige. Zitternd kniete Jutta sich nieder und suchte die Erde ab. Über das Grab war inzwischen Gras gewachsen. Oder war es doch an einer anderen Stelle gewesen? Unmöglich, rings um den Strauch herum spross Gras. Wo sie es nicht sah, konnte sie es erfühlen.

Etwas Warmes berührte ihre Halsbeuge. Jutta erstarrte, brachte keinen Ton heraus.

Dann – ein Wispern an ihrem Ohr. Nun hätte sie fast doch geschrien. Ein wonniges Kribbeln lief durch ihren Körper. Er bebte vor Erregung. Es war zu gut, schier unerträglich schön. Schluchzend vor Erleichterung gab sie sich der Berührung hin, immer noch ungläubig, fassungslos. »Du bist zurück. Du bist wirklich zurück?«

Sanft nahm er ihr tränennasses Gesicht in seine feingliedrigen Hände und schaute sie an, lange – mit tiefem Ernst. Ihr wurde angst und bange.

Etwa zur selben Zeit saß Ursula bei Kerzenschein in der Bibliothek, Euphemias Chronik in den Händen – unschlüssig, ob sie weiterlesen sollte. Auf die Tragik der letzten Abschnitte war sie nicht vorbereitet gewesen. Die hatte sie eiskalt erwischt.

Seit Monaten wuchs die englische Königstochter ihr mit jedem Wort mehr ans Herz. Das erfüllte Ursula mit Freude, aber auch mit schwerwiegenden Gedanken. Euphemia war nicht die, wofür ihre Anbeter sie hielten. Sie hatte sich zwar einer Vermählung entzogen, aber nicht, weil sie das Ehrenkränzchen ihrer Jungfernschaft erhalten wollte. Sie ließ ihr Herz darüber entscheiden, wem sie es opferte. Andere Menschen sollten nicht über ihr Leben bestimmen, nicht einmal die eigenen Eltern, nur Gott. Das war außergewöhnlich, in höchstem Maße. Die meisten würden es ungehörig nennen. Und Ursula?

Fast erschrak sie darüber, wie gut sie Euphemia verstand. Es gab Parallelen zwischen den beiden. Auch Ursula sollte einst einen Mann heiraten, den die Eltern für sie ausgesucht hatten, dem sie keinerlei Gefühle entgegenbrachte. Erst nach langem und zähem Widerstand gaben sie nach und akzeptierten die Entscheidung ihrer Tochter, den Schleier zu nehmen und eine Braut Christi zu werden.

Ein verschmitztes Lächeln huschte über Ursulas Antlitz. *Jesus, du mein Geliebter, ich hoffe, du verzeihst mir, aber ich komme nicht umhin, dich mit Justin zu vergleichen. Lebte er nicht ganz in deinem Geiste? Du hast allen Menschen vergeben, also auch Eva. Folglich erachtest du das weibliche Geschlecht als dem männlichen ebenbürtig. Dessen bin ich gewiss. Chronisten mögen es anders überliefert haben, es sind ja allesamt Männer.*

*Justin liebte seine Gemahlin über alles und achtete sie als eigenständigen Menschen. Ich nenne sie Gemahlin, weil sie es für mich aus vollem Herzen war, auch ohne priesterlichen Segen. Ich bin sicher, beide sind wieder vereint in deinem Reich.*

*Doch was geschah mit Josef Justin Eduard, dem Kind ihrer Liebe?*

Bei letzterem Wort schoss Ursula der Gedanke an ein wesentlich naheliegenderes Ereignis durch den Kopf, das sie den ganzen Tag umgetrieben hatte, nämlich ein Besuch Gisela von Remchingens am heutigen Morgen. Sie wirkte fahrig, gab ausweichende Antworten auf Ursulas Fragen und spielte dauernd an ihrer Halskette herum. Erst dadurch bemerkte die Nonne, dass kein Medaillon daran hing.

Ihr Bräutigam müsse eine geschäftliche Reise unternehmen, die sich bis über den Herbst erstrecke.

*Also vorerst doch keine Vermählung?* Gisela hatte ihn inzwischen kennengelernt, im Beisein ihrer Eltern. Ursula erinnerte sich lebhaft an die Euphorie der Jungfer, damals in der Gartenlaube. Auf die behutsame Frage, ob das Original ihre Erwartungen nicht erfüllt habe, schwieg Gisela zunächst. Endlich meinte sie, Johannes von Greifenau sei ein überaus schmucker und wohlerzogener Jüngling.

Ursula vernahm das unausgesprochene »Aber« hinter diesem Satz, blickte Gisela fragend an und wartete geduldig. Verlegen druckste die Jungfer herum.

Endlich begriff Ursula, was Giselas gekränkte Eitelkeit ihr zu äußern verwehrte. Sie war unsicher, ob sie seinen Erwartungen entsprach. Offenbar hatte er seine Worte an sie sehr bedacht gewählt und sich sehr gefällig über sie geäußert. Er sei zurückhaltend, meinte Gisela. Dabei huschte ein scheues Lächeln über ihr Gesicht.

Schließlich vertraute sie der Nonne doch Zweifel an, die sie plagten. In Johannes' Augen habe sie Wärme gesehen, aber keine Liebe, kein Begehren. Noch nicht, fügte sie sofort einschränkend hinzu. Wahrscheinlich sei er einfach zu schüchtern.

Während Ursula noch unter dem Eindruck dieses Besuches stand, brachte die Siechenmeisterin ein entliehenes Buch zurück und verkündete freudestrahlend, ihre Gebete seien erhört worden. Ihr Tollkirschensaft würde wieder wirken.

Ursula freute sich, vor allem für die von Leibschmerzen gepeinigte

Pfründnerin. Zugleich fragte sie sich, ob nicht eher jemand von dem Saft genascht und damit seine Schmerzen betäubt hatte, die der Seele. Barbara? Oder doch Jutta? Dabei fiel ihr ein, dass dieser Saft mehr vermochte, zum Beispiel bei der monatlichen Unpässlichkeit Krämpfe löste … und anderes auch? *Ein Kind der Liebe … Nein, das will man doch behalten! Aber wenn man nicht darf …?*

Ursula verdrängte den erschreckenden Gedanken.

Was also war mit Euphemias Sohn geschehen? Sie rechnete nach. Wenn er tatsächlich noch lebte, müsste er inzwischen ein halbes Jahrhundert überschritten haben. War es Euphemia vergönnt, ihn zu finden? Ursula musste es erfahren! Nachdem sie gründlich genug in sich gegangen war, fühlte sie sich gestärkt und bereit zum Weiterlesen.

---

Den Erlös aus dem, was wir mit unserer Hände Arbeit erwirtschaftet hatten, nahm ich zwar mit, verwandte ihn jedoch nicht für mich, sondern verteilte ihn unterwegs an Notleidende. Meine irdischen Wünsche beschränkten sich auf das, was mein Körper benötigte, um zu Fuß in jene Stadt zu gelangen, bei der drei Flüsse ineinanderfließen.

Mehr wusste ich damals nicht über Pforzheim, außer, dass ich vielleicht mein geliebtes Kind dort finden würde. Jeden Menschen, dem ich begegnete, fragte ich nach dem Weg. Nur wenige vermochten mir Auskunft zu erteilen. Ich solle einfach dem Rhein folgen, in südlicher Richtung, riet mir ein Handwerksgeselle, der auf Wanderschaft war und angeblich aus einer Stadt namens Durlach stammte. Er sprach anders als die Leute hier in der Gegend.

Dem Rhein folgen, das rief bittersüße Erinnerungen in mir hervor, an meine Reise mit Justin. Wir waren diesem stattlichen Fluss auch gefolgt. Also ließ ich mein Herz entscheiden und blieb ihm treu, wenngleich mir bewusst war, dass man in derlei Dingen eher auf seinen Verstand hören sollte.

Der Rhein war mir ein guter Gefährte. Er versorgte mich mit Wasser, wann immer ich welches brauchte. Einmal fing ich sogar eine Forelle, beim Waschen meines Kleides. Der Rock diente mir als Netz. Ich war selbst überrascht, als ich sie erwischte. Wahrscheinlich war sie alt und schwach, vielleicht auch schon lange unterwegs, wie ich. Sie tat mir leid. Andererseits, ihr Fleisch spendete mir Kraft. Ich wusste das zu schätzen und dankte Gott dafür.

Ansonsten konnte ich meinen Hunger immer nur notdürftig stillen, wenn überhaupt. Ich bettelte, in der Regel auf Kirchen- oder Kathedralenstufen, vor Kapellen oder notgedrungen an Ort und Stelle, wo ich vor Schwäche zusammenbrach. Geld erhielt ich wenig, gerade mal zu viel zum Sterben. Schimpf, Schande und Spott ergossen sich reichlich über mein Haupt. Demütig ertrug ich alles zur Buße.

Unternehmungslust und Lebensfreude, früher meine fast ständigen Begleiter, hatten mich verlassen, aber auch die Angst. Was hatte ich noch zu verlieren? Ich dachte an Hiob, dem Gott auch alles genommen hatte, um ihn zu prüfen.

Ungefähr ein Jahr war ich unterwegs. Dass ich so lange gebraucht habe, lag an zeitweiliger Krankheit und Ausgezehrtheit. Zu allem Übel verlief ich mich oft und geriet auf unfreiwillige Umwege. Wie ich diese Reise überhaupt überstanden habe, kann ich mir kaum erklären. Nur mein eiserner Wille hielt mich aufrecht, und natürlich mein Vertrauen in Gott. Er allein weiß, warum er mich so hart prüft. Ich hoffe es irgendwann zu verstehen.

Im Herbst 1352 begegnete ich Menschen, deren Dialekt mich an jenen Handwerksburschen erinnerte. Ich hatte Durlach erreicht. Arm und abgerissen, wie ich inzwischen war, und getrieben von der Hoffnung, mein Kind zu finden, hatte ich allerdings keine Augen für die Sehenswürdigkeiten dieser herrschaftlichen Stadt, sondern ging nur hindurch. Den Abschied von meinem Weggefährten, dem Rhein, empfand ich als weiteren Verlust.

Ich wanderte schneller nach Südosten. Dort liege Pforzheim, hatte man mir gesagt, eine Stadt, in der von Zeit zu Zeit auch der badische Markgraf residiere, der über dieses Land herrsche. Mein Herz schlug höher mit jedem Schritt, der mich dieser Stadt näher brachte, durch Wälder und über Wiesen, querfeldein. Brachte er mich auch meinem Sohn näher?

Diese Aussicht spendete mir frische Kraft. Sie brauchte sich aber bald auf. Völlig erschöpft kam ich am Abend des nächsten Tages ans äußere Brötzinger Tor Pforzheims und fand gerade noch Einlass. Die Straße weitete sich zu einem Platz, um den herum viele Gasthäuser standen. Doch ich hatte ja kein Geld, um in ihnen zu übernachten. Es dämmerte schon, und ich suchte mir einen Schlafplatz in den Ställen des Gasthofes zum Goldenen Adler, der dem inneren Brötzinger Tor gegenüberlag. Dahinter begann die eigentliche Stadt. Dort wollte ich am nächsten Tag jenen Tucher suchen, bei dem Justin den Stoff erstanden hatte. Ich fiel in einen unruhigen Schlaf.

Als am nächsten Morgen das innere Tor geöffnet wurde, war ich eine der ersten, die es passierten. Der Torwächter beachtete mich nicht. Ich taumelte durch die Hauptgasse bis zum Markt. Linker Hand, hoch auf einem Berg, schauten prachtvolle Patrizierpaläste auf mich herab. Sie schienen zu schwanken. Wohnte dort der Tucher? Das war mein letzter Gedanke, bevor ich zusammenbrach.

Ich erwachte vom unverkennbaren Gestank eitriger Wunden, Stöhnen und Jammerklagen. Als ich hörte, wie jemand »Heiliggeistspital« sagte, wähnte ich mich zurück in Köln und begehrte auf. Ich wusste ja nicht, dass es in Pforzheim auch ein Spital dieses Namens gibt. »Nein«, jammerte ich, »oh nein!«, stand zu schnell von meinem Bett auf und stieß gegen das einer Frau neben mir. Ich bat um Verzeihung, doch sie geriet außer Sinnen und schrie. Schon war eine Laienschwester zur Stelle, beruhigte sie und half mir ins Bett zurück. »Ihr seid noch zu schwach zum Aufstehen«, schalt sie.

»Bin ich denn nicht in Pforzheim?« fragte ich bang. Die junge Schwester sah mich erstaunt an. Doch, ich sei in Pforzheim. Eine mildtätige Seele habe mich unweit der Heiliggeistkirche aufgehoben und hergebracht.

Ich stieß einen Seufzer der Erleichterung aus, dankte Gott und sank zurück aufs Kopfkissen. Es stimmte ja, ich war wirklich sehr schwach. Noch einmal einschlafen konnte ich aber nicht. Meine Gedanken kreisten um mein verlorenes Kind. Dahindämmernd musste ich wohl darüber gesprochen haben, denn plötzlich vernahm ich die Stimme jener Laienschwester, verstand aber nicht sofort, was sie sagte und fragte nach. Sie wiederholte ihre Worte, wollte erfahren, von welchem Kind ich rede.

Das entfachte Hoffnung in mir. Voller Feuereifer begann ich zu berichten, was mir widerfahren war. Dabei wallte alles in mir auf, mein ganzer geballter Schmerz. Das überstieg meine Kräfte. Ich verhaspelte mich in der Aufregung und hörte plötzlich meine eigenen Worte nicht mehr. Ein Sirren in meinem Kopf übertönte sie. Das mitfühlende Gesicht der Schwester verschwamm vor meinen Augen.

Als ich das nächste Mal erwachte, kümmerte sich jemand anderes um mich, eine sichtlich ältere Schwester. Sie brachte mir eine Schale mit Haferbrei. Wann hatte ich das letzte Mal etwas zu mir genommen? Gewiss, das Loch in meinem Magen war groß, aber ein Nadelöhr im Vergleich zu dem in meinem Herzen. Ich fragte nach der jungen Laienschwester, erhielt aber keine Antwort. Stattdessen schalt mich die Ältere. Ich solle froh sein, dass man mir helfe, anstatt Ansprüche zu stellen.

Das liege mir fern, beteuerte ich, und versuchte das Missverständnis aufzuklären. Doch sie wandte sich von mir ab. Ich blickte ihr nach, den Gang entlang zwischen Reihen von Betten mit schlafenden, klagenden und schmerzverkrümmt daliegenden Kranken. Am Ende des Gangs sah ich einen Altar. Das Altarbild schien mir die Elisabeth von Thüringen darzustellen, bei der Krankenpflege. Gar zu gern wäre ich dorthin geeilt und davor auf die Knie gefallen. Aber das wagte ich nicht, aus Angst, erneut zusammenzubrechen und den emsigen Schwestern noch mehr Arbeit zu bereiten.

Also betete ich vom Bett aus inbrünstig zu Gott und flehte ihn an, er möge mir Gehör verschaffen. Obwohl mir, trotz meines leeren Magens, alles andere als nach essen zumute war, verzehrte ich den Haferbrei. Ich musste zu Kräften kommen.

Der Abend brach herein. Ich bekam eine dünne Suppe und verbrachte eine weitere Nacht im Spital, umgetrieben von Alpträumen, in denen Justin mir blutüberströmt erschien und mich beschwor, unser Kind zu suchen. »In Pforzheim, ... such es in Pforzheim«, stammelte er. Ich streckte beide Hände nach ihm aus, doch er löste sich auf zu einer blutigen Masse und schrie. Es fuhr mir durch Mark und Bein. Ich schreckte hoch und erkannte die Umrisse der Betten um mich herum. Nicht Justin hatte geschrien, sondern einer der Kranken.

Am nächsten Morgen erhielt ich noch einmal eine Schale mit Brei. Ich fühlte mich deutlich kräftiger, stand auf, wusch mich in einer abseitigen Kammer mit Wasser aus einem ausgehöhlten Stein und tauschte das Hemd, welches man mir angezogen hatte, gegen mein Kleid. Inzwischen war es fast ebenso abgetragen wie mein altes. Überrascht strich ich es glatt. Sie hatten es gewaschen. Auf den zweiten Blick erkannte man noch den edlen Stoff, aus dem ich es geschneidert hatte. Sie mussten sich darüber gewundert haben, dass ich so etwas besaß. Wie hatte ich mich damals darüber gefreut! Dabei führte es vermutlich das Unglück zu uns.

Leider fand ich jene junge Schwester nicht mehr. Niemand, den ich nach ihr fragte, konnte oder wollte mir Auskunft über sie erteilen. Das betrübte mich sehr, denn ich meinte, sie hätte mir zugehört und vielleicht etwas gewusst, was mir hätte weiterhelfen können. Wenn bloß dieser Schwächeanfall nicht gewesen wäre!

Schließlich dankte ich den anderen vielmals und entschuldigte mich für die Mühe, die sie durch mich hatten.

Aufgeregt zog ich los und schaute mich dauernd um, als könnte mein nächster Blick mein Kind entdecken oder wenigstens etwas, das auf seinen Verbleib hinwies. Dabei bemerkte ich das große Kloster der Dominikanerinnen, etwas versetzt hinter dem Heiliggeistspital, hielt inne und betrachtete das einladende Portal der Kirche. Zwischen dem stattlichen Konventbau, der sich ihr anschloss, und einer Scheune plätscherte ein Bach. Der gesamte Komplex war von einer Mauer umgeben, über deren Zinnen Bäume eines großen Gartens hervorragten, der sich augenscheinlich weit nach hinten erstreckte. Alles machte einen wohlhabenden Eindruck. Ein nahe der Gasse an der Klostermauer errichtetes Haus wurde offenbar vom Gesinde bewohnt. Jedenfalls kam gerade eine Magd durch eine Tür in der Mauer heraus und fegte die Gasse.

Mein Verstand sagte mir, dort müsse ich zuletzt nach meinem Kind suchen. Dennoch fühlte ich mich zum Kloster hingezogen. Ein paar tröstliche Worte der Bräute Christi, Ihm so nah, dachte ich, wären Balsam für mein wundes Herz.

Ich ging weiter, streifte durch die Gassen und hielt Ausschau nach Kindern in Josefs Alter. Er musste inzwischen laufen können. Doch solche sah ich nur in den ärmeren Vierteln, in der Auer Vorstadt, bei den Flößern und in der Vorstadt zwischen den Wassern, wo die Gerber angesiedelt waren. Dort spielten Kinder jeden Alters vor den Häusern oder im Uferschlamm der Enz, ihren älteren Geschwistern anvertraut. Obwohl ich wusste, dass mein Sohn hier nicht sein konnte, weil eine wohlhabende Familie ihn gestohlen hatte, suchte ich Vertrautes in den Zügen der kleinen Gesichter. Sie erwiderten mein wehmütiges Lächeln. Bei manchen verweilte ich, verwundert und zuweilen argwöhnisch beäugt. Doch mehr geschah nicht. Das Volk hier hatte anderes zu tun, als über eine merkwürdige und überdies zerlumpte junge Frau nachzudenken.

Bevor mir doch noch jemand üble Absichten unterstellte, verließ ich jene Viertel und suchte die wohlhabenderen auf.

Auf dem Marktplatz waren bereits etliche Stände errichtet worden, doch mich verlockten weder die Düfte von Obst, Gemüse und Kräutern, lautstark von den Marktweibern angeboten, noch die Schauergeschichten des Bänkelsängers. Kinderstimmen filterte ich aus dem allgemeinen Treiben heraus, einmal sogar eine, die einem Kleinkind gehören musste. Aufgeregt schossen meine Blicke umher, erspähten aber im Gedränge nicht, was ich so sehnlichst erhoffte. Ich ortete das Weinen des Kleinen und drängte mich zwischen Marktbesuchern hindurch, stieß zuerst gegen den dicken Wanst eines vornehm gekleideten Mannes und rempelte dann versehentlich eine Magd an. Der Wohlbeleibte war zu verblüfft, um sich zu beklagen, wohingegen die Magd wüst schimpfte. Ein paar Pastinaken waren aus ihrem Korb gefallen. Ich entschuldigte mich und half ihr beim Aufsammeln. Das Kind hörte ich längst nicht mehr.

Bevor mir weitere Missgeschicke unterlaufen konnten, verließ ich den Marktplatz und passierte vornehme Häuser. Während meine Blicke über deren reich geschmückte Fassaden schweiften, fragte ich mich, ob irgendwo dahinter mein Kind sei. Diese Vorstellung, ihm ganz nah zu sein und doch unerreichbar fern, trieb mich schier in den Wahnsinn. Ich sprach Leute an, fragte nach einem wohlhabenden Tucher. Sie reagierten entweder gar nicht auf mich oder beäugten mich irritiert. In meiner verzweifelten Suche, erfüllt von Sehnsucht, machte ich mir nicht bewusst, dass ich nicht gerade aussah wie eine, die sich kostbare Tuche leisten konnte. Wahrscheinlich hielt man mich für eine arme Irre.

Irgendjemand muss sich schließlich über Gebühr von mir belästigt gefühlt haben. Jedenfalls steuerte ein Stadtknecht direkt auf mich zu. Wie eine, die etwas verbrochen hat, machte ich mich aus dem Staub. Am Pranger hätte ich mein Kind erst recht nicht finden können.

Ich lief den Kirchberg hinauf, zu den prachtvollsten Patrizierpalästen. Dort fühlte ich mich nichtig wie ein Wurm. Das bist du nicht, sagte ich mir. Dir hat man Unrecht getan, bitterböses Unrecht!

Hinter einem schön getönten Glasfenster weinte ein kleines Kind. Ich mochte mich recken und strecken und reichte doch nicht hinauf. Als ich in die Einfahrt schlüpfen wollte, sprengte ein Gespann so dicht an mir vorbei, dass ich gegen die Wand gedrückt wurde und um Atem rang.

Was ich hier suche, fragte eine grobe Stimme. Ich solle mich fortscheren, sonst rufe man die Schergen.

Wenn man mir so kam, was hätte ich ausrichten können? Niedergeschlagen trat ich zurück auf die Straße. Merkwürdig ... erst jetzt bemerkte ich die Kirche hinter dem unteren Schlosstor, deren Chor in der Morgensonne rötlich leuchtete. Dabei ist sie doch so stattlich, die St. Michael Geweihte, kaum zu übersehen, wenn man das Tor passiert hat. In meiner Verzweiflung hatte mein Mutterherz nur auf weltliche Bauten geachtet, nicht auf Gotteshäuser. Das war ein Fehler, denn in Letzteren ist jeder Mensch willkommen, mag er noch so gering geschätzt werden von seinesgleichen.

Ich trat durch das Hauptportal ein, lief bis zum zentralen Altar, sank dort auf die Knie und badete mein Gesicht im Licht, das durch bunt verglaste Chorfenster hereinströmte. »Warum, o Herr, darf ich mein Kind nicht finden?«, fragte ich und horchte auf Seine Stimme in mir. Dabei fiel jegliche Aufregung und Bangigkeit von mir ab. Ich wurde ganz ruhig und fühlte mich von Seinem Geist erleuchtet. Plötzlich spürte ich tief in meinem Herzen, so unbegreiflich Seine Wege meinem begrenzten menschlichen Verstand auch waren, Er würde alles richten, auf Ihn durfte ich vertrauen. Ich musste nicht mehr kämpfen, sondern durfte loslassen und Ihm anvertrauen, was mir das Liebste ist: mein Kind und meinen Mann. Mein Blick richtete sich gen Himmel, und plötzlich sah ich Ihn, auf seinem Thron und mich segnend.

Nach einer Weile bemerkte ich, dass dies der zentrale Schlussstein der Kirche ist.

Endlich konnte ich meinen Schmerz annehmen und die Trauer um mein verlorenes Glück zulassen. Ruhig und gefasst verließ ich St. Michael und ging zum Kloster der Dominikanerinnen, denn ich wollte in Pforzheim bleiben, meinem Kind so nahe wie möglich. An der Pforte stellte ich mich vor als Gertrud von Köln und bat um meine Aufnahme als Dienstmagd. Die ehrwürdige Äbtissin, Pfalzgräfin Luitgard von Asperg, empfing mich sehr wohlwollend, entsprach diesem Wunsch und ließ mich in einem bescheidenen Häuschen am Bach wohnen, nahe der Scheune.

Allmählich lebte ich mich dort ein, begegnete allen Nonnen freundlich, aber zurückhaltend und mit dem ihnen gebührenden Respekt, wusch deren Wäsche am Bach und nahm mein Schicksal an.

Bald nach meiner Ankunft konnte ich mich des Eindrucks nicht erwehren, dass eine der jüngeren Schwestern meine Nähe suchte. Ich sagte mir, es müsse Einbildung sein. Der Zufall kreuzte bisweilen unsere Wege. Indes, so viele Zufälle ... Ihr Blick hätte mich sehr verstört, wenn ich noch ahnungslos gewesen wäre. Es war derselbe, den Hildegard und Magdalena oft miteinander wechselten.

Ich fragte mich, ob G. – ihren vollen Namen verschweige ich zu ihrem Schutz – sich ihrer Blicke bewusst war. Manchmal lag noch etwas anderes darin, kaum wage ich diese Worte niederzuschreiben: Wut und Verachtung. Das verstörte mich. Galten jene Gefühle mir – oder ihr selbst? Ja, mir schien, als fechte sie in sich einen Kampf aus. Das machte mir Angst. Ich wollte ihren Blicken nicht mehr begegnen! Vorbeugend senkte ich künftig demütig das Haupt, sobald ich sie kommen sah.

Unglücklicherweise deutete sie das als Schüchternheit, die es zu überwinden galt, und ging nächstes Mal im Kreuzgang so nah an mir vorbei, dass unsere Arme einander berührten.

Darauf nicht gefasst, wich ich aus, eilte weiter und zog mich in mein Häuschen zurück, um nachzudenken. Wem hätte ich mich anvertrauen können, ohne G. zu brüskieren? Gänzlich vermag ich nicht auszuschließen, dass eine Frau mein Herz erobern könnte. Doch selbst wenn es frei wäre ... zu ihr sagt es nein, damals wie heute. Sie dauerte mich und ich wollte sie nicht kränken, war ihr aber kaum zugeneigt.

Während ich diese Zeilen schreibe, im Licht des Vollmondes, sitze ich im Gras hinter einem Rosenstrauch. Selbst mein Unterkleid ist mir zu warm in dieser bisher heißesten Augustnacht. Hier, im abgelegensten Winkel des Gartens, fühle ich mich ungestört und könnte es vielleicht sogar ausziehen.

Welch verlockender Gedanke. Ich hoffe, Ihr verzeiht ihn mir, werter Leser. Ich kann ihn sowieso nicht in die Tat umsetzen. Gleich muss ich die Feder niederlegen, denn zwischen Sträuchern und Bäumen sehe ich eine kleine Gestalt auf mich zuhuschen. Noch hat sie mich nicht entdeckt. Und ... ich weiß nicht, ob es gut wäre.

# XXI

Eigentlich sollte Barbara nach der Matutin am Bett einer Laienschwester wachen, die am Abend einen tödlichen Schlagfluss erlitten hatte. Doch anstatt die Treppe hinunterzugehen, in die Kammer neben dem Krankensaal, verharrte sie unschlüssig vor der Tür zum Scriptorium. Der Widerschein ihrer Öllampe zuckte über den Türknauf. Barbara zögerte, als lauere dahinter eine Kraft, die Wochen zuvor, am Todestag der Buchmeisterin, jenes tobende Ungeheuer in ihr entfesselt hatte.

Seitdem hatte Barbara das Scriptorium nicht mehr betreten und war Ursula ausgewichen, tief beschämt.

Doch dem Konflikt, der in ihr brodelte, entkam sie auf Dauer nicht. Ihr künstlerisches Potential rebellierte gegen die erneute Unterdrückung. Einmal entfesselt, wollte es sich weiterhin entfalten.

Endlich gewann es die Oberhand. Barbara betrat das Scriptorium, nahm einen Stoß Papier aus der Schublade des Pults und legte sich umständlich ein Blatt zurecht. Die Feder in der schweißnassen Hand, schien es ihr noch nicht ganz richtig zu liegen. Sie schob es auf dem Pult herum, kam aber zu keinem überzeugenden Ergebnis. *Egal, wo ist das Tintenfass?*

Auf einem Tisch am Fenster! Sie stellte es aufs Pult und stieß es beinahe um, als sie mit zittrigen Fingern die Federspitze hineintunkte. Das Bild einer Illustration, an der sie sich zuletzt versucht hatte, wollte aus ihrem Kopf, aber sie brachte keinen einzigen Strich aufs Papier. Herausfordernd lag es vor ihr, eine ihr riesig anmutende helle Fläche, blendend wie frisch gefallener Schnee. Neckisch flackerte der Schein der Lampe darüber hinweg.

Barbara rang mit sich. Mühsam beherrscht, raffte sie die Blätter zusammen, verbarg sie samt Feder, Rötel und Tintenfass in den weiten Falten ihres Habits und eilte hinaus.

An der Treppe hielt sie abrupt, dämpfte das Lampenlicht mit der

Hand. Vom Dormitorium drang ein Knarren herüber. Die Holzdielen ächzten unter behäbigen, schweren Tritten. Barbaras Blicke versuchten das Dunkel zu durchdringen, doch die Konturen der Wände und Türen hinter dem gegenüberliegenden Flur, wo es zum Dormitorium ging, verloren sich darin. *Gottfrieda? Schleicht sie schon wieder herum, hat sie mich bemerkt?* Barbara versuchte sich zu beschwichtigen. Wenn sie nichts erkannte, dann die altersschwachen Augen der greisen Schaffnerin erst recht nicht. Trotzdem, ein Zweifel blieb und bohrte sich wie ein Stachel in Barbaras Herz. Auf der Treppe und den unteren Gängen meinte sie Gottfriedas ächzenden Atem hinter sich zu vernehmen. Von Kindesbeinen an fühlte sie sich von dieser Nonne eingeschränkt, ja sogar verfolgt.

Doch in letzter Zeit begehrte eine Stimme in ihr dagegen auf. Seitdem Ursula hier war. Sie hatte jene Stimme geweckt.

Ein Hauch im Nacken veranlasste Barbara, sich zu ducken. *Gottfrieda?* Nein, nur ein Luftzug. Trotzdem, mit vornübergebeugtem Oberkörper eilte Barbara durch den Krankensaal, taub für das Schnarchen und Stöhnen der Siechen, und von dort aus in die angrenzende Kammer, wo die Verstorbene mit friedlich entspannten Zügen im Bett lag. Ihre Seele hatte sich bereits aller Erdenschwere entledigt und war durchs weit geöffnete Fenster entfleucht. Ein wenig neidisch legte Barbara ihre Mitbringsel auf den Boden, warf einen Blick hinaus und atmete die frische Luft. Als wetteiferten sie miteinander, wuchsen Bäume und Sträucher dem Himmel entgegen, die Kronen schimmernd im Licht der funkelnden Sterne. Sie übersäten das Firmament und erhellten es zu einem mystisch leuchtenden Dunkelblauviolett.

Barbara konnte ihren Blick erst davon lösen, als sie aus dem Augenwinkel heraus eine Bewegung im Gewirr der Pflanzen zu erhaschen glaubte. Bei genauerem Hinsehen entdeckte sie nichts, vernahm jedoch ein leises, glockenhelles Lachen.

Das lockte eine Erinnerung in ihr hervor. Daher kümmerte sie sich nicht darum, dass sie die Stimme kannte. Sie sah sich selbst als kleines

Mägdlein zu nächtlicher Stunde durch den Garten laufen, gestreift und gestrichelt vom Laub. Das Gras unter ihren Füßen fühlte sich wunderbar weich an, als liefe sie über Wolken. Vor ihr schimmerte etwas durch Äste und Zweige, weich fließende Gewandfalten.

»Mutter Euphemia!«, hörte Barbara sich mit ihrer Kinderstimme rufen und lachen vor freudiger Erwartung, sich auf den Schoß ihrer mütterlichen Freundin kuscheln zu dürfen.

Vertieft in dieses Bild, löste sich die Nonne vom Fenster, kniete auf dem Boden, tunkte die Feder ins Tintenfass und führte sie mit flinker Hand übers Papier. Wie von selbst floss das Portrait einer jungen Frau aus der Federspitze. »Mutter Euphemia! Ihr seid da, ich sehe Euch!« Das Kind lachte.

Das Antlitz auf dem Papier lachte zurück, doch etwas stimmte nicht. Barbaras Mimik erstarrte zu einer Maske.

Die Augen, sie lachten nicht mit. Eine tiefe Melancholie drückten sie aus. Barbara nahm ein neues Blatt. Wieder entstand in Windeseile unter ihrer Hand Euphemias Bildnis und abermals mit dieser geheimnisvollen Trauer in den Augen. Jetzt weinten sie gar. Die Tinte zerfloss.

Nein, Barbaras Tränen tropften darauf. »Seid doch nicht so traurig, liebste Mutter Euphemia. Bitte lacht, seid fröhlich«, flehte die kleine Barbara in ihr, nahm ein neues Blatt und schuf ein neues Portrait, aber wieder geriet es nicht nach ihrem Willen. *Es will einfach nicht gelingen!*

So vertieft, hatte sie nicht bedacht, dass man sie vom Garten aus hatte beobachten können. Ursula, auf einem ihrer nächtlichen Streifzüge, war von dem Lachen aufgeschreckt worden und hatte sie entdeckt. Um das liebende Paar nicht weiter zu stören, hatte die Buchmeisterin beschlossen, mit Barbara zu sprechen. Wie sie es sich schon seit dem Wutanfall vorgenommen hatte.

Die Siechendienerin allerdings hörte nicht, wie Ursula das Zimmer betrat.

Wie von einer Nadel gestochen, schreckte die Zeichnende hoch und verspannte sich, als Ursula sie an der Schulter berührte. *Gottfrieda?*, befürchtete sie.

»Ich bin es nur, Schwester Ursula.«

Barbaras Anspannung löste sich. Sie atmete auf und wollte ihre Zeichnungen geschwind zusammenraffen.

Ursula bat sie innezuhalten. Dieses Antlitz, es erschien ihr vertraut. *Ist das Euphemia?*, fragte sie sich.

Barbara schien Ursulas Gedanken gelesen zu haben und nickte. Einen köstlichen Moment genoss sie deren bewundernden Blick.

»Ihr habt sie in Eurem Gedächtnis bewahrt, Barbara. Sah sie wirklich so aus? Sie ist wunderschön.«

»Ja«, antwortete die Zeichnerin hingebungsvoll. »So habe ich sie gesehen.« *Und sehe sie noch heute.* Der köstliche Moment wich einem beängstigenden Gedanken. *Was, wenn sie die Trauer in den Augen bemerkt und erkennt, dass ich schuld daran bin …?*

Ursula hingegen überlegte. *Warum ist mir dieses Antlitz so vertraut? Hat Euphemia ihr Aussehen beschrieben? Ich erinnere mich nicht daran. Aber wie könnte es mir sonst vertraut sein?*

Nach einer Erklärung suchend, fiel Ursula zunächst nicht auf, wie sehr ihr Schweigen Barbara beunruhigte, erst, als diese sich wieder verspannte.

»Ihr seid so talentiert, Barbara«, stellte sie fest. »Bedenkt, was Lukas sagt in Kapitel 11, Vers 33: ›Niemand zündet ein Licht an und stellt es unter ein Gefäß, sondern man stellt es auf einen Leuchter, damit es allen leuchte, die im Hause sind.‹«

Erfreut gewahrte Ursula, wie Barbara zuhörte und ein Funken Hoffnung in ihren Augen aufglomm.

Doch die Schuldgefühle waren stärker und erstickten ihn gleich wieder. Heftig schüttelte Barbara den Kopf: »Bitte quält mich nicht mit solch himmlischen Aussichten. Ich habe es nicht verdient, bin schuld an Euphemias Tod!« Nun war es heraus. Schluchzend vor Erleichterung darüber sank die Nonne zu Boden.

Ursula hockte sich zu ihr nieder und schloss sie in die Arme. »Aber wie sollte das möglich sein? Ihr wart ein unschuldiges Mägdlein. Wer redet Euch das ein?« *Gottfrieda? Wenn ja, warum? Weil sie eifer…*

Bevor Ursula den Gedanken fortführen konnte, brach ein weiteres Geständnis aus Barbara heraus: »Ein Dämon … ein böser Dämon war in mich gefahren und hatte mich als Werkzeug missbraucht, um Euphemia schwermütig zu machen!«

Darauf war Ursula nicht gefasst gewesen. »Nein«, widersprach sie. Es klang nicht überzeugend.

## XXII

Es war Herbst geworden, als eine Begegnung den Anstoß zu einer Kette verhängnisvoller Ereignisse gab, die unermessliches Unglück heraufbeschwor.

Während fast alle Nonnen schliefen, kniete eine verhüllte Gestalt vor Euphemias Grabplatte. Lange verharrte sie in stiller Andacht, schaute auf das blassblaue Tuch, das einst der Heiligen Kleid gewesen war, suchte nach den richtigen Worten und fand keine. Zu abstrus erschien ihr, was sie tief in ihrem Innern fühlte und ahnte, ohne auch nur den geringsten greifbaren Beweis dafür zu haben.

Als der Verhüllte endlich sprach, klang es ihm in den Ohren, als öffne er eine verbotene Tür, die er niemals wieder schließen konnte. »Euphemia, ehrwürdiger Engel Gottes, – ich fühle mich fremd in meiner eigenen Familie. Bitte verzeiht, wenn ich das sage, aber es muss endlich aus mir heraus. Glaubt mir, ich ehre Vater und Mutter, aber meine Großeltern …« Die Worte brachen ab. Eine glühende Röte überzog das bleiche Antlitz des Jünglings. Nein, er musste anders beginnen. »Gott weiß natürlich von meinen Gefühlen und Gedanken. Für ihn bin ich ein offenes Buch. Kürzlich, im Gebet, spürte ich ganz deutlich, wie er mir eingab: ›Wende dich an die Heilige Euphemia.‹ Ich war überrascht, mich in tiefster Seele so bestätigt zu fühlen. Denn tatsächlich liebe und verehre ich Euch von Kindesbeinen an.

Nun …« Er nestelte an seinem Gewand herum. »Das ist nichts Ungewöhnliches, denn Euer Ruf als Heilerin und Engel Gottes reicht weit über Pforzheim hinaus. Viele, geplagt von allen möglichen Gebrechen, pilgern an Euer Grab, um Euch um Fürbitte bei Gott anzuflehen.« Erneut hielt er inne.

»Ich bin gesund, gottlob, zumindest mein Leib. Jedoch meine Seele … sie kann es nicht sein, schon deshalb nicht, weil ich seit langem sündige. Die mir bestimmte Braut ist eine feine Jungfer aus gutem Hause, aber ich kann sie nicht lieben. Mein Herz ist bereits vergeben. Ich liebe eine künftige Braut Christi.« Seine Schamesröte vertiefte sich. Kaum konnte er weitersprechen. »Als wenn das allein nicht schon schlimm genug wäre … Doch seid versichert, ich kenne Jutta. Ihre Familie erliegt einem Irrtum. Sie ist nicht dazu berufen, den Schleier zu nehmen!«

Unwillkürlich war Johannes von Greifenaus Stimme angeschwollen. Als er sich dessen bewusst wurde, erschrak er und blickte sich verstohlen um. Doch keine Menschenseele schien Zeuge seines Zwiegesprächs mit der Heiligen zu sein, nur das nächtliche Dunkel umgab ihn. »Wie ich bereits beteuerte«, besann er sich auf sein anfängliches Ansinnen, »ich ehre meine Familie. Es ist nur … Ich fühle mich ihr fremd und kann mir das nicht erklären. Ich weiß nur, mein seliger Vater empfand ganz ähnlich. Des Öfteren bemerkte ich, wie er mit seinen Eltern haderte. Er und ich – wir scheinen aus einem anderen Holz geschnitzt zu sein. Aber …« Er stockte. »Ich habe versäumt, mit ihm darüber zu reden und nun geht es nicht mehr.« Tiefe Trauer trat in seine ohnehin melancholischen Augen, über den Verlust des Vaters und nicht zuletzt auch über die verpasste Gelegenheit. »Ehrwürdige Euphemia, ich habe einen schweren Entschluss gefasst und bereits mit Jutta darüber …« Das letzte Wort schmolz ihm auf der Zunge. In seinem Rücken vernahm er ein heiseres Röcheln, als würde jemand an seinem eigenen Atem ersticken.

*Was ist damals geschehen, wie kamt Ihr zu Tode?* Barbaras verletzlich wirkendes Portrait der Euphemia lebte vor Ursula auf. Hohe Wangenknochen, eine elfenbeinfarbene, leicht durchscheinend anmutende Gesichtshaut, die Wangen rosig überhaucht, die feingezeichneten Lippen glänzend wie blutrote Kirschen. Am prägnantesten aber waren die Augen der Heiligen. Als spräche daraus ihre gesamte Lebensgeschichte. Wobei … Ursula hatte ja noch nicht alles gelesen.

Nun, da sie Euphemias Augen leibhaftig vor sich sah, jene unergründliche Melancholie, die daraus sprach, fürchtete sie das Ende.

Sie standen einander gegenüber, im Garten. Es musste dort sein, wenngleich der Hintergrund leicht verschwommen wirkte. *Ein Hintergrund wie auf ... Und dieser traumverlorene, melancholische Blick ...* Die Erkenntnis durchzuckte Ursula wie ein Blitz. Plötzlich erkannte sie, wo sie diese Züge schon einmal gesehen hatte, diese Augen! Die Miniatur in Öl ... Gisela von Remchingen hatte sie ihr gezeigt, im Frühling, in der Gartenlaube. Jener Jüngling, er trug Euphemias Züge!

*Bitte sagt mir ...* Ursula sprach ihr Gegenüber erneut an. *Was geschah damals? Was habt Ihr über den Verbleib Eures Sohnes erfahren?*

Euphemia öffnete eben die Lippen, um zu antworten, da gellte ein Schrei durch die Nacht und zerschlug das Traumgespinst. Euphemias Antlitz zersplitterte wie hauchzartes Glas in zahllose winzige Edelsteine. Für die Dauer eines Wimpernschlags funkelten sie in allen Farben des Regenbogens und verglühten dann in der Luft.

Ursula schreckte im Bett hoch, wie andere Nonnen und Novizinnen auch. Schlaftrunkene Gesichter sahen einander fragend an. Die Nonnen schälten sich aus ihren Decken, warfen in Hast und Eile ihre Habite über und eilten über die Flure zur Treppe. Denn von unten drang der Lärm herauf. In ihrer Erregung rempelten sie einander an. Ursula entzündete eine Kerze. Deren Licht erhellte allerdings nur ihr nahes Umfeld.

Von ihrem Gemach aus mahnte die Äbtissin zu Ruhe und Besonnenheit.

Ursula folgte den anderen die Treppe hinunter. Die ersten hatten inzwischen das Erdgeschoss erreicht. Ursula hörte sie erregt durcheinanderreden und filterte Gottfriedas heisere Stimme heraus. Was sie rief, konnte sie nicht verstehen, doch es war immer dasselbe.

Endlich stand auch Ursula im Erdgeschoss. Trotz Lampenschein hätte sie die Schaffnerin fast nicht erkannt. Deren Gesicht war zur

Fratze verzerrt, Augen und Mund grotesk aufgerissen. Das spärliche Haar stand ihr wirr um den Kopf. Ihrer aufgelösten Verfassung nicht bewusst, rief sie immer noch dasselbe, ersichtlich an ihren Lippenbewegungen. Vor Heiserkeit kam kein Ton mehr aus ihrer Kehle.

Ursula erkannte trotzdem, was die Schaffnerin allen mitteilen musste. Sie sah es an deren Blick. Ein Geist … Gottfrieda glaubte einen Geist gesehen zu haben.

## XXIII

Wochenlang wurde Ursula das Bild nicht los. Der Anblick der Schaffnerin, die offenbar den Verstand verloren hatte, verfolgte sie auf Schritt und Tritt.

Barbara dagegen wirkte wie befreit. Indem Gottfrieda, die bis dahin allseits ebenso geachtete wie gefürchtete Schaffnerin, ihren Schrecken einbüßte und seit jener Nacht wie ein Schatten ihrer selbst einherschlich – ein jämmerliches Bündel Elend, das höchstens Mitleid erregte –, blühte die einstige Oblate auf, auch äußerlich. Ihre von Gram und Schwermut erlöste Seele strahlte von innen heraus. Die Mundwinkel hoben sich, die Haut straffte sich, und die Augen – bereits etwas trüb – wurden klarer.

Der Wandel von Barbaras Persönlichkeit, erinnernd an die Verwandlung von der Puppe zum Schmetterling, war dermaßen verblüffend, dass es Ursula manchmal unheimlich dabei zumute wurde. Doch sie freute sich für Barbara und gönnte ihr das neugewonnene Glück von Herzen, keine Frage!

Unterstützung brauchte Barbara kaum noch. Sie illustrierte wie eine Besessene, von morgens früh bis spät in die Nacht hinein, als müsste sie alles nachholen, was sie in den vorigen Jahrzehnten versäumt hatte.

Die Äbtissin sah es mit Wohlgefallen. Und Zeichenutensilien waren reichlich vorhanden. Gottfrieda konnte das Amt der Schaffnerin nicht mehr ausüben. Das musste nun selbst die ihr stets wohlgesinnte Äbtissin zugeben und stellte ihr eine tatkräftige Helferin zur Seite.

Die Hochbetagte sträubte sich anfangs dagegen. Genug Kraft, um über die vermeintliche Verschwendung zu murren, die jetzt im Kloster herrsche, besaß sie allemal. Doch das nahm niemand mehr ernst. Tatsächlich konnte fortan guten Gewissens großzügiger gewirtschaftet werden. Die Helferin entdeckte nämlich, dass Gottfrieda in einer Truhe reichhaltige Rücklagen angesammelt hatte. Unterschlagen, argwöhnten manche, behielten derlei Gedanken jedoch für sich, weil die Äbtissin nach wie vor ihre schützende Hand über die altgediente Schaffnerin hielt.

Ursula haderte mit sich. *Hat Barbara womöglich recht? War sie damals tatsächlich von einem Dämon besessen? Wehrlose Kinder sind eine leichte Beute für die Mächte der Finsternis. Wenn es so gewesen sein sollte, hatte Gottfrieda die Gefahr erkannt und versucht, Euphemia davor zu schützen?*

*Doch selbst dann wäre Barbaras Gewissen rein geblieben. Sie wäre ja ebenfalls ein Opfer gewesen.*

Euphemias Chronik umfasste noch etliche Seiten. Einmal konnte Ursula ihre Neugier nicht zügeln und schlug die letzten auf. Sie waren unbeschriftet. *Warum? Ein schlechtes Omen?*

Darauf nicht vorbereitet, verdrängte Ursula den Gedanken und stürzte sich in Arbeit. Sie wusste, es war eine Flucht auf Zeit. Irgendwann würde sie sich Euphemias Ableben stellen müssen.

Zunächst stand jedoch das Christfest an. Schon die Vorbereitungen auf die alljährlich wiederkehrende Feier zu Ehren der Geburt des Erlösers erfüllten alle mit Trost und Hoffnung fürs neue Jahr.

Das begann allerdings besorgniserregend. In den ersten Januarnächten anno 1408 rüttelte stürmischer Wind an allem, was nicht niet- und nagelfest war und zog schauerlich heulend durchs Gemäuer. Gottfrieda irrte die Flure entlang und verkündete laut klagend den unmittelbar bevorstehenden Weltuntergang. In nicht verhallen wollenden Echolauten drang ihre Prophezeiung bis in den letzten Winkel und fuhr den Schlafenden durch Mark und Bein. Niemand hätte der Stimme der Hochbetagten so viel Volumen zugetraut.

Obwohl die Stundenglocke noch nicht zur Matutin geläutet hatte, rief die Äbtissin in der dritten Januarnacht alle zum Gebet auf. Der Herr müsse aus der ehrwürdigen Schwester Gottfrieda sprechen. Nur so ließe sich deren plötzliche Stimmgewalt erklären.

Diese zusätzlichen Gebete zeigten offenbar Wirkung und stimmten

Gott milde. In der Nacht auf den Dreikönigstag legte sich allmählich der Wind. Manche glaubten sogar, einen Kometen gesichtet zu haben – welch verheißungsvolles Zeichen!

Gottfrieda ließ sich davon nicht beruhigen. Rast- und ruhelos irrte sie weiterhin nächtens durch die Gänge. Weil sie sich inzwischen heiser geschrien hatte, maß dem niemand mehr nennenswerte Bedeutung bei, zumal der Januar sich fortan von einer wesentlich ruhigeren Seite zeigte. Die Hochbetagte schien nun einmal geistig umnachtet.

Ursula konnte kaum glauben, wie lange sie schon im Pforzheimer Dominikanerinnenkloster weilte. Als Aushilfe war sie gekommen und hatte nun tatsächlich das Amt der Buchmeisterin übernommen, auf ausdrücklichen Wunsch der Äbtissin. Ursula entsprach ihm gerne. Sie meinte, es wäre im Sinne von Luitgard und konnte sich keine erfüllendere und befriedigendere Aufgabe vorstellen. Oft dachte sie an die verstorbene Buchmeisterin zurück, mit warmen und wehmütigen Gefühlen. Beim Verwalten der Bestände vermisste sie manchmal regelrecht, worüber sie früher bisweilen geseufzt hatte, das langwierige Suchen versehentlich falsch einsortierter Bücher.

Dass das Amt der Schaffnerin neu besetzt worden war, wirkte sich auch auf die Bibliothek aus. Der Buchbestand wurde durch etliche Werke ergänzt, neu verfasste, aber auch gebrauchte aus Bibliotheken anderer Klöster. Ursula hatte buchstäblich alle Hände voll zu tun, registrierte, las und überprüfte die neuen Schätze auf Mängel, wie etwa fehlende Seiten oder Beschädigungen. Außerdem nahm Giselas Unterricht viel Zeit in Anspruch. Seit Ende des letzten Jahres zeigte die Patriziertochter ein deutlich gesteigertes Interesse an geistlichen Dingen. Ursula fragte sich, ob es echtem Wissensdurst entsprang oder Gisela vorwiegend als Ablenkung vom Liebeskummer diente. Johannes von Greifenau, vertraute sie Ursula an, habe ihre Familie gebeten, die Vermählung auf unbestimmte Zeit zu verschieben. Sie sei ja noch so jung, und auch er fühle sich nicht reif genug für die Ehe.

Sie wähnte sich von ihm verschmäht. Ursula sah es an Giselas bitterer Miene und hörte es deutlich heraus. War es nur gekränkte Eitelkeit oder eine tiefer gehende Verletzung?

# XXIV

Es schien, als habe der Wind sich um den Jahreswechsel zur Genüge ausgetobt. Von da an herrschte ruhiges Wetter. In klirrend kalten Nächten froren Bach und Weiher zu. Erst Mitte März löste der Winter allmählich seine eisigen Klauen. Pudrige Flocken überstäubten alles. Tags glitzerte die feine Schneedecke in der Sonne und nachts im Mondschein.

In einer solchen Nacht kuschelten sich zwei innigst einander Liebende auf dem Heuboden der Scheune eng aneinander, als wären sie eins. »Niemals mehr möchte ich mich von dir lösen«, wisperte Jutta in Johannes' Ohr. Seine Zungenspitze liebkoste ihres und löste ein wohliges Kribbeln aus, das durch ihren ganzen Körper lief.

»Wenn wir einfach so liegenbleiben …«, begann Jutta nach einer Weile.

»… werden wir verhungern und verdursten«, führte Johannes ihren Gedanken fort. »Aber hoffentlich, bevor sie uns finden. Dann können sie uns nichts mehr anhaben.«

Jutta meinte lächelnd, solange sie bei ihm sei, dürste und hungere sie nicht. »Wir werden voneinander satt.«

Er erwiderte ihr Lächeln und kostete die warme Feuchtigkeit ihrer Lippen. »Wir gehen gemeinsam zu Gott.«

»Meinst du?«, zweifelte Jutta. »Glaubst du, ihm gefällt unser Treiben?«

»Warum sonst hat er die Liebe zwischen uns entfacht?«, fragte Johannes.

Zärtlich zeichnete Jutta mit dem Finger die Konturen seiner harmonisch geschwungenen Lippen nach. »Wir können nur hoffen, dass er es war und nicht …«

Er wolle das nicht hören, unterbrach er sie und versiegelte ihren Mund mit einem Kuss. Leidenschaftlich erwiderte sie ihn, schob den Rock ihres Habits hoch, schmiegte ihr Becken an ihn und schlang stöhnend vor Verlangen ihre Beine um seine Hüften.

Eine Welle heißer Begierde strömte durch seine Lenden. Nur unter Aufbietung größter Willenskraft löste er sich von Jutta, die Augen überfließend von bittersüßem Schmerz. »Wenn noch einmal etwas passiert …« Forschend sah er sie an. »Es ist doch noch nicht …«

Jutta unterbrach ihn, verneinte schnell. *Ein bisschen zu heftig und schnell …*

»Wir müssen keusch sein«, beharrte Johannes, »bis wir einen Ausweg gefunden haben.«

»Welchen Ausweg?« Jutta lachte bitter. »Es gibt keinen!« Verzweiflung glühte in ihrem Blick. »Die Klostermauern lassen mich nicht raus. Sie umschließen mir Herz und Seele.«

»Ich entführe dich.«

»Sie würden dich töten! Bei lebendigem Leibe rösten und ausstellen!« Bei diesem Gedanken horchte Jutta entsetzt auf und blickte durchs Fenster in den sternenklaren Himmel. Hatte sie eben die Glocke zur Matutin vernommen? »Sie werden nach mir suchen, wenn ich nicht dabei bin, und argwöhnisch werden. Einige verdächtigen mich schon seit langem. Ich spürte ihre ahnenden Blicke auf mir. Wenn sie uns finden, dich finden …« Bevor Johannes etwas erwidern konnte, sprang Jutta auf, hastete die Leiter hinunter und rannte zur Scheune hinaus in den Garten. Johannes lief hinterher, wagte aber nicht zu rufen.

Am Weiher holte er sie ein, fast. Bevor er einen Zipfel ihres wehenden Habits erwischen konnte, schlug sie einen Haken, lachte neckisch auf und verschwand zwischen zwei immergrünen Büschen. Ihr Ärmel haftete kurz an den Zweigen. Flocken sanken herab.

Johannes folgte ihr, leise rufend. Doch erst ein Stück weiter erhaschten seine suchenden Blicke ab und an ihren Habit. Zwischen kahlen Zweigen blitzte er auf. Wähnte Johannes Jutta in einer Richtung, erklang ihre glockenhelle Stimme aus der entgegengesetzten. So wechselte das unablässig hin und her, zum Vergnügen der Novizin. Sie wurde immer aufgeregter.

Allmählich ungehalten, mahnte Johannes, es sei nun gut. »Du hast genug Schabernack mit mir getrieben!«

»Meinst du?«, tönte es, wiederum aus einer anderen Ecke als erwartet. »Meinst du wirklich? Komm, fang mich doch!«

Besorgt blickte Johannes sich um. Das Glitzern der Schneekristalle allüberall irritierte ihn. Er meinte, man müsse sie beide längst gehört haben. Juttas Temperament war mit ihr durchgebrannt, die Stimme der Vernunft verhallte ungehört.

Trotz der Kälte wurde ihm heiß. Sein Herz raste, derweil er ausharrte. Nach ihm unendlich anmutendem Bangen – währenddessen er den Zugriff eines alarmierten Stadtknechts befürchtete – vernahm er endlich wieder Juttas Stimme. Sie musste beim Weiher sein, summte eine melancholische Melodie. Johannes versuchte sich zu orientieren, folgte ihrer Stimme und schlug sich durch die Büsche, ohne auf Äste oder Zweige zu achten, die ihm den Weg versperrten und Gesicht wie Hände zerkratzten. Was er dann sah, ließ ihm das Blut in den Adern gefrieren und ihn zugleich fasziniert innehalten.

Jutta tanzte auf dem zugefrorenen Weiher, den Kopf in den Nacken gelegt und den Blick traumverloren zum Sternenhimmel gewandt. Sie schien Johannes überhaupt nicht zu bemerken, obwohl er nun näher herantrat. Ein wehmütiges Lied singend, drehte sie sich auf der Eisfläche. Dabei nahm ihr weiter Habit jede noch so geringe Bewegung ihres biegsamen Körpers auf und floss in weichen Wellen dicht über das silbergrau schimmernde Eis, worin sich das Mondlicht spiegelte. Jetzt senkte sich ihr Blick ein wenig und begegnete Johannes'.

*Ihr Antlitz, bleich wie der Mond. Die Augen, funkelnd wie Sterne.* Als sie ihre Arme ausbreitete und ihn unmissverständlich einlud, ihr zu folgen, schoss es ihm heiß und kalt durch den Kopf angesichts der weiten, wehenden Ärmel. *Sie ist ein Engel, nicht mehr von dieser Welt. Dann will ich auch einer werden.* Er nahm ihre kalte Hand und glitt mit ihr übers Eis. Sie übergab ihm die Führung. Vernunft, Vorsicht – alles fiel von ihm ab wie eine lästige Bürde. Er fieberte und drehte sich mit ihr in immer mutigeren Wendungen. Sie ließen sich los, wirbelten um die eigenen Körperachsen, sprangen hoch und drehten sich wie Kreisel in der Luft, immer höher; von Übermut gepackt, trafen sie wieder auf, strauchelten fast und fingen sich gerade noch auf. In beider Augen glühte die pure Lust am Leben. Einmal nur richtig leben, ohne Rücksicht auf Verluste!

Sie entfernten sich auf Armeslänge, die Fingerkuppen einander berührend –, um sich gleich darauf erneut gegenseitig anzuziehen und zu halten, als wollten sie nie wieder voneinander lassen.

Immer ausgelassener, immer waghalsiger wurde das Treiben. Unter den beiden knisterte das Eis. Sie merkten es nicht, und selbst wenn … Es wäre ihnen gleichgültig gewesen, es hätte sie nicht aufhalten können.

Am Vortag war die Sonne ungewöhnlich kräftig und hatte am Eis genagt, insbesondere dort, wo sie nicht durch Baumschatten daran gehindert wurde. Zwar war es nach ihrem Untergang wieder angefroren, aber nur oberflächlich.

Ausgerechnet dort vollführte das Paar jetzt die höchsten Sprünge. Johannes umfasste Juttas schlanke Taille, hob sie hoch über sich hinweg und ließ sie waagrecht schweben über seinem Haupt.

Kreischend vor Lebensfreude breitete sie alle Glieder aus und hob ihr Antlitz gen Himmel. Sie wusste nicht mehr, ob sie sich um ihn herum drehte oder umgekehrt. Sie flog und wurde doch gehalten von Johannes' starken Armen.

Zwischen seinen Füßen lief plötzlich eine Zickzack-Linie durchs Eis. Es brach. Er bemerkte es zu spät. Die Schollen waren bereits zu weit auseinandergedriftet. Verzweifelt bemüht, Jutta zu halten, spreizte Johannes die Beine fast bis zum Spagat. Die eisfreie Fläche dazwischen vergrößerte sich. Er konnte sie nicht mehr überbrücken, und versuchte, sein und Juttas Gewicht auf ein Bein zu verlagern.

Dabei verlor Johannes das Gleichgewicht. Eiskalt empfing ihn das Wasser, umhüllte ihn und raubte ihm im ersten Moment den Atem.

Er wollte Jutta aufs Eis heben. Sie wehrte sich dagegen, klammerte sich an ihm fest. Johannes umfasste die Bruchstelle einer Eisscholle. Nicht lange, denn aus seinen klammen Fingern wich das Leben. Sie erstarrten.

Die Kleider sogen sich voll Wasser, wogen schwer und drohten beide in die Tiefe zu ziehen. Trotzdem gelang es Johannes, seinen Oberkörper aufs Eis zu schieben und die Beine nachzuziehen.

Obwohl erschöpft von diesem Kraftakt, gönnte er sich keinen Atemzug Ruhe, wandte sich zu Jutta um und registrierte mit Schrecken, dass sie unters Eis zu geraten drohte. Wenn das geschah, gab es keine Rettung mehr. Sie wäre eingeschlossen im Weiher.

Verzweifelt umklammerte er ihren Arm und forderte sie auf mitzuhelfen, sich an ihm hochzuziehen.

Doch über ihr bleiches Antlitz, die Augen abgewandt vom Diesseits, huschte ein schwaches Lächeln. »Lass mich, lass mich einfach los«, hauchte sie, als sei auch ihre Stimme durch die Kälte erstarrt.

Johannes flehte sie an: »Nein, bleib bei mir, ohne dich kann ich nicht leben!«

»Ich blute nicht mehr, es ist wieder gesch ...« Juttas Stimme versagte.

Ruhelos ging Ursula in der Bibliothek umher. In Bewegung konnte sie besser nachdenken, aber seit einiger Zeit genügte diese Strategie nicht mehr. Genau genommen, seitdem Gottfrieda einen Geist gesehen zu haben glaubte. *Wenn, so kann es nur Euphemia gewesen sein.*

Ursula drehte eine erneute Runde an den Regalen entlang und wäre gern in den Garten gegangen, aber heute Nacht war es ziemlich kalt. *Oder Euphemias Sohn, Josef, falls er noch lebt. Vielleicht hegt er Zweifel an seiner Herkunft. Viele wenden sich an die Heilige, es wäre nicht abwegig, sie zu befragen. Wenn er ihre Züge trägt ... Das könnte Gottfrieda schon verstören. Hm ...* Ursula ging weiter, verharrte am Fenster und warf einen Blick durch die Butzenscheiben. Das Funkeln der Sterne dahinter wurde gedämpft vom getönten Glas.

*Aber es erklärt nicht, warum sie so außer sich geriet, dass sie den Verstand verlor. Es muss etwas bereinigt werden zwischen ihr und Euphemia.* Im Geiste sah Ursula deren Portrait, das Barbara gezeichnet hatte und wurde immer erregter. *Endlich fällt mir wieder ein, woran es mich erinnert. An das Miniatur-Portrait in Giselas Medaillon. Dieselbe Melancholie in den Augen. Darin spiegelt sich die Tragik beider Leben. Genau! Hm* … Kopfschüttelnd hielt sie inne. *Johannes von Greifenau ist ein Jüngling, Josef dagegen* … Sie rechnete nach.

Nein, Johannes konnte unmöglich Euphemias Sohn sein, aber … *Ihr Enkel, so ist es! Johannes von Greifenau ist Euphemias Enkel!* Ursulas Gedanken waren nicht mehr zu bremsen. *Warum treibt er sich nachts hier im Kloster herum? Fühlt er sich zu seiner Großmutter hingezogen? Ruft ihn die Stimme des Blutes? Oder vielmehr eine andere?* Ein Bild kam Ursula in den Sinn, das der Liebenden im Garten. Sie hatte das Gesicht des Jünglings nicht genau gesehen, es war ja Nacht gewesen. War das womöglich Euphemias Enkel? Dann waren er, Giselas Bräutigam und Juttas Geliebter ein und dieselbe Person, nämlich Johannes von Greifenau!

*Jutta* … Sorgenvoll krauste Ursula ihre Stirn. Sie wusste, dass die Liebenden nicht voneinander lassen konnten und dadurch großes Unheil über sich heraufbeschworen. *Aber wie … o Herr* … Betend hielt sie inne vor dem Kruzifix an der Wand über einem der Pulte. *Bitte sag mir, allmächtiger, gütiger Gott, wie kann ich es von ihnen abwenden? Alleine vermag ich es nicht, es sei denn, das Schicksal oder deine Fügung spielte mir in die Hand.*

Im Gehen zog sie Euphemias Chronik unter dem Habit hervor und schlug die zuletzt gelesene Seite auf. Weil es zu dunkel zum Lesen war, setzte sie sich an den Tisch und rückte die Öllampe neben das Buch, konnte jedoch die Füße nicht ruhig halten.

Nun hatte sie mich doch entdeckt, die kleine Barbara. Seit fünf Jahren ist sie jetzt hier im Kloster und kürzlich zehn geworden, ein für ihr Alter zu ernstes und stilles Mägdlein. Mit bangen Gefühlen frage ich mich, wo das lebhafte Kind von einst geblieben ist. Hat sie es in sich erstickt, um den Ordensfrauen zu gefallen? Oder lebt es noch, tief in ihr verborgen?

Jetzt, wieder allein und immer noch im Garten sitzend, treiben mich diese Gedanken dermaßen um, dass ich sie sogleich niederschreibe.

Ja, sie wird dieses fröhliche Mägdlein wohl noch in sich bewahren. Das meinte ich zu erkennen, als ich sie vorhin auf mich zueilen sah, strahlend übers ganze Gesicht, weil sie mich gefunden hatte. Ich freute mich darüber, erwiderte ihr Lachen und zog sie auf meinen Schoß. Auf ihren Wunsch erzählte ich ihr eine der Geschichten, die sie so gerne hört, von wundertätigen Heiligen oder aus dem Tierreich. Spontan erzählte ich als Dreingabe von einer Jungfer, die einem verletzten Fuchs half und dabei ein zartes Band der Freundschaft zu ihm knüpfte.

Dabei wurde mir, wie immer, wehmütig ums Herz. Wie gern hätte ich auch meinem eigenen Kindlein diese Geschichten erzählt!

Barbara spürte meine Traurigkeit und fragte mich, was mir fehle. Verstohlen wischte ich mir eine Träne aus dem Augenwinkel, schüttelte den Kopf und versuchte zu lächeln. Doch es misslang. Diese Erkenntnis spiegelte sich nur allzu deutlich auf Barbaras Gesicht.

Ganz ernst und voller Besorgnis schaute sie mich an und stellte mir eine Frage, die mich erschütterte: »Liebste Mutter Euphemia …« So pflegte sie mich gern zu nennen. »Hab ich etwas falsch gemacht, bin ich vielleicht schuld an Eurer Traurigkeit?«

Nachdrücklich verneinte ich. »Das darfst du auf gar keinen Fall denken!«

Wie, werter Leser, hätte ich ihr erklären können, was in mir vorging? Ich durfte ja niemanden an meinen Gefühlen teilhaben lassen. Und doch hatte ich genau das getan, etliche Jahre zuvor, in einem unbedachten Moment der Schwäche. Seitdem vergeht kein Tag, an dem ich es nicht bitter bereuen muss. Doch ich greife schon wieder vor.

Ich fragte Barbara, wie sie darauf käme, dass sie schuld an meiner Traurigkeit sein könnte. Sie zögerte, als wollte sie etwas sagen, zuckte dann aber verlegen mit den Schultern.

Offensichtlich hatte ich sie mit dieser Frage in Bedrängnis gebracht. Ich bereute es und versuchte sie aufzuheitern, was mir nur leidlich gelang.

Obwohl ich Barbara liebend gern bei mir behalten hätte, schickte ich sie alsbald zurück und hoffte, man vermisse sie noch nicht und und maßregle sie womöglich.

*Versuchung*

Bevor nun auch in Euch die Schwermut ausbricht, werter Leser, möchte ich von einer wunderbaren Begebenheit berichten, die mein Leben abermals veränderte. Einst, ich weilte seit etwa zwei Jahren hier, stand ich spätnachmittags am Bach und wusch mit angemessener Sorgfalt die Bettwäsche für die ehrwürdigen Ordensfrauen. Da kam ein Pilger aus dem fernen Morgenland vorbei, den die Reise auch ins Pforzheimer Dominikanerinnenkloster führte. Vertieft in meine Arbeit, blickte ich nicht auf. Als ich ihn endlich bemerkte, fragte ich mich, wie lange er mich schon beobachtete und war höchst irritiert. Denn was er sah, das konnte unmöglich ich sein, eine ärmliche Wäscherin in zerschlissenem Kleid.

Seine Augen leuchteten. Immer und immer wieder rief er etwas in einer Sprache, die ich nicht verstand. Es dauerte lange, bis er in seiner Begeisterung meine Irritation bemerkte. Weil sein Gehabe mir ungeheuer war, wollte ich alles stehen und liegen lassen und in die Konventsgebäude eilen.

Da verstand er endlich, was er in mir ausgelöst hatte, fiel auf die Knie und bat mich demütigst um Verzeihung für seine Begriffsstutzigkeit – auf Deutsch. Wie ich bald erfahren sollte, war er ein Gelehrter und beherrschte etliche Sprachen. In jenem Moment wusste ich das aber nicht und harrte verständnislos aus. Wie staunte ich, als er mir offenbarte, was er gerade gesehen hatte! Eine göttliche Jungfrau, umgeben von einem goldenen Strahlenkranz!

Ich wusste nicht, wie mir geschah. Nachdem ich meine Arbeit erledigt hatte – Gott allein weiß, wie sie mir in meinem aufgelösten Zustand von den Händen ging –, bat ich den hohen Herrn in mein bescheidenes Häuschen und bereitete uns ein Mahl aus gedörrten Schlehen. Es war mir peinlich, ihm nichts Besseres vorsetzen zu können, doch er beruhigte mich. Sein Körper benötige nur wenig Irdisches, er lebe hauptsächlich von geistiger Nahrung. Gott habe ihn mit der Gabe gesegnet, in die Seelen der Menschen schauen zu können. Und die meine leuchte so intensiv von innen heraus, dass es durch einen goldenen Strahlenkranz sichtbar sei.

»Auch jetzt?«, fragte ich ungläubig.

Er bejahte und fügte hinzu: »Allerdings nur für ›sehende Augen‹.«

Ursulas innere Unruhe hatte sich beim Lesen dermaßen gesteigert, dass sie nicht mehr auf dem Stuhl ausharren konnte und trotz der Kälte hinausgegangen war. Sie brauchte frische Luft. Lesend wandelte sie durch den Kreuzgang und hoffte, mit jeder weiteren Silbe des Rätsels Lösung über Euphemias Tod näher zu kommen. Der Mond und der reflektierende Schnee erhellten die Nacht. Euphemias filigrane Schrift zeichnete sich hinreichend vom blütenweißen Blattuntergrund ab.

Gänzlich eingenommen von der Lektüre, blendete Ursula alles um sich herum aus, sowohl Rufe der Nachtvögel als auch Geräusche, die von der Stadt herüberdrangen.

Doch plötzlich nahm sie unterschwellig etwas wahr, wenn sie auch im ersten Moment nicht wusste, was. Sie blickte vom Buch auf und horchte.

Schreie … Sie drangen vom Weiher herüber, ineinander verstrickt und verzerrt. Ursula blieb keine Zeit zum Überlegen. Sie ahnte, wer dort Hilfe benötigte. Hoffentlich kam sie nicht zu spät!

Von weitem erspähte sie eine Gestalt, die mitten auf dem silberblau schimmernden Weiher kauerte. Ihr entstammte das herzzerreißende Schluchzen und Flehen. Ursula raffte ihre Röcke, rannte und achtete nicht auf den Untergrund. Mehrmals blieb sie irgendwo hängen, stolperte und richtete sich wieder auf. »Haltet durch, ich komme!«, keuchte sie, erreichte nach ihr endlos erscheinender Zeit das zugefrorene Ufer und schlitterte darüber hinweg auf die Mitte zu.

Johannes wandte sich kurz um, als er jemanden hinter sich nahen hörte, und warnte vor dem brüchigen Eis. Ursula konnte nicht mehr anhalten, rutschte an das Loch heran. Johannes hielt sie kurz davor fest. Nun packten beide mit vereinten Kräften an, jeder einen von Juttas Armen, und zogen sie aus dem Wasser.

Kam die Hilfe zu spät? Schreckensbleich sahen die Nonne und der Jüngling sich an. Jutta hing schlaff in ihren Armen und gab nicht das geringste Lebenszeichen von sich. Weder Atem noch Herzschlag waren spürbar. Von Weinkrämpfen geschüttelt, beugte Johannes sich über sie.

Ursula fasste sich und rüttelte ihn an den Schultern. »Das Wasser muss heraus!« Sie drehte die scheinbar Leblose, legte sie bäuchlings aufs Eis und klopfte ihr auf den Rücken. Jutta hustete. Ein Schwall Wasser ergoss sich aus ihrem Mund. Johannes schluchzte noch immer, nun vor Erleichterung.

»Wir müssen sie reinbringen!«, drängte Ursula. Sie nahmen Jutta in die Mitte und schleppten sie übers Eis, hin- und hergerissen zwischen Eile und Vorsicht.

Es sei erst durch die Sprünge geborsten, meinte Johannes, sie könnten schneller gehen. Auch er troff vor Wasser und zitterte wie Espenlaub, wie Ursula erst jetzt bemerkte. Wenn nur nicht beide schwindsüchtig wurden. *Und die Chronik …* Bangend ertastete sie das Buch unter ihrem Habit. Hatte es etwas abbekommen? Sie war ja ebenfalls durchnässt.

Bei aller Sorge darum, musste sie sich zunächst um die Lebenden kümmern. Das war auch in Euphemias Sinn. Ging sie gerade wirklich neben deren Enkel?

Zu ihrer Erleichterung hatte niemand etwas von dem Unglücksfall mitbekommen. Als sie den Konvent betraten, herrschte jedenfalls Stille. Doch die konnte trügerisch sein. Ursula fürchtete, Gottfrieda zu begegnen. Sie vermochte sich lebhaft vorzustellen, wie deren umnachteter Geist auf den Anblick dreier durchnässter Gestalten reagierte. Ihre Entsetzensschreie würden durch sämtliche Räume hallen und mit an Sicherheit grenzender Wahrscheinlichkeit sogar die Mägde im Gesindehaus wecken.

Unbehelligt erreichten sie die abgelegene Kammer für Schwerstkranke. Ursula bangte. Hoffentlich war sie frei.

Sie hatten Glück. Aufatmend verriegelte Ursula die Tür hinter ihnen und half Johannes, Juttas durchnässte Kleidung gegen ein trockenes Nachtgewand zu tauschen. Anschließend legten sie die Jungfer ins Bett, deckten sie bis zum Hals mit drei warmen Decken zu, und Ursula holte aus der Küche zwei heiße Steine für die Füße.

Jutta zitterte trotzdem weiter. Sie hustete, starrte aus geweiteten Augen zur Decke und fragte unentwegt nach Johannes, obwohl er ihr die Hand hielt, sie streichelte und seiner Gegenwart versicherte.

Besorgt befühlte Ursula die Stirn der Novizin. Sie glühte. Es war fraglich, ob sie den nächsten Morgen erleben würde. Ganz bestimmt nicht, wenn man ihr den Liebsten jetzt nahm. Das erkannte Ursula, indem sie die beiden betrachtete. So ungehörig es nach Ansicht der

Obrigkeit gewesen wäre … Aus einem Impuls heraus erlaubte die Nonne dem Jüngling, die Nacht über bei seiner Liebsten zu bleiben. Vor Gott und sich selbst glaubte sie das verantworten zu können. Die beiden hatten ja mehr als einmal das Lager miteinander geteilt.

»Hört«, ermahnte sie ihn und hängte Juttas nasses Habit zum Trocknen über den Kachelofen, »ich werde den anderen mitteilen, Jutta sei unpässlich und könne deshalb nicht an den Stundengebeten teilhaben. Aber …«, mahnend hob sie den Finger, »noch vor dem ersten Hahnenschrei müsst Ihr das Kloster verlassen, sonst kann ich für nichts garantieren.«

Dankbar nickte Johannes. Das werde er ihr nie vergessen. »Bitte haltet mich auf dem Laufenden. Ich muss erfahren, wie es Jutta geht.«

Ursula überlegte. »Kommt täglich ans Redfenster, kurz bevor die Sonne den Horizont berührt.«

Von Angst und Sorge eingenommen, entging Johannes, wie die Nonne ihn unauffällig musterte und, trotz der widrigen Umstände, mit freudiger Erregung an Euphemia dachte. Zweifellos war Johannes von Greifenau deren Enkel. Seine Züge ähnelten zu deutlich denen der Frau auf Barbaras Portrait.

Durchströmt von wärmsten Gefühlen für ihn, blickte Ursula ihn gütig an und bat, er solle auch für sich selbst gut sorgen. Damit helfe er Jutta am besten. »Ich werde das Menschenmögliche für sie tun. Alles Weitere liegt in Gottes Hand. Verzagt nicht. Es findet sich für alles eine Lösung. Gott wird uns einen Weg weisen, dessen bin ich gewiss.«

Johannes dankte ihr überschwänglich für die von ihr geleistete Hilfe, hatte aber nur noch Augen für Jutta. Deren Blick klärte sich ein wenig und haftete hingebungsvoll auf ihm.

Stillschweigend ging Ursula hinaus und schloss leise die Tür hinter sich.

## XXV

Alle beklagten Juttas Siechtum, aber niemand erwartete Erklärungen dafür. Diese Novizin besaß eben eine außergewöhnlich zarte Konstitution.

Umso erstaunlicher schien es, dass die Kranke sich erholte. Nur Ursula kannte den Grund: Johannes. Dessen Beistand und unerschütterliche Zuversicht hatten Juttas Lebenswillen in jener Schicksalsnacht neu entfacht.

So weit, so gut. Das löste aber nicht das Grundproblem der beiden. Ursula überlegte. Früher oder später – wahrscheinlich eher früher – würde die Novizin erneut schwanger werden. Vielleicht war sie es schon. Dass sie ihr Leben auf dem Weiher aufs Spiel setzte, deutete stark darauf hin.

Ursula zerbrach sich den Kopf. Sie konnte es drehen und wenden wie sie wollte, sie sah nur einen Ausweg. Der war jedoch so ungeheuerlich, dass sie den Gedanken daran stets gleich wieder verdrängte.

Dennoch traf sie Vorkehrungen, besorgte ein Kleid aus dem Gesindehaus und sammelte Münzen, die man brauchte, wenn man unterwegs war. Das, beschwichtigte sie sich, sei ja vertretbar. Die Madonna im Nonnenchor hatte jedenfalls nichts dagegen einzuwenden, sondern ließ weiterhin ihren sanften Blick auf Ursula ruhen.

Wann immer sie Zeit erübrigen konnte, wachte sie an Juttas Bett, übermittelte ihr Nachrichten von Johannes und nahm welche für ihn entgegen.

Überwältigt von so viel Hilfsbereitschaft, konnte Jutta ihr nicht genug danken, wenn sie auch betonte, man hätte sie besser im Weiher gelassen.

Ursula fühlte sich in ihrer Ahnung bestätigt. »Versündigt Euch nicht an Eurem Kind!«, entgegnete die sonst so verständnisvolle Nonne wütend. »Wie man vor den Augen der Menschen dasteht, ist unwichtig. Gott solltet Ihr ins Antlitz schauen können!«

Jutta erwiderte nichts darauf, verblüfft, weil Ursula von ihrer

Schwangerschaft wusste. Diese bereute schon ihren harschen Ton und fragte, ob ihr morgens noch übel werde.

Jutta verneinte, über diese Phase war sie hinweg.

Es muss eine besondere Bewandtnis haben, dass ausgerechnet der anbrechende Karfreitag anno 1408 in die Annalen des Pforzheimer Dominikanerinnenklosters eingehen sollte.

Auch in dieser Nacht irrte Gottfrieda umher. Ein Bild erhellte ihren umnachteten Geist, herausgelöst aus Raum und Zeit – ein Antlitz, so betörend schön, so zauberhaft! Wann hatte sie es zuletzt leibhaftig gesehen, Jahrzehnte zuvor oder nur Monate, Wochen, Tage, Stunden …? Und wo? Sie streckte eine Hand danach aus, in Erwartung, pfirsichweiche Haut zu berühren.

Doch die Erscheinung wich zurück und verflüchtigte sich. Gottfriedas Hand traf ins Leere. Enttäuscht und erbost, in Ermangelung des ersehnten Genusses, hob sie die brennende Kerze und leuchtete ihr Umfeld ab. Wind pfiff durch die Flure, bewegte den weiten Ärmel der Nonne und zog an der Flamme. Sie flackerte, malte Schatten aufs Gemäuer.

Gottfrieda sah ein wehendes Gewand und eilte ihm nach, wollte es erhaschen. Fragmente ihrer Erinnerungen narrten ihren Geist. Sie vernahm leichtfüßige Schritte, ein helles Lachen. Ein begehrliches Leuchten trat in ihre Augen. Doch sie erwischte keinen Zipfel, das Gewand war ihr stets eine Armlänge voraus.

Fiebernd vor Verlangen, merkte Gottfrieda nicht, wie sie das Konventsgebäude verließ und in die Klosterkirche gelangte. Gestalten tauchten vor ihr auf, Gesichter, grotesk verzerrt im Flackerlicht der Kerze. Teufel mit siebenschwänzigen Peitschen trieben Sünder in die Hölle. *Das jüngste Gericht.*

Gottfrieda schrak zurück, stolperte über eine Unebenheit am Boden vor dem Hochaltar und stürzte. Ein Schmerz stach durch ihre Knie. Die Finger nichtsdestotrotz um die Kerze gekrampft, gewahrte sie in deren Licht ein Blau – so blass, dass es augenblicklich ganz zu schwinden drohte. Ihre Hände griffen danach und ertasteten etwas Weiches – Stoff. *Euphemias Kleid!*

Gottfrieda schluchzte, umklammerte mit zitternden Fingern das Tuch auf der Grabplatte, drückte es an ihr Gesicht, küsste und liebkoste es, nässte es mit ihren Tränen.

Ein Feuerfinger langte nach ihr. Reflexartig zuckte Gottfrieda zurück und schlug nach ihm mit dem Tuch. Er wehrte sich, züngelte daran hinauf, nährte sich davon und wuchs. Wie gebannt schaute die greise Nonne zu. *Euphemia brennt. Ist sie gar nicht im Himmel? Ist sie – im … Fegefeuer?*

Ein Zünglein der Flamme griff auf Gottfriedas Ärmel über. Das löste deren Bann. Sie erschlug den Ausläufer im Keim, rappelte sich auf und stürzte kopflos davon.

In Anbetracht des Gedenkens an den Todestag Jesu mischten sich in Ursula Trauer und Hoffnung auf einen Neubeginn. Seitdem sie Jutta in der Krankenstube wusste und ahnte, Johannes würde es sich nicht verkneifen, sie heimlich zu besuchen, tat die Nonne erst recht kein Auge mehr zu.

Nach nächtelangem Grübeln, wie sie den beiden zur Flucht verhelfen könnte, stahl sie sich am Gründonnerstag nach der Vesper in die Bibliothek und stellte sich dem Ende von Euphemias Chronik.

Plötzlich achteten mich alle, von der geringsten Magd bis hin zu den Äbtissinnen, und zollten mir einen unangemessenen Respekt. Ich war so verblüfft, dass ich darauf überhaupt nicht reagieren konnte. Ungläubig verharrend, begegnete ich den Blicken, die mich bewunderten. Es war mir unangenehm, im Mittelpunkt des allgemeinen Interesses zu stehen.

Bevor ich ehrerbietigst nach dem Grund dafür fragen konnte, fiel es mir wie Schuppen von den Augen. Der Pilger! Vor einem Tag war er weitergezogen und hatte sich zuvor von mir verabschiedet, überschwänglich und mit Ehrenbezeugungen, die ich weder annehmen konnte noch wollte. Er musste den ehrwürdigen Ordensfrauen berichtet haben, wie ich ihm erschienen war, umgeben von einem goldenen Strahlenkranz.

Ich eilte zum Bach, stellte mich in die Sonne und blickte an mir herab, meine Arme und Beine entlang, schob die Ärmel hoch. Gewiss, meine Haut schimmerte leicht goldbraun – wie die fast jeder Magd, die täglich im Freien wäscht. Aber sonst ... Da strahlte nichts. Offenbar besaß ich kein ›sehendes Auge‹.

Jedoch ... Es wäre respektlos und vermessen gewesen, die Worte eines solch hochgelehrten Mannes anzuzweifeln.

Ich begehrte zu verstehen, was Gott dazu bewogen hatte, mich ihm so zu zeigen, fiel am Ufer des Baches auf die Knie und hob meinen Blick fragend zum tiefblauen Himmel. Ich war doch wahrhaftig nichts Besonderes, ganz im Gegenteil. Ich hatte gesündigt, so gut wie allen moralischen Maßstäben der Menschen zuwidergehandelt, sie gebrochen. Der Menschen ... Aber offenbar nicht vor Gott. Wollte er mir das damit offenbaren, die Last der Schuld von meinen Schultern nehmen?

Hatte ich seine harte Prüfung bestanden und bereits zu Lebzeiten himmlische Würde erlangt?

Ich brauchte sehr lange, bis ich diese Auszeichnung annehmen konnte, und versuche sie zu schätzen – bis auf den heutigen Tag. Sie ist ein göttliches Geschenk, aber auch eine Bürde. Jene Versenkung in Gott und seine Schöpfung, jener Rückzug in mich selbst, wo immer ich mich aufhielt, ob im Garten oder in meinem ärmlichen Häuschen, er war und ist mir seither kaum mehr möglich. Ich möchte wirklich nicht undankbar erscheinen, aber all jene Achtung und

Aufmerksamkeit, die man mir entgegenbringt, womit man mich überhäuft, sie wird mir bisweilen schier unerträglich.

Ich erweckte Interesse über die Klostermauern hinaus, womöglich auch das jenes Tuchers, der mein Kind geraubt hatte. Fürchtet er, ich könnte ihm gefährlich werden? Nun, da mein Wort Gewicht hätte? Jedenfalls wähne ich mich seither beobachtet und fühle mich kaum noch sicher in meinem Häuschen. Ja, nicht einmal im Konvent, wo man mich unbedingt künftig wohnen lassen wollte.

Anfangs hatte ich tatsächlich mit dem Gedanken gespielt, meinen neu erworbenen Einfluss zu nutzen, um etwas über den Verbleib meines Sohnes herauszufinden, ihn gar zurückzuerhalten! Hatte Gott mir womöglich dazu dieses Werkzeug in die Hand gegeben?

Nein. Nach reiflicher Überlegung verwarf ich den Gedanken, so schwer es mir fiel. Ich durfte nicht nur an mich denken, an mein wundes Herz, meine mütterlichen Gefühle. Apropos – was für eine Mutter wäre ich meinem Sohn gewesen, wenn ich das Verbrechen aufgedeckt hätte? Seines Ansehens hätte ich ihn beraubt, ihn einer behütenden Familie entrissen und vor den Augen der Gesellschaft zum Bastard degradiert!

Schweren Herzens verzichtete ich auf eine Strafverfolgung. Mir war, als hätte ich Josef zum zweiten Mal verloren. Mit diesem Kummer musste ich allein sein. Ich floh die Enz entlang, in den nahegelegenen Frauenwald.

Aber die Ordensfrauen wollten mich nicht gehen lassen. Sie folgten mir, spürten mich auf und beknieten mich, zurückzukommen. Sie bräuchten mich. Ich sei eine von Gott auserwählte Heilige und Heilerin.

Heilerin? Nun ja, mir liegt nichts ferner, als mit einer mir verliehenen Gabe zu prahlen. Tatsächlich konnte ich mich bereits im Kindesalter in Kranke hineinversetzen, ob Mensch oder Tier, und bat Gott um Genesung für sie. Zu meiner unbändigen Freude erfüllte er mir oft diesen Wunsch.

Davon wussten die Ordensfrauen zwar nichts, aber erst kürzlich, als ich mich wieder einmal in meinem Häuschen beobachtet wähnte und in den Krankensaal gegangen war, verschaffte ich einer Siechen durch Handauflegen Linderung. Ihre Wunde verheilte schneller.

Als die Ordensfrauen sich im Halbkreis vor mir formierten und mich inständig im Namen aller Siechen anflehten, meiner von Gott bestimmten Aufgabe zu entsprechen, vermochte ich letztendlich nicht zu widerstehen und folgte ihnen zurück ins Kloster. Feierlich nahmen sie mich als Tertiarierin auf und unterrichteten mich in der dritten Regel des Heiligen Vaters Dominicus.

Wenige Jahre später – es muss um 1357 oder 58 gewesen sein, genau weiß ich es nicht mehr, werde in letzter Zeit immer fahriger – erlitt ich einen weiteren unermesslichen Verlust. So glaubte ich damals. Inzwischen drangen andere Nachrichten ins Kloster, wonach es Falschmeldungen gewesen sein könnten. Doch die wecken nur neue sinnlose Hoffnungen in mir, welche jederzeit zerschlagen werden können.

Bei einer Schlacht von Poitiers sollte im Herbst 1356 die englische Armee von den Franzosen vernichtend geschlagen worden sein. König Edward III. und sein ältester Sohn, der sogenannte Schwarze Prinz, seien dabei ums Leben gekommen.

Mein Vater, tot? Und Edward, mein liebster Bruder ... ebenfalls? Obwohl ich sie seit meiner Flucht – mir war, als wäre das in einem anderen Leben gewesen – nicht mehr gesehen hatte, bewahrte ich ihnen stets einen warmen Platz in meinem Herzen. Mir wurde plötzlich bewusst, wie sehr ich insgeheim gehofft hatte, meine Familie irgendwann in diesem Erdenleben nochmals zu sehen. Diese Hoffnung war nun zerschlagen. Nichts verband mich mehr mit der Vergangenheit, ich fühlte mich wie ein vom Wind verwehtes Blatt.

Eines Winterabends, nicht lange nachdem mich diese niederschmetternde Nachricht erreicht hatte, wärmte ich meine steifgefrorenen Hände in der Krankenstube am Kachelofen. Überraschend gesellte sich

G. an meine Seite. Sie merkte mir meine Trauer an, versuchte mich zu trösten und flüsterte, ich solle nach der Vesper in meinem Häuschen auf sie warten. Sie habe etwas, das würde mir helfen.

Geistesabwesend dankte ich ihr, konnte mir aber kaum vorstellen, was mir helfen sollte. Ich hielt mich für untröstlich, dachte nicht mehr an diese Begegnung und horchte erstaunt auf, als es zu nächtlicher Stunde an meine Tür pochte. Alle Glieder steif von Kälte und Arbeit, öffnete ich und sah G. vor mir. Einer Ahnung folgend, hätte ich sie am liebsten abgewiesen, doch ich wollte nicht ungastlich sein, bat sie also herein und bot ihr einen Schemel an.

Stattdessen setzte sie sich zu mir auf die strohgefüllte Matratze. Unwillkürlich rutschte ich ein Stück beiseite. Sie rückte sofort nach und zog ein Fläschchen unter dem Habit hervor. Davon solle ich einen Schluck kosten, dann ginge es mir gleich viel besser.

Ich spürte, dass es ein Fehler war, doch durch meine damalige Verfassung war ich zu schwach, um zu widerstehen. Eine heiße Welle der Sehnsucht spülte all meine Bedenken hinweg. Ein bisschen Trost, ja, das wäre himmlisch, dachte ich. Danach verlangte es mich. Außerdem verführte mich die Neugier. Was mochte das für ein Wundermittel sein in dieser verheißungsvoll grün leuchtenden Flasche, erfrischend wie der Anblick eines vom Tau benetzten Blattes?

G. zog den Holzstöpsel heraus. Ein süßlich aromatischer Geruch nach Tod und Vergänglichkeit trat aus. Angewidert verzog ich das Gesicht, nahm den Gestank aber schon nicht mehr wahr. Stattdessen glühte ein heißes Verlangen in mir, welches sich in G.s Augen spiegelte. Ich spürte einen Tropfen auf der Unterlippe. Er glitt in meinen Mund und löste meine Zunge. Mein ganzes Elend floss sturzbachartig aus mir heraus.

Ich entsinne mich nicht, was ich G. alles erzählt habe, ob auch von meinem Kind. Jedenfalls versprach sie, Stillschweigen darüber zu bewahren und respektierte meinen Wunsch, künftig nie mehr über meine Vergangenheit zu reden.

Plötzlich spürte ich ihre Lippen auf meinen, ihre Zunge in meinem Mund und eine Hand unter meinem Kleid. Ich zuckte zurück, doch sie zog mich an sich heran und meinte erregt atmend, ich wolle es doch auch.

Wollte ich das wirklich? Ich weiß es nicht, vielleicht? In dieser Stunde war mir alles einerlei.

Wann sie mich an jenem Abend verlassen hat, daran erinnere ich mich nicht, nur an den Klang der Stundenglocke, die zur Matutin rief. Im Dämmerschlaf auf dem Bett liegend, Kleid und Haare zerzaust, blickte ich mich um, mit dröhnendem Kopf, sah aber nur meine spärlichen Einrichtungsgegenstände und fragte mich, ob ich geträumt hatte.

Die folgenden Tage und Nächte bestärkten mich in dieser Annahme. G. verhielt sich mir gegenüber wie die anderen Ordensfrauen, respektvoll und ehrerbietig. Manchmal aber – das irritierte mich – sehr zurückhaltend, wenn nicht gar abweisend.

Je mehr Zeit verstrich, desto unwirklicher erschien mir das nächtliche Ereignis. Nein, es konnte nicht stattgefunden haben, wir hatten uns nicht aneinander berauscht.

Eines Nachts erschien Justin mir im Traum. Deutlich sah ich sein Gesicht über mir. Freude wallte in mir auf. Dann erinnerte ich mich und murmelte ungläubig: »Du bist es? Aber ich hab dich doch vergraben, du warst doch tot.«

Als Antwort legte sich sein Gesicht auf meines. Ich spürte seine Haut. Sie fühlte sich anders an als früher, auch seine Lippen. Egal, Hauptsache er war da!

Selig lächelte ich. Nein, wenn ich ihn spürte, konnte er nicht tot sein. Ich wollte auch gar nicht darüber nachdenken, nur diesen köstlichen Moment genießen, erwiderte seine Küsse, die Liebkosungen seiner Hände. Sein Mund, seine Zunge … Sie schmeckten und dufteten ungewöhnlich, ganz anders. Ein Hauch von? Der Geruch war mir nicht unbekannt. Ehe ich ihn einordnen konnte, überwogen die himmlischen Gefühle. Ich wähnte mich mit meinem Geliebten im Paradies.

Am nächsten Morgen erwachte ich mit dumpf dröhnendem Kopf. Weil sich dieses Empfinden an der frischen Luft verflüchtigte, maß ich ihm keine Bedeutung bei und verrichtete wie üblich mein Tagwerk.

In den folgenden Wochen besuchte Justin mich nachts immer wieder. Jedes Mal besaßen seine Küsse jenen Beigeschmack, und jedes Mal erwachte ich mit schwerem Kopf. Das hätte mich stutzig machen müssen, aber ich wollte es nicht hinterfragen. Dazu genoss ich es viel zu sehr.

Dann kam jene Nacht, in der die Erinnerung mich einholte. Ich roch Blut. Plötzlich sah ich Justin wieder auf dem Boden liegen, blutüberströmt, und schreckte hoch.

G., nicht minder erschrocken, lag neben mir, den Oberkörper entblößt, den Rücken gezeichnet von blutigen Striemen. Ich brachte kein Wort heraus.

Wie ertappt wandte sie den Blick ab, zog hastig ihren Habit hoch und machte sich davon. Beiläufig meinte sie, ich solle sie nicht so anstarren, ich habe es ja genossen und sei also genauso sündig wie sie.

Lange gingen wir uns aus dem Weg. Wenn die Anwesenheit im selben Raum unausweichlich war, etwa bei den Stundengebeten, vermieden wir jegliche Blicke zueinander und behandelten uns wie Luft. Ich suchte und fand Erfüllung in der Krankenfürsorge. Trotzdem, seit jenem ersten Tropfen vom Schwarzen Bilsenkraut – dem Geist in jener grünen Flasche – nagt ein Verlangen in mir, das selbst durch die befriedigendste Arbeit nicht gestillt werden kann. Jenes Kraut entfesselt es. Das war mir seinerzeit allerdings noch unbewusst. Nacht für Nacht wünschte ich mir, von Justin zu träumen – vergebens. Seine Seele weilt bei Gott.

Ich wollte es zuerst nicht wahrhaben, doch ich vermisste G.s Berührungen. Unauffällig beobachtete ich sie und versuchte herauszufinden, wie es ihr ging, ob sie mich vermisste. Es war ein gewagtes Unterfangen, ein Spiel mit dem Feuer. Ich wollte nicht heraufbeschwören, dass sie sich erneut meinetwegen geißelte. Vielleicht war ich zu unvorsichtig. Jedenfalls suchte sie mittlerweile wieder meinen Blick. Zwischen uns entspann sich ein stilles Einvernehmen. Ich gab mich ihr freiwillig hin – unterstützt von dem Geist in der Flasche –, verlangte ihr aber im Gegenzug das Versprechen ab, sich nicht mehr zu geißeln. Das war mir unerträglich. Auch Gott kann das nicht wollen! Schließlich hat er uns geschaffen, wie wir sind.

Leider ist es mir bis heute nicht gelungen, G. davon zu überzeugen. Damit sie nicht immer wieder ihr Versprechen brechen muss, habe ich sie längst davon entbunden. An ihrem Blick erkenne ich, ob sie sich gegeißelt hat, vermag sie aber nicht abzuweisen, sondern bemitleide ihren vernarbten Rücken und lege meine Hände auf ihre frischen Wunden.

Sie meint, der Teufel verleite uns dazu, das Gebot der Keuschheit zu brechen. Nur durch Kasteiungen könnten wir unsere Seelen vor ihm bewahren. Ich müsse es ebenfalls tun, fleht sie mich an, doch ich kann mich nicht dazu durchringen.

Immer öfter bemerke ich Hass und Abscheu in ihren Augen. War das früher auch so? Seltsam ... ich erinnere mich nicht, werde täglich zerstreuter.

Dieser Hass in ihren Blicken ... Ich meine, er gilt im Grunde ihr selbst. Hasst sie sich dafür, dass sie mich liebt? Mich plagt mein Gewissen, obwohl ich ihr keine falschen Gefühle vorgaukle. Ich kann sie nicht lieben, das habe ich ihr von Anbeginn gesagt.

Vielleicht wollte sie es nicht wahrhaben, bis Barbara vor nunmehr fünf Jahren als Oblate zu uns kam. G. erträgt nicht, dass ich das Kind liebe.

Ich vernehme etwas. Ist es Barbara – oder G.? Wieder schreibe ich sitzend im Garten, umgeben von Büschen und Bäumen, obwohl es dafür eigentlich schon zu kalt ist. Doch das spüre ich kaum, erhitzt von meinen Gedanken und dem Drang sie niederzuschreiben, solange es mir noch möglich ist.

Es war Barbara. Das liebe Kind, so besorgt und ängstlich sah es mich an. Das schnitt mir ins Herz. Ich weiß, ich sehe krank aus, bin blass und habe dunkle Ringe unter den Augen. Ich versuchte Barbara zu beruhigen, doch ich merkte ihr an, dass sie meine wohlwollende Absicht durchschaute und sich nicht von meinen Worten überzeugen ließ. Ganz vorsichtig, um bloß keinen Tropfen zu verschütten, trug sie einen randvoll mit einer Flüssigkeit gefüllten Becher in den Händen. Das sei ein heilsamer Trank. Die ehrwürdige Schwester G. habe ihr aufgetragen, ihn mir zu bringen.

Ich staunte nicht schlecht, auch jetzt noch. Nie hätte ich gedacht, dass G. das Mägdlein zu mir schicken würde, zumal um mir Gutes angedeihen zu lassen. Der Trank schmeckte süßlich. Bis auf den letzten Tropfen musste ich den Becher leeren, dann erst war Barbara zufrieden. »Bestimmt geht es Euch bald schon viel besser, Mutter Euphemia«, hoffte sie lächelnd und wäre am liebsten bei mir geblieben. Doch ich schickte sie ins Bett, schweren Herzens.

Nun bin ich wieder allein. Nein, nicht ganz. Wie könnte man je allein und verlassen sein in Gottes herrlicher Natur?

Über mir raschelt es. Wohl ein Vogel, irgendwo im Geäst. Ach ja, frei wie ein Vogel müsste man sein! Wer weiß, vielleicht bin ich das bald. Sehnsüchtig schweift mein Blick zum Himmel. Kürzlich, bei Sonnenaufgang, hatte er sich aufgetan und mir einen Blick hineingewährt. Ich sah Justin, wie an unserem letzten Morgen, als er sich von mir verabschiedete, um Heu zu ernten, den arglos schlummernden Josef im Tragetuch vor der Brust und selbst noch ein bisschen verschlafen, aber glücklich.

Er wies zum Horizont. Ich folgte seinem Zeigefinger und sah, im Strahlenkranz der aufsteigenden Sonne, eine Gestalt nahen, ganz von ihr erleuchtet. Als sie näher kam, direkt auf mich zu, und mich anlächelte, erkannte ich, wer es war. Josef, mein kleiner Josef! Wobei ... klein ist er jetzt beileibe nicht mehr, ein wohlgestalteter Jüngling mit edlen Zügen.

»Es geht mir gut, Frau Mutter«, hörte ich ihn sagen, »sorgt Euch nicht um mich.«

Ich eilte ihm entgegen und wollte ihn in meine Arme schließen, doch er ging auf in der Sonne. Froh und traurig zugleich hielt ich inne und schaute zum Himmel. Von dort blickte Gottvater gütig zu mir herab.

»Danke!«, stieß ich schluchzend hervor und fiel auf die Knie. »Danke, o Herr, dass du mir mein Kind gezeigt hast, bevor ich meine irdische Hülle verlasse!«

Schon wieder ein Geräusch. Diesmal ist es aber kein Vogel. Oder doch? Ich weiß nicht, sehe nichts ... Nicht einmal die Hand vor Augen, es wird plötzlich so dunkel. Schwermut befällt mich. Wann bringt G. mir den Flaschengeist? Ich brauche ihn ...

# XXVI

Ursula starrte auf den auslaufenden Strich am Ende des Buchstabens. Ihm folgte nichts mehr nach, auch auf den nächsten Seiten – den letzten – nur unbeschriftetes Papier.

Betreten sah sie auf, ungläubig, als könne das nicht sein. So ein plötzlicher Abbruch.

Sie hörte jetzt auch etwas, musste jedoch nicht überlegen, was es war. Hysterische Schreie, die nur einer Kehle entstammen konnten, Gottfriedas. Fast war das zur Gewohnheit geworden, also kein Grund, sofort aufzuspringen und nach dem Rechten zu sehen. Wäre da nicht Jutta in der Krankenstube und hätte womöglich wieder Besuch von Johannes.

Ursula ließ das Buch liegen und vergaß in der Eile sogar die Öllampe. Flink und zugleich möglichst still verließ sie die Bibliothek und eilte über die Flure. Sie kannte sich ja hier aus, selbst im Dunkeln, und wäre nicht gestolpert, wenn nicht dieses Hindernis im Weg gelegen hätte, direkt an der Treppe. Im Fallen vernahm Ursula einen schwachen Aufschrei und ein Stöhnen. Sie war über etwas Weiches gestürzt.

»Oh, verzeiht«, stieß sie betreten hervor, rappelte sich auf und ertastete Gesicht sowie Hände der am Boden liegenden Gottfrieda. Dabei erfühlte sie Nässe und beroch prüfend ihre Finger – Blut. Die Greisin hatte sich offenbar beim Sturz verletzt. Sie musste dringend in den Krankensaal. »Ich bin es, Schwester Ursula«, sprach sie sie an. »Hört Ihr mich, versteht Ihr mich?«

Die Verletzte stöhnte, versuchte sich zu bewegen und brabbelte Unverständliches.

»Nein, bleibt ganz ruhig liegen«, beschwor Ursula sie. »Ich hole Hilfe.« Sie stand auf und wollte gehen, doch etwas schloss sich um ihre Fessel, Gottfriedas knochige Hand.

Überrascht, weil so viel Kraft darin steckte, hielt Ursula inne.

»Bleibt!«, befahl die Hochbetagte. »Für mich gibt es keine irdische Hilfe mehr.« Ihre Stimme wurde weicher. So kannte Ursula sie gar nicht.

Sie spüre, meinte Gottfrieda überraschend klarsichtig, dass ihr nur noch wenige Minuten blieben. Nicht einmal mehr genug Zeit, um einen Priester zu holen. Diese kostbare Zeit müsse sie nutzen, um ihr Gewissen zu erleichtern.

Gottfriedas Stimme wurde schwächer. Ursula hielt ihr Ohr direkt an deren Mund. Während sie angestrengt lauschte, stieg Unruhe in ihr auf. Irgendetwas irritierte sie. Konzentriert auf die Beichtende, konnte sie es aber nicht einordnen.

»Ich habe …«, stammelte Gottfrieda, »Euphemia getötet. Ich konnte nicht länger ertragen, dass Euphemia meine Liebe verschmähte, dass sie nur dieses Kind … Barbara trifft keine Schuld. Sie war ja ein kleines Mägdlein. Ich habe sie missbraucht, um Euphemia …« Gottfrieda musste abbrechen, um Atem zu holen. Dabei stöhnte sie vor Schmerzen.

Beruhigend strich Ursula ihr über den Arm: »Schont Euch, ich weiß, was Ihr sagen wollt.«

»Ihr … Ihr wisst?« Erstaunt quollen die greisen Augen aus ihren Höhlen. Trotz der Finsternis sah Ursula das Weiße darin aufblitzen. Gottfrieda begriff, lachte und verschluckte sich fast daran. »Ihr habt die Chronik gelesen.«

Ursula war fassungslos. Gottfrieda hatte bemerkt, dass Euphemia ihre Lebensgeschichte schrieb. Sie hatte das Buch nach deren Tod hinter dem Altar versteckt. Wie hätte Euphemia selbst dazu noch in der Lage sein können?

»Ich habe mein Versprechen gehalten und die ganze Zeit Stillschweigen bewahrt«, versicherte die Beichtende mit entrücktem Lächeln. »Ich wollte Euphemias Liebe, immer nur ihre Liebe. Um sie zu erlangen, wurde ich leichtsinnig und flößte ihr zu viel ein, viel zu viel von ... Ihr wisst schon. Als alles nichts half, machte ich in meinem Hass schließlich das Kind zu ihrem Verderben. Das Kind, das sie so sehr liebte.«

Ursula nickte verstehend. *Bilde ich mir ein, dass es heller wird? Wonach riecht es hier? Wie nach ...*

Gottfrieda zupfte an ihrem Ärmel und wiegte den Kopf. »Euphemia kann nicht im Fegefeuer schmoren, nein. Gott muss sie lieben«, meinte sie mit allmählich ersterbender Stimme, »unendlich lieben, trotz ihrer Sünden. Denn ihr öffnete sich der Himmel, ich sah es ihren Augen an. Aber mich ...« Weinend brach sie ab. »Mich ließ er nicht hinein.«

»Doch«, sagte Ursula leise, »jetzt schon. Eure Zeit war noch nicht gekommen.« *Rauch, es riecht nach Rauch! Die Kerze ... Hatte Gottfrieda keine Kerze?*

Ursula warf einen Blick zwischen den Säulen der Balustrade hindurch nach unten und erstarrte. Ein schwacher Lichtschein drang herauf. *Wenn Gottfrieda die Kerze verloren und die Flamme ein Feuer entzündet hatte ...*

»Ich bin gleich zurück«, versprach sie der Greisin, doch die zuckte mit keiner Wimper. Ihr Augenlicht war erloschen.

*Die Schwestern, ich muss sie wecken!* Ursula rannte die Flure entlang, fiel geradezu mit der Tür ins Dormitorium und rüttelte die Schlafenden in den nächststehenden Betten wach. Dabei rief sie unentwegt: »Feuer! Es brennt, aufwachen – alle aufwachen!«

Die unsanft aus dem Schlaf Gerissenen schauten sie verständnislos an.

Feuer sei ausgebrochen, rief Ursula, gebot ihnen, die übrigen zu wecken und schnellstens hinunterzueilen. *Wenn das Feuer die Treppe erreicht, sind wir hier oben eingeschlossen.*

Dieser Gedanke schien sich bereits bewahrheitet zu haben. Beißender Rauch drang durch die Tür herein. Nichtsdestotrotz, es gab keinen anderen Weg. »In die Decken hüllen und runter!«

Während Jüngere den Älteren halfen und alle panisch durcheinanderliefen, schnappte Ursula sich eine Bettdecke, schützte damit Mund und Nase und rannte zum Gemach der Äbtissin. Unter deren Tür war bereits Rauch hindurchgekrochen und drohte sie im Schlaf zu ersticken. Mit Mühe und Not schleifte Ursula die gottlob magere Frau samt deren Bettzeug hinaus auf den Flur. Inzwischen erwacht, hustete sie sich den Rauch aus der Lunge und torkelte an Ursulas Arm zur Treppe.

Dicht aneinander gedrängt, verharrten dort noch einige der anderen Nonnen und wagten sich nicht hinunter, denn vom unteren Stockwerk züngelten ihnen Flammen entgegen.

Fieberhaft überlegte Ursula. Die Äbtissin hatte denselben Geistesblitz. »Die Vorhänge!«, riefen beide wie aus einem Munde und mussten dabei sofort wieder husten.

Ursula, die Äbtissin und ein paar weitere Nonnen stürmten in Windeseile die Treppe zum Nonnenchor hinauf und rissen sämtliche schweren Samtvorhänge herunter, deren Aufgabe es eigentlich war, die Betenden vor Blicken aus dem Kirchenschiff zu schützen. Nun sollten sie zu Lebensrettern aufsteigen.

Wie von höherer Macht geleitet, handelte Ursula, ohne jedwede Furcht. Dafür war jetzt kein Platz. Allen voran eilte sie die Stufen hinab, die Bettdecke über den Schultern, und schlug mit einem Vorhang um sich, erschlug Flammen, beseelt von Gedanken an Jutta, Johannes … die Kranken!

Immer wieder züngelten neue Flammen nach ihr. Wie ein wildes Tier schlug Ursula um sich und kämpfte sich Richtung Krankensaal durch. Hier hatte sich das Feuer noch nicht so ausgebreitet. Es musste an anderer Stelle ausgebrochen und vom Wind zu Treppe und Refektorium getrieben worden sein.

Den Vorhang hatte Ursula inzwischen eingebüßt. Mit Decke und Füßen erstickte sie vereinzelte Glutnester, bevor sie sich weiter am Holz nährten.

Die Luft war verqualmt. Wo war die Tür zum Krankensaal? Es wäre riskant, sie zu öffnen. Dadurch könnte ein Zug entstehen und aufwehender Wind das Feuer stärker entfachen. Hatten die anderen Schwestern unversehrt das Erdgeschoss erreicht? Wo waren sie, hinter ihr? Hatten sich welche in den Garten gerettet?

Ursulas Kopf und Rücken glühten unter der Decke. Hatte sie Feuer gefangen?

Durch das Knistern der Glutnester um sich herum meinte Ursula vom Rauch fast erstickte Schreie zu vernehmen, darunter eine vertraute Stimme. Barbara! Ursula fühlte sich am Arm gefasst und mitgezogen.

Nach einer gefühlten Ewigkeit fand sie sich im Krankensaal wieder. Offenbar war sie weiter davon entfernt gewesen, als sie gedacht hatte. Hier hatte sich der Rauch kaum ausgebreitet. Zu ihrem Erstaunen war der Saal bereits größtenteils geräumt.

Sie habe mit den anderen die Kranken hinausgebracht, erklärte Barbara aus heiserer Kehle. Die hätten sich auch untereinander geholfen. Wer von den Kranken gehen konnte und kräftig genug war, habe den Schwächeren geholfen.

»… mit den anderen …«, sagte Ursula. *Wer sind die anderen?*

Eine weitere Nonne erreichte den Krankensaal. Hinter dem verrußten Gesicht meinte Ursula die Tischleserin zu erkennen. Während diese sich mit Barbara um die letzten noch verbliebenen Kranken kümmerte, holte Ursula aus einer Truhe in einem Eck das Kleid, welches sie dort deponiert hatte, und eilte damit hinaus. Suchend sah sie sich im Kreuzgang um, erblickte dort und um den Bach verstreut aber nur gerettete Kranke. Bangend presste sie das Kleid an ihre Brust und spürte die darin eingenähten Münzen. *Hoffentlich bin ich nicht zu spät.*

Einer Eingebung folgend, rannte Ursula zum Weiher, zwängte sich zwischen eng stehenden Sträuchern hindurch und atmete erleichtert auf.

Jutta, eben noch gehalten von Johannes, fiel ihr in die Arme und blickte sie voller Dankbarkeit an. Auch ihr Gesicht war rußgeschwärzt und die Augen gerötet. Sonst schien sie jedoch unversehrt, ebenso Johannes, und bekannte: »Wir wollten nicht gehen, ohne Euch in Sicherheit zu wissen.«

Aufgeregt durch das Wechselbad ihrer Gefühle – gerade noch schwebend in höchster Lebensgefahr und nun glücklich entkommen – ließ Ursula ihren Blick über das arg in Mitleidenschaft gezogene Novizinnenhabit schweifen und meinte amüsiert: »Darin wolltet Ihr Euer neues Leben beginnen?« Mit gespielter Missbilligung drückte sie Jutta das Kleid in die Arme. »Hier, und nun eilt Euch! Geht nach Durlach, zur Witwe des Kaufmanns Hagenbach in der Kirchgasse. Sie wird Euch helfen. Grüßt sie herzlich von mir, sie ist meine Patentante.«

Die Novizin brachte vor lauter Dankbarkeit kein Wort heraus. »Gott vergelt's Euch«, sagte Johannes an ihrer Statt, »das werden wir Euch nie vergessen.«

Verstohlen wischte Ursula sich eine Träne aus dem Augenwinkel und zog sich zurück, bevor jemand sie vermisste und womöglich hier nach ihr suchen würde.

Doch kaum hatte sie sich umgewandt und war ein paar Schritte gegangen, da bemerkte sie, wie unbegründet diese Sorge war. Das Dominikanerinnenkloster stand vollauf in Flammen. Feurig schossen sie hinauf und erhellten weithin den Nachthimmel über Pforzheim.

# Epilog

Tage nach dem verheerenden Unglück in der Nacht auf Karfreitag ging Ursula von Eulenburg durch das bis auf die Grundmauern heruntergebrannte Dominikanerinnenkloster und den umgebenden Garten.

Das Osterfest war vorüber, die Aufräumarbeiten hatten begonnen. Alle Hoffnungen, etwas aus den oberirdischen Trümmern zu retten, würden sich voraussichtlich zerschlagen. Die Flammen hatten nichts verschont. Die gesamte Klosterbibliothek – darunter unwiederbringliche Schätze, Altäre, Heiligenfiguren –, nahezu alles war ihnen zum Opfer gefallen, auch die Chronik der heiligen Euphemia.

Ursula warf sich vor, sie nicht eingesteckt zu haben, als sie die Bibliothek verließ. Andererseits ... vielleicht hatte es auch sein Gutes.

Menschenleben waren gottlob nicht zu beklagen, außer Gottfriedas. Alle Nonnen und sonstigen Bewohner hatten sich rechtzeitig vor den Flammen in Sicherheit bringen können. Sie würden das Dominikanerinnenkloster wieder aufbauen, mit Gottes Hilfe.

In der Hoffnung, doch noch irgendetwas zu finden, ohne sich genau zu vergegenwärtigen, was, schaute die Nonne sich suchend um. Plötzlich fiel ihr Blick auf ein hölzernes Bruchstück inmitten der Trümmer, klein und länglich. Noch bevor sie es aufhob, erkannte sie, was es war: ein Finger der Madonna aus dem Nonnenchor. Mit wehmütigen Gefühlen bewegte sie ihn in der Hand und dachte an jene Stunde zurück, in der sie ihr erstmals allein gegenübergestanden hatte. Diese Madonna, in Ursulas Traum leibhaftig geworden, hatte ihr den Weg zu Euphemias Chronik gewiesen. Damit schloss sich jetzt der Kreis.

Getröstet ging die Nonne weiter, durch den Garten, der die Katastrophe am besten überstanden hatte. Nur wenige Bäume und Büsche, direkt um das Kloster herum, waren von den Flammen versengt worden. Die übrigen hatte der Kuss des Frühlings zu neuem

Leben erweckt. Sie grünten und blühten unter blauem Himmel, als sei nichts geschehen.

Andächtig hielt Ursula inne und zog einen Brief mit gebrochenem Siegel unter ihrem Habit hervor. Wie oft hatte sie ihn schon gelesen! Ein Bote hatte ihn gestern Abend überbracht, aus Durlach von Elsbeth Hagenbach, Ursulas Patentante. Das junge Paar sei zwar erschöpft, aber wohlbehalten bei ihr angekommen, schrieb sie, und dass sie gar nicht sagen könne, wie sehr sie sich darüber freue, zwei so liebenswerte Kinder Gottes um sich zu haben. Sie werde sich ihrer annehmen und ihnen durch ihr Erbe ermöglichen, einen Hausstand zu gründen.

Bei diesen Zeilen glitt ein Lächeln über Ursulas Gesicht. Unbewusst war sie inzwischen beim alten Rosenstrauch angelangt, ganz hinten im entlegensten Winkel. Verwundert schaute sie ihn an und rieb behutsam ein paar Blättchen zwischen den Fingern. Narrte sie ihre Einbildungskraft, oder leuchtete deren Grün jetzt intensiver, nicht mehr so matt und gräulich wie früher? Tatsächlich … Nein, das konnte keine Einbildung sein. Beim zweiten Blick entdeckte Ursula Knospen an den Zweigen. *Das Leben geht weiter!*

# Die Geschichte hinter der Geschichte

Das Pforzheimer Dominikanerinnenkloster Maria und Maria Magdalena wurde von bußwilligen Prostituierten gegründet und im Jahre 1257 in einer Urkunde von Markgraf Rudolf I. von Baden erstmals erwähnt. Es befand sich ungefähr auf dem Gelände des heutigen Stadttheaters und wurde erst um 1365 in die Stadt integriert, durch eine Verlagerung der südlichen Stadtmauer bis zur Enz. Außer dem Herzstück, bestehend aus dem Konventbau und der Klosterkirche, umfasste die Klosteranlage vermutlich ein Wirtschaftsgebäude mit Scheune und Kornhaus, ein Redhaus, eine Bäckerei, ein Gesindehaus sowie einen weitläufigen Garten mit Fischteich und Hühnerhaus. Darüber hinaus verfügte es über Grundstücke, Höfe und Rechte in Pforzheim und Umgebung. Im Gegensatz zu den beiden Pforzheimer Männerklöstern war es den Dominikanerinnen erlaubt, Besitz zu haben.

Um die Mitte des 14. Jahrhunderts standen dem Kloster die Pfalzgräfinnen Luitgard von Tübingen und Luitgard von Asperg als Äbtissinnen vor. Etwa zu jener Zeit wurde tatsächlich eine Frau aufgenommen, die sich Gertrud von Köln nannte. Ob sie in Wahrheit eine englische Königstochter war? Vieles spricht dagegen, aber völlig ausgeschlossen werden kann es nicht.

Wie auch immer – sie muss eine beeindruckende Persönlichkeit gewesen sein. Wie hätte es sonst zu solch einer Verehrung kommen können? Nicht zuletzt das hat meine Fantasie beflügelt und mich zu diesem Roman inspiriert.

Überliefert wurde die Legende von Euphemia, der vermeintlichen Tochter Edwards des III., die angeblich einer ungewollten Vermählung entkommen wollte, um ihre Jungfräulichkeit für ihren himmlischen

Bräutigam Jesus zu bewahren, durch den Dominikaner Friedrich Steill in der ersten Hälfte des 17. Jahrhunderts. Dessen verklärte Darstellung entsprach selbstredend dem damaligen Zeitgeist.

Wie ich vermute, sollte Euphemia dem Ideal einer Jungfer entsprechen und jungen Frauen als leuchtendes Vorbild dienen, vielleicht auch jene gefügig machen, die gegen ihren Willen den Schleier nehmen mussten.

Tatsächlich bot das Kloster gerade Frauen beachtliche Vorteile. Nur dort durften sie ihren Bildungshunger stillen und sogar Latein lernen, die Sprache der Gelehrten. Durch den Eintritt ins Kloster konnten Töchter versorgt werden, die nicht »unter die Haube« zu bringen waren, aber auch nachgeborene und damit nicht erbberechtigte Söhne. Manch eine Familie erhoffte sich auch Gnade vor Gott durch die »Spende« eines Kindes ans Kloster. Eine freie Lebensgestaltung nach heutigem Vorbild war im Mittelalter ohnehin nur ganz wenigen Privilegierten möglich. In der Regel fügten sich die jungen Leute.

Nach Euphemias Tod, der Überlieferung nach um 1367, wurde sie vor dem Hoch- oder Herrenaltar in der Klosterkirche unter einer Grabplatte bestattet und fortan als Lokalheilige verehrt. In Notlagen bat man sie um Fürbitte bei Gott und erhoffte sich durch sie Hilfe, z. B. Heilung bei Krankheiten.

Am Karfreitag 1408 brannte das Kloster bis auf die Grundmauern nieder. Nach dem Wiederaufbau wurde Euphemia unter einem aufrecht stehenden Grabstein in der Klosterkirche bestattet, ihr Kopfreliquiar im Chor ausgestellt und weiterhin verehrt.

Wundersame Geschichten ranken sich um sie. So soll beispielsweise ein stark fieberndes Kind genesen sein, nachdem die Eltern es auf Euphemias Grab gelegt hatten.

Mitte des 16. Jahrhunderts, nach der Reformation, wurde Pforzheim auf Geheiß des Markgrafen Karl II. lutherisch. Sein Kanzler, Dr. Martin Achtsynit, versuchte die Dominikanerinnen zum lutherischen Glauben zu bekehren – vergebens. Wie vehement sie sich acht Jahre lang dagegen widersetzten, hat die Nonne Eva Magdalena Neyler anschaulich in ihrer Chronik festgehalten.

Endlich wurden ihnen die Schikanen, denen sie ausgesetzt waren, aber doch zu viel. Die Dominikanerinnen erbaten Aufnahme im Kloster Kirchberg und verließen im September 1564 Pforzheim. Fast alles, was materiellen Wert besaß, mussten sie zurücklassen.

Den Schädel der heiligen Euphemia nahmen sie mit. 2012 wurde er in seinem Schrein nach Stuttgart überstellt, ins »Haus der Geschichte«. Dort kann man ihn noch heute besichtigen.

## Literaturhinweise

Reinhard Mürle: Euphemia – Die englische Königstochter im Pforzheimer Frauenkloster, Legende und Wirklichkeit.
Erschienen im Labhard Verlag, Konstanz.

Eva Magdalena Neyler: Keine Nonne für Luther – Die Reformationschronik der Eva Magdalena Neyler.
Erschienen bei Reimherr-Druck, Pforzheim.

# Verzeichnis der wichtigsten Personen

| | |
|---|---|
| Ursula von Eulenburg | Eine junge Nonne, die 1407 zur Unterstützung der hochbetagten Buchmeisterin ins Pforzheimer Dominikanerinnenkloster beordert wird |
| Euphemia | Tochter Edwards III. von England, aus dem Hause Plantagenet, 1346 einer ungewollten Vermählung entflohen, zu dieser Zeit 13 Jahre alt |
| Justin | Stallbursche im Tower of London, damals 15 Jahre alt, folgt Euphemia |
| Jutta von Eckstein | Novizin, gegen ihren Willen ins Pforzheimer Dominikanerinnenkloster gesteckt worden |
| Barbara Krummholz | Im Dezember 1362 als fünfjährige Oblate ins Pforzheimer Dominikanerinnenkloster gekommen. |
| Luitgard von Freidank | Altersschwache Buchmeisterin im Pforzheimer Dominikanerinnenkloster |
| Gisela von Remchingen | Pforzheimer Patriziertochter, 16 Jahre alt, Ursulas Schülerin |
| Gottfrieda von Ehrenfels | Hochbetagte Schaffnerin, schon zu Zeiten Euphemias im Pforzheimer Dominikanerinnenkloster |
| Mabel und ihre Familie | Eine Magd; Euphemia trifft sie in Kent, während ihrer Flucht, und verweilt bei ihr |

| | |
|---|---|
| Henrieke | Eine flämische Magd; Euphemia lernt sie in Flandern kennen, bei der Heuernte |
| Hildegard und Magdalena | Ein Frauenpaar, das in einem Wald haust, in der Nähe von Aachen |
| Ein Pilger | Er sieht die am Bach waschende Euphemia in goldenem Strahlenkranz und erklärt den Nonnen, dass sie etwas Besonderes ist. |

# Glossar

| | |
|---|---|
| Dominikanerinnen | Frauen, die einer römisch-katholischen Ordensgemeinschaft angehören, im Jahre 1205 gegründet vom heiligen Dominikus |
| Dormitorium | Schlafsaal der Nonnen im Konventgebäude |
| Habit | Die Kleidung der Ordensfrauen, in diesem Fall der Dominikanerinnen. Nonnen tragen ein weißes Kleid mit schwarzem Überwurf, das vorn und hinten fast bis zum Boden reicht, Novizinnen eine weiße Haube |
| Konvent | Eine Ordensgemeinschaft, hier Dominikanerinnen, bzw. deren Wohnbereich (Konventbau) |
| Laudes | Die Laudes (lat. »Lobgesänge«) sind Bestandteil der Liturgie und werden zwischen der Matutin und der Prim abgehalten. |
| Leutpriester | War für die Kirchen in Stadt und Land zuständig, als Prediger und Seelsorger des Volkes |
| Matutin | Das nächtliche Stundengebet, Bestandteil der Liturgie, wird zwischen Mitternacht und dem frühen Morgen abgehalten. |
| Mittagshore | Stundengebet, das zur Mittagszeit abgehalten wird |
| Nokturn | Bedeutet »nächtens«; die Nokturnen sind Bestandteile der Matutin |
| Novizin | Ordensmitglied, das sich in der Ausbildung befindet und noch kein Gelübde abgelegt hat |
| Oblate | So nannte man im Mittelalter ein Kind, das ins Kloster aufgenommen wurde. |

| | |
|---|---|
| Pfründnerin | Alte oder kranke Menschen, die als Gegenleistung für eine Pfründe (Schenkung) bis zu ihrem Lebensende in Klöstern oder Spitälern unterkamen und versorgt wurden, nannte man im Mittelalter Pfründner. |
| Prim | Stundengebet, wird etwa um sechs Uhr abgehalten und eröffnet den Arbeitstag im Kloster |
| Redhaus | Örtlichkeit im Kloster, wo Nonnen und Mönche mit weltlichen Leuten reden durften |
| Refektorium | Speisesaal der Nonnen im Konventgebäude |
| Sambue | Hauptsächlich beim Adel verbreiteter Damensattel, meist mit Lehne und Fußstütze |
| Scriptorium | Schreibstube im Kloster, wo sakrale sowie weltliche Bücher und Texte handschriftlich kopiert werden |
| Vigil | Bedeutet »Nachtwache« und ist ein Bestandteil der Liturgie |
| Zisterzienser | Glaubensgemeinschaft, die sich aus dem Orden der Benediktiner entwickelt hat. Deren Anhänger leben im Geiste der Gründer des Klosters Cîteaux. |

## Über die Autorin

Kirsten Klein, in Pforzheim geboren und aufgewachsen, erwarb über das Abendgymnasium die Allgemeine Hochschulreife und war im kaufmännischen Bereich tätig.

Büchern gilt ihre Liebe, seitdem sie lesen kann. Früh zum Fabulieren angeregt, schreibt sie Romane, Erzählungen, Kurzgeschichten und Theaterstücke.

1998 debütierte Kirsten Klein mit dem historischen Roman „Die Pfeile Gottes – Pforzheim im späten Mittelalter". Ihr Heidelbergkrimi „Jaspers Lächeln" erschien 2020 im J. S. Klotz Verlagshaus.

Sie war viele Jahre Jurymitglied beim Vorlesewettbewerb für Sechstklässler des Börsenvereins des deutschen Buchhandels und ist Mitglied im Verband deutscher Schriftsteller (VS).

Im Internet zu finden ist Kirsten Klein u. a. auf „Lovelybooks".